赵恺——著

淮军
征战史

团结出版社
UNITY PRESS

图书在版编目（ＣＩＰ）数据

淮军征战史 / 赵恺著. -- 北京 ：团结出版社，
2019.11
ISBN 978-7-5126-7307-6

Ⅰ．①淮… Ⅱ．①赵… Ⅲ．①淮军－史料 Ⅳ.
①E295.2

中国版本图书馆 CIP 数据核字(2019)第 183049 号

出　版：团结出版社
　　　　（北京市东城区东皇城根南街 84 号　邮编：100006）
电　话：(010) 65228880　65244790　（出版社）
　　　　(010) 65238766　85113874　65133603（发行部）
　　　　(010) 65133603（邮购）
网　址：http://www.tjpress.com
E-mail：zb65244790@vip.163.com
　　　　fx65133603@163.com（发行部邮购）
经　销：全国新华书店
印　装：三河市腾飞印务有限公司

开　本：170mm×240mm　　16 开
印　张：22.5
字　数：351 千字
印　数：5045
版　次：2019 年 11 月　第 1 版
印　次：2019 年 11 月　第 1 次印刷

书　号：978-7-5126-7307-6
定　价：65.00 元

前言：骄傲与骂名

与晚清戡乱名臣曾国藩相比，来自安徽合肥的李鸿章的人生似乎要坎坷和复杂得多。盛赞其"再造玄黄"者有之，痛斥其"丧权辱国"者更不在少数。这种争议之声自然而然地也影响到由其一手组建的"淮军"。"淮军"成立于太平天国运动末期的上海，崛起于北上围剿"捻军"的华北战场。跟随着清政府"洋务运动"的号角，又孕育出了中国近代历史上号称"东亚第一"的海军舰队——北洋水师，一度也说是功勋卓著、军容整齐。但在中日甲午战争之中，这支囊括了清政府最为精锐的陆、海武装力量的军队却几乎溃不成军，从此跌落神坛，成为万夫所指的对象。

两个甲子的风云过去，重新回首"淮军"从成军到覆灭的历程，世人在唏嘘之余也不禁会产生诸多的疑问。李鸿章少年中举，成名甚早，太平天国运动兴起之后，李鸿章也曾跟随同为安徽人的刑部侍郎吕贤基返回故里、募勇练兵，似乎也取得了一定的战绩，但却不知为何在某些清末文人的笔记中成了"逃名远播"的无耻小人，最终不得不依附于昔日恩师，成为曾国藩幕府中的一介"客卿"？

在曾国藩的举荐之下，李鸿章以江苏巡抚的身份率军驰援上海，正式开启了"淮军"独立发展的序幕。而在龙蛇混杂的十里洋场之中，李鸿章又如何成功地压制了深得沪上中外势力认可的"江苏布政使"吴煦、赶走了自己的顶头上司"两江总督"薛焕？而面对由西方雇佣军组成的"常胜军"，李鸿章与英国军事顾问戈登之间的斗法又是否影响了中国陆军近代的发展？

在与太平天国忠王李秀成所部对垒的过程中，淮军经历了怎样血与火的考验？所谓"苏州杀降"事件的背后又是否另有隐情？在清军围攻天京的收官之战中，李鸿章是否有意让功于自己的恩师曾国藩？而在围剿奔驰如风的"捻军"战场之上，李鸿章又缘何能在僧格林沁、曾国藩两位名将先后折戟的情况下一举成功？

声势浩大的洋务运动之中，李鸿章长袖善舞拔得头筹，但他所秉承的"官督商办"的经营举措背后是否另有隐忧？而江南制造局、天津机器局等一系列中国近代军工基地的兴起，又给淮军系统带来了怎样脱胎换骨的变化？而丁汝昌、叶志超、聂士成等一批淮军后起之秀又如何脱颖而出，成为李鸿章的心腹爱将？

明治维新之后的日本是否对东亚地区早有野心？在由"牡丹社事件"所引发的一系列外交和军事摩擦的过程中，李鸿章又起到了怎样的作用？19世纪中叶以来朝鲜半岛内部的宫廷倾轧背后，中日双方有着怎样的博弈？中法战争中，李鸿章是否表现得太过懦弱，以至于"中国不败而败"？而中日甲午战争爆发之前，清政府是否真的全无预警、被动挨打？

面对日本方面的不宣而战，李鸿章是否方寸大乱，以至于应对失策？从丰岛到大东沟、从牙山到平壤，在朝鲜半岛的海、陆战场之上，"淮军"系统的表现又究竟能打几分？随着战火蔓延到中国境内，李鸿章又是否受到了清政府内部其他官僚系统的挤压，以至于处处掣肘？而在马关春帆楼的和谈进程中，李鸿章又经历了怎样的身心折磨？

甲午战场之上淮军系统的全线崩溃给李鸿章带来的打击不言而喻，但这位历经风雨的政坛元勋却如何能够屹立不倒？在其生命的最后五年时间里，李鸿章展开了哪些部署，最终令自己一手打造的"淮军"改头换面，浴火重生？以上这些问题的答案，均将在本书之中，为读者一一解答。

目　录

楔　子：
安　庆　之　围

八旗绿营衰落

　　1862 年 5 月 1 日，第三届万国博览会于英国伦敦正式拉开序幕。作为人类进入工业化时代以来，集中展示最新科技和人文理念的盛举，万国博览会自 1851 年由维多利亚女王提议创办以来，便成为英国主导下的欧洲文明缩影。尽管会场没有首届举办地——海德公园中"水晶宫"那般令人惊艳，但集中展示的新型蒸汽机、锅炉、火车头和铸钢产品，还是令参会者印象深刻。而此时在遥远的大西洋彼岸，由奴隶制兴废所引发的美国南北战争正如火如荼地展开着。此时万国博览会上的每一项工业创新都可能在新大陆的战场之上化为杀戮机器。就在万国博览会召开前的不到 2 个月，在美国西海岸的汉普顿锚地爆发了人类历史上首次铁甲舰之间的海上交锋。

代表西方工业文明的万国博览会

汉普顿锚地海战将人类带入了"铁甲舰时代"

在这一届的万国博览会上不仅首次出现了富有东方风韵的中国、日本展台，被称为"文久遣欧使团"的日本官方代表团更亲临现场。不过真正从这场盛会中近距离感受到西方工业革命力量的，却并非是德川幕府位高权重的两位使团首领——竹内保野和松本康直，而是当时仍籍籍无名的使团成员福泽谕吉。日后正是这位幕府"外国方"（即外交部）的翻译，以其如椽之笔为日本开启了"脱欧入亚"的时代航程。

而就在万国博览会成功举办的同时，环太平洋地区最为重要的两个国家此刻均深陷内战的旋涡之中。虽然战事的进程不尽相同，但在这一年却各自步入了最为关键的拐点期。1862 年 5 月，美国总统林肯颁布了效忠联邦便可以 10 美元换取西部 160 英亩土地的《宅地

首次参加万国博览会的日本"文久遣欧使团"，右二为福泽谕吉

法》，以及联邦政府有权没收"叛国者"全部家庭财产的《没收法案》。正是这两部法令以及日后的《解放黑奴宣言》，最终奠定了北方的美国联邦政府压倒南方邦联的政治基础。而在东亚战场之上，一座城市的争夺也成为清政府与太平天国起义军之间决定胜负成败的关键节点。

江南危局

自 1851 年 1 月 11 日，广东花县落第秀才洪秀全于广西桂平县金田村聚众起义以来，由其所领导的太平天国运动在中原大地之上勃然开展了 13 个年头，波及 17 个省份。由于一系列的内讧和清政府的全力围剿，太平天国曾一度陷入低谷之中，甚至连首都天京（今江苏省南京市）也两度深陷清军"江北大营"和"江南大营"的围困之中。但在前期战功卓著的名将石达开、后期崛起的优秀将领陈玉成、李秀成的领导下和洪仁玕"围魏救赵"的战略运作下，清政府顾此失彼，太平军最终还是踏破了两座大营。

1860 年第二次攻破江南大营前后，"太平天国"运动进入前所未有的高潮期。在解除了首都天京长期被围困的尴尬之余，李秀成和陈玉成所部迅速攻占了富庶的苏南大部，建立起了囊括苏州、常州，松江大部和镇江一部的"苏福省"。长期疲于与清政府争夺安徽、江西、苏北地区的太平天国至此终于有了一个相对稳固的后方。抱着得陇望蜀的心态，1860 年 6 月，李秀成以苏州为前进据点，派遣舟师主将陆顺德、陆军将领麦冬良，由昆山进围上海门户——嘉定县城。

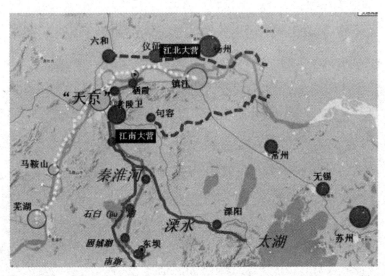

合围天京的江北大营、江南大营

　　事实上这已经不是太平天国第一次窥视上海了，早在 1853 年太平天国刚刚定都天京之时，上海地区便爆发了"小刀会起义"。"小刀会"虽属于"天地会"和"白莲教"的分支，但鉴于此时"太平天国"势如破竹的气势，其领导人刘丽川很快便抛弃自立所谓"大明国"的计划，宣布接受"太平天国"的领导。对于这样主动投效的"外围组织"，当时执掌天京中枢的"东王"杨秀清虽然表示欢迎，但给出的具体指令却是要求其放弃上海"率众来归"。只有驻守镇江的太平军将领罗大纲筹备了 600 多只皮蓬小船，准备顺江而下，突破清军水师封锁，直抵上海支援"小刀会"。

　　罗大纲所部与"小刀会"同属"天地会"分支，早年间便是清政府眼中"水陆横行，势渐鸱张"的"水寇"。自加入"太平天国"以来，更在水面战场之上屡立奇功。如果罗大纲的计划得以顺利实施的话，那么已经攻占上海并迅速向四郊发展的"小刀会"极有可能成功巩固其势力范围，甚至打通与天京之间的战略走廊。但可惜的是此时的"太平天国"并没有意识到上海的重要性，反而集中大批精锐部队用于"北伐"和"西征"。罗大纲也被调入西征武昌的军旅之中。至此"小刀会"与"太平天国"之间唯一可能的联系也被切断了。

一度占据上海的"小刀会"起义军

清政府在上海地区的力量固然薄弱，但英、法、美等西方列强却在当地有着深厚的政治和经济利益。在"小刀会"起义之初，西方各国在沪领事表面严守中立，但却暗中救出被"小刀会"俘虏的上海道台吴健彰，将其隐匿于美国驻沪领事馆中。吴健彰是昔日广州十三行的小厮出身，第一次鸦片战争后携巨款转战上海，靠着鸦片走私与茶叶贸易积累的庞大资本，不断纳钱捐官，成为沪上第一批红顶买办。在他的居中运作之下，代理江苏巡抚的吉尔杭阿与美、英、法三国驻沪领事签署协定，以出卖上海海关主权和租界行政权，换取英、美、法对"小刀会"起义军的武装干涉。1855年2月18日，弃城突围的"小刀会"领袖刘丽川在虹桥地区战死，坚持了17个月之久的"小刀会起义"最终以失败而告终。

李秀成出兵上海之时，虽然距离"小刀会起义"失败已逾5年，但清政府在上海地区的防御力量却始终没有得到实质性的增长。之所以出现这样的情况，从战略层面来看，主要缘于1856年第二次鸦片战争爆发以来，清政府内外交困，无力强化上海地区的防务；从战术层面来看，则是由于江南大营土崩瓦解，两江总督何桂清兵败如山倒。上海以东地区近十万清军悉数涣散，上海防务的重任落在了新任江苏巡抚薛焕的肩上。按照薛焕本人的说法，此时的上海"兵无可集，将无可选，唯张空名号召征集乘城拒贼"。

但面对仅有不足4000守军的上海，太平军方面的表现却很难令人满意。

1860 年 7 月，在连续攻占松江、嘉定、青浦、嘉兴，对上海形成合围之势的情况下，李秀成却始终将主力控制于苏州一线，与其之前席卷苏南的雷霆之势形成了鲜明的反差。后世对于李秀成的决策给出了诸多解释，比较常见的说法是李秀成虽然成功地击破江南大营，瓦解了清军在苏南的抵抗，但苏州周边仍有各类地方团练武装在负隅顽抗，迫使李秀成不得不暂停攻势，全力巩固胜利成果。

西方画家笔下的薛焕

这一说法固然有其依据，但李秀成攻占苏州之后，清政府内阁大学生、刑部尚书庞钟璐在家乡常熟以江南督办团练大臣的身份设局劝捐，集勇办团，不断骚扰太平军后方，阻断水陆交通、劫杀零散官兵。而苏州与无锡交界的荡口镇，出身当地望族的士绅华翼纶则聚众数万、结寨自保。这两股势力的存在均极大地威胁着苏州侧后的安全，迫使李秀成不得不集中兵力先行予以拔除。1860 年 9 月，太平军在被连续围困 3 个月之后，最终在内应的帮助下攻破常熟，逼迫庞钟璐经崇明岛退守上海。而对于荡口镇的华翼纶所部，太平军在几度交锋不利的情况下，李秀成则改以政治攻势，才最终与其定立了"各不相犯、听其自便"的停火协议。

除了后方的战事之外，攻破江南大营以来，李秀成和另一太平军主要将领陈玉成之间的矛盾，也成为其进军迟缓的原因之一。陈玉成和李秀成同为"太平天国"勃兴之际便"投身革命"的贫苦少年，也均因"天京变乱"之际领兵在外而幸运地躲过了高层的倾轧，并趁势成为封疆大吏、国之柱石。在"太平天国"的危难之际，两人也曾守望相助、配合默契。1858 年 11 月间，太平军于安徽中部的三河镇全歼湘军悍将李续宾所部 5000 余人，正是两人联手出击的成果。但随着李秀成将富庶的苏南地区纳入自己的势力范围，两人的关系开始急转直下。

今天的苏州忠王府

陈玉成虽然坐拥以安庆为中心的"太平天国"安徽省军政大权，但对于富庶的苏南也颇有兴趣。自挥师南下配合李秀成击破清军江南大营以来，陈玉成所部不仅迅速控制丹阳、句容等地，在李秀成的"苏福省"中打入自己的楔子，更打着追击清军的名义继续向南推进。1860 年 6 月，陈玉成抵达苏州，明确向李秀成提出"分据苏南"，以及尽快攻占上海，随后共同回援安庆的战略方案。对于陈玉成的根据地安庆，李秀成自然并不积极，而怀着"卧榻之侧岂容他人鼾睡"的心理，两人及其部属之间更是闹得很不愉快，甚至一度出现"伪忠王（李秀成）统下遇伪英王（陈玉成）之兵卒，皆指为野长毛，是以各拥重兵为卫"的态势。

西方画家笔下的早期"洋枪队"

经历过一次血腥内斗之后的"太平天国"高层，自然不愿见这样的"二士争衡"再继续发展下去。当月洪秀全的族弟洪仁玕便赶赴苏州，亲自调停陈、李两人的矛盾。洪仁玕的出现，似乎很大程度上缓和了陈玉成和李秀成的矛盾。据说洪仁玕抵达后不久，陈玉成便留宿李秀成的忠王府中，李秀成也慷慨地派出"女乐八人"殷勤接待。但陈玉成却选择了在当天半夜开拔，还派人寄语李秀成说："吴中女兵，势不可当，欲建事业，其速去苏。"这则出自于洪仁玕之子洪葵元之手的"花边新闻"，虽有刻意拔高陈玉成之嫌，但也算是为陈、李两人争夺苏南画上一个句号。而就在陈玉成率部返回安徽，迎战进逼安庆的湘军曾国荃所部之时，李秀成派出的前锋陆顺德在上海城外却遭遇了所谓"洋枪队"的逆袭。

"洋枪队"在上海地区并非1860年才出现的新事物，早在1853年镇压"小刀会起义"之时，除驻守上海的英、法海军陆战队之外，买办出身的上海道台吴健彰便雇佣在沪欧美民间人士参战。但"太平天国"毕竟不同于"小刀会"，英、法两国必须估量直接参战的成本，何况此时英、法与清政府仍处于第二次鸦片战争的交战状态，抱着"敌人的敌人可能是朋友"的宗旨，一系列秘密的外交活动也早已在苏州和上海之间悄然展开。1860年六七月间，美国传教士海雅西、英国传教士艾约瑟先后率团抵达苏州，但李秀成对于这些肩负着外交使命的西方传教士，却没有足够的外交敏感度，甚至连对方提出的在嘉兴、南浔等地采购生丝的要求，也强调要设卡交税。如此缺乏"诚意"的表态，自然令传教士身后的西方在沪各使领馆态度坚决地选择"维持上海地区现状"。

要保障西方各国在上海的现有利益，就必须拒太平军于城外。在不便直接参战的情况下，以上海道台吴煦、买办杨坊的名义，一支由美国人华尔为领队、纠集欧美各国在沪水手的雇佣兵武装，于1860年6月正式出现在上海近郊的战场之上。初战松江，"洋枪队"虽然战绩不佳，但随着时间的推移，这支不断加入菲律宾人的乌合之众却似乎逐渐找到了感觉，六七月间，"洋枪队"利用太平军攻势已老、李秀成、陈玉成两部失和的有利战机，收复松江、围攻青浦，颇有几分"包打天下"的气势。

上海近郊战事的失利，令李秀成不得不亲自由苏州赶往前线。面对轻骑突击的太平军主力部队，华尔的"洋枪队"瞬间被打回

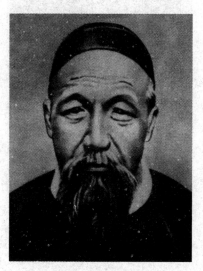

晚清名臣曾国藩

原形，不仅全军折损近半，华尔本人也身受 5 处战伤。面对再度危如累卵的战局，江苏巡抚薛焕不得不上奏清政府，希望刚刚升任两江总督、以钦差大臣督办江南军务的"湘军主帅"曾国藩能火速增援上海。

客观地说，在声势浩大的太平天国运动之中，因各种原因滞留乡里，趁势组建团勇参战的清廷高官大员不在少数。曾国藩既不是品衔最高的，也不是起兵最早的，但无疑是最为成功的一个。各中缘由除了时运之外，行事谨慎、网罗人才恐怕是曾国藩屡败仍能屡战、最终平步青云的重要助力。事实上早在江南大营崩溃之际，曾国藩便接到了清政府要求其"驰援苏常"。但当时仍身处安徽西南门户——宿松境内，部署围攻安庆事宜的曾国藩却并没有急于动作，而是连日与湘军大佬、湖北巡抚胡林翼，前军主将曾国荃、李续宜，幕僚名士左宗棠、李元度等人会商，讨论未来湘军的去向问题。

对于江浙一线的军事前景，胡林翼表现得颇为悲观，认为"全吴皆亡，东南之大命以倾，京师之仓廪已竭，天下之祸竟至此极乎"。但曾国藩却从中嗅到了湘军集团一展宏图的机会，虽然表面上仍是"吾辈不可不竭力支持，做一分算一分，在一日撑一日，庶冀挽回于万一"的持公之论，但同时却悄然展开了大张羽翼的人事安排。经过一番公文往来，曾国藩首先为左宗棠争取到了"京堂候补"的四品顶戴，由其返回湖南，组建湘军的后备梯队。但和所有的政治交易一样，曾国藩也必须为此付出代价。1860 年 7 月 28 日，在清廷的一再催促之下，曾国藩不得不将指挥部由宿松前推至黄山西麓的祁门境内，摆出全力支援江浙战场的架势。

湘军大佬胡林翼

从宏观地图上来看，祁门地处安徽南端，通闽广、接苏杭，上达安庆以扼南京，下抵南昌以控西陲，的确是"安庆不可弃、江苏不可进、君命不可违"的曾国藩最佳的选择。

但是具体到战场地形，为崇山峻岭所包围的祁门却并不理想，湘军指挥中枢所属各部队无法完整展开，只能沿屯溪、休宁、祁门到赤岭一线驻守，一旦遭遇太平军的突袭，后果不堪设想。因此曾国藩刚刚抵达当地，军中便有人提出祁门"形如釜底，乃兵家绝地"。这话如果是寻常将佐的牢骚，曾国藩可能也就一笑置之了，可偏偏屡屡劝诫他移师他处的正是以其心腹弟子自诩的幕僚——李鸿章。

今天的祁门大营遗址

祁门风云

曾国藩与李鸿章早年便已相识，1845 年 22 岁的李鸿章赴京赶考，按照清代儒林的"潜规则"，李鸿章首先找到了与自己父亲李文安为同榜进士的曾国藩门下。据说曾国藩对于李鸿章的诗才文章颇为欣赏，但这一年李鸿章却名落孙山，直到两年之后才被点为二甲第十三名，开始了自己的翰林生涯。而在此后的5年时间里，李鸿章与曾国藩保持着师生之谊。而就在1853年因母丧在家丁忧的曾国藩乘围剿太平天国的东风，组建起名为"湘勇"的团练武装之际，李鸿章也跟随同乡工部左侍郎吕贤基前往安徽，办理团练防剿事宜。

但是与曾国藩相比，同为六部侍郎的吕贤基却并没有在剿灭太平军的事业上干出一番成绩。究其原因，除了两人性格、才干之间的差距外，更为重要的是正处于"太平天国"进攻轴线之上的安徽省内，令出多门、权力分散。除了吕贤基之外，还有安徽巡抚蒋文庆、三朝老臣周天爵等大佬，对于眼前繁复的局面，吕贤基曾写信给周天爵提议："事当分任，团练专令歼除土匪；牧令守本境，统帅剿贼，不得远驻百里之外，以免推诿。"但这些话在当时的安徽省内显然没有执行空间。

1853年6月，太平军攻占安庆，巡抚蒋文庆战死，9月周天爵病死于军营。吕贤基似乎总算统一了安徽境内的军政大权，但此时吕贤基依为根本的舒城也同样处于太平军的兵锋之下。在《清史稿》中曾记载有人劝告吕贤基说："无守土责，未辖一兵，贼锋甚锐，可退守以图再举。"这个主张"以图再举"的人是否是李鸿章史料中并未给出明确的答案。但在吕贤基决定"以死报国"的同时，李鸿章以老父有病为名离开前线却是事实。

随着太平军攻陷舒城，李鸿章的第一次军旅生涯以失败告终

1853 年 11 月舒城陷落，吕贤基投河自尽，但李鸿章的军旅生涯却并未就此宣告结束。此后的几年里，李鸿章以幕僚的身份效力于新任安徽巡抚福济。福济是满洲镶白旗人，出身的优势加上曾出任过兵部侍郎，福济抵达安徽之后一度调兵筹饷，颇有一番气象。加上"太平天国"方面恰逢"天京变乱"，因此李鸿章在福济麾下参与了收复含山、巢县等战役，积累了一定的军功。但随着陈玉成、李秀成等太平军新生代将帅的崛起，清军在安徽的局势再度由安转危。眼见很难继续在福济手下建功立业的李鸿章，只能另谋发展。通过当时正在曾国藩军中"综理粮秣"的大哥李瀚章的关系，1858 年 12 月，李鸿章正式赶赴南昌投入曾国藩的幕府之中。

在李鸿章看来，自己投身湘军属于"强势加盟"，理应受到特别的礼遇。正是怀着这样的心理，李鸿章初到南昌之时一度生活散漫，晚睡懒起，对于曾国藩每天黎明时分"必召幕僚会食"的规矩更是颇多微词，最终忍不住直接以头痛相推辞。不想曾国藩不断派人来催，更直接表示"必待幕僚到齐乃食"，无奈之下李鸿章只能"披衣踉跄而往"，结果换来的却是曾国藩一句"少荃（李鸿章字少荃），既入我幕，我有言相告，此处所尚惟一诚字而已"的当众教训。而事实上这不是曾国藩第一次敲打李鸿章了，早在李鸿章多方托人表示希望加入"湘军"之时，曾国藩便挪揄其说："少荃翰林也，志大才高，此间局面窄狭，恐艨艟巨舰，非潺潺浅濑所能容，何不回京供职？"

曾国藩的一系列反应，令李鸿章"为之悚然"，更深知要在"湘军"之中闯出一片天地，唯有勤奋自勉。在此后的一段时间里，李鸿

曾国藩的幕府之中一度人才济济，李鸿章不得不更为勤奋

章虽然仅负责书记文字工作，但却干得有声有色。特别是弹劾新任安徽巡抚翁同文的奏折，成功为"湘军"的发展去除了政治上的一块绊脚大石。翁同文出身江苏常熟，道光年间进士出身，早年便投身以钦差大臣身份主管围剿"太平天国"的满族重臣琦善的麾下。1858年在接替福济出任安徽巡抚之后，更节制安徽省内各路清军，可谓"风头可劲"，更由此干涉起了"湘军"的行动。对于这样一个摆不正自己位置的安徽巡抚，曾国藩自然"除之而后快"。1860年初，利用翁同文麾下团练武装苗沛霖所部哗变的契机，曾国藩上奏对其进行弹劾。最终成功地将其赶回京城，不久更被"褫职逮问"。李鸿章在这个过程中为曾国藩捉刀起草各类奏折，深得其心。曾国藩夸奖其说："少荃天资于公牍最相近，所拟奏咨函批，皆有大过人处，将来建树非凡，或竟青出于蓝，亦未可知。"

可惜的是李鸿章并不满足于周旋于公牍文书之间的秘书工作，因此才在"湘军大营"进驻祁门之后不断制造舆论，希望能"及早移军"。李鸿章之所以如此积极，除了其年轻气盛、好发议论之外，很大程度上还在于"湘军"此时的动向与其尽早规复安徽全境、衣锦还乡的设想不符。面对军中不断要求移营的呼声，曾国藩虽然亲自出面，以"诸君如胆怯，可各散去"进行压制，但以他的老辣，自然不难看穿李鸿章的小算盘。因此驻守祁门后不久，曾国藩便出面向清政府保举李鸿章为两淮盐运使。

加入曾国藩幕府之前，李鸿章的正式官职为"从三品"的福建延建邵道（即延平、建宁、邵武三府道台），而两淮盐运使亦为从三品。仅从官阶上来看，此番人事变动对李鸿章而言不过是"平调"而已，但两淮盐运使掌管食盐运销、征课、钱粮支兑等业务，而延建邵道所属地区此时却正遭受太平天国的袭扰，李鸿章的前任袁绩懋便死于太平军的乱刀之下，"含金量"孰高孰低自然一目了然，何况曾国藩在保举李鸿章的奏折中还提议由其于淮扬一线"兴办水师，择地开设船厂"。如果真能顺利赴任，李鸿章可谓独掌两淮财政、水师大权，不仅本人平步青云，更能成为湘军布控江浙的重要一环。奏折刚刚送出，曾国藩麾下幕僚便纷纷向李鸿章道贺，甚至连湘军大佬胡林翼也亲自从湖北黄梅跑来找李鸿章"谈话"。一时间李鸿章在祁门的湘军大寨中俨然已是一颗冉冉升起的新星。但此时一场席卷华北的浩劫却令李鸿章的升迁之梦化为了泡影。

　　1859年6月20日，由20艘蒸汽战船组成的英、法联合舰队出现在了被清政府视为"海陆咽喉"的大沽口外。自1858年《天津条约》签署以来，中英两国的外交摩擦从未中断过。双方争执的焦点主要集中在英、法等国能否在北京开设公使馆、内地游历和内河通商等问题之上。为了逼迫清政府让步，英、法两国于是再次祭起了"炮舰外交"的法宝。面对来势汹汹的英法舰队，清直隶总督恒福不得不作出让步，允许英、法、美三国公使由北塘登陆，率领不超过20人的武装卫队前往北京，但这一要求却遭到了西方各国的一致拒绝。因为经过长时间的水文调查，英国海军认定排水量较小的浅水蒸汽炮艇可以由大沽口逆海河而上，直驱北京城下。

西方画家笔下的大沽口之战

　　英国海军的设想虽然并非天马行空，但却早已在清政府主战派的算计之中。1858年英法联军攻占大沽口，兵锋直指津、京，令清廷大为震动，因此在敌军撤走之后，清廷严令科尔沁亲王僧格林沁会同礼部尚书瑞麟整饬海防。出生于叶赫那拉氏的瑞麟虽然是因为"袷祭太庙，读祝洪亮"而在政坛崛起，但在清政府的内外交困中也逐渐成长为一位军事统帅。他来到天津之后，立即着手恢复直隶师，同时在大沽口内外设置障碍，排列三道拦河铁链，配置铁戗，安设木栅，连成巨筏，以阻拦敌舰闯入。来自蒙古草原的僧格林沁虽然对海战没什么经验可言，但却也深知延展防御纵深的重要性。根据他"分驻要隘，诱敌深入"的战略，清军不仅将大沽口原有的南、北岸的炮台由原来的4座增加到7座，安装岸炮64门；另在北岸石头缝地方新建炮台1座，作为后路策应。炮台周围均筑坚固堤墙，包挖壕沟，竖立木栅，加强防护。

6月25日，经过了一番备战之后，英法联合舰队选择了在黎明时分起锚，突入大沽口，但是面对新增的海栅他们一直忙到下午两点才勉强清出了一条航道。而此时进攻的突然性已经荡然无存，大批清朝炮兵已经进入僧格林沁所预设的阵地，潜伏待敌。英国海军显然对"所有炮台像怪物似地沉睡在沙岸上，听不到它们的一点声音，也看不到什么旗帜"的战场态势颇不适应。下午3时许，英国远东舰队指挥官贺布少将终于按捺不住，命令舰队向岸边的目标开火。

出现在大沽口外的美国战舰"波士坦"号

贺布显然高估了自己的实力，在整个英法联合舰队之中，仅有1艘蒸汽巡洋舰和1艘护卫舰，其余均为排水量较小、火力孱弱的炮艇。其中充当前锋的11

艘浅水蒸汽炮艇，总计仅有48门火炮。随着战斗打响，清朝陆军大批为草席所伪装的大炮齐声开炮，深入海河的英军战舰很快便在南北交叉火力的打击下溃不成军。一个小时之内，英国海军参战的炮艇便悉数负伤，旗舰"鸻鸟"号被击毁，炮艇"茶隼"号和"庇护"号被击沉，"鸬鹚"号等炮艇搁浅。在6艘炮艇丧失战斗力，4艘被击毁击沉，指挥官贺布亦身负重伤的情况下，联合舰队不得不铩羽而归，暂时退守杭州湾。消息传到伦敦，向来以"鹰派"自诩的首相帕麦斯顿

攻占大沽口的英国锡克族士兵以及雇用的
中国挑夫

随即宣布："我们要派一支陆海军攻占北京，赶走中国皇帝。"大批英、法远征军以香港为中心向远东集结，仅仅一年之后1.7万名英国陆军已经在香江两岸整装待发。

1860年8月1日，英法联军在30艘战舰的掩护之下于北塘登陆。此时在紫禁城中焦头烂额的咸丰皇帝奕詝已经完全失去了与英、法决战的勇气，一味要求僧格林沁"总须以抚局为要"，以避免出现"兵连祸结，迄无了期"的局面。而僧格林沁则自信自己麾下蒙古兵卒"马步兜击"的威力，放弃了大沽口两翼的海岸防线。在几乎没有遇到抵抗的情况下，5000英军先头部队在北塘很快便建立了牢固的桥头堡，在连续12天没有遭遇清军反击的情况下，英军出动小股部队向大沽口方向挺进。

面对英法联军大军压境，清廷方面自然要号召各地驻军"北上勤王"，而曾国藩手中的湘军集团虽然远离战场但也在征调之列。对于北京方面局势，曾国

藩表面上"四更成寐，五更复醒，念夷人纵横中原，无以御之，为之忧悸"，但实际上却按兵不动、心存观望。而其真实的想法在家书中更是一览无余："与其不入援而同归于尽，先后不过数月之间，孰若入援而以正纲常以笃忠义？纵使百无一成，而死后不自愧于九泉，不诒讥于百世。"显然在曾国藩看来，入援京师无非是"正纲常、笃忠义"而已，其结果必然是"百无一成"甚至"同归于尽"。而在僧格林沁兵败新河，英法联军海陆夹击攻占大沽口炮台的情况下，8月23日英法联军趁势向天津进军，早已无心恋战的直隶总督恒福授意天津知县开城投降。

Le pont de Pa-li-Kiao, le soir de la bataille. — Dessin de E. Bayard d'après une esquisse de M. E. Vauvori (album de Mme de Bourboulon).

西方画家笔下的八里桥战场，充满了意淫和夸张

身在祁门的曾国藩接到战报，虽然在日记中写道"惟天津兵败，洋鬼猖獗，僧邸退至通州，京师人心惶惶，实为可虑"，但勤王的计划却依旧处于军议的阶段。9月18日，英法联军进逼通州防线的前哨——张家湾。僧格林沁接战不利，被迫退守通州八里桥。清政府与英、法之间打打停停的已近4年的全面冲突最终迎来了决战时刻。经历了新河之败和张家湾战役，僧格林沁已经深知英法联军正

面火力强劲，之所以放弃通州一线，退守距离北京城仅20公里的八里桥，便是期望借用地利之便给对手以重创。所谓"八里桥"实际上是通州百姓对始建于明正统十一年（公元1446年）的"永通桥"的别称，作为京南通惠河水系的主要交通枢纽，选择在八里桥一线布防，僧格林沁一是谋求依托当地河网，同时在八里桥周围的灌木丛林临时构筑了战壕和土垒。僧格林沁的意图很明确，那就是以步兵和工事先行阻击对手，等待英法联军攻势受挫之后再以骑兵实施反攻击。但最终在英法联军火力迅猛和训练有素的优势面前，将帅失和的清军一败涂地。而八里桥之战彻底浇灭了清政府主战派的热情，消息传到北京，咸丰皇帝第二天便以"木兰秋狝"的名义逃往承德避暑山庄，将守备北京及与英法交涉的任务交给了自己的兄弟——恭亲王奕䜣。

得到咸丰帝逃离北京的消息后，曾国藩一方面"且愧且愤，涕零如雨"，另一方面却在家书中写道："今銮舆播迁，而臣子付之不闻不问，可谓忠乎？万一京城或有疏失，热河本无银米，从驾之兵难保其不哗变。"站在后人的角度之上，我们很难理解曾国藩"食君之禄、忠君之事"的情怀。但是纵观全局，如果清政府中枢此时在热河崩溃，那么太平天国和湘军集团无疑将是最大的受益者。事实上就在英法联军逼近北京的同时，太平天国高层产生了趁势"扫北"的念头。不过和此前的"北伐"相比，太平天国对如何利用清廷兵败通州一线的有利战机并没有太过明确的战略部署，只是盲目地认为自己与英法联军"既系同教，宜切同胞"，英法联军理所当然地会给予北上的太平军支持。而在具体的部队选调之上，由于"英王"陈玉成所部正在安庆地区与湘军缠斗，因此只能调动正驻足于上海城外的李秀成麾下诸师。

自8月2日在青浦城下大败华尔的"洋枪队"以来，李秀成对上海所展开的攻坚战可谓一波三折。8月12日，李秀成挟战胜之威再克松江府城。困守上海的江苏巡抚薛焕在外援难至的情况下，只能乞求西方列强出面干预。不愿失去在上海这一远东桥头堡的英国公使普鲁斯随即写信向李秀成声明"上海县城和租界已由英法防守，将对试图接近的一切武装开火"，与此同时，英法联军开始接管上海的防务。由于种种原因，李秀成最终并未收到英国方面"先礼后兵"的警示，还抱着与洋人"有约"的误解。在 8 月 18 日进逼上海西门、南门的行动之中，甚至出现了在太平军遭到英军抵近射击、伤亡惨重的情况下，仍坚持不予还击，并一再向城中喊话的惨烈景象。

8 月 19 日，李秀成再度致书各国公使，仍无结果，加上此前城内清军趁势反击令太平军损失惨重，最终令李秀成坚定决心，于当日发动强攻。可惜的是行动尚未展开，忠王所部于跑马场外竖起的大旗便招来了英、法军队密集的炮火，乘轿指挥的李秀成本人，面颊也被弹片击伤。巨大的伤亡和原本寄予厚望的"内应"失利，最终令李秀成决定于 8 月 24 日从上海周边全线后撤。

西方画家笔下注重仪仗的太平天国王侯

或许是上海城下的失利令李秀成看透了西方列强所谓"中立"的假面具，也可能是吸取了 1853 年林凤祥、李开芳孤师北伐全军覆没的前车之鉴，总之，李秀成对天京方面委任给他的"扫北"任务并不起劲。而英王陈玉成在离开苏州重返安徽战场之后，虽也一度将主力部署于里下河到滁州一线，摆出为李秀成所部开辟"扫北"通道的姿态，但终究不愿舍弃自己在安庆的根据地。在这样的情况下，1860 年 9 月 24 日陈玉成再度前往苏州与李秀成会晤，商讨下一阶段配合作战的相关事宜，但两人的正式会晤尚未开始，便传来了驻守常熟的太平军将领黄文金、李远继丢失梅里、芝塘等镇的消息。事实上袭扰梅里等地的不过是逃窜江北的何年年、沈大茂等土匪武装，以黄文金所部的兵力，并不难将其击退。之所以非要选择在这个时候向苏州报告，并非是"欲派兵进剿又恐误伤良民"，而是故意选择自己的直系领导陈玉成正在苏州的时候来彰显自己的存在。

黄文金"遣使投禀"的这则战报，无疑为陈玉成、李秀成之间的苏州会议埋下了一个难解的心结。雄踞苏州的李秀成自然不愿卧榻之侧还有他人鼾睡，因此接到战报之后随即便将常熟战区的指挥权问题摆上了桌面。而好不容易在富庶的江南打入一个楔子的陈玉成也不肯做出让步。会议一度陷入了僵局，直到洪仁玕再度抵达苏州调停，陈玉成和李秀成才达成了"南北夹击、会师武汉"的二次西征计划。所谓"南北夹击"指的是陈玉成所部由长江以北出击，扫荡皖北、河南，李秀成则率师由江西、皖南直捣湖北，两军均以武汉为目标，计划再度采用"围魏救赵"的战略，一举解除湘军集团对安庆的围困。

这个计划对于陈玉成和洪仁玕而言，可谓势在必行，安庆根据地对陈玉成的重要性自不待言，而在洪仁玕看来安庆更是天京上游的门户。面对不愿西征的李秀成，洪仁玕曾发表了一番宏论："自古取江山，屡先西北而后东南，盖由上而下，其势逆而难，况江北之北，河之南，自称为鱼米之地，前数年京内所持以无恐者，实赖有此地屏藩资益也。今弃而不顾，徒以苏杭繁华之地，一经挫折，必不能久远，今殿下云有苏浙可以高枕无忧，此必有激之谈，谅殿下高才大志，必不出此也。夫长江者号为长蛇，湖北为头，安省为中，而江南为尾。今湖北未得，倘安徽有失，则蛇既中折，其尾虽生不久。"对于洪仁玕的战略分析，李秀成虽然表示"特识高见，读之心惊神恐"，但仍坚持"今敌无可败之势，如食果未及其时，其味必苦，后当凛凛"。认为东南的新根据地尚未巩固，上海、湖州等尚在敌方手中，全军西进，孤注一掷去救安庆是徒劳无功，甚至是危险的，主张首先经营苏浙两省，然后"即取百万买置火轮二十个，沿长江上取，另发兵一支南进江西，发兵一支进蕲黄，合取湖北，则长江两岸，俱为我有，则根本可久大矣"。

太平天国最主要的三位王侯在苏州的争辩，最终以陈玉成愤然离场而告终。李秀成拒不合作的态度，令身处天京的洪秀全颇为愤怒，下严诏命其立即"扫北"，李秀成不敢"逆主之命"，但却又不愿意北上中原，只能借口江西德安等地天地会起义军纷纷差使至苏州，表示愿意投靠太平军，李秀成于 1860 年 10 月离开苏州，缓步投身于太平天国的第二次西征之中，而此时的陈玉成已经过天京率部渡江北上，于皖北定远会合捻军张乐行等部。但此时陈玉成却并未选择继续西进，执行"会师武汉"的计划，而是南走庐州、桐城。陈玉成之所以选择改变进攻轴线，主要缘于陈玉成与李秀成会攻江南大营，解天京之围困的近 10 个月的时间里，湘军已经从容地对安庆形成了合围的态势，布置了严密的内外防御体系。面对安庆城内岌岌可危的形势，陈玉成只能先行集中兵力赶往救援。

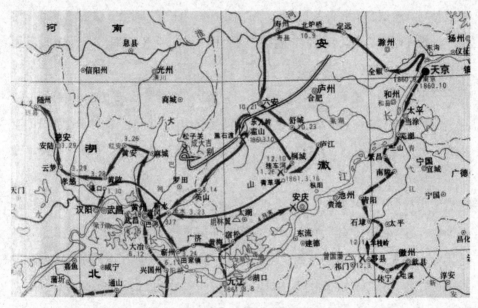

太平军第二次西征略图

1860 年 11 月下旬，陈玉成于桐城西南挂车河一线集中太平军、捻军十余万众，联营四十余座，准备与清政府军多隆阿部、湘军李续宜部决一死战。但此时陈玉成麾下的太平军已经长期连续作战，兵困马乏、士气低迷，捻军内部更是派系林立，缺乏协同，因此陈玉成的攻势尚未展开便遭到了多隆阿、李续宜先发制人的迎头痛击。被打了个措手不及的陈玉成损兵折将，只能退回庐州休整。而就在挂车河的捷报传到祁门之时，曾国藩却不得不面对一场空前的危机。

否极泰来

　　曾国藩自组建湘军以来，虽然自诩"屡败屡战"，但也曾三次对前途命运倍感绝望，甚至有轻生之举。其中第一次是 1854 年，亲率水陆两军万余人，大张旗鼓誓师出征的曾国藩于湖南靖港遭遇太平军的伏击。曾国藩起初还颇为镇定，"亲仗剑督退者，立令旗岸上曰'过旗者斩'"，但结果却是"士皆绕从旗旁过，遂大奔"。气愤之余，曾国藩只能"自投水中"。第二次则是 1855 年与太平军会战于湖口，为石达开所败的曾国藩，面对"座船陷于贼，文卷册牍俱失"的局面，曾一度丧失理智，准备"策马赴敌以死"。而他的第三次轻生则发生在 1860年 12 月的祁门大营之中。

　　陈玉成兵败挂车河的同时，李秀成在皖南、赣北一线却是高奏凯歌。早在陈、李二人决定发起第二次西征之时，留在安庆附近长江两岸的太平军李世贤、杨辅清所部便在皖南与赣北一线展开牵制性进

李元度先生遗像（天岳山樵 38 岁小影）

李元度画像

攻。而随着李秀成主力西进，驻守常熟的黄文金被李秀成以"擅违期限，不先申禀缘故"的名义移防芜湖，也被迫加入了西征的行列，加上驻守池州的"右军主将"的刘官芳所部，太平军一度在皖南、赣北形成了五军齐发的态势。而与之形成鲜明对比的是，曾国藩在祁门大营以东仅有非嫡系的张运兰所部三千余人。为了扩大防御纵深，曾国藩不得不将自己的心腹幕僚李元度从浙江前线调回，为其求得徽宁池太广道台一职，希望其能在徽州地区组建防线，保障祁门大营的安全。

李元度虽是举人出身，但多年跟随曾国藩南征北战，已是一名屡立战功的武将。1857年8月，太平军石达开所部以二万大军猛扑浙赣交界的玉山县城。李元度仅以七百守军，通过"断敌浮梁""掘壕以防地道""伏兵邀击"等战术，最终迫使太平军"技穷引去"。正是基于守御玉山的成功案例，曾国藩一度对李元度寄予厚望。但李元度马不停蹄地从温州赶往祁门之时，李秀成之弟李世贤已经攻破宁国。而李元度赶到徽州不过三天，太平军便突破绩溪丛林关天险。李元度虽然组织部队展开反击，但最终仍无力抵挡太平军汹涌的攻势，徽州失守，李元度仅以身免。

应该说从战场态势来看，李元度并不应该对徽州失守负主要责任，而其在湘军服务多年，更是功劳、苦劳兼备。但令湘军上下都没有料到的是，消息传到祁门之时，曾国藩竟第一时间要求李鸿章拟稿弹劾李元度。对于这一决定，李鸿章表达了自己的不同意见，声称"果必奏劾，门生不敢拟稿"。起初曾国藩还认为李鸿章只是不愿替自己背负"大义灭亲"的骂名，表示"我自属稿"，没想到李鸿章更进一步以"若此则门生亦将告辞，不能留侍矣"相要挟。曾国藩虽然表面上表现得很淡定，用一句"听君之便"就送走了李鸿章，但在其日记原稿之中，仍能看到对李鸿章表现的种种不爽："日内因徽州之败，深恶次青（李元度），而少荃（李鸿章）不明大义，不达事理，抑郁不平，遂不能作一事。"

李鸿章在此时离开祁门大营，表面上看是秉持公心"乃率一幕人往争"，但从战场环境来看，却有临阵脱逃之嫌。因为就在李鸿章离开祁门大营后不久，李秀成便亲率军三万自太平赶至祁门参战，当天即突破天险羊栈岭并占领黟县，距祁门仅60里，大有"朝发夕至，毫无遮阻"之势。曾国藩日夜不安，写信给其弟曾国荃表示："张（运兰）军前后受敌，全局大震，比之徽州之失，更有甚焉。"甚至不耻下问："求守垒之法，贼来则坚守以待援师，倘有疏虞，则志有素定，断不临难苟免。"曾国藩所谓的"断不临难苟免"自然指的是万一祁门被攻破便准备自杀殉国。因此在那段时间里，曾国藩除了频繁登上澄桐林岭等制高点眺望战场，便是"手书遗嘱，帐悬佩刀，拟以身殉"。

太平军围攻祁门简图

此时祁门周边地区几乎已经全部为太平军所控制，李世贤部在东南方的休宁，西南景德镇一带是黄文金部，刘官芳部在东北方向，李秀成部自南面进抵婺源，从客观上对祁门大营形成了四面合围之势，且皖南太平军兵力一度十倍于湘军，使得在祁门的曾国藩深感危机四伏。但李秀成所率太平军主力在遭遇张运兰所部阻击后，又发现湘军悍将鲍超率部赶来支援，竟放弃祁门改由箬岭赴休宁、徽州，取道屯溪，直奔江西去了。

此后黄文金又以2万之众自饶州府分数路攻打景德镇，意图切断祁门大营后方补给线，但被在景德镇的湘军左宗棠部所击退。2月18日，赶来增援的湘军鲍超所部与左宗棠联手，在景德镇西北的洋塘谢家滩与黄文金展开激战，太平军一再失利，退往建德，此后又放弃建德，退往芜湖休整，至此太平军祁门大营攻击作战基本宣告结束。纵观这一时期太平军对祁门的围攻，除了没有一个合力进攻的总体计划，没有统一协调指挥之外，更为重要的是此时太平军诸将各有算盘。李秀成、李世贤兄弟急于经略江西、浙江，扩大自身的根据地；黄文金被调离常熟之后，便视芜湖为自己的禁脔。因此除了池州方面的刘官芳外，其余诸部对强攻祁门均不热心。

进入 1861 年之后，湘军祁门大营方面的压力虽然有所减轻，但面对太平军来势汹汹的"第二次西征"，仍一度陷入顾此失彼的窘境之中。进入江西境内的李秀成会合了石达开旧将汪海洋等部，严重威胁着湘军的主要补给区——抚州、建昌一线，令曾国藩不得不做出相应的部署："抚、建去省甚近，关系甚大，已飞调鲍超一军，由九江一带驰赴江西省城，先顾根本，次援抚建。"当然曾国藩更为担心的是李秀成攻占抚州、建昌之后，会进一步威胁九江和南昌。事后湘军方面也不得不承认"伪忠王一股，若从建昌直捣樟树、瑞、临，则江西固将糜烂，两湖亦为震动，安庆之围且不攻自解"。但此时李秀成的总体战略目标毕竟是直捣武汉，在屯兵于建昌城下二十天却未能攻克的情况下，李秀成选择率部绕路西进，于 5 月 15 日攻占瑞州（今江西高安市）。

在瑞州一线，李秀成封官晋爵，设立乡官，很快便将这座江西古城建设为太平军北上武汉的前进基地。1861 年 6 月，李秀成分兵北上，沿途不断扩军，6 月 12 日攻占武昌县城之时，全军已达 30 万之众（一说 50 万）。而在长江以北，陈玉成所部也早在 3 月突破湘军霍山防线，进抵距离武汉仅 70 千米的鄂东重镇黄州。可以说事态发展到这一步，太平天国方面此前所制定的"南北夹击、会师武汉"的计划已接近完成。而湘军方面由于主力系数集中于安庆周边，武汉一线防守空虚。太平军只要向前稍挺进一步，武汉即可拿下无疑。有人描述当时的情况说，"贼破黄州时，武昌城人民一空，不堪笔叙，各粮台军火总局闻警散尽。阎丹初（即清总办前敌后路粮台兼理营务阎敬铭，丹初是他的字）呼唤不灵，愤极自尽，几断气……咏公（胡林翼）夫人执不肯出署，言必须兵临城下再定行止。

诸当事力劝两日，见满城已无人，始行听劝携幼子下河。……仅余秀相（官文）司道数人在省垣以内而已。土匪白日城内劫掠当铺钱店"，可见其混乱不堪之状！胡林翼远在安徽太湖，鞭长莫及，急得他"五心烧热如火炙"，夜间"吐浓紫色血"，抱怨曾国藩"笨人下棋，死不顾家"，可见太平军"合取湖北"的策略对清政府打击之大。

但恰恰就在武汉城下，陈玉成和李秀成先后停止了进军的脚步。究其原因，除了陈玉成顾及安庆战事，李秀成得知李世贤、刘官芳两军兵败乐平、黟县，清军威胁其后方之外，更重要的一点是，此时的英、法方面已与清政府签署《北京条约》，不仅正式结束了敌对状态，而且英、法两国出于自身的利益考量，不希望武汉这座位于长江流域的重要商埠落入太平天国的手中。3月22日，英国驻华参赞巴夏礼赴黄州会见陈玉成，极力阻挠其进兵武汉。巴夏礼之所以如此积极地展开外交斡旋，主要缘于1861年3月，英国驻上海领事署单方面颁布所谓《扬子江贸易章程》，将汉口、九江辟为通商口岸，设置领事馆。而陈玉成面对相对复杂的外交事务也缺乏应有的经验，只能片面地从军事的角度出发去权衡利弊。

汉口英租界无疑是英国控制长江中游的重要据点

显然在陈玉成、李秀成看来，发动第二次西征的最终战略目标还是"围魏救赵"，逼迫湘军从安庆前线回援。而事实证明，尽管两路太平军逼近武汉，但湘军却并无回师之意。相反老奸巨猾的曾国藩已看出太平军"围魏救赵"的计划，早在陈玉成屯兵黄州期间，曾国藩便严令各部加紧进攻安庆，提出"迅克安庆……大局乃有挽回之日"。事实上率领湘军精锐"吉字营"的曾国荃对安庆的合围已近一年之久，但面对太平军安庆城外密布的堡垒，曾国荃始终秉承稳扎稳打的战术理念，甚至不惜人力在安庆城外东、北、西三面挖掘深2丈、宽3—5丈的两道壕沟，以外壕阻击援军，内壕防止突围，一时人称"曾铁桶"。在曾国荃看来安庆连通外界的地面道路已被封锁，南面的长江也被湘军水师封锁，自己大可不用消耗湘军便可困死守军。但在哥哥曾国藩的严令之下，曾国荃还是不得不走出壕沟，主动向安庆进击。

面对自己根据地遭遇猛攻的消息，身处武汉的陈玉成再也坐不住了，只能率部回救。4月29日，陈玉成抵达安庆城北的菱湖，与安庆守将叶芸来所部隔湖相望，并通过小船源源不断地向城内运送补给。太平天国的最高领袖，身处天京的洪秀全也深知安庆得失对整个战区的重要影响，遂令干王洪仁玕、章王林绍璋领军出天京，会合桐城一带的太平军吴如孝部，以黄文金出芜湖西援安庆，同时联络皖北的捻军南下。一时间原本"南北夹击、会攻武汉"的计划，变成了英王回救安庆，忠王进攻武汉的两处"独角戏"。

此时对于整个战局的发展，曾国藩有着高屋建瓴的认识，在

曾国荃画像

写给曾国荃的信中他说："无论武汉之或保或否，总以狗逆（陈玉成）回扑安庆时官军之能守不能守，议定乾坤之能转不能转。安庆之壕墙能守，则武汉虽失，必复为希庵（李续宜）所克，是乾坤有转机也。安庆之壕墙不能守，则武汉虽无恙，贼之气焰复振，是乾坤无转机也。"因此除了抽调景德镇方面的鲍超所部 6000 人驰援安庆之外，还将驻守安徽太湖的总兵成大吉所部 5000 人调入战场，显然是要将"死不顾家"的蛮干进行到底。

在双方各自均投入重兵的情况下，安庆周围的湘军与太平军已形成互绞之势，胜负的天平如何倾斜便取决于谁能得到其他战场的支援。因此双方的目光便都转移到了安庆以北的桐城方向，在那里干王洪仁玕正统率着由天京赶来的生力军与多隆阿的清军对峙。如果太平军能够击破清军在这一地区的挂车河大营，那么安庆地区的形势便将转危为安。但面对起于行伍的满族悍将，陈玉成尚且讨不到便宜，洪仁玕和林绍璋又表现如何呢？

1861 年 5 月 2 日，多隆阿趁洪仁玕所部立足未稳，主动进攻练潭、横山铺一线，果然这一地区的太平军营垒不坚，旋被攻破。随后多隆阿又以马步夹击的成名绝学，击败由新安渡赶来支援的太平军。经此一役，洪仁玕和林绍璋所带来的天京方面军已伤筋动骨、无力再战。好在 5 月 3 日，太平军黄文金部及皖北捻军约三万人赶到，扎于桐城东南面的天林庄，太平军方面才勉强稳定了战线。客观地说，多隆阿所统马步各营才共达 4000 余人，但胜在驻守挂车河已久，熟悉地

多隆阿麾下的满蒙骑兵

形，而各路来援的太平军鞍马劳顿不及休整便草率进攻，最终只能是被对手各个击破。5月6日，黄文金部与洪仁玕部联手，兵分两路，分别进攻清军的新安渡防线和挂车河大营，但却遭到多隆阿伏击，伤亡惨重。5月11日，多隆阿自新安渡、挂车河进攻天林庄，黄文金不敌，退至桐城东面的孔城镇。一度被陈玉成寄予厚望的桐城援军反而成为需要其支援的战略缺口。

桐城方向的太平军缘何要在准备不足、敌情不明的情况下，急于发动进攻？除了安庆方面的局势的确颇为危急之外，不得不归咎于洪仁玕和林绍璋两人的无能。洪仁玕虽然身为太平天国的"军师"，但从未有过单独领军的经验。而林绍璋虽然从金田起义起便跟随太平军转战南北，但无大将之才。昔日曾国藩兵败靖港之后，林绍璋趁势率军奔袭湘潭，不料竟被曾国藩军中的满族副将塔齐布所败，最终令太平军席卷湖南的计划落空。此后林绍璋逐渐脱离太平军一线指挥岗位，与蒙得恩、李春发共同把持太平天国的中枢朝政。

对于洪仁玕和林绍璋的拙劣表现，陈玉成可谓"看在眼里，急在心中"。5月19日，陈玉成亲率数千精锐离开菱湖北岸的大营赶往桐城，但途中又遭多隆阿阻击，损失千余人。而陈玉成抵达桐城之后，虽然与洪仁玕等人达成会攻多隆阿的相应计划，但5月24日清晨，太平军及捻军约二万人兵分三路扑向挂车河大营之时再度被多隆阿的伏兵所击退。而就在陈玉成离开安庆前线之时，湘军鲍超、成大吉两部抵达战场，开始围攻集贤关外赤岗岭之上的太平军营垒。

集贤关为安庆的北大门，太平军于赤岗岭一线修筑营垒四座，部署有悍将刘玱琳麾下4000余人的精锐部队。陈玉成的计划自然是依托赤岗岭的有利地形长期阻击湘军有生力量，为安庆战局争取转圜的余地。但湘军初战为刘玱琳部所击退之后，便改变战术，在赤岗岭附近修筑炮台数十座，自6月2日开始，不断轰击赤岗岭四垒。在对手的优势火力面前，太平军的营垒被先后摧毁，刘玱琳坚守到6月10日，也不得不率部突围，最终被俘，处斩于湘军水师统领杨岳斌的营中。太平军在挂车河一线的持续失败以及赤岗岭的易手，无疑都吹响了安庆陷落的号角。此刻对于陈玉成而言，他唯一的期望只能是驻守安徽无为的太平军辅王杨辅清所部，以及仍徘徊于江西境内的忠王李秀成能够及时回援。

湘军悍将鲍超

在江西瑞州养精蓄锐的李秀成，于 1861 年 5 月末分兵两路北上、攻略武汉，此时湖北兴国、大冶、武昌、江夏、通山、通城、嘉鱼、蒲圻等地义军纷纷加入太平军，兵力一度达三十多万。驻守长江北岸黄州的太平军赖文光所部也与之隔江相望，并有书信往来。身为湖北巡抚的胡林翼倍感压力，除了亲率主力从安徽太湖回援之外，还从安庆方向抽调出成大吉所部。对此曾国藩颇为不满，宣称："尔兵至鄂省南境，更进则武昌动摇，皖围撤矣！"但就在局势似乎对太平军颇为有利的情况下，英国驻汉口领事金执尔却赶至兴国面见李秀成，重演了数月前巴夏礼的故伎，极力劝阻太平军进攻武汉。客观地说，有过上海外围与英、法干涉军交火的经历，李秀成对西方殖民者唯利是图的嘴脸应该有比陈玉成更为清醒的认识。但面对金执尔的如簧巧舌，李秀成停止了进军的脚步。

从后世的角度出发，李秀成的选择有着充足的理由。一方面，其麾下人马众多，但大多都是未经战阵的新兵，如真与湘军回援武汉的李续宜、彭玉麟、胡林翼所部精锐交战，胜负难料；另一方面，太平军集结于江西地区的部队多为陆军，

031

仅靠沿途征集的民船和划子显然无法与湘军水师以及随时可能参战的英国军舰交锋。当然更为重要的是此时李秀成得知其弟李世贤在乐平、刘官芳在黟县被清军所败，担心退路被截断的李秀成自然更愿借金执尔的坡下驴，传命全军原路东返。当然李秀成的突然回师同样惊出了曾国藩一身冷汗，毕竟武汉是胡林翼的地盘，而江西南昌却是湘军的后勤基地所在。而李秀成如果继续东进，则可能再度威胁祁门大营的安全。因此曾国藩不得不再度抽调鲍超所部南下"由九江直捣建昌，先保江西省城"。安庆城下的局面似乎再度回到了原点。

瓜熟蒂落

时间进入 1861 年 7 月，随着鲍超、成大吉两军的先后调走，安庆城下又形成了曾国荃与守将叶芸来对峙，桐城方面陈玉成猛攻多隆阿部的局面。客观地说，仅就兵力而言，太平军方面随着杨辅清所部的抵达仍占据着一定的优势，但湘军胜在营垒坚固、火器犀利。与此同时，一股投降主义的风潮悄然弥漫于太平军的内部。应该说自金田起义以来，太平天国内部便钩心斗角、内讧不断。但在对抗清政府的立场上，太平天国各路王侯将相之间始终保持着忠贞的"革命热情"。正是在这股热情的趋使下，太平天国运动中涌现出了许多视死如归的烈士，如林绍璋之兄林凤祥，率部北伐不幸兵败之后，面对活剐的酷刑仍"刀所及处，眼光犹视之，终未尝出一声"。

但自天王洪秀全与东王杨秀清、北王韦昌辉、翼王石达开内斗连场的"天京变乱"以来，许多太平天国的信仰基础开始动摇。在"天父杀天兄，终归一场空，打起包裹回家去，还是当长工"的歌谣声中，身为右军主将的北王韦昌辉之弟——韦志俊便于"天京变乱"后向清政府投降。既然所谓的"广西老兄弟"都脱离了太平军的队伍，那更不用说赣皖苏浙等地新近加入起义队伍的后进了。而自安庆被围之后，太平军与湘军之间悬殊的火力差距，更令一些意志不坚者选择了临阵倒戈。其中最为著名的莫过于太平军安徽桐城籍将领程学启。

1853年太平军攻占桐城，"好谈兵事，不事生产，唯喜任气使侠"的程学启便投入陈玉成的军中。由于其家族在桐城地区世代务农，因此广有人脉。程学启自行募兵乡里，以五百精兵自成一营。面对这位"人地相宜"的新晋将领，陈玉成和安庆守将叶芸来对其都颇为倚重。叶芸来甚至将自己的弟妹之女许配给他。程学启也凭借着这一裙带关系，受封"弼天豫"之职。但在安庆保卫战之中，面对湘军的长围，程学启却选择了倒戈相向。关于其叛降曾国荃的原因，后世给出了一个颇为离奇的答案：程学启早年丧母，由族人程惟栋之母抚养长大，曾国荃抓住这一弱点，逼迫程学启养母入营劝降。面对忠孝难以两全的困局，程学启最终选择了背弃太平天国。但讽刺的是，程学启率领丁汝昌等麾下干将，持械骗开营门投奔清军之时，却将自己的养母抛弃在安庆城内。

面对程学启的叛降，负责与其接洽的曾国藩十弟曾国葆一度"遽跣足出视"，堪比官渡之战中曹操迎接许攸。但在树立一个榜样之后，湘军却对太平天国的接踵而来的投降者举起了屠刀。在攻略赤岗岭上的太平军营垒之时，湘军便成功地诱降了大部分守军。但等待着这些放下武器的太平军士兵的，却是"三垒出降，全数杀

曾国藩的十弟曾国葆

东王杨秀清的铜像

之"的命运。此后曾国荃又于 7 月 8 日督军对菱湖南岸的太平军 18 处营垒发动总攻，连受挫败的太平军士气低落，更出现了成建制集体投降的情况。对此曾国荃不无得意地在写给好友金逸亭的信中宣称："于初一早，将菱湖十八垒一律荡平，生擒老贼五千余杀之。其击毙溺毙贼三千余，无一名漏网者。"曾国荃所列举的数字或许有"注水"的成分，但随着赤岗岭和菱湖南岸的陷落，安庆守军对外联系被完全切断，彻底沦为一座孤城。而在李秀成率主力在江西、浙江一线与李世贤会师，一时并无驰援安庆打算的情况下，陈玉成只能指望中军主将杨辅清伸出援手了。

杨辅清是昔日太平天国"二当家"杨秀清的族弟，在东王杨秀清权倾朝野之时，杨辅清率军离开天京，增援江西战场，因此幸运地躲过了"天京变乱"的浩劫。此后杨辅清一度依附于负气出走的石达开，但最终还是选择了"返旗天朝"。洪秀全对其颇为倚重，特意撤去了自己亲信蒙得恩"中军主帅"的位置，以杨辅清代之。

对于杨辅清的军事才能，史学家们向来褒贬不一。但可以肯定的是，作为昔日"东王系"政治遗憾的直接继承人，杨辅清的麾下云集着太平军最为骁勇善战的精锐。也正是在这些骨干的支撑之下，杨辅清可以在兵力少于陈玉成、李秀成等后起之秀的情况下，牢牢掌控着皖南的地盘和"中军主帅"的位置。面对陈玉成的求援，杨辅清的反应还是积极的。但在具体救援安庆的战略上，杨辅清似乎更愿意执行此前"围魏救赵"的方略，因此在《清史稿》中记载了在 1861 年 7 月末 8 月初，正值安庆城外攻防交战最为激烈之时，陈玉成竟然"纠（杨）辅清众十余万自无为州犯英山，绕宿松，径攻太湖，为救援安庆计"。我们很难想象在这条道路上已经杀了两个来回的陈玉成此刻又有西征武汉的热情，从无为直趋太湖的行动似乎更符合盘踞皖南的杨辅清的战略利益。

杨辅清所部作为安庆战役中太平军一方的生力军，其出场之时一度气势逼人："寇（太平军）排队山冈作长蛇势。复有寇数万自龙山宫对岸至塔下，袤延二十余里。"但实际结果却是面对太湖方面"坚守不动"的清军，"汹涌潮进"的太平军最终不敌"城中飞丸"，不得不解围而去。随后陈玉成和杨辅清所部又转向北线，试图和桐城方向的洪仁玕、林绍璋合围多隆阿所部，但频繁的战略机动早已令太平军疲惫不堪，即便陈玉成和杨辅清亲自上阵"援桴鼓督军，挥刀砍不前者"仍未能挫动对手的防线。陈玉成与杨辅清只能退守高河铺、马鞍山一线。太平军不仅未能在安庆外线打开局面，反而连桐城也陷入了清军的围困之中。

1861 年 8 月 7 日，湘军以程学启所部降军为前锋，偷袭安庆北门外的太平军营垒。程学启自加入湘军以来始终不受信任，眼见赤岗岭、菱湖南岸太平军降卒的累累尸骸，只能全力死战。因此很多史料之中记载其不仅"选死士"冒险"缘砲穴"攻入太平军营垒，还向曾国荃献上埋设火药炸毁安庆北门的攻坚战术。

穴地攻城的手法在中国古代便很常见

　　"穴地攻城"本是太平军的看家本领，东王杨秀清主政时期曾在湖南郴州地区大量征召"惯于凿险锤幽，不畏深远"的挖煤矿工，将其与太平军中原有的龙山、道州矿工合编，组成了太平军专门的工程兵部队——土营。采用"于数里外开一巨洞，以大木上钉横板，旋进旋以木承之，既达城足，堆满火药，或以枢盛之，而皆藏引线竹筒中，预刻其时为引线之长短，随迟随疾皆可预定。位置既毕，乃静待轰裂，乘势攻入"的战术，一度攻占了诸多名城大郡。但"天京变乱"之后，太平军中的"土营"便鲜有战绩，反倒是湘军引入了这一战术，并在1858年围攻九江的战役中初次使用。但初学乍练的湘军的"穴地战术"并不成功，两次挖掘地道用炸药轰坍九江东门、南门城墙后，均遭太平军的反击而遭遇重创。直到第三次以地雷轰坍九江东南城墙100余丈，才最终攻克了九江。程学启虽然不是这一领域的专家，但其熟悉安庆北门的地形，因此在其的指导之下，湘军对安庆的总攻伴随着地道的挖掘，进入了倒数计时。

　　面对湘军在安庆城外的土木作业，太平军守将叶芸来感受到了空前的压力。但此时外线各路援军均已无力再战，他所能做的唯有率部突围。8月25日随着陈玉成和杨辅清所部在外线发动牵制性进攻，叶芸来动员所有安庆城内守军向湘军发起了自杀式的进攻。关于这场战斗最为直接的史料莫过于湘军幕僚赵烈文所著的《能静居士日记》，许多有关安庆之战的专著都会引用其"（太平军）大股扑西北长壕，人持束草，蜂拥而至，掷草填壕，顷刻即满。我军开炮轰击，每炮决血衢一道，贼进如故，前者僵仆，后者乘之，壕墙旧列之炮，装安不及，更密排轮放，贼死无数而进不止，积尸如山。路断，贼分股曳去一层，复冒死冲突，直攻至二十三日寅刻，连扑一十二次"的相关记述，但对于这批悍不畏死的太平军究竟是安庆守军还是外线增援，各方观点却并不一致。不过从常理来推断，唯有长期被困、弹尽粮绝的军队才会在强烈的求生欲望下做如此的困兽之斗。如长平之战中赵括也曾在"赵卒不得食四十六日，皆内阴相杀食"的情况下猛扑秦军营垒，最终"出锐卒自搏战"。第二次世界大战之中，东线战场上苏、德两军更围绕着分割歼灭与突围求存，在基辅、斯大林格勒、切尔卡瑟等战役中上演过血腥搏杀。

面对叶芸来的"倾巢出扑"，曾国荃始终坚持"凭壕而战"。甚至一度在太平军突破外壕的情况下，亲自提刀上阵"斫贼数人倒地"，本已溃散的湘军士兵"见统领自战，皆复返，枪炮复续"。而随着太平军精锐的"前队之众已尽"，最终也只能选择撤退。根据赵烈文的统计，此战湘军消耗火药8.5万公斤，铅子25万公斤，但却以百余人的伤亡换取了"贼（太平军）之精锐实伤毙三千余名"的战绩，可谓是用"火海"战胜了"人海"。至此安庆守军再无力量主动出击。

西方画家笔下的太平天国将士

面对已经奄奄一息的安庆，曾国荃表现得格外慎重，在"增筑新垒，遣贞干合水师扼菱湖，绝贼粮路"的同时，耐心地等待安庆北门的地道完工。1861年9月5日，随着一声巨响，安庆北门城墙被炸塌数十丈，湘军随即一拥而入。关于此后的战事，站在太平军立场上史学家们往往会大谈太平军将领叶芸来、吴定彩等人如何率领饥饿困倦的战士与敌人如何惨烈巷战，直至最终寡不敌众、壮烈成仁。

但在赵烈文的笔记之中，世人看到的却是另一番血腥的场面："闻收城之日，五鼓攻陷，杀戮至辰巳……杀贼凡一万余人，男子髫龄（幼年）以上皆死。各伪眷属自尽者数十人，余妇女万余人均为兵掠出。房屋贼俱未毁，金银衣物之富不可胜计。城中凡可取之物，扫地而尽，不可取者皆毁之。坏垣掘地，至剖棺以求财物。惟英王府备督帅行署，中尚存物十七，余皆悬磬矣。贼（太平军）绝粮已久，通城惟伪目张朝爵私藏米五石余于屋顶，余处俱无颗粒。"由此可见，所谓的"巷战"不过维持了一个上午的时间,湘军所进行的不是战斗而是屠杀和劫掠。但对于自己弟弟和部下的战争罪行,曾国藩的解释却是"劫数之大,良可叹悸!然使尧、舜、周、孔生今之世,亦不能谓此贼不应痛剿。"

得到安庆捷报时的曾国藩大营复原图

英王之死

在安庆守军最后的时光里,陈玉成与杨辅清所部集结于城北集贤关一线。在切断湘军后方粮道的同时,似乎仍怀揣着等待李秀成大军自江西回援,收复安庆的期望,但等来的却是李秀成邀其南下会师于丰城的决定。《清史稿》对这一段的记述可谓精妙:"(鲍)超自九江进军,秀成闻风远遁,率瑞州、奉新、清安、安义之寇，先分万人扰抚州；令（陈）玉成率悍党二万攻丰城，而自领大队由临江踞樟树、沙湖、丰城一带，绵亘百余里。"俨然在陈玉成即将丢失根据地安庆之时，李秀成已经不再视其为对等的盟友，而是可以颐指气使的部将了。

丰城远在江西中南部，坐拥数十万大军的李秀成不愿意北上，而是要求陈玉成带领残兵败将南下会师。这一点无论是自尊还是现实情况，都是陈玉成无法做到的。而正是在丰城一线，李秀成遭遇了湘军悍将鲍超的突袭，损失8000余人，不得不放弃对抚州一线的攻略，向江西东北部的贵溪"转进"。在得到自己的弟弟李世贤攻克浙江严州的消息后，李秀成更是干脆放弃了经略江西的计划，全力猛扑清政府守备空虚的浙江省会——杭州。

李秀成的移师东向，对于太平军在皖南战区的形式可谓毁灭性的打击，随着曾国藩将前线指挥部由祁门搬至安庆，湘军扫荡长江两岸，直趋天京的战略进攻正式展开。按照曾国荃与多隆阿两人会商的结果，由曾国荃统率湘军"吉"字营主力，沿着长江而下攻取与安庆隔江相望的池州，而多隆阿则回师驱逐集贤关地区的陈玉成、杨辅清所部。

此时据守池州地区的太平军刘官芳所部早已为惊弓之鸟，加上此时李秀成在浙江地区进展顺利，刘官芳干脆放弃池州，加入到了攻略浙江的队伍中去。轻易夺取池州之后，曾国荃更进一步东进铜陵。湘军的长刀直抵天京的上游门户——芜湖。而在北线战场之上，多隆阿在一天之内便命部将穆图善攻克了围困已久的桐城。随后多隆阿主力西进，完

赖文光像

全无力抵挡的陈玉成、杨辅清所部只能"越山而逸"。太平军在楚、皖交界地区的控制区随即暴露在了多隆阿所部满蒙骑兵的马蹄之下。在先后攻占了宿松、黄梅、蕲州、广济之后，多隆阿会合湘军水师逼近陈玉成昔日威胁武汉的前进基地——黄州。

作为第二次西征中太平军威胁武汉的桥头堡的黄州地区一度掌握在洪秀全的小舅子赖文光的手中。对于安庆失守之后的华中战局，赖文光有一套自己的见解。按照他自己的说法，在放弃黄州向东抵达庐州与陈玉成会合之时，曾向其建议说："当兹安省既失，务宜北联张苗以固京，左次出奇兵进取荆襄之地，不出半年，兵多将广，可图恢复皖省，俾得京门巩固，此为上策。"赖文光口中的"张、苗"，指的是捻军首领张乐行所部和团练武装苗沛霖所部。

无论是出身草莽的张乐行，还是曾考中秀才的苗沛霖，当时中原大地的各路武装力量事实上均无属于自己的政治目标和纲领。张乐行曾自封"大汉永王"，苗沛霖更曾凭借手中的团练武装，官至道员。但在太平军势力深入安徽之时，这两股势力均选择因势利导地加入太平军的序列，张乐行受封"沃王"，苗沛霖受封"奏王"。从这个意思上来说赖文光口中"北联张苗以固京"的行动，太平天国早已实施。但是随着安庆的失守，捻军与太平军的关系急转直下，苗沛霖更与清廷暗通款曲。至于"出奇兵进取荆襄之地"，在第二次西征的过程中，太平军的确有这样的战略资本。但随着安庆易手，陈玉成所部士气低迷，这样的情况下再谈西进无异于痴人说梦。因此赖文光日后所谓"奈英王不从余议"的说法，完全是事后诸葛亮的自吹自擂。而恰恰是在庐州，太平天国中枢下达了加封赖文光为"遵王"，令其跟随陈玉成的堂叔陈得才，率领陈玉成所部将领梁成富、蓝成春等人西征河南。而陈玉成本人却"请命自守"，留在湘军进攻轴线之上的庐州。

《清史稿》对陈玉成的选择做了如下的解释："自大军（湘军）克复安庆，（陈）玉成率党自石牌而上，调宿松、黄梅之寇同至野鸡河，欲赴湖北德安、襄阳召集其党，群酋不从，乘夜由六安走庐州，众渐携贰。（洪）秀全复督责甚切，玉成惧，力守庐州不敢走，皖、楚诸军困之，日盼外援。而颍郡解围后，伪扶王陈得才西窜，伪天将马融和随张洛行远遁，外援遂绝。"事实上，安庆易手之后，洪秀全的确"龙颜大怒"，连一向颇为倚重的同族兄弟洪仁玕都被革除各项职务。而身为主将的陈玉成自然也难逃罪责。而比起洪秀全的督责更为严重的是其军事集团内部的离心离德。在缺乏外援的情况下，陈玉成最终兵败庐州；不得已率2000残部逃往寿州，依附于苗沛霖。

在特殊的历史时期，陈玉成一度成为中国连环画中脍炙人口的人物

但陈玉成抵达寿州后不久便被出卖，送往清朝军队胜保营中。据《被掳纪略》载："苗将英王陈玉成上来。英王上去，左右叫跪。陈玉成大骂道：'尔胜小孩，在妖朝第一误国庸臣。本总裁在天朝是开国元勋，本总裁三洗湖北，九下江南，尔见仗即跑。在白云山踏尔二十五营，全军覆灭，尔带十余匹马抱头而窜，我叫饶你一条性命。我怎配跪你？好不自重的物件！'胜保想以荣华富贵来诱降，陈玉成喝道：'大丈夫死则死耳，何饶舌也！'"1862年6月4日，陈玉成就义于河南延津，时年26岁。

安庆陷落，无疑是太平天国运动的一大转折点，从此太平军只能是处于挨打的地位，而湘军却凭着军事上的优势，以水陆二军在安徽地区展开一系列的军事活动。太平军的许多重要城市与据点，如池州、无为和州及东关、运槽等处，都一一被曾国荃夺取。无为失守后，"南北之气中断"了；池州既同安庆互为犄角，又是阻止徽州清军进军之路,所以池州失守后,曾国藩等即弹冠相庆:"方幸克复安庆,而池州亦相继而下,从此皖省军务当有起色。"东关,自古被视为要地,三国用兵,常在此一决雌雄;运槽,是当时主要粮台之地。这些重要城市与据点的失陷,对于当时庐州、巢县、三河等地的太平军,是一个极大的威胁。而陈玉成的就义更令太平天国后期的军队系统陷入李秀成独木难支的境地。据说李秀成听闻陈玉成被处死,顿足叹曰:"吾无助矣!"

第 一 章：
谁 主 沉 浮

第一节: 领军申城——援沪之行与淮军的草创

进军江浙

攻克安庆对于曾国藩及整个湘军集团而言,固然打开了通过太平天国核心统治区的大门。但在攻略天京的道路之上,如何有效地管理收入囊中的安徽省大部却是绕不开的话题。此时的安徽名义上虽然分属两江总督曾国藩的治下,但皖北地区的实际控制权却掌握在钦差大臣瓜尔佳·胜保以及依附于其的团练武装头目苗沛霖的手中。对于屡战屡败被朝野揶揄为"败保"的清朝贵族胜保,曾国藩并不太放在心上。但是如何与地盘横跨安徽、河南两省,"数十州县之练首无不望风归附,听其号令"的苗沛霖争夺安徽省内的人才和兵粮却令曾国藩颇为头痛。

正所谓"强龙难压地头蛇",在向来看重"乡望"的农耕社会,没有一个安徽籍的重臣,湘军要想在当地打开局面并不容易。或许正是因为考虑到了这一点,曾国藩早在祁门之围缓解后不久便着手修补其与李鸿章之间的关系。1861年二三月间,面对横行江西境内的李秀成大军,曾国藩主动写信给李鸿章,请他参与协防南昌。但此时的李鸿章深恐步李元度的后尘,于是婉言谢绝了。但曾国藩却几乎对此并不介意,此后写了一份读来有些肉麻的公函招徕李鸿章:"阁下久不来营,颇不可解。以公事论,业与淮扬水师各营官有堂属之名,岂能无故弃去,起灭不测。以私情论,去年出幕时,并无不来之约。今春祁门危险,疑君有曾子避越之情;夏间东流稍安,又疑有穆生去楚之意。鄙人遍身热毒,内外交病，诸事废阁，不奏事者五十日矣。如无醴酒之嫌，则请台斾速来相助为理。"

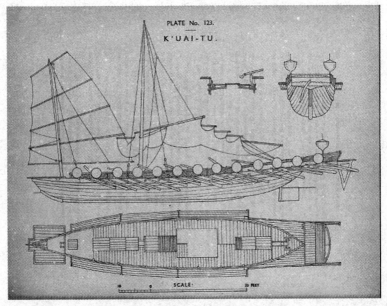

西方画家笔下的湘军"快蟹"战船

曾国藩口中的"淮扬水师各营官有堂属之名"指的是此前奏保李鸿章为"两淮盐运使"时，由其统帅湘军水上作战力量的计划。而在更早之前，曾国藩更与李鸿章探讨过招募安徽壮丁组建骑兵的方略。在写给胡林翼的信中，曾国藩这样写道："江北军务非数千马队不为功，顷与李少荃（李鸿章）议，可调察哈尔马三千匹，由上驷院押解来鄂。而亳州一带，有善马之勇可募，名曰马勇。现在德（德兴阿）、胜（胜保）二帅亦系调江北之马，募淮南之勇，将来马队断非我湘人所能擅长，自不能不照此办理。吉林、黑龙江马队闻已通饬止调矣，宫保似可商之揆帅（指官文），奏调察哈尔牧场马三千匹来鄂，国藩亦拟令少荃募马勇千人，试行操练也。"不过无论是"淮南马队"还是"淮扬水师"，在安庆战役尚未分出胜负之际，对于曾国藩和李鸿章而言均不过是未雨绸缪的"远景规划"而已。

一般认为李鸿章在 1861 年 7 月间重回到曾国藩的帐下，此时距离其从祁门大寨负气出走已逾半年之久。虽然曾国藩不计前嫌、待之如初，但整个湘军的形势已与此前有了巨大的变化。由于胜保和苗沛霖的阻挠，"淮南马队"的组建计划已由搁置转为彻底取消，而"淮扬水师"则在李鸿章离开期间初具规模，交由曾国藩的心腹爱将黄翼升统领。在这样的情况之下，曾国藩再宠信李鸿章，也不可能叠屋架床，令草创的"淮扬水师"形成李鸿章和黄翼升双头领导的局面。只能另辟蹊径，以组建"淮扬陆勇"的名义让李鸿章自成一军。

事实上在李鸿章的任用问题上，身为湘军二号人物的胡林翼始终有比曾国藩更为清醒的认识。早在 1860 年 8 月胡林翼便致信曾国藩，表示："少荃（李鸿章）带勇多年，中道自画，若一劲到底，必有可观。兵事尚早，毋即厌苦也。扬州水师都督，亦须另筹陆师以翼之。"言下之意，首先便肯定了李鸿章是练兵之才而非普通幕僚，而后则暗示李鸿章的长处是陆战而非水师。而此时的湘军之中亦有多支由安徽籍士兵组成的武装力量，其中除了太平军降将李济元的"济字营"和程学启的"开字营"之外，最受曾国藩重视的还是昔日李鸿章协助吕贤基回安徽办理团练时留下的"星星之火"——张遇春的"春字营"。从战绩上来看，张遇

垂帘听政的慈禧太后

春和"春字营"自加入湘军以来表现颇为一般，但要想在安徽地区打开局面，"春字营"的存在和壮大却是彰显"皖人治皖、淮勇守淮"的绝佳例证。因此在收复安庆之后，曾国藩第一时间将"春字营"调往皖北，准备让李鸿章将这一点"星星之火"引向苗沛霖的控制区，最终形成燎原之势。

但曾国藩利用李鸿章经略皖北的计划刚刚起步便被一系列突如其来的变故所打乱。首先是 1861 年 7 月间咸丰帝爱新觉罗·奕詝病逝于热河承德避暑山庄。随即引发了以肃顺为首的"顾命大臣集团"与

以慈禧太后、恭亲王奕䜣为首的"后宫集团"的政治暗斗。从政治立场和个人品性而言，曾国藩、李鸿章等湘军高层与"喜结汉臣、优礼贤士"的肃顺更为亲近。而在咸丰帝驾崩之后，肃顺也频繁向湘军集团伸出橄榄枝。在 1861 年 8 月 30 日，肃顺不仅随即同意曾国藩将湖北巡抚授予心腹爱将李续宜，更一气将曾国藩的好友毛鸿宾实授湖南巡抚。湘军将帅彭玉麟、刘坤一补授四川总督也分别获得了安徽巡抚、广东按察使的顶戴。但就在湘军上下都沉浸在加官晋爵的欢畅之时，曾国藩却已经将目光转向了富饶的江、浙两省。

但不久之后，以肃顺为首"顾命大臣集团"便在政治斗争中失利。在"祺祥政变"之后，曾国藩一度对肃顺之死扼腕叹息，称"此冤狱也，自坏长城矣"。深恐清政府使用汉人的政策再有波折，如此不仅太平天国起义难以平定，自身亦有被人陷害之危。当然以曾国藩的政治智慧不难看出，在当时的局势之下，以慈禧太后为主的"后宫集团"仍不会轻易改变肃顺所制定的"以汉制汉"之策，但从长远来看湘军集团要保全自己的政治地位，必须长远布局。

曾国藩之所以此时关注江、浙两省的战事，一方面固然是因为击破安庆之后，湘军即将在当地与太平军决战，但另一方面更缘于规模不断膨胀的湘军急需江、浙两省的税赋来"输血"。而这一点事实上早在湘军草创之时，曾国藩便已然开始尝试。1855 年曾国藩兵败湖口，损兵折将之余更急需军费，由此便不得不向浙江巡抚的何桂清"商饷"，在曾国藩看来浙江此时仍未遭兵燹，属于"全善之区"，每月接济江南大营军饷便达六万两之多，接济一下湘军可谓九牛一毛。但万万没想到何桂清竟然"丝毫未允"。从此之后，曾国藩和何桂清之间便心存芥蒂，而为了争夺江、浙两省的巡抚之位，湘军集团和何桂清更是势如水火。1860 年何桂清授意部下张玉良在驰援杭州的战事中，故意逗挠不进，令胡林翼所推举的浙江巡抚罗遵殿兵败自杀。浙江全省随即为何桂清的心腹王有龄所占据。而王有龄主政杭州之后，更积极招揽兵败徽州的湘军元老李元度。李元度兵败后不逃往祁门大营，却选择败窜浙江开化的举动，令曾国藩对这位老部下极度不满，不顾李鸿章等人的反对坚决上奏弹劾。

虽然事后胡林翼等湘军大佬站在维护内部团结的立场之上，写信安抚李元

被曾国藩推上浙江巡抚宝座的左宗棠

度，并上下运作使其官复原职，但李元度却最终选择回湘募勇，组建"安越军"，正式脱离湘军，加入了何桂清集团。眼见于此，曾国藩干脆上奏清廷，推举左宗棠统一指挥东援浙江的军事行动。有了尚方宝剑在手，李元度虽然自行组建了"安越军"，但仍不得不接受左宗棠节制调遣。

左宗棠在江西一线始终保持着对李秀成、李世贤所部太平军的压迫姿态。但在李秀成第二次围攻杭州的过程之中，左宗棠却借口"数军单薄，不足资战守"，始终将部队控制于浙赣边界。如果说左宗棠要等待湘军刘培元、魏喻义所部从湖南赶来才能进军或许还有几分道理的话，那么必须会合从广西出发的蒋益澧所部便是赤裸裸地摆出"友军有难、不动如山"的观望姿态了。可笑的是左宗棠的这些举措在《清史稿》中竟成了"数千人策应七百余里，指挥若定"，连曾国藩也"服其整暇"。要知道当时左宗棠的军中仅李元度的"安越军"便有15个营的编制，兵力不下6000人，其余诸将如刘典等人皆起于团练，麾下兵马也不少于数千之众。而杭州周边还有张玉良的水师猛攻太平军的防线。李秀成猛攻二十余日方始攻破杭州大城，此后面对八旗子弟居住的杭州"满城"，太平军又激战四日、损失3000余人方始攻克。回首这段历史，李秀成曾在其《自述》中也不得不承认："那杭郡巡抚王有龄甚得军民之心，甚为坚守。"

王有龄在杭州城破之日自缢身亡，而在此之前，张玉良也因"军不用命，自知事不可为，战杭州城下，辄身临前敌，力斗，中飞炮，殁于军"，至此何桂清集团遭遇重创，再难与湘军集团相抗衡。曾国藩在全力推荐左宗棠为浙江巡抚、参劾李元度、解散"安越军"的同时，也在收手部署入主江苏，对龟缩于上海的何桂清所部发动最后一击。

在江南大营崩溃之前，江苏巡抚本为何桂清的心腹徐有壬。1860年太平军攻克苏州之时，徐有壬死于任上。何桂清只能依附于退守上海的江宁布政使薛焕。清政府虽然一度下诏将何桂清革职并送北京审讯，但由于英法联军的入侵，何桂清始终"逍遥法外"。面对这个死而不僵的"百足之虫"，曾国藩决心釜底抽薪，以盘踞荡口镇的团练武装头目华翼纶等人"冀上游之兵，早赴江东"为名，正式着手部署湘军援沪。曾国藩最初的计划是由其九弟曾国荃统率湘军老营为援护主力，但考虑到皖南前线一下子抽调走太多的老兵可能造成的影响，此后又将计划修正为：曾国荃先在湖南训练一批新兵，同时配合李鸿章招募的淮勇、黄翼升的淮扬水师，即"沅弟（曾国荃）迅速招勇来皖，替出现防之兵，带赴江苏下游，与少荃（李鸿章）、昌岐（黄翼升）同去。得八千陆兵，五千水师，必能保朝廷膏腴之区，慰吴民水火之望也"。

在与曾国荃的一系列通信之中，曾国藩反复强调上海在经济上对湘军集团的重大意义，"上海为苏杭及外国财货所聚，每月可得厘捐六十万金，实为天下膏腴，吾今冬派员去提二十万金，当可得也"，但曾国荃对此却并不积极。后世的很多学者都认为曾国荃之所以不愿前往上海，是因为其急于进攻天京，建立平定太平天国的不世之功。但客观地说曾国荃虽然老于军旅，但在政坛尚属后进，而从其日后从政的表现来看，曾国荃似乎也不擅长派系角力。因此在其回复曾国藩的信中宣称担心抵沪之后："恐归他人调遣，不能尽合机宜，从违两难"并非全然是托词。与此同时，湘军各部当时云集安庆，要抵达上海必须先打通长江下游的水陆交通，抵达江宁将军都兴阿的防区，才能由镇江登船抵达上海。

对于都兴阿这个正白旗出身的满蒙贵族，湘军上下感情颇为复杂。一方面，都兴阿早年便曾统率马队南下参战，在收复武汉、九江等战役中均给予了湘军集团很大的助力；另一方面，当年也正是为了配合都兴阿围攻安庆，湘军在三河战役中损失六千精锐，一度一蹶不振。或许正是出于对三河之战失利的愧疚，都兴阿此后便以腿脚不便为由退出了湘军的指挥体系，将自己所带来的满蒙马队交给了部将多隆阿。此时的都兴阿名义上统揽江北军务，但麾下多是江北大营、江南大营的残兵败将和太平军降将，仅据守镇江的冯子材部可堪一战。而除了兵员质量堪忧之外，粮饷问题也同样令都兴阿颇为头大。因此当湘军在积极筹划援沪的同时，都兴阿也向清中枢提出，上奏力保冯子材进援上海。慈禧太后向来看重满臣，都兴阿的奏请随即在1862年2月16日得到批准，湘军援护的计划眼看便要胎死腹中。

日后活跃于中法战场之上的冯子材铜像

都兴阿秉承上意又兼有"近水楼台"之利，曾国藩于公于私都不便反对。只能写信给冯子材，打了一通"镇江最据形胜。将来规复金陵苏常，必以此为根本。上海固属饷源，然尚非用兵要地，且业已借助洋人，一时犹可挂，缓急轻重，微有权衡"的官腔。好在此时长江下游双方战线也呈现犬牙交错的态势，虽然1862年初都兴阿利用安庆战役太平军元气大伤之际，收复了江北天长、六合等地，但随即也引发了太平军在浦口方向的反击。都兴阿和冯子材所部一时间疲于应付，无暇南下，但经过了这一番折腾，曾国藩也深知盯着上海这块"肥肉"的绝非湘军一家，久拖下去必酿变故。但在取道镇江的方案一时无法实施的情况下，被太平军重重阻隔的上海对于湘军而言实在鞭长莫及。就在山穷水复疑无路之时，一艘由上海抵达安庆的英国货轮却点亮了那柳暗花明又一村。

顺江而下

第二次鸦片战争令西方列强从清政府手中获得长江中下游的通行权，但在太平军扼守南京附近江面的情况之下，各国商船要想深入长江仍必须获得洪秀全的首肯。因此 1861 年在北京逼迫清政府签署一系列不平等条约之后，巴夏礼随即便跟随英国远东舰队自上海溯江西上汉口，中途于天京停泊。经过一番交涉，太平天国于 4 月 2 日颁发通令，同意持有英国通行证的船只可自由航行长江。

洪秀全、李秀成等太平天国的领导人之所以选择与西方媾和，很大程度上是迫于曾国藩所部湘军的压力，试图摆脱两线作战的窘境。当然"洋火轮"的大批涌入，也能极大地补充了太平军装备和物资的不足。甚至在被围困的安庆、黄州等要塞，湘军对不断向太平军兜售粮食、军火的西方商船也是毫无办法，最终不得不耗费巨资将路过洋船的货物全部买下。

在诸多清代野史和笔记之中均记载了一则胡林翼与航行于长江之上的西

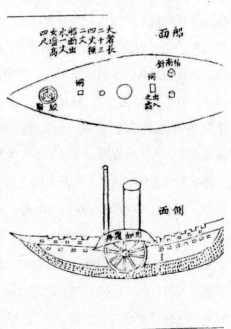

《海国图志》中的西方火轮船

方货轮之间的故事："楚军之围安庆也，文忠（胡林翼谥号）曾往视师。策马登龙山，瞻眄形势，喜曰：'此处俯视安庆，如在釜底。贼虽强，不足平也。'既复驰至江滨，忽见二洋船鼓轮西上，迅如奔马，疾如飘风。文忠变色，不语。勒马回营，中途呕血，几至坠马。文忠前已得疾，至是益笃。不数月，薨于军中。"这则故事尽管多被指为误传，但在当时西方货轮可以自由通行于长江流域甚至各大战区却是不争的事实。而借助西方轮船将湘军运至上海，曾国藩等人更早有腹案。

1862 年 2 月 24 日，曾国藩便写信给主持上海海关及外交事务的江苏布政使吴煦，提出："若尊处能办火轮夹板等船，前来迎接，则水路行走较速。"不过对于数千湘军能否乘坐西方货轮安全地通过南京江面，曾国藩并没有信心，因此在写给吴煦的信中，曾国藩仍力主从陆路进军上海："舍弟一军则必俟打开巢县、和（和州）、含（含山），而后放心东下；少荃（李鸿章）一军或不待克此三城，即可且战且行，亦不定用船载也。"

身在上海的苏州学者冯桂芬一眼便看出了湘军由水路援沪的三大难点："一则中丞（指薛焕）不许也，迎师必具饷，权在官不在绅，以己为不能，以人为能，情之所难。一则夷官不许也，前年英与贼不相知，今互市已久，有两不相帮之说，肯赁船载兵，显然助我乎？一则曾帅（曾国藩）不许也，曾帅老于兵，计在持重，驱兵入敌国之舟，募越贼巢，涉重洋数千里，不知者将以为口实，曾帅能不疑乎？"但就是看似"吃力不讨好"的工作，江苏布政使吴煦却秉承着"没有困难要上，有困难克服困难也要上"的精神，硬是通过与英国驻沪领事麦华陀的一番折冲樽俎给办成了。当然吴煦此举有着极大的私心，最终的结果更堪称自掘坟墓。当然这些问题不妨在后文中再一一为读者所解答。

1862 年 3 月 28 日，吴煦以苏州太仓籍举人钱鼎铭为代表，乘坐英国商船由上海抵达安庆，向曾国藩告知已向英国方面租赁商船 7 艘，以每次三千人的规模直接从安庆将湘军运往上海。此时的曾国藩可谓骑虎难下，一方面他仍视水路为危途，不愿以湘军精锐赴险，但另一方面对于吴煦及上海士绅的"热情"邀请，他又实在没有拒绝的理由。权衡再三之后，曾国藩最终决定将原本作为援沪辅助力量的李鸿章及其所招募的淮勇来投石问路。

在曾国藩的日记中，他曾这样剖析自己决策时的心理："余以少荃（李鸿章）之兵，日内已订定由巢县、和、含陆路东下。今若遽改为舟行，则大拂兵勇之心。若不由舟行，则大拂江苏绅民之心。踌躇久之，不能自决……少荃来，与之言江苏官绅殷殷请援之意，有甚于蹈水火者之求救，其雇洋船来接官兵，用银至十八万之多。万不可辜其望拂其情。决计由水路东下，径赴上海。"而对于此时的李鸿章而言，能够单独领军入主上海，固然是其个人的发展机遇，但其所部兵将、幕僚同样对从水路通过太平军控制区充满了疑虑。李鸿章的幕僚周馥便曾回忆说："时人多以江北巢县下抵浦口，数百里皆粤贼，重重守御，南京尚未收复，虑事不济。"不少人打了退堂鼓，"先许戎者，临时多辞退"。但无论如何，1862年4月5日，李鸿章统率首批淮勇还是按计划登船，顺江而下、开启了援沪之行。

在后世的许多李鸿章传记之中均不同程度记载了其乘船南下的艰险，《清史稿》中也称"时沿江贼屯林立，穿贼道二千余里"。但客观地说此时太平天国虽然拒绝了英国方面提出悬挂英国国旗的中国木船自由航行长江不受检查的提议，且在上海外围再度与以西方雇佣兵为主的"洋枪队"发生冲突，但太平军仍未对西方货轮进行拦截和检查。因此李鸿章所部此行可谓有惊无险。而正是借助着西方工业革命的力量，李鸿章及首批淮勇仅用了3天便抵达了上海。但是迎接他们的不是箪食壶浆的热烈欢迎，而是一片对于军服褴褛和装备落后的讥讽和嘲笑之声。之所以出现这样的局面，固然有上海当时内外政治氛围的影响，但主要还是李鸿章所部淮勇自身的问题。

西方画家笔下早期的"洋枪队"和清朝官吏

　　李鸿章招募淮勇始于 1861 年的 12 月，尽管有湘军组建的成例可以借鉴，但除了张遇春的"春字营"之外，李鸿章所纠集的"淮勇"，主要是长期盘踞合肥地区的张树声，刘铭传，潘鼎新，周盛波、周盛传兄弟，吴长庆等地方团练武装。这些人之所以加入李鸿章的麾下，一方面是缘于安徽儒林之中的门生故谊关系，其中张树声曾是李鸿章之父李文安的幕僚，在李鸿章离开安徽加入曾国藩幕府的那段时间里，张树声在合肥地区自办团练，并与刘铭传、潘鼎新等人"讲信修睦、联络援应"。而李鸿章则始终与其保持着书信往来。因此在安庆树起"募勇"的大旗之后，这些人便"慷慨请从"。

　　当然除了私人情谊之外，合肥等地的安徽团练武装加入李鸿章的麾下还有更为现实的政治、经济考量：安庆易手之后，安徽当地的太平天国及捻军运动均陷入了低潮。各团练武装昔日"筑垒御贼"的事实割据局面已不复存在，反而成为清政府眼中的不稳定因素。即便强如苗沛霖集团这样的"地头蛇"也不得不寻求朝廷大员胜保的庇护，张树声等人依附于李鸿章、曾国藩自然也在情理之中。而团练武装长期以来的经济来源好听一点叫"耕战相资"，无非是凭借手中的武力压榨良民得来。安徽一带曾流传着这样的民谣："若说敝处团练，做强盗则有余，做官兵则不足，接得一张谕帖，专门赫诈平民；筑成三尺圩墙，胆敢抗拒官长。贼骑突至，战兢兢帮草帮粮，客货远来，雄赳赳劫船劫马。"这样的行径在战乱年代还能维持一支部队的开支，但随着社会秩序逐渐趋于稳定，各地团练武装便逐渐步入了无米下锅的窘境。因此张树声等人才甘愿献出自己的武装，加入李鸿章淮勇的序列。

以李氏门生故吏身份加入淮军的张树声

张树声等地方团练虽然号称与陈玉成相持多年、均为百战之余，实则不过是乌合之众。而曾国藩名义上提倡湘淮"本系一家"，但在具体的举措之上却仍不免有亲近远疏之分，湘军兵勇的军饷为每日银一钱四分，而新招募的淮勇则"每日给钱百文"。按当时一两白银约合铜钱 2000 文计算，淮勇的军饷仅相当于湘军的 35%。当然这也不是曾国藩有意克扣，而是受制于当时湘军糟糕的财政状况。另一支攻克安庆后组建的部队——淮扬水师此时也是"久食半饷，积欠四月"。

正是鉴于自身入不敷出的开支情况，曾国藩才急于控制上海财源，为此甚至不惜"截留其募勇之资，移为东征之需"。李鸿章的募勇工作既然被迫叫停，那么援沪兵员的缺口自然只能靠湘军补上。除了将程学启"开字营"所部太平军降卒纳入淮勇序列之外，曾国藩还抽调两江总督督标亲军两营，作为"赠嫁之资"。而李鸿章在开拔过程中也意识到自己所部的张树声、刘铭传、潘鼎新、周氏兄弟所部尚不堪重任，因此亲自带领曾国藩所赠两营亲兵、程学启所部为先锋。但不想抵达上海之时，仍被人揶揄为乞丐。

后世学者在记述淮勇初到上海之时所遭遇的冷嘲热讽，大多认为是当时沪上的西方列强所发出的嗤笑。但自 1793 年英国马戛尔尼使团访华以来，清军在西方人眼中便始终如"叫花子一般"，似乎没有必要再特意对抵沪淮勇多作评论。事实上长期在背后支持上海士绅向曾国藩求援的恰恰是英国政府。自 1861 年末李秀成所部太平军攻陷杭州以来，上海周边局势便不断恶化。1862 年 1 月 7 日李秀成在杭州发布檄文，号召上海守军投诚，并警告洋人不得助战，俨然已将上海纳入了下一阶段的攻略计划之中。英法两国出于自身利益在通过外交渠道威胁太平军"如进攻上海，乃自陷危险"之余，迅速通过其代理人吴煦，与清上海政府组成"中外会防局"，统一指挥上海当地的中外军队，迎战太平军。

此时第二次鸦片战争已然宣告结束，英法两国在沪驻军已达数千之众。其中从大沽口方向赶来的英法联军正是昔日八里桥之战的得胜之师，装备精良、士气高涨，加上停泊于黄浦江中的蒸汽炮舰，配合猬集于上海地区的清军，击败来犯之敌似乎毫无悬念。但战争正式打响之后，局势的发展却出乎所有人的意料。

由于得知清军降将李文炳于后方谋反，李秀成并未亲抵上海前线，而是率主力回镇苏州。因此太平天国第三次围攻上海的前锋部队，实际上不过是慕王谭绍光、纳王郜永宽及忠王次子李容发所指挥的偏师，一般认为其兵力不过万余人马。此时上海外围集结的清军及各类民团多达四五万人，但却"闻风丧胆，一触即溃"。即便英法联军的炮舰沿江提供火力掩护，清军仍呈现"各隘防军，遇贼辄溃走，入夜火光不绝，人无固志"的景象。无奈之下英法联军只能改为全力支援华洋混杂的雇佣军"洋枪队"。1月30日，"洋枪队"在美国人华尔、苏州监生李恒嵩的统领下逆袭太平军于青浦一线，堪稳定了局势。为了鼓舞士气，更为了争夺这支雇佣军的指挥权，主政上海的薛焕改"洋枪队"为"常胜军"，算是将这支雇佣兵部队纳入了清政府正规武装的序列。

"常胜军"改名的同时扩编至4500人，但兵力的上升也带来了一系列的"股权纠纷"。"洋枪队"草创之时，其主要听命于吴煦、杨坊等苏南士绅阶层，改名"常胜军"之后吸纳了大批薛焕麾下李恒嵩所部的华勇，其控制权自然转移到了薛焕这样的职业官僚手中。吴煦虽然依旧挂名"督带"，杨坊、华尔同为管带，但"县官不如现管"，"常胜军"的实权逐渐落入了仅为副领队的李恒嵩手中。正是眼见薛焕有侵吞"常胜军"的迹象，吴煦才不惜摆出"申包胥哭秦廷"的架势，不断派人前往安庆求援，试图"引虎吞狼"，利用曾国藩与何桂清的矛盾，干掉把持上海政坛的薛焕。

李鸿章率淮勇先锋抵达前夕，上海外围的战局已呈现相对稳定的态势。在英法联军的火力掩护之下，"常胜军"于4月4日突袭太平军王家寺大本营，摧毁太平军营垒6座，彻底拔除了太平军威胁上海的前进基地。转危为安的局势令薛焕对李鸿章的到来颇为不满，但湘军集团此时在清朝野之中仍处于冉冉上升之势，薛焕唯一能做的恐怕只有在英法联军面前诋毁这支新来的客军。因此淮勇初到上海之时，各种不佳的风评可能并非是西方列强对其的印象，而是李鸿章所谓"军贵能战，非徒饰观美。迨吾一试，笑未晚也"的自我解嘲。

主政上海

4 月 25 日，抵达上海仅 17 天的李鸿章便受命接替薛焕署理江苏巡抚，这背后自然少不了曾国藩及整个湘军集团的助推。早在 1861 年 12 月 26 日曾国藩便上书指责薛焕"偷安一隅，物论滋繁""不能胜此重任"，全力奏保李鸿章，并许诺"若蒙圣恩将该员擢署江苏巡抚，臣再拨给陆军，便可驰赴下游，保卫一方"，将湘军援沪和李鸿章出任江苏巡抚一事牢牢地捆绑在一起。但此时的清中枢已不复肃顺主政时对湘军集团那般友好，李鸿章虽然署理江苏巡抚，但薛焕却没有离开上海，而是继续以钦差大臣的身份与英法交涉"办理洋务"。李鸿章虽然依照曾国藩的安排，入主上海之后第一时间便逮捕了侨居于租界之中的何桂清，将其押送至北京受审，但出乎力主湘军援沪的吴煦、杨坊等人意料的是，李鸿章整肃上海官场的第一刀不仅没有落在薛焕的头上，反而指向了他们这些苏南士绅。

李鸿章的选择表面上来看，有"不分敌我、过河拆桥"之嫌，但站在当事人的立场考量却可谓是其主政上海的无二选择。李鸿章虽名为江苏巡抚，但真正能控制的地域不过上海一隅，要壮大所部淮勇，钱粮、兵源、武器皆需仰仗苏南士绅和西方列强的接济，而这两股势力在此前一系列抵御太平军进犯的战斗中早已沆瀣一气。唯有对苏南士绅施以重压，斩断其与西方列强的联系，夺取"常胜军"的控制权，李鸿章才能真正把持上海的财、政、军权。与之相比，薛焕让出江苏巡抚之位，在政治上对李鸿章已不再构成威胁，相反清中枢任命其主持上海"洋务"，足见其在恭亲王奕䜣心中仍有其价值和地位。事实上扳倒吴煦一事，曾国藩也早在李鸿章援沪之前便有所部署。据湘军幕僚薛福成的笔记，曾国藩曾在李鸿章前往上海前便秘授机宜："不去（吴）煦，政权不一，沪事未可理也。"因此李鸿章署理江苏巡抚之后，首先便"疏劾道府数人，去（吴）煦羽翼"；接着采取关厘分途、以厘济饷的政策，与吴煦"明定章程"，上海海关的相关事务虽然仍由吴煦经理，但厘捐总局却由自己的幕僚薛书常管理。

"厘捐"的收费证明——护票

所谓"厘捐"，其实是清政府为镇压太平天国所开征的特别税。起初只针对商业流通领域，税率也仅为1%。由于1%在当时写作一厘，因此被称为"厘金"。"厘捐"最早开征于1853年的扬州地区，江北大营为了筹措围攻天京的军费，清政府决定除了在按地亩肥瘠和业田多寡的基础上征收的土地税"亩捐"之外，再对米行商贾以"每米一石捐钱五十文助饷"的方式推行捐厘之法。而随着战火的蔓延，"厘捐"制度也逐渐在各地推广开来，至1862年除了云南和黑龙江之外，厘金制度基本已遍行于全国。被加入捐厘的行业也渐次增多，最终遍及百货。

"厘捐"制度之所以盛行一时，除了由太平天国运动所引发的社会动荡波及各地，导致"盐引停迟，关税难征，地丁钱粮复因军荒免缓征"，清政府必须另辟财源、筹措军费之外，更缘于"厘金"由各省官府设立局卡，按各省所定税率征税。征收之后也无须上缴国库，只要向户部按季度上报厘金的收支情况即可，因此各省督抚、大小军头对"厘捐"制度趋之若鹜。曾国藩的湘军一路发展壮大更全赖"大设局卡，广征厘金"。

自鸦片战争以来，中国的对外贸易重心便由广州北移上海，一时出现了"江浙孑遗，无不趋上海，洋泾浜上新筑室，纵横十余里，地值至亩数千金，居民不下百万，商贾辐辏，厘税日旺"的局面。除了生丝、茶叶、鸦片等大宗商品的进出口关税之外，"厘捐"收入也颇为可观。曾国藩在决策援沪之时，便曾表示"上海为苏杭及外国财货所聚，每月可得厘捐六十万金，实为天下膏腴"。因此李鸿章入主上海之后，第一要务便是接管厘捐总局。

当然此时的李鸿章虽然着手收紧对上海财政大权的控制，但仍不愿意过度刺激吴煦、杨坊等人，太平军虽在王家寺遭遇小挫，但依旧控制七宝、南汇、嘉定、南翔、罗店、青浦等上海外线据点。李鸿章麾下淮勇除了程学启、张遇春所部之外，其余均为地方团练，缺乏训练之外更兼鞍马劳顿，一时难以投入战斗。因此要打破上海被围的局面，李鸿章仍必须仰仗英法联军和"常胜军"，而这两方面李鸿章均需要吴煦、杨坊等苏南士绅的协助。而吴煦、杨坊此时也急于向李鸿章展示力量。淮勇前锋抵达上海后的第10天，"常胜军"便在英法联军的支援下收复七宝、南汇两地。此后"常胜军"更再接再厉，攻陷南翔、嘉定、青浦等地。一时间似乎形势不是小好而是大好。

"常胜军"的表现令李鸿章对湘军注重白刃近战、摒弃西洋枪炮的理念产生了怀疑。4月30日他写信给曾国藩称："连日由南翔进嘉定，洋兵数千，枪炮并发，所当辄靡，其落地开花炸弹，真神技也。鸿章遵师训忠信笃敬四字，与之交往，密令我营将弁，随队学其临敌之整齐静肃，枪炮之施放准则，亦得切磋观感之益。"而长期以来湘军虽然也注重火器，但每营火力仅小枪百杆，每四人一杆的抬枪二十四杆。所谓"小枪"指的是国产的前膛火绳枪，李鸿章对这样的火力配备早有微词，早在淮勇招募之初，他便曾在写给部将潘鼎新的信中抱怨说："所虑楚军不用长杆火枪，专用抬炮小枪，轻重大小，毫不参差。"而在见识过"常胜军"和英法联军的战斗队列之后，李鸿章更认识到"小枪射远不过数十步，而洋枪可达两百步"的性能差异。因此在前方战事如火如荼展开的同时，李鸿章也加强了与在沪的英法联军高层人士的沟通交往，在设法采购西洋枪炮的同时，聘请西方军事顾问以教习的身份加入淮勇各营。

抵达上海之前，淮军仍大量装备着落后的抬枪和小枪

　　李鸿章深知西方列强向来轻视空谈、看重实效。如果自己麾下的淮勇不能在战场上证明其价值，自己早晚会成为薛焕第二。因此 5 月 16 日程学启、刘铭传、潘鼎新等 5 营淮勇正式参战，配合"常胜军"和英法联军猛扑太平军据守的南桥、柘林一线，一举收复了奉贤县城。淮勇初战告捷，令李鸿章颇为欣喜。写信向曾国藩吹嘘说："鸿章到沪，修营浚濠，兵勇无吸烟扰掠，金谓大帅军容为苏省用兵以来所未见。鸿章惟照此做去，稳扎稳打，拟翻刻营制营规，遍给沪军。翻刻劝诫浅语，遍给属吏。翻刻爱民歌解散歌，遍贴各城乡，以晓谕军民与贼中之百姓。此即是不才新政。能为佛门传徒习教之人，附骥尾以成名，则幸甚矣。"虽然名义上将功劳归于曾国藩此前制定的湘军营规，但文字之中仍可见其志得意满之色。

　　连番胜利令李鸿章认定围攻上海的太平军已是强弩之末，师老兵疲之际唯有撤回苏州休整一途，因此早在调动淮勇参战的同时，李鸿章便命知府李庆琛率周士濂、王国安、梁安邦等部5000余人，自水路在太仓一线登陆奔袭太平军的后方。李庆琛其人在各类史料中均无记传，但在清末明初的学者徐珂记录掌故遗闻的《清稗类钞》中却有过如下的描述："知府李庆琛为统将，部兵数千，皆衣锦绣排刀斧，出入自耀，有同优孟。淮军入境，则芒鞋短衣布帕，皆笑指为丐。然李文忠（李鸿章）公意气甚盛，不受薛（焕）节制。初以敌体相见，薛（焕）不能耐，与李庆琛定计，乘淮军未动，先复一二城，以夺其气。"似乎奔袭太仓的军事行动出自薛焕的授意。

无论李庆琛奔袭太仓的军事行动由何人指挥，其所部主要为淮勇抵达上海前的本地驻军却是不争的事实。其中周士濂的"云字营"来自云南，梁安邦的"虎字营"则为驻沪川勇，这些人马均非李鸿章的嫡系。而出现在太仓一线，也极大地影响了太平军的战略部署。李秀成事后回忆说："巡抚李鸿章到上海接薛巡抚之任，召集洋鬼与我交兵。李巡抚有上海正关，税重钱多，故招鬼兵（指英法联军及西方雇佣兵）与我交战。其发兵来破我嘉定青浦，逼我太仓昆山等县，告急前来，此正是十二年（1862年）四五月之间，见势甚大，逼不得已，调选精锐万余人亲领前去。"

李秀成之所以如此重视太仓，一方面，固然是由于上海前线进展不顺，出现所谓"鬼兵攻城，其力甚足，嘉定青浦到省（指苏州）一百余里，其攻城尔外无救五六时辰，其定成功也。其炮利害，百发百中，打坏我之城池，打平城池，洋枪炮连响，一踊直入，是以我救不及。接到惊报，当即启兵，救之不及，失去二城"；另一方面，则是高估了李庆琛所部的实力，认为"鬼兵已至太仓开仗，我亦到来，外有清兵万余众，鬼兵三四千人，清兵自松江、泗泾、青浦、嘉定、宝山、上海连来大小营寨一百余座，城城俱有鬼兵守把"。李庆琛在上海盘踞多年，军中可能也有一些西方雇佣军，但绝不至于有数千之众，更没有建立与上海之间的陆路联系。

5月17日李秀成率部抵达太仓，与李庆琛会战于太仓城东的板桥一线。太平军初战失利，双方各伤亡了千余人马。但李秀成此时背靠苏州、太仓两座据点，可以迅速补充战损。次日再战之时，李庆琛所部便呈现出后续无力的态势，李秀成趁势攻破其营垒。李庆琛及其麾下周士濂、王国安、梁安邦等人战死于乱军之中，仅有参将姜德率200余人冲出重围，逃往宝山，可谓全军覆没。

板桥之战中缴获大量洋枪洋炮的李秀成所部

板桥之役在上海外围一系列攻防战中可算是规模最大的一次合围歼灭战，有些学者认为李庆琛、周士濂等部都是经过战斗锻炼、有一定作战经验的老兵，此番全军覆没，对清军而言损失惨重。何况按照李秀成的回忆，这支清兵还可能混杂有大批私募的洋人，装备诸多西式枪炮。李秀成曾吹嘘说"得其大炮洋枪不计其数"。但从长远来看，李庆琛所部的覆灭对李鸿章而言有益无损。一方面薛焕主政上海之时，调拨、招募了大批各地清军和民团，合计有三万余众，但薛焕仍感不敷，在1861年冬，还派副将滕嗣林回湖南招募。如此臃肿庞大的军队势必造成巨额的军费开支，挤占李鸿章扩充淮勇的军费。因此李庆琛所部覆灭于太仓，对李鸿章而言未必不是一件上海守军自我瘦身的好事。

另一方面，李庆琛所部是薛焕主政上海时所打造的王牌部队，其覆灭之后，薛焕在上海政坛的地位更趋边缘化。《清稗类钞》曾这样描述太仓之役后薛焕和李鸿章的关系："当警报之四至也，薛（焕）乞援于文忠（李鸿章）。文忠报以奉旨保城，不与战事。寇既大集，亦登陴固守，寇遂漠然视之。已而薛内召，文忠兼代其任。"这里所谓的薛焕"内召"，指的是薛焕于 1862 年 6 月上书清廷中枢，提出"洋务交涉地方，总宜总督兼任，徒假虚名无益"，最终被调入京都，做他的礼部左侍郎去了。李鸿章最终成为手握重兵、身兼巡抚和通商大臣要职的实权人物或许正是源于板桥之役的巨大损失。不过此时大权独揽，对李鸿章而言也未必是什么好事，因为统率得胜之师的李秀成已经再度打到了上海城下。

第二节：拉锯苏南——李鸿章和李秀成的两雄对垒

凭城死守

1862 年 5 月中旬，对于已是第三次挥师上海的李秀成而言，可谓到达了其军事生涯的顶峰。一方面，自陈玉成败亡寿州以来，李秀成已经成为太平天国中地盘最大、兵力最为雄厚的军事主官；另一方面，攻略苏杭及围攻上海的过程之中，李秀成也通过采购和缴获的方式获得了大批西式枪炮，通过聘请外国军事顾问的

上海前线的英军主将士迪佛立

方式，组建起了自己的"洋枪队"。李鸿章曾在写给曾国藩的信中坦言："李秀成所部最众，洋枪最多，牛芒鬼子（指西方投机军火商）满船运购，以获大利。"同时李秀成在西式武器的使用问题上，也一改昔日太平军分散使用的模式，将其集中武装精锐部队，形成了"每进队必有数千杆冲击，猛不可当"的局面。

太仓板桥战役之后，李秀成第一时间率部追击突围东逃的清军姜德所部，围攻嘉定、宝山两县。此前被逐出青浦的太平军陈炳文、郜永宽所部也趁势反扑。一时间本已转危为安的上海正面战线又一次

岌岌可危。不过此时的李秀成并不急于攻坚，而是摆出了围城打援的态势，在其《自述》中李秀成曾这样描述对嘉定、青浦的围攻："困其嘉定城中之鬼未得出来。上海来救之鬼是广东调来之鬼，立即来救嘉定，这城鬼于由南翔而来，当与迎战，两阵并交，连战三日，俱是和战，两家伤二三千人，鞘奔口坏，派官把守，即下青浦。又将青浦鬼兵困稳，外又有松江洋鬼及省再调来救其浦县，用火舟而来解救，此之天意从事。我早架大炮等他，此正火舟来之候，不意我亦关炮打他，初一炮正中其舟，其火舟烧起，其救未由，其浦城鬼兵自行退去，自惊下水而亡数百余鬼子。"

李秀成口中"上海来救之鬼是广东调来之鬼"指的是正在南桥—柘林方向扩张战果的英法联军主力。5 月 24 日，撤回上海之后英法联军驰援嘉定，最终被以逸待劳的太平军击败，仅英军统帅士迪佛立率部冲入嘉定城中。曾在香港当过三年陆军助理秘书、又参与过克里米亚战争、第二次鸦片战争的士迪佛立毕竟是老兵油子，他一眼就看出嘉定外围的清军无力救援这座孤城，因此入城后第一时间便挟持清方知县李克勤和守将熊兆周弃城突围，这样上海的门户嘉定再次落入了太平军的手中。而所谓"炮击火船"，指的是 5 月 21 日，太平军在南翔伏击了一支乘坐汽船向嘉定运送军火的英军分队，但比起所谓"自惊下水而亡数百余鬼子"的说法，英国战报仅承认 7 名印度籍士兵战死，英军 4 人被俘后随即为太平军所释放。

嘉定易手、青浦被围、英法联军亦兵败南翔，面对不断恶化的战局，以英法主导的"中外会防局"虽调集"常胜军"主力自松江进援青浦，但面对李秀成所部的太平军精锐，"常胜军"也武运不再。5 月 29 日，李秀成在青浦城下大破华尔所部"常胜军"的同时，率部乘胜进围松江。向来自诩指挥若定的李鸿章，终于也坐不住了。

李鸿章虽然日后戎马半生，但真正亲临战线的次数却并不多。之所以被李秀成逼到如此尴尬的境地，一方面固然是由于据守泗泾的原上海驻军姚绍修、林丛文、郭太平等部不堪一战，全线溃败之余已将太平军引至距离上海县城仅 10 千米的七宝、虹桥一线。另一方面此时的李鸿章对麾下的张树声、潘鼎新、刘铭传等淮勇将帅也缺乏信心，认为其仍未具备与李秀成所部精锐正面抗衡的能力。因此在委派程学启抢占沪西要地——虹桥的同时，李鸿章自己率淮军主力抵达新桥一线。

19世纪的重炮和葡萄弹

新桥位于松江东北、青浦东南，从地理位置来看恰处在太平军南北两路进攻轴线的中间地带，同时又与虹桥形成掎角之势。李鸿章此番部署可谓攻守两便、多路策应。与之相比，李秀成在局面大优的形势下却可谓"昏招迭出"。面对青浦、松江、上海三个相对孤立的战略据点，李秀成没有战略上的取舍，在连营30余座四面合围青浦县城的同时，将从湖州方面赶来的黄文金、谭绍光两部生力军用于强攻松江。如此一来反倒令本应是战略重心的上海正面战场，成为太平军的短板。

从5月30日太平军开始强攻松江，按照太平军中的所谓"洋兄弟"——雇佣兵伶俐的说法，此轮攻势由李秀成麾下悍将林和指挥。这位林和在吟唎的笔下堪称"中国绅士"的代名词，在李秀成二克杭州的巷战之中，林和曾为了救助一位中国妇女而被对方用长矛刺伤。在松江城下，林和更是奋勇先登，但最终难敌近距离射来的"来福枪弹和阵雨般的葡萄弹和霰弹"而战死沙场。此后松江守军烧毁所有城外民居以清扫射界，凭借火力优势多次击退了太平军的强攻，而李秀成在松江城西修筑的妙严寺炮台也为对手的火力优势所压制。

就在太平军屯兵于青浦、松江两地的同时，6月2日，程学启与张遇春两部淮勇进逼漕泗泾，击败当地的太平军驻军，随后虹桥一线修筑营垒。6月6日，程学启等部淮勇又奔袭七宝，拔除了当地深入清军防线之内的太平军多处营垒，至此太平军被压缩回泗泾一线，上海城防的危机基本得到了化解。同一天，华尔率领"常胜军"一部由水路驰援松江，摧毁了李秀成寄予厚望的妙严寺炮台后进入城内。太平军期望通过围困和炮击的方式夺取青浦、松江两地的计划宣告破产。李秀成不得不决定在松江一线暂取守势，集中谭绍光、陈炳文等部精锐猛攻青浦。

对李秀成所遭遇的尴尬，驻守青浦的法籍雇佣军法尔思德可谓洞若观火，他在回忆录中这样写道："太平军认为青浦的投降不过是时间问题罢了，于是停止直接攻击，借以节约人力，他们增筑石垒包围全城。但最终却忍耐不住，开始每天攻城。"即便如此，6月9日，从松江方向赶来的华尔与英国军官斯宾塞率领英军、"常胜军"仍成功突破了太平军的防线进入青浦城内，接应了当地守军并安然撤走。太平军虽然乘胜追击，俘获了法尔思德和近百名"常胜军"士兵，缴获了大批军事物资，但数万太平军精锐为夺取这座孤城所浪费的时间，却足以令李秀成付出昂贵的战略代价。

在李秀成专注于青浦、松江攻防战的同时，李鸿章统率淮勇不断向泗泾一线的太平军发动攻势。太平军虽然在泗泾一线修筑了绵亘三四十里的营垒，但仍被李鸿章诱入伏击圈，遭遇重创。正是鉴于松江一时难以攻陷，泗泾又频频告急的战场态势，6月17日，李秀成撤围松江，调集太平军主力，从三个方向分12路直攻上海。客观地说李秀成所部太平军在上海战场始终占据着兵力上的优势，如果在攻取嘉定之后能够利用英法联军、"常胜军"分守青浦、松江的有利时机直趋上海的话，即便不能一举破城，也将牢牢地把握住战场的主动权。而此时太平军各部在上海外围已经苦战近一个月的时间，师老兵疲之余更形成了松江、上海前后受制的局面。李秀成虽然调集重兵摆出孤注一掷的决心，实则已呈强弩之末的颓势。

6月17日，太平军骑兵部队率先突入七宝，试图隔断虹桥程学启所部与新桥淮勇主力之间的联系。李鸿章和程学启虽竭力试图夺回七宝这一战略要冲，但无奈遭遇大雨，被迫各守营垒。6月19日，太平军主力抵达战场，迅速攻占法华镇、徐家汇、九里桥一线，形成了对虹桥的合围之势。此时的李鸿章可谓遭遇自己单独领军最大的危机。一方面，此时的太平军主力已经距离上海县城仅5千米，而城内已几乎没有可用之兵；另一方面，程学启所部是李鸿章最为精锐的武装，一旦覆灭于虹桥，势必重挫淮勇各营的锐气。因此李鸿章严令各部全力驰援虹桥，甚至出现了不惜要拿老部下张遇春的人头来警示三军的局面。《清稗类钞》中是这样记载的，"文忠（李鸿章）于虹桥战时，坐胡床督战。寇（太平军）氛甚恶，张遇春败回。及桥，文忠顾左右取其首，遇春驰马反趣寇，各营皆奋勇直前不可当"。

上海城下的混战

在李鸿章率援军于九里桥一线与太平军厮杀的同时，据守虹桥的程学启所部正遭遇着数万大军的反复冲击。关键时刻，李鸿章此前装备程学启所部的西式火器发挥了巨大的作用，一时间交战双方"填壕拔桩，洋枪大炮并力死拼"，甚至程学启本人也亲燃劈山炮猛轰。最终伤亡惨重的太平军在李鸿章、程学启的内外夹击下全线崩溃。趁势收复七宝镇的李鸿章随即猛扑太平军于泗泾一线的营垒。自知已无力再战的李秀成最终决定不战而退。

长期以来，很多史学家均根据李秀成《自述》中的描述，认为太平军从上海外围撤退是缘于"曾帅之军已由上下，破我芜湖、巢县、无为、运漕、东西梁山、太平关一带，和州亦然，有如破竹之声，而至金陵，逼近京都"，最终李秀成不得不在"天王一日三道差盲捧认到松江追我，诏甚严，何人敢违！"的情况下全线回撤。这种说法固然有一定的道理，但曾国荃所部湘军进逼天京的态势事实上早在李秀成发动上海决战之前已然呈现。湘军攻克无为、运漕一线是在 1861 年的冬季，夺取芜湖、巢县，全面进犯天京是在 1862 年的春季。这些情况李秀成并非不清楚，但仍执意猛攻上海，所期望的除了能通过"围魏救赵"吸引湘军主力援沪之外，更有一举荡平其根据地"苏福省"东线的威胁，在巩固后方之后再回师与湘军决战的宏图。

而其最终不得不放弃这一正确的战略构想，与其说是受到了洪秀全"瞎指挥"的影响，更多是鉴于战场实际情况所进行的自我修正。毕竟李秀成所部自太仓板桥之战以来，已与英法联军、"常胜军"、李鸿章所部淮勇恶斗一个多月的时间，各项损失均亟待补充。继续强攻上海不仅无法打开局面，反而可能折损更多的有生力量。而此时回援天京也远非后世一些学者所臆想那般艰难，曾国藩在谋划攻略天京之时，本计划调动曾国荃、多隆阿、李续宜、鲍超四路大军分进合击，但计划制订后不久多隆阿所部便被清政府调去镇压陕甘回乱，李续宜所部从湖北出发后不久便陷入了与捻军、苗沛霖所部的纠葛之中，无法抵达战场。曾国藩虽然试图抽调江宁将军都兴阿所部参战，但由于江北太平军的反击，都兴阿一时也无兵可派。加上鲍超所部在宁国一线遭遇太平军杨辅清的阻击，真正抵达天京城下的仅有曾国荃一部。

面对孤军深入的局面，曾国藩意识到了其背后暗藏的危机，他曾写信告诫曾国荃不要贸然进军，但此时的曾国荃已经被胜利冲昏了头脑。对此他曾在日后懊恼地表示："自春夏秋在安庆经过恶风巨浪，以为贼不足制我，敢于悬均深入，不意事与愿违。"而此时李秀成也敏锐地捕捉到了战机，在他看来太平军虽然经历了安庆之败，但仍有数十万机动部队遍布于长江南北，如果能由自己统一指挥，歼灭曾国荃所部于天京城下、重现"三河大捷"的辉煌并非不可能，因此他才果断终止了上海方面与李鸿章的缠斗。实际上李秀成并未立即离开苏州，赶赴天京战场，而是直到 1862 年 9 月才率军北上。李秀成的行动之所以如此迟缓，除了政治层面的考量，希望洪仁玕、杨辅清等太平军其他派系诸王与曾国荃相互消耗之外，很大程度上也是鉴于上海外围恶斗之后，其麾下各部需要补充、休整。而对于李鸿章而言，曾国荃孤军深入天京城下，也给他和麾下的淮勇制造了难得的喘息和发展良机。

大张羽翼

1862 年 5 月末，隶属于李鸿章所部的"垣字营"和"熊字营"先后由安庆乘船抵达上海。但对于这两支部队，李鸿章却并无好感。因为这两营兵将并非来自安徽，而是李鸿章曾经的竞争对手——陈士杰的麾下。作为湘军集团的后起之秀，来自湖南桂阳的陈士杰一度是曾国藩眼中率部援沪的不二人选，但关键时刻陈士杰却因"家乡不靖，上书辞却"。对于此事，清政府的官方说法是"侍郎（陈士杰）自以前出时，家居为盗焚掠，惊忧太夫人，今边界日有游盗钞掠，而石达开党部往来郴永，以桂阳为衢道，不敢一日离"，大体意思是陈士杰为了留在家乡镇压反政府武装，而放弃参与援沪主帅的竞争。

据说陈士杰早年曾和李鸿章一共拜在曾国藩的门下，一次师生宴间"酒罢投壶，惟侍郎（陈士杰）与合肥李总督（李鸿章）立三马，及后并膺疆寄，傅以为验"。好事者记录这段逸事似乎是为说明陈士杰的才干不在李鸿章之下，但事实上出身官宦世家的李鸿章具备了太多寒门子弟陈士杰所不具备的优势，或许也正因如此，陈士杰才主动退出了竞争。

击退了太平军对上海的围攻之后，李鸿章的确需要扩充自己麾下的军队，但这些旁系武装，在其眼中还不如在上海外围收降的太平军降卒可靠。短短几个月之后，"垣字营"和"熊字营"便先后被取消番号，归入程学启的"开字营"麾下。相反在浦东战场上因与李秀成次子李容发不和而归降清军的太平军降将吴建瀛因为出身安徽泾县，所部反而被编为"建字营"。

当然吴建瀛等太平军降将加入淮勇序列之后，表现也相当的抢眼。除了献上其所控制的南汇县城之外，还与李容发所部太平军激战于川沙、奉贤一线，保障了李鸿章战略后方——浦东的安全。随着李秀成主力从上海泗泾一线后撤，李鸿章随即将注意力转向上海南线，而除了潘鼎新、刘铭传等部淮勇之外，驻守奉贤的吴建瀛、刘玉林所部太平军降卒亦参与进攻。

在李鸿章看来江浙比邻交界之处的金山卫，是扼守上海南线的战略要冲。要遏制浙江方面太平军对上海的威胁，必须夺占该地。但太平军方面亦视金山卫为从南线进攻上海的前进基地，因此双方围绕金山卫反复争夺。直到 7 月 16 日华尔率领"常胜军"抵达战场，才以重炮轰开金山卫的城墙，迫使太平军弃城而走，退入浙江境内。李鸿章随即在金山卫一线构筑防线，监视浙江方向太平军的行动。在吞并异己、招降纳叛的同时，李鸿章也委派其三弟李鹤章回乡招募兵勇。1862 年夏季，李鹤章统带新组建的马队和亲兵营与周盛波、周盛传兄弟的"盛字营"和"传字营"，吴毓芬、吴毓兰兄弟的"华字营"，张桂芳、张士芳兄弟的"桂字营"和"芳字营"，张志邦的"志字营"陆续抵达上海。至此李鸿章所部可谓兵强马壮，足以自立门户。

有了生力军的加入，李鸿章开始部署收复青浦、嘉定的军事行动。8 月 2 日，李鸿章命李鹤章统率程学启等部，在"常胜军"炮艇的配合下反攻青浦。在"常胜军"水、陆炮火的猛烈轰击之下，青浦南城坍塌。太平军不得不全线后撤。青浦易手，令仍驻留在苏州的李秀成决心在驰援天京之前，再对上海战区作一次战略进攻的尝试。8 月中旬，太平天国"慕王"谭绍光出兵上海。或许是吸取了此前屯兵青浦城下的教训，谭绍光采取了长驱直入的战略，竟在 8 月 23 日击败李鸿章所部的层层阻截，进占法华镇、静安寺，再次逼近到离上海县城仅 5 千米的地方，令李鸿章不得不调集各路人马驰援。如果不是谭绍光所部兵力不足，太平军很有可能一举奠定胜局。

随着谭绍光损兵折将被迫退守嘉定，太平军对上海的战略进攻至此画上了句号。而在金山卫、青浦战役之中，淮军缺乏重型火炮的弱点，也令李鸿章决心采购和仿制西式榴弹炮。长期以来湘军都编制了大量所谓"劈山炮"的国产青铜火炮。"劈山炮"虽然威武，但实则不过是明末清初所大量使用的"红衣大炮"的改进型号，炮身系模制而成，炮弹则不过是由生铁或熟铁铸成的霰弹。这种武器对抗太平军的人海冲锋固然有一定的作用，形成曾国藩所谓"喷薄而出，如珠如雨，殆无隙地，当之辄碎"的局面，但在攻坚战中却作用不大，与"常胜军"及英法联军所装备的榴弹炮相差甚远。因此李鸿章不得不借重"常胜军"统领华尔，请他代为物色外国造炮工匠，并代购洋炮。但这样的外交工作在当时存在着一定的政治风险，因此9月8日李鸿章特意致书曾国藩："华尔打仗，实系奋勇，洋人利器彼尽有之，鸿章近以全神笼络，欲结一人之心，以联各国之好，渠允为我请外国铁匠制炸炮，代购洋枪，若学得一两件好处，于军事及通商大局皆有小益，钧意以为可否？"但曾国藩却不以为意，反而告诫李鸿章"治军之道在人而不在（武）器"。

曾国藩的因循守旧令李鸿章颇为失望，师生两人围绕这一问题展开了旷日持久的书信辩论。在此期间李鸿章引进西式武器的脚步虽然并未停止，但基本仍处于采购阶段。淮军真正组建西式武器生产系统，最终要等到1862年11月清政府指示各省督抚"饬令中国员弁学习洋人制造各项火器之法，务须得其密传，能利攻剿，以为自强之计"才得以展开。当然淮军全面换装西式枪炮的进程之所以一拖再拖，除了政策层面的影响之外，还受到了"常胜军"内部一系列变故的影响。

从"洋枪队"到"常胜军"，这支由上海士绅出资、西方雇佣军组织和训练的华人武装已经在上海外围的一系列战斗中证明了自己的价值，但随着战线的逐渐稳定，这支部队的处境和去向却变得尴尬起来。一方面，随着"常胜军"规模和装备的不断扩充，作为其幕后金主的吴煦、杨坊等苏南士绅日益感到不堪重负。据称除了日常的军饷之外，"常胜军"每收复一座城镇还另外要求赏金 2 万两，攻克青浦之后还要求再增加 1 万两。而"常胜军"所使用的多艘内河蒸汽炮艇，虽然名义上已由清政府买下，但每月仍要向华尔的贸易伙伴亨利等人支付四五千两白银。对于这些"额外支出"，李鸿章的态度是"能拖就拖"。对此贪婪无度的华尔表现出了其兵痞流氓的一面，他公开指责李鸿章不守信用，甚至威胁说："如果我的脚不是在这泥塘里陷得这么深，我就会把他们全部抛弃。"这话言者无意、听者有心。毕竟在太平军中所谓的"洋兄弟"也不在少数。李鸿章等清官僚不得不担心华尔这样的雇佣兵随时会倒戈一击。

后期的"常胜军"

另一方面，随着第二次鸦片战争的终结，英法等西方列强与清政府的关系由敌对转为同盟。为了更进一步地控制中国的内政外交，"常胜军"这样由西方职业军官领导的华人武装，一度成了贺布等在华英法将领心目中"华洋合作"的试点部队。在积极要求恭亲王奕䜣将更多的中国士兵交付英法军队训练和指挥的同时，英法也在谋求获取"常胜军"的指挥权。正是在这样的内外因素的交互作用之下，"常胜军"的命运开始走向没落。但华尔本人却似乎并没有意识到危险的逼近，除了不断向吴煦、杨坊等苏南士绅追讨高达 11 万两的欠款之外，他还不断向李鸿章要求率领"常胜军"前往天京战场参战。在华尔看来天京作为太平天国的首都，一旦被"常胜军"所攻陷，那么他个人不仅能获得丰厚的奖金，更能在入城劫掠中赚得盆满钵满。可惜这个唯利是图的美国人错误地低估了深陷政治旋涡的风险。

1862 年 9 月，李鸿章命华尔率"常胜军"前往攻略浙江慈溪。此次军事行动表面上看是为了扩大上海金山卫南线的防御空间，掩护 5 月为英法联军所收复的

华尔个人肖像

贸易重镇宁波。但此时的浙江分属左宗棠的管辖范围，即便其背后有英法列强的外交压力，李鸿章似乎也未必甘愿"为他人作嫁衣"。可惜华尔并未注意到这一点，欣然抵达后不久便在视察战线时被"太平军"的火枪击伤，不久后便死于军营之中。

华尔死后，李鸿章虽然上奏清廷，对其大加褒奖、风光厚葬，但对于群龙无首的"常胜军"，李鸿章却有意将其分而治之。除了远征慈溪的"常胜军"所部由此前在青浦被太平军俘虏后被放回的法尔思德指挥之外，上海前线的"常胜军"主力则交给了名为白齐文的统领。白齐文和华尔同为美国人，且经历相仿，在集结了诸多西方冒险家的"常胜军"中，可谓深孚众望。无论是李鸿章还是西方列强都无法容忍"常胜军"继续保持其独立性，因此 10 月下旬李鸿章随即命"常胜军"开赴嘉定前线。

围绕着嘉定这座上海外围最后一座由太平军控制的据点，双方展开了激烈的攻防战。李秀成此时虽已经统率大批精锐驰援天京去了，但在苏州方向太平军仍猬集着十数万野战部队。主持苏南军务的谭绍光会合浙江陈炳文所部，在三江口、四江口、白鹤港、张堰一线夹江布阵、构筑水陆联营。但面对太平军坚实的方向，一度利用"常胜军"攻克嘉定的李鸿章却没有再选择以雇佣军打头阵，而是命程学启、吴建瀛等太平军降卒奋勇突击。此战之中程学启胸中枪伤，但仍指挥"开字营"枪炮齐放，最终击溃太平军，此役史称"四江口之战"。

"四江口之战"证明了淮军已具备了与太平军精锐兵团正面交手且战而胜之的能力，相较之"常胜军"仅在攻坚战中具备火力优势。在进一步加强自身炮队建设的同时，李鸿章对"常胜军"釜底抽薪的瓦解也逐渐提上了日程……

权谋之道

自主政上海以来，除了招兵买马之外，李鸿章也着重组建自己的幕僚团队，并逐步将上海地区的官吏替换成自己的心腹。对于恩师曾国藩幕府之中人才鼎盛的局面，李鸿章早已心向往之，因此他早在安庆组军之初，即开始积极物色合适的干才。首先罗致帐下的是建德寒士周馥和同乡好友王学懋、蒯德模、蒯德标等人；与此同时，他还利用通家世谊的关系，对来往安庆请兵雇轮的沪绅代表钱鼎铭、华翼纶、潘馥、杨宗濂等人曲意笼络；对正在安庆督造轮船的近代科学家徐寿、华蘅芳也是礼敬有加；并且还走访曾国藩机要幕僚、阳湖名士赵烈文，向他请教苏沪人才情况。李鸿章这样做的目的，自然是为了自己在苏南开府封疆做准备。

1862 年 11 月 17 日，"四江口之战"后不过数日，返回上海李鸿章便宣布了一系列重大的人事任免决定。他以吴煦、杨坊须带领"常胜军"赴援天京为借口，免除两人苏松太道、苏松粮储道的职务，由湘军集团的黄芳、郭嵩焘接任。事实上早在此前，北京便早有御史对两人展开弹劾："吴煦、俞斌在上海洋泾浜地方开设钱铺。又合伙包估洋船、沙船，贩货至汉口及莱、登各海岸。皆假托宁波、广东商人字号，掩人耳目。"同时还牵连吴煦之子吴宗麟，称其"寓居上海道署，出入驺从，百姓有'小藩司'之称，气焰均极薰灼"。湘军集团此次发难，可谓筹备了大量的弹药。丁母忧回吴江原籍的前詹事殷兆镛奏参得更具体，他说："吴煦精心计，在上海开茂记、绫记、元盛、元丰等银号，凡交捐非伊号银票不收，商贩沙船、火轮船及洋行存银甚多。"除此之外殷兆镛还爆出了吴煦命人与外国人洽办"购储鸦片及出租房屋牟利"的丑闻。

殷兆镛的奏折到达朝廷，慈禧随即命曾国藩查办。本就在幕后操控一切的曾国藩随即上奏"臣查吴煦开设银号。置买海舶，牟利营私，系属实情"。但话锋一转，曾国藩随即又表示："臣与李鸿章久拟列款参奏，惟苏藩、关道二缺，一时难得接署之人。又苏、常失陷以后，上海屡濒于危。吴煦联络洋人，保全要地，具有微劳，且其广交洋商，厚结华尔，吴煦之进退，于华尔全军略有关系；华尔之向背，于英、法各国略有关系，不得不周详审慎，三思后行。俟上海关道一缺遴委得人，再将吴煦事迹会折参奏。"可见湘军系统之所以迟迟没有替换吴、杨两人，无非是忌惮其所控制的"常胜军"武装。现在华尔已然"战死"，淮军也已成长为了支撑上海战线的主力，将吴煦、杨坊一脚踢开自然也在情理之中。

但正所谓"百足之虫，死而不僵"，吴煦、杨坊虽被革职，但仍然代表着苏南的士绅阶层掌握着上海地区巨额的民间财富。如果继承"常胜军"指挥官的白齐文能与之通力合作的话，那么其与湘军集团的政治角力仍有一线生机。但偏偏白齐文没有华尔那般的政治头脑，且更为贪婪无度。对于驰援天京前线的行动，白齐文没有华尔那般的兴趣，而吴煦、杨坊政治和经济上的尴尬，白齐文更无心过问。甚至面对英法联军高层的劝说，白齐文也表示在与中国政府往来的混乱账目得到清理之前，他拒绝出征。

面对"常胜军"的异动，李鸿章乐见其成。在清政府和英法联军高层中制造白齐文"冥顽不灵、不可信任"的同时，以切断"常胜军"的军饷供给来逼迫其作为让步。在这样的情况下，1863年1月13日白齐文非常不理性地选择了在其驻地松江"闭城索饷"。对于此事西方观察者的观点很多都认为是"常胜军"下级官兵在鼓噪，白齐文本人也是受害者，但国内史学家则认为白齐文是始作俑者。但无论如何，松江闹饷都无疑向清政府宣告了白齐文和"常胜军"的不稳定。

李鸿章勒令杨坊前往松江镇抚"常胜军"。尽管杨坊化解了"闭城索饷"的危机，但随即便被白齐文打上门去，抢走了4万两白银。白齐文的种种做派，令李鸿章有了足够的理由对"常胜军"下手。在宣布对白齐文实行通缉，逼迫对方叛降太平天国的同时，李鸿章上奏清政府表示："该道（按指吴煦、杨坊）等创募此军，及换人接管，始终主谋，又有督带之责，不能实力制，办理不善，咎亦难辞。应请旨将吴煦、杨坊暂行革职，仍令妥筹接办事宜，以观后效。如该军仍前犷悍，应责成吴煦、杨坊妥为裁遣，一手经理，不得置身事外，希图诿卸。"吴煦、杨坊此时已经没有任何的财政权力，却仍要主持对"常胜军"的裁撤事务，甚至还要自掏腰包承担此前筹备驰援天京战场的军费开支，因为李鸿章已经明确提出"赴金陵，雇用轮船及添购军火，价值颇巨。兹既赴援不成，此项银两不准开销税款，应令吴煦、杨坊自行赔补"。

吴煦、杨坊虽然堪称富足，但为了筹措这笔巨额军费，也同样花了大半年的时间。吴煦与杨坊被迫各出一半，还清了前项欠款纹银 31 万两、英镑 6.3 万元。对此吴煦虽然颇有怨言，曾向自己的政治盟友——胡家玉抱怨说："诚不以一官得失为心，而以军需赔垫为苦。"但其子吴宗麟却一眼看出了其中的轻重，他规劝其父说："将挪款开销，使不能再向我们晓舌，虽有心挑剔，亦可借公论作挡也。"果然在花钱免灾之后，李鸿章的态度又有了 180 度的转化，向清中枢称赞吴煦"督带常胜军所向有功，更定章程，悉臻妥协、筹济饷需，不遗余力"。最终吴煦虽然仍"行革职处分"，但好歹保住了"候补道员"的头衔。

当然李鸿章此举并非念及当年吴煦有延引淮军入沪之功，而是为了让其继续在上海为淮军筹备军费。吴煦在上海一度开设自任督办的军需报销局和饷票奖局，向社会"劝捐"，以"弥补经办军需亏欠"，但有了此前宦海沉浮的经验，吴煦早已不复昔日的雄心和报复。短短的复起之后，他最终选择向李鸿章辞卸报销局及饷票奖局的美差。按照他自己所说既已"毁家去官"，留补又有何益，旋称疾归里，于 1872 年病逝家中。吴煦虽然晚景凄凉，但比起 1865 年便郁郁寡欢、死于家中的杨坊来说也算是长寿的了。

白齐文、吴煦、杨坊先后离开"常胜军"之后，这支雇佣兵武装随即成为李鸿章和英法联军方面争夺的焦点。经过与英国驻华陆军司令士迪佛立等人的酌商，中英最终签订《统带常胜军协议》。中英《统带常胜军协议》士迪佛立原拟条约 13 款，李鸿章复加勘正，增为 16 款，于 1863 年 1 月 14 日盖印移交分执，并咨明总理衙门备案。李鸿章与士迪佛立的争论，主要集中在二个问题上。一是兵权归属问题。士迪佛立企图独揽，李鸿章执意分享。士迪佛立"初不愿中国官员会带"，提出"现在常胜军暂交哈伦管带，随后奏明交戈登管带，即为中国武官"。清方则提出"所荐兵官须与华尔相同，概受中国节制，并受中国官职，如有过失照中国例办理"。经过"切实争闹"，双方达成妥协：士迪佛立同意管带官"均应归抚台节制调遣"，中国派李恒嵩会同管带；清方放弃英国管带官"如有过失照中国例办理"的要求。士迪佛立要求"所有营中章程规矩均须听管带官主意"，清方反对，最后协议："所有营中章程规矩均须听会同管带官主意。"士迪佛立主张"凡常胜军出队须先与英、法两国商定"。李鸿章表示此条"亦断难行，彼此知会则可"。最后协议："凡常胜军出队，如远在百里以外攻打城池，须预先与英、法两国商量。至临警调度及附近有贼派出队伍，不必拘定。"

二是兵额问题。英国希望"常胜军"是一支庞大的武装力量，能够为其所用。士迪佛立曾言"常胜军五千人不可再少，内有两千人必须驻防松江，不能调往他处"。之所以选择松江为"常胜军"的主要据点是因为英国政府始终强调其作为半径是"协助防卫上海的三十英里范围内"。而李鸿章虽然企图借助"常胜军"剿灭太平军，但既担心"常胜军"势力膨胀危及切身利益，又害怕"常胜军"人数过多，费银太巨，影响淮军的扩充。他力主"常胜军""裁汰老弱"，拒绝对士迪佛立作出让步。他说："发匪自上海百里以外日见退去，已无需更多兵力保卫上海矣。"经过反复协商，最后双方协议："常胜军以三千为适，如将来关税短绌，饷银无出，尚可裁减。"

李鸿章与士迪佛立的争论固然十分激烈，但其目的无非是想"渐收兵权""稍节饷需"。通过《统带常胜军协议》，李鸿章把"常胜军"的饷银从 7.8 万两减至 4 万余两，并且取得了对"常胜军"的节制调遣权，也算是功德圆满了。更为重要的是，通过《统带常胜军协议》标志着常胜军从"华夷两商目行经理"而变成为中、英两国政府军事合作的一种形式。因为这个协议是由清朝巡抚和英国陆军司令签订的；而协议又明确规定"常胜军"由英国派出正规军官充任管带，清朝派出正规军官会同管带，"常胜军"出队须预先与英、法两国会商，"常胜军"军官由清朝巡抚和英军司令任免，"常胜军"军饷"在海关银号按月支取"。这支昔日的雇佣兵武装终于从"私营"转化为"公营"，在如何对待"常胜军"的问题上，清朝统治营垒内部存在着明显的分歧。买办官绅只讲"笼络"，顽固官绅只讲"控驭"。李鸿章则调和于两派之间，主张"于笼络之中，仍寓裁制控驭之道"。经过一番权谋运作，最终这块挡在淮军发展道路上最大的绊脚石似乎终于要被踢开了。

"常胜军"士兵的照片

有趣的是太平军与"常胜军"、淮军在上海外围的一系列争夺战，还在无形之中影响到了日本这一邻国的政局走向。1861年接受德川幕府的派遣，日本长州藩的改革先锋高杉晋作乘坐"千岁丸"前往上海。高杉晋作此行的目的，起初是为幕府寻求与清政府直接通商的可能。但是在中国逗留的两个月里，高杉晋作不仅亲眼目睹了西方列强在上海的肆无忌惮，开始忧虑"孰能保证我国不遭此事态"，更从在上海躲避战乱的士绅口中得知了此时正席卷东南的"太平天国"运动的一些情况。对于"家屋已被焚毁，家中书籍金石图书一并而空"的颜麈等人的遭遇，高杉晋作虽然表面上以"闻之使人潸然泪下"而给予同情，但实际上却对"太平天国"运动中所彰显的草莽力量颇有兴趣。当然高杉晋作也赞同同行的萨摩藩士五代有厚所谓"尽管太平军有超人之勇，但在少数英法军队面前遭到惨败，今后是新式大炮和军舰的时代"。在1861年8月回到长崎之后，如何以西式枪炮武装一支平民军队便成为高杉晋作的主要课题。回到日本之后，由其所组建的长州藩"奇兵队"从某种意义上来讲也有"常胜军"和"淮军"的影子。

高杉晋作组建的"奇兵队"

和所有新生事物一样，长州藩的"奇兵队"在成立之初也是受尽了白眼。1863年9月，"奇兵队"与向以精锐自居的"撰锋队"在教法寺发生火并。身为"奇兵队总监"的高杉晋作被迫承担"管教不严"的责任，黯然去职。但"奇兵队"在火并中能够直冲"撰锋队"的驻地，也令变相挑起矛盾的长州藩"太子爷"毛利定广对其另眼相看，因此在事件发生后不仅没有将其解散，反而委任高杉晋作的同学山县狂介（即日后的山县有朋）出任"军监"。此举等同于承认了"奇兵队"是长州藩的正规军。

第三节：苏州杀降——苏州保卫战和英国渗透淮军系统的初次尝试

苏州在望

1860 年 10 月，在来自京津各地的土匪和流氓的引领之下，英法联军直扑清军守备空虚的海淀一带，掠夺并焚毁了当时最为富丽堂皇的皇家园林——圆明园。英法联军对圆明园毁灭性的掠夺不仅是中华民族百年国耻中厚重的一笔，更引来西方有识之士的齐声谴责。一位英军工兵上尉在他的日记中写道："你很难想象这座园林如何壮观，也无法设想法国人把这个地方蹂躏到何等骇人的地步……"不过这位上尉写下这段文字并非出于正义，而是怨恨作为技术支援兵种，他姗姗来迟未能在其中分到一杯羹，他就是未来将和中国结下不解之缘的查理·乔治·戈登。

戈登出生于英国伦敦，世代从军的家族传统让他很早便进入了皇家军事学院学习。不过据说由于戈登的脾气火爆，两度在学校里与教官和同学斗殴。在他本人军旅生涯的前 6 年里，戈登忙碌于威尔士的建筑工地、塞瓦斯托波尔要塞外围的壕沟以及土耳其的勘探前哨。

身着清朝官服的戈登

如果没有第二次鸦片战争，已经被委派为工兵学校教授的他可能将以一个学者的身份度过自己的余生。

自愿参战的戈登赶到大沽口之时，英法联军已经成功登陆。他紧赶慢赶地抵达前线仍错过了八里桥战役。除了在圆明园点上一把大火之外，戈登在战场几乎毫无功勋可言。不过随着清政府与英、法签署《北京条约》，西方列强获得了在天津建立租界的特权，拥有丰富工程学知识的戈登终于得以一展拳脚，在勘定租界地形和修筑道路的工作中出力颇多，也因此得到了驻守天津的英军指挥官士迪佛立赏识。当1862年江苏巡抚李鸿章提出希望聘请英国军官指挥"常胜军"之时，士迪佛立第一时间推荐了戈登。

戈登入主"常胜军"之时，恰逢李鸿章所部淮军在常熟一线陷入被动之际。对于李秀成以苏州为中心构筑的太平天国"苏福省"防御体系，李鸿章所奉行的策略是"剪其枝叶，再图根本"的蚕食战术。1863年1月，通过与李秀成麾下大将——安徽桐城豪强钱桂仁的暗通款曲，李鸿章成功策动了太平军常熟守将骆国忠举城叛降。表面上看常熟令淮军在太平军苏南防线的侧后打入一个楔子，在骆国忠发难的同时，李鸿章命程学启、李鹤章率部直扑昆山、太仓一线，试图利用太平军内乱之际，打通上海与常熟之间的联系。但令李鸿章没有想到的是此时的李秀成已由天京前线返回苏州，除了第一时间委派谭绍光、陈炳文率主力猛攻常熟之外，更命自己的女婿——"会王"蔡元隆主持太仓、昆山一线的防务。

由于蔡元隆所部的顽强抵御加上连日的滂沱大雨，淮军一度无力突破对手的正面防线。而驻守常熟的骆国忠所部却遭遇太平军主力的围攻，形势万分危急。李鸿章当然深知驰援常熟的重要性，但常熟战区情况不明，自然不能贸然拿自己的淮军嫡系前往冒险。于是新近上任的戈登和他麾下的"常胜军"便成了"首发上场"的不二人选。此时湘军已经夺取了长江下游的水路控制权，黄翼升所部"淮扬水师"悉数由天京战场开赴上海助战。正是在强大的内河舰队的运载和火力支援之下，戈登所部"常胜军"在福山镇一线登陆，正式进入常熟战场。但面对太平军在常熟城外"层层阻隔、声息难通"的营垒和防线，戈登并不急于进攻，而是着手巩固己方的登陆场和桥头堡。

西方画家笔下身先士卒的戈登

有了"常胜军"的成功试水，李鸿章自然信心大增，但戈登在福山一线的按兵不动却又令其颇有微词。在他看来"现在福山营盘扎定，而贼营垒更坚"，况且"救兵如救火"，眼见常熟城内的局势日益危急。3月2日李鸿章命心腹幕僚刘秉章会同潘鼎新、刘铭传两部淮军3000余人在福山上游的两洋港登陆，试图抢在"常胜军"之前展开攻势，解常熟之围。但事实证明太平军在常熟外线集结了庞大的野战兵团，潘鼎新、刘铭传所部虽成功登陆，但很快便在同观山一线被陈炳文所部太平军击溃，如果不是"淮扬水师"的舰炮支援，淮军差点就被赶下了长江。直到4月初，由于浙江方向左宗棠对杭州展开进攻，迫使陈炳文率部回救，淮军才在"常胜军"的重炮掩护下，攻破太平军的防线。面对内外作战的不利局面，主持对常熟全线围攻的谭绍光也只能选择撤回苏州，至此长达70余天的常熟攻防战落下帷幕。戈登以一个西方职业军官的角度，所采取的一系列战略战术均获得不俗的成绩，事后李鸿章也不得不为其请功。不过戈登未必看重一个"总兵"的头衔，毕竟在他身上背负大英帝国更为宏大的战略目标。

稳固了常熟、福山一线之后，淮军在苏州北部构筑一个空前强大的战略突出部，直接威胁李秀成中心据点与无锡、常州之间的联系。但要打通常熟与上海之间的联系，淮军仍必须攻克苏州正面的太仓、昆山两城，但此时在蔡元隆的努力之下，太平军已经在太仓城外构建了"高过于城，坚亦如之"的二道石卡，在城内也修筑了防御榴弹炮的"月城"和"地窖"等工事。但就在一场攻守大战展开的前夜，蔡元隆的乞降使者却突然出现在了李鸿章的淮军大帐之中。能够"不战而屈人之兵"当然是所有战争指挥者梦寐以求的局面，于是李鸿章亲自与其约定4月26日双方在太仓城外受降。

但就在太仓前线的淮军将领李鹤章和程学启满心欢喜地在城外等待太平军缴械之际，蔡元隆所部却突然从四门冲杀而出。程学启毕竟是沙场老将，此前便从种种蛛丝马迹之中嗅到了危险，命所部各营做好战斗准备，因此损失不大。但李鹤章所部却被太平军击溃，其本人也大腿受伤，险些被俘。李鸿章无奈之下只能将戈登所部"常胜军"从常熟调到太仓加入战局。凭借着强大的火炮优势，"常胜军"最终轰塌太仓城垣，与程学启所部并肩冲入城中。蔡元隆巷战失利只能突围而去。客观地说蔡元隆的诈降虽然取得了一定的战果，但也令淮军上下日后对太平军的乞降产生了严重的不信任感。5月1日，驰援太仓的太平军水师李改熙所部在被淮军包围后宣布投降，但仍被程学启悉数屠戮，由此正式开启了淮军在苏州战场上大量杀降的序幕。

攻占太仓令淮军打通了常熟与上海之间的陆路联系。苏州东、北两线均已暴露在淮军的兵锋之下。李鸿章本意再接再厉命程学启会同戈登所部"常胜军"直趋昆山，彻底端开苏州的东大门，但戈登却以需要休整为名将"常胜军"带回了松江。戈登这一出"撂挑子"的行为，自然令李鸿章颇为不爽。5月10日，他亲自由嘉定赶赴太仓，与胞弟李鹤章共同制定水陆会攻昆山的计划。尽管表面上李鸿章仍要求戈登"如期赴昆山会剿"，但从一系列部署来看，李鸿章有意抛开"常胜军"，迅速结束战斗。但可惜的是李鸿章拟定的"割裂苏（州）昆（山）、水陆并进"的计划，恰好撞上了指挥苏州保卫战的太平军"慕王"谭绍光"以攻代守"的战略反击。昆山战役刚一打响，太平军主力便从苏州向太仓方向发动反扑，淮军不得不将大批兵力转向防御。直到 5 月 27 日，"常胜军"在戈登的带领下重新回到战场，淮军才逐渐打开了局面。

5 月 29 日，戈登与程学启所部乘坐轮船避开狷集于太仓城下的太平军主力，奔袭连接苏州与昆山之间的正义镇。谭绍光没有预料到淮军会突然迂回自己的后路，虽然集中兵力试图夺回，但密集冲锋的太平军士兵却每每为"常胜军"的优势火力所击退。腹背受敌的太平军最终呈现崩溃之势，除了谭绍光率少数亲兵从阳澄湖退回苏州外，太平军上万精锐几乎悉数覆灭于昆山城下。至此太平军在苏州战场彻底失去了战场主动权，只能龟缩于苏州城内准备凭城死守。

"常胜军"的攻坚战能力远胜清军其他部队

6 月 4 日，随着淮军先后攻克苏州娄门外的唯亭、界浦、甪直诸镇，对苏州的总攻也即将展开。此时手中已经握有 4 万人马的李鸿章展开了三路大军，除了程学启所率淮军精锐由昆山直趋苏州的中路军之外，李鹤章、刘铭传所指挥的北路军负责从常熟直扑江阴、无锡，威胁苏州太平军的后路。而南路军则以"淮扬水师"为主，命其从太湖进犯吴江、平望一线。而对于戈登所部的"常胜军"，李鸿章则再度将其置于"板凳队员"的位置，要其"移驻昆山，援应各路"。但讽刺的是每每试图摆脱"常胜军"的李鸿章，最终却不得不每每倚重于它，就在其信心满满地想要三路会剿拿下苏州之际，李秀成却突然从天京战场回到了苏州，而在其身后还有以李世贤为首的太平军数十万水陆大军。

助攻天京

自 1862 年 9 月率主力离开苏州驰援天京以来，李秀成始终处于顾此失彼的两难抉择之中。在李秀成看来此时天京周边的局势并未到万分危急的境地，毕竟湘军各路大军之中，江宁将军都兴阿所部此刻仍在围攻长江中的九洑洲要塞。依照太平天国中"洋兄弟"——英国人吟唎的说法，他通过上海的西方军火商购置了 1 门英国海军 32 磅炮，1 门 18 磅炮和 1 门法国产的巨型大炮安置在九洑洲要塞之中，因此都兴阿虽然调集了大批战舰，展开水陆围攻，但始终无法拔除这颗钉在长江之中的"不沉的炮台"。而从皖南进军的鲍超所部虽然于 1862 年 7 月击败太平军杨辅清所部，攻占重镇宁国，但巨大的战场减员和正悄然兴起的疫情，却令鲍超所部一时无力向天京外围进击。因此整个 1862 年的夏季，天京城下湘军依旧只有曾国荃一支孤军据守在雨花台上。

对于已经兵临城下的对手，洪秀全自然力主全力猛攻。但李秀成却认为"曾帅之军由上而下，利在水军，我劳其逸，水道难争，（其）军常胜，其势甚雄，不欲与战"，因此只是"将省府（苏州）财物米粮火药炮火俱解回京"，提出"待廿四个月之后，再与其战，解京围"。李秀成逐步加强天京防御力量的计划从战略层面上考虑或许并没有太大的问题，但一口气将决战的日期推迟到两年之后却是洪秀全无论如何不肯答应的。因此其严厉地训斥李秀成说："三诏追救京城，何不启队发行？尔意欲何为？尔身受重任，而知朕法否？若不遵诏，国法难容！"正是在这样催促之下，李秀成最终于 9 月率主力离开苏州赶赴天京，部署对曾国荃所部的全线围攻，史称"雨花台之役"。

太平军对雨花台一线湘军营垒展开的猛攻，投入 14 个王侯所属号称 60 万的大军，前后持续 46 天，但实际战果却只能用"少得可怜"来形容。尽管事后曾国荃曾感叹说"贼（太平军）之火器精利于我者百倍之多，又无日不以开花大炮子打垒内，洋枪队多至二万杆，所以此次殒我精锐不少，伤我士卒不少，最堪悯恻"，但湘军方面虽然有数千人的伤亡，曾国荃本人也被流弹击伤了面部，可雨花台一线的防线却始终岿然不动。反倒是太平军进逼对手的营垒频频为湘军逆袭攻破，伤亡惨重。之所以造成这样的局面，固然是因为人称"曾铁桶"的曾国荃"营濠深垒"擅长防御，但太平军方面各路王侯互不统属、缺乏完整的指挥系统更是导致"雨花台之役"功亏一篑的重要原因。而李秀成虽然在其自述宣称"亦因八月而来，各未带冬衣，九十月正逢天冷，兵又无粮，未能成事者此也"，但事实却是他始终以其后方根据地——苏福省的战局变化为重。两军在雨花台下激烈攻防的同时，李秀成已悄然抽调所部精锐回援苏州了。

对于李秀成在战场上的表现，洪秀全自然是颇为不满。李秀成自述"雨花台之役"后，洪秀全曾对其"严责革爵"。但洪秀全似乎也认定雨花台一线的湘军营垒难以攻克，随即竟然提出了一个颇为荒唐的外线作战计划。在屡次解除清军对天京围困的军事行动时，太平军基本都采用"围魏救赵"的战略，以强大的野战兵团奔袭安徽、江苏、江西等地，吸引清军主力，随后再回师天京城下，击破对手的围城营垒。但洪秀全忽视了此时以李秀成为首的太平军将士早已不复当年之勇，曾国藩更非当年主持江南大营的向荣、和春可比。虽然对于集结于天京城下的太平军主力突然转向外线，执行洪秀全所谓"进北攻南"的战略，曾国藩一度也惊慌失措，向清廷发出了"臣实恐溃败决裂，尽隳前功"的求援信号，但随着李秀成于 1863 年 1 月离开天京，东返苏州，湘军集团迅速在长江沿线集结重兵，封堵转入外线机动的太平军各路人马。而与此同时，曾国荃所部则继续坚守雨花台营垒，持续对天京方面施压。

1863 年 2 月 27 日，李秀成在洪秀全的严令之下从苏州重回天京战场，用他自己的话说是，"不得不由，从雪而住"，显然是极不情愿。不过此时先于李秀成大军行动的对王洪春元所部已经攻占浦口，因此太平军主力得以顺利渡江，进入安徽境内。对王洪春元是洪秀全的族侄，在一干无德无能的"皇亲国戚"中算是少有的悍将，攻克浦口之后他随即率部攻克含山、巢县、和州等地，兵锋直指湘军的后勤枢纽——无为州。

此时湘军集团在安徽境内兵力薄弱，"自和州以至武汉，除庐州、安庆有兵外，千里空虚"。驻守浦口的李世忠所部本就是太平军降卒，此刻又被洪春元打得溃不成军。曾国藩虽然飞调湘军李续宜所部驰援战场，但"远水难解近渴"，因此曾国藩第一时间与李鸿章商定，要求淮军正在芜湖编练的张树声所部北运战场，"救无为州产米之区，保皖南各营办粮之路"。而这已经不是曾国藩首次向自己的学生"借兵"了，早在湘军围攻天京伊始，曾国藩便有意调程学启所部从上海北上参战。但李鸿章却以"程（学启）镇日夜战守，力与支持。临敌调兵，不独无人替往，青、嘉必致复失，松、沪或将震动"相婉拒。李鸿章的这种态度令曾国藩颇为不满，只能对左宗棠抱怨说："吾弟（曾国荃）未尝不私怨阿兄（李鸿章），坐令彼得一人而强，此失一人而弱，是知喜雄骏而恶阘茸，重干莫而薄铅刀，吾何异于人邪？"

借调程学启遭拒之后，曾国藩又以湘军李朝斌已率新组建的太湖水师赴沪，因此要求在上海战场的黄翼升淮扬水师六营由扬入淮，参与天京外围的战事。不想李鸿章却回信说："昌岐（黄翼升表字）昨得调淮之信，忧皇无措。吾师识将意、顺兵心，谅解体恤及此，如必欲其去，或奏令鸿章偕往。"摆出一副死皮赖脸的架势。曾国藩虽然一度以"昌岐此次再不应调，实不能不参办"相威胁，但面对李鸿章"昌岐不行，鸿章不遣，再将昌岐与鸿章一并参办，死亦甘心"的硬顶，曾国藩最终也是无可奈何，只能不了了之。

除了在部队调遣问题上爆发所谓的"索将"风波之外，围攻天京期间曾国藩和李鸿章在军饷接济方面也闹得很不愉快。自湘军进入天京战区开始，曾国藩便写信恳求"协济三五万"，但李鸿章却复信称："皖饷支绌，鸿章无力分济，深以为愧。九丈（指曾国荃）独立雨花台，飞书乞籴，情词恳迫，不得已而由行营粮台挪拨买米银二万两、上海捐厘总局薛守处拨银二万两，均于初五日凑齐，欲乘威林密轮船解皖。"但这笔钱最终却迟迟没有到账，令曾国藩只能再写信催促："承协银四万，何以至今未到？务祈设法汇解，或在浔、汉洋行兑汇，亦可速到，万不可再搭威林密以致迟误。"正是出于对这类临时性应急接济的不满足，曾国藩向李鸿章提出按月向湘军协饷的建议，开价每月三万两，李鸿章则大吐苦水道："敝军水陆十余万，松沪原部及各标营将及十万，以入抵出，不敷甚钜。不得已，各营均发半饷。"但这些小伎俩骗不过老谋深算的曾国藩，他不仅没有降低要求，反而变本加厉地表示"每月酌提四万，万不可减"，否则便要派员至沪"专收一二厘卡"。此时身为两江总督的曾国藩仍是江苏巡抚李鸿章的顶头上司，眼见如果不拿钱出来可能丢失好不容易到手的上海财政大权，李鸿章动用各种手段，基本满足了湘军的协饷要求。

清军围攻九洑洲

事实上随着湘军集团的膨胀，一跃成为封疆大吏的李鸿章、左宗棠等昔日湘军幕僚，均表现出了与曾国藩渐行渐远的趋势，其中最为出格的莫过于因曾国藩所保奏出任江西巡抚的沈葆桢。从 1862 年秋天起，出任江西巡抚不满一年的沈葆桢，便未与曾国藩商量，停解漕折银接济湘军。1863 年春，鉴于湘军"欠饷多者十五个月，少者七八个月"，曾国藩只能私下给九江关道蔡锦青寄了封私信，让他解送九江关洋税 3 万两给正在围困天京的湘军。蔡锦青刚解了一半即被沈葆桢制止，沈葆桢还要求蔡锦青将已经解送的款项追回，否则，将撤掉他的道员职务。考虑到蔡锦青的处境，曾国藩不得不将到手的银子退还，但心中的恼怒可想而知。此后为了争取江西饷银的支配权，曾国藩与沈葆桢屡发争执，最终闹到两人从此断交、不相往来的程度。与之相比，李鸿章在曾国藩的眼中或许还算是"恭顺"的。

在得知太平军主力转向安徽的消息后，李鸿章也要求正在芜湖招兵买马的幼弟李昭庆率部驰援庐州、无为两地，掩护驻守雨花台的曾国荃所部后方。而就在曾国藩、李鸿章调集各地人马驰援皖北的同时，李秀成所部的太平军主力却由于回顾苏州而白白浪费了 2 个月的时间，等到李秀成渡江北上，进逼无为、庐江之时已是 1863 年的 4 月中下旬了。面对陆续抵达的湘军援兵，李秀成攻坚失利，又加上遭遇大雨侵袭，部队产生大量非战斗减员。在"天连降大雨不息，官兵困苦，病者甚多，一夜至天明，合馆病倒，见势为难，攻又不下，战又不成"的无奈之下，李秀成在皖北盘桓了 2 个月之久，毫无作为。反倒是令困守雨花台的曾国荃养精蓄锐，进一步威逼天京，迫使洪秀全推翻此前"进北攻南"的战略计划，令李秀成率部回援，太平天国最后一次主动出击至此化为泡影。而在从皖北回师的归途之上，李秀成所部士气低落，在长江之上又遭遇湘军水师拦截，伤亡惨重。随后湘军又集中兵力猛攻太平军所控制的江中要塞——九洑洲。1863 年 6 月 30 日，随着九洑洲的易手，天京的水路粮道彻底断绝。而渡江时号称 50 万的李秀成所部更"仅存四五万人"。但就是这四五万残兵，李秀成还舍不得拿出来保卫天京，借口"兵又无粮，扎脚不住，自散下苏州浙江"。天京城内只有万余守军，形势岌岌可危。

决战吴门

从后续的情况发展来看，李秀成之所以选择将手中最后的基干部队调往苏州，其目的无非是逼迫洪秀全放弃天京或将自己外放。在其《自述》中李秀成更颇为自得地描述其进入天京向洪秀全摊牌的过程。李秀成首先提出"京城不能保守，会帅兵困甚严，濠深垒固，内无粮草，外救不来，让城别走"。随后更进一步威胁道："若不依臣所奏，灭绝定也！"李秀成所谓的"让城别走"，无非是希望洪秀全能跟随其前往苏州。如此一来，一度被洪秀全削减兵权的李秀成无疑将在太平天国内部形成"挟天子以令诸侯"的局面。但洪秀全对其并不买账，直言不讳地回答："朕铁桶江山，尔不扶，有人扶。"转手将天京的政务交给了自己的二哥洪仁达和"幼西王"萧有和执掌。李秀成逼宫失败，一度惊慌失措，竟然做出了"在殿前求天王将一刀杀我，免日后受刑"的冲动举措。此后虽然洪秀全赠赐龙袍，试图缓和君臣关系，但李秀成却仍决心尽快离开天京这个火山口。在缴纳了所谓"助饷银"10万两的情况下，李秀成终于在1863年9月匆匆赶往苏州。

在其《自述》之中，李秀成对李鸿章及淮军的评价并不高，甚至扬言说："攻克苏州等县，非算李鸿章本事，实得洋鬼之能。其将上海正税招用其力，该鬼见银亡命。然后鬼兵及李抚台见我未在省城，是以而顺势攻之。若我不来京者，不过北者，其万不能攻我城池也。"但实际情况却是苏州保卫战最为关键的1863年9月末，李秀成赶回苏州城内指挥谭绍光、郜永宽等诸王迎战淮军，但在此期间太平军并未击退淮军的攻势。9月28日淮军攻克苏州城内要冲——宝带桥，直趋苏州南城的盘门一线。李秀成亲自指挥反击，也不过仅守住了城垣一线。

忠王府内的会议堂

　　但此时的李鸿章并不急于夺取苏州，在他看来苏州此时外围据点尽失，已成淮军的囊中之物，但苏州以北太平军仍控制无锡、常州两座坚城。与其付出巨大的伤亡强行攻坚，不如围点打援，在苏州外围的野战中聚歼太平军主力。10月2日，自无锡出击的太平军"潮王"黄子隆、"侍王"李世贤、"章王"林绍璋各部从无锡出击，试图打破淮军对苏州的围攻，但却遭到李鹤章、张树声所部淮军的迎头痛击，不仅未能缓解苏州城防的压力，反而被淮军压制在无锡城内。太平军在苏南战场一度形成了苏州、无锡同时告急的局面。李秀成虽然试图集中兵力猛扑淮军位于苏、锡之间大桥角营垒，淮军在大桥角虽然仅有周寿昌所部三营的兵力，但依托深壕高垒和强大的火力，周寿昌所部在太平军的水陆围攻之下仍坚守到淮军主力从外线发起反攻。太平军在大桥角的兵败，宣告了李秀成从无锡方面支援苏州企图的破产。11月初，在苏州各城门均遭遇淮军猛攻的情况下，李秀成离开苏州，徘徊于苏州与无锡之间的茅塘桥一线。

　　显然此时的李秀成所部已经在"进北攻南"的行动中损失了太多的有生力量，而其本人的政治权威更因与洪秀全的战略分歧而岌岌可危。李秀成在《自述》中曾宣称自己"启奏不入，实佞臣之所由惑主而行，忌我之势，密中暗折我兵，然后失去苏州各县"。但事实上，此时苏南太平军各部早已失去了统一的指挥系统。各路王侯均从自身的地盘和利益出发，或保兵避战，或与清军暗通款曲。11 月 22 日，李秀成从无锡进援苏州，被程学启击败。至此苏州外线各交通要道均为淮军所控制。11 月 28 日，李秀成从木渎小道潜回苏州城内，与谭绍光、郜永宽等心腹爱将作最后的会商。李秀成提议苏州守军突围，但郜永宽等人此时已与李鸿章协定出降，因此对李秀成的提议装聋作哑，无奈之下李秀成只能带领苏州城内的万余心腹部队从小路突围，至此苏州保卫战进入了最后的阶段。而就在李鸿章准备入城受降之际，"常胜军"统帅戈登的突然介入，令苏州城内降军的命运有了峰回路转的变化。

苏州外围的水路争夺

出于保存实力和消灭异己的双重考量，李鸿章每每以"常胜军"为先锋展开攻坚。戈登虽然以蒸汽战舰利用苏南水网竭力避开太平军的堡垒，更多地借助炮火杀伤对手，但"常胜军"仍不得不面对历史上最为严峻的战斗减员和逃亡风潮。为了弥补损失，更为了保全和壮大"常胜军"这颗棋子，戈登开始在战场上大量收编太平军战俘，仅在苏州周边的昆山和太仓两地，"常胜军"便吸纳了2700 名太平军战俘。如此疯狂的自我膨胀，最终令李鸿章在满怀猜忌的心理之下，导演了中国近代史上颇为著名的"苏州杀降"。

所谓"苏州杀降"指的是控制着苏州城内 3/4 的兵力的"纳王"郜永宽等 8 位太平军指挥官由于与谭绍光不合，且对太平天国运动失去信心，暗中向李鸿章请降，并于 1863 年 12 月 4 日刺杀谭绍光，正式开城向清军投降，但李鸿章随即在娄门外以"鸿门宴"的方式俘杀郜永宽等人。整个事件表面上看与"常胜军"关系不大，但事发之后戈登的反应却异常激烈，甚至第一时间跳上蒸汽战舰驶抵李鸿章大营欲逮捕这位封疆大吏。李鸿章此时恰好前往苏州参加入城仪式，才有幸躲过一劫。但戈登还是不依不饶，他召集"常胜军"士兵，宣告了"苏州杀降"事件，声称除非清政府对这种行为给予处分，否则不会再为其服务。

尽管事后英国政府将戈登的过激行为解释为"一时冲动"和"对公然背信弃义的愤怒"，但戈登在郜永宽等人叛降前后的一些部署却不得不引起世人的怀疑。正是考虑到戈登有意将城内数万太平军系数编入自己的"常胜军"，深知"滥杀降众，必坚其必死之心"的李鸿章才不得不铤而走险，先发制人。在事态恶化之后，李鸿章也向清政府明确表示："戈登利心颇大，常胜军霸住要挟，不知又耗许多财力。其实该军除炸炮外，攻剿不若我军，屡称对仗，迄未动手，鸿章与诸将亦甚不惧怯也。"李鸿章显然已经做好了事态进一步发酵的准备。

戈登虽然负气将"常胜军"拉到了昆山，摆出一副不听调遣的架势，但是仅仅过了 2 个月，这位自诩高贵的英国绅士便不得不主动与李鸿章谋求和解。戈登如此积极地要求归队，倒并非是出于什么高风亮节的考虑，而是"常胜军"的饷银全部仰赖于李鸿章的拨款。而早在苏州战役之前，"常胜军"便已经面临欠饷的危机，而深谙官场之道的李鸿章一边以"已作债帅，只好债多不愁"自嘲和宽慰对方，一边却在奏折上坦陈心迹："迩来戈登利欲颇大，需索多端，一若余为财神。渠扬言，如不发饷，弁勇无意效命。余告曰，克复苏垣，即发欠饷，并额外犒赏。"现在苏州已经攻陷，真的与李鸿章撕破脸皮，吃亏的自然还是戈登和"常胜军"。

经历了"苏州杀降"的风波之后，李鸿章对"常胜军"的使用更为肆无忌惮。在明知常州一线的太平军将领获知郜永宽等人的结局后，一定会死战到底的情况下，李鸿章仍要求"常胜军"北上攻坚。其结果是"常胜军"在攻克金坛、华墅等地时都遭遇重大伤亡，在常州城的攻防战中，戈登更一气损失了 27 位军官。面对承受着密集的葡萄弹、霰弹轰击仍死战不退的太平军，戈登陷入了空前的绝望。李鸿章则幸灾乐祸地表示"戈登终于亲见常胜军的不得力"。

攻陷常州的殊荣最终落在了湘军名将鲍超的囊中，戈登虽然也借此升任提督，却不得不忍痛接受李鸿章解散"常胜军"的建议。带着唏嘘和遗憾，戈登随即跳上英国海军的战舰赶往天京前线，希望能在湘军那边寻找"就业"机会。对反复推销自己炮兵的戈登，曾国荃显得兴趣不大。而就在戈登抱怨清政府"不思变革"，并坚信其暂时无力攻克天京的一个月后，曾国荃以中国传统的地道战术攻陷了太平天国的首都，这无形中又给了这个自大的英国人一记响亮的耳光。

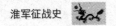

第四节：天京相让——李鸿章与曾国藩最后的师生之谊

缓攻金陵

与淮军在苏南节节取胜、顺利推进相比较，湘军围攻金陵的战役却打得异常艰难。1863 年 12 月，李鸿章以破竹之势拿下苏州，并果断诛杀了太平军八降王，曾国荃大感怏怏。他认为是自己围攻金陵吸引了太平军主力，从而做了李鸿章立功的垫脚石。对此曾国藩也只能正言相劝："苏州先复，金陵尚遥遥无期，弟切不必焦急。古来大战争、大事业，人谋仅占十分之三，天意恒居十分之七，往往积劳之人非即成名之人，成名之人非即享福之人，此次军务，如克复武汉、九江、安庆，积劳者即是成名之人，在天意已算十分公道，然而不可恃也。吾兄弟但在积劳二字上着力，成名二字则不必问及，享福二字则更不必问矣。"但私下里，曾国藩自己也在给朋友的信里也大发感慨："少荃东下之初，仅令赴援沪城，意谓尽此兵力，或可保全海滨一隅，厥后拓地日广，卒将省坦克得，本非始愿所可及，亦愧谋略之不如。"

自 1863 年 7 月完成合围以来，湘军在天京城下屯兵近半年之久。之所以形成这种"劳而无功"的局面，除了曾国藩老成持重，告诫曾国荃"若非贼来扑营，似不必常寻贼开仗。盖贼之粮路将绝，除开仗别无生路；我军则断粮路为要着，不在日日苦战也"之外，更为重要的是，此时的曾国藩已经在为剿灭太平天国之后湘军的政治前途进行铺垫。此时的曾国藩虽身为两江总督，赣、皖、苏、浙四省的军政长官也均为其昔日的幕僚、学生，但太平军在各地仍有活动，如苗沛霖的地方团练武装亦盛行一时，胜保、僧格林沁等满蒙贵族也频繁以钦差大臣的身份干涉各地军务。因此曾国藩有意缓攻金陵，利用清廷急于借湘军之手夷平太平天国的有利时间，展开新一轮的政治布局。

1862年由于太平军陈得才、赖文光所部西征入陕，清政府内部又掀起了新一轮的政治倾轧，僧格林沁发动御史系统指摘胜保"骄纵贪淫，冒饷纳贿，拥兵纵寇，欺罔贻误"，最终导致胜保这位咸丰年代的政治明星黯然陨落。长期以来仰仗胜保为靠山的皖北"土皇帝"苗沛霖只能选择举兵反清，但随即遭遇僧格林沁和曾国藩的联手绞杀。而在其过程中湘军集团和急于获得中原军政大权的僧格林沁所部龃龉不断，不仅苗沛霖的首级成了争功的焦点，两军甚至还在围剿苗沛霖所部的过程中由于通信不畅而直接交火。但总体来说胜保—苗沛霖集团的瓦解，给了曾国藩一统安徽军政大权的有利时机。因此在规劝曾国荃稍安勿躁的书信之中，曾国藩也颇为自得地写道："苗逆于二十六夜擒斩，其党悉行投诚，凡寿州、正阳、颍上、下蔡等城一律收复，长、淮指日肃清，真堪庆幸！"

天京城下的湘军与太平军反复拉锯

在曾国藩亲自指挥皖北战事的同时，原拟加入天京战局的湘军悍将鲍超所部在皖南也与太平军杨辅清、黄文金所部恶斗连连，基本巩固了湘军以宁国为中心的地盘。加上李鸿章夺取苏州，左宗棠收复金华、绍兴、兵围杭州的战绩。湘军集团在1863年下半年可谓诸路奏凯、全面告捷，但就在形势一片大好的同时，各部争衡的阴影也在悄然抬头。1863年底，李鸿章在部署进攻常州的军务同时，派出程学启、刘秉璋、潘鼎新等部，在李朝斌太湖水师的配合下，由平望、太湖、乍浦兜剿浙西太平军。按照李鸿章的意图，是想仿照以前湖北巡抚胡林翼进兵皖西的成案，在进兵过程中委员暂时跨省代管地方。这样做，既可以截断浙江太平军增援天京的通道，也有助于巩固淮军新攻取的吴中地区。用李鸿章自己的话说："苏、锡克后，左顾右盼，不得不兼图常、嘉以自固门户。"但此举却也动了左宗棠的奶酪。

1864年2月，李鸿章奉旨兼辖浙西吏事。淮军入浙，半月之间连续招降了平湖、乍浦、海盐三城，又攻下平望、嘉善两城，这引起身为闽浙总督兼浙江巡抚的左宗棠对李鸿章越境揽权的不满，上奏抗议。清廷复又下旨申斥李鸿章。李鸿章在写给曾国藩的信里大为抱屈："……即受平、乍、海、嘉之降，匪我求贼，贼实求我，断无固拒不纳之理；即请暂委地方官，亦因自去春我军深入嘉境后，浙帅未委一印官。先准苏为代办，旋又叠咨申斥，思之至再，与其申斥于后，不如先陈明请旨，定此疑案。左公乃衔怨如是。如果浙有兵与官来，俾敝境得松一面之防，并力于我土地，岂敢于太岁头动一撮土耶！"而左宗棠也写信向曾国藩抱怨："西塘之役，纵火大掠，闻因其六弟不能禁戢士卒所致。少荃（李鸿章，笔者注）因此迁怒嘉善汤令成烈而撤之。实则汤令之署嘉善，亦少荃所委，咨弟下扎者。湖丝盐利皆浙所应有者，则尽占之。"

曾国藩对于李、左两人的矛盾不想多发表意见，他此时更为关注的是随着苏南、浙西战事趋于终结，清政府是否会将李鸿章的淮军、左宗棠的楚军调入天京战场。而对于自己的老师的这份担忧，李鸿章也洞若观火，在写给曾国荃的信中明确表示："屡奉寄谕，饬派敝军会剿金陵。敝意我公两载辛劳，一篑未竟，不敢近禁脔而窥卧榻。"但李鸿章的态度并不能根本上改变清廷对湘军久围天京的不满，而除了清军之外，西方列强也对天京战场虎视眈眈。在"常胜军"解散的同时，另一支西方雇佣军"阿思本舰队"出现在了天津外海。

阿思本舰队中的"江苏"号

从 1861 年起出任海关总税务司的英国人赫德，向来与恭亲王奕䜣关系莫逆。由其牵线搭桥，清政府在各类细节均未敲定的情况之下，便仓促向英国订购了 7 艘战舰。1863 年 9 月 18 日，由曾参与过两次鸦片战争的英国海军上校阿思本所指挥的"中英联合舰队"抵达天津，并准备开赴华东战场。此时清政府才发现这支舰队不过是"海上洋枪队"。不仅清政府需要支付 1000 万两白银作为其未来四年的军费，舰队的所有人事安排还要全部由英国人说了算。而原本就不满英国人南下争功的曾国藩趁势发难说阿思本"意气凌厉，视轮船奇货可居，视汉总统如堂下厮役，倚门之贱客"。面对"费数百万之帑金，竟不得一毫之权柄"的局面，恭亲王奕䜣也深感不妥，最终决定拿出 37 万多两的遣散费将阿思本舰队就地解散。

阿思本舰队离去的背景并不寂寥，因为还未回到英国本土，皇家海军已经为其中大部分的舰船找到了"下家"。除了 2 艘在孟买交付印度地方政府，3 艘卖给埃及人之外，舰队中的两艘主力舰"江苏"号和"厦门"号更以 11500 英镑的价格出售给了野心勃勃的日本西南强藩萨摩，改名为"春日丸"的"江苏"号，日后更在明治维新中扮演了异常重要的角色。

阿思本舰队的胎死腹中，无疑宣告了中英蜜月期的提前结束。毕竟自"辛酉政变"以来清王朝已经逐步走出了昔日闭关锁国的状态。以总理衙门为平台，恭亲王奕䜣充分挥发其长袖善舞的外交才干，一时间法、美、俄、德各国公使均积极地谋求在华特殊利益，英国在清王朝对外关系已非一家独大，如在浙江战场之上，法国人便协助左宗棠组建了另一支雇佣兵武装"常捷军"。另一方面，湘军围攻天京的态势已经明朗，太平天国运动被最终镇压俨然指日可待。恰如曾国荃所说"长江水师帆樯如林，无须轮船会剿金陵"，借助西方雇佣军才能稳定局面的日子似乎已经过到头。通过长袖善舞的各种政治手腕，曾国藩虽然暂时将天京战场的主导权掌握在了湘军手中，但无论如何，尽快攻克眼前这座"贼巢"才是釜底抽薪的唯一法门。因此从1864年春季开始，湘军对天京的攻坚战全面展开。

天国挽歌

1863年底，湘军首次发动对天京的攻击，采取"穴地攻城"的方法，一度轰塌城北神策门附近城墙十余丈，随后先锋奋勇登城，但很快便被太平军击退，死伤三百余人。当时曾国藩并不以为意，还写信劝慰曾国荃说："城内多百战之寇，阅历极多，岂有不能抢堵缺口之理？"而曾国荃也认定此法可行，进入1864年的农历正月之后，湘军对天京的"穴地攻城"全面展开。一时间曾国荃所部"自朝阳门至钟阜门，开地道三十三处"，但这套战术对于同样曾以地道攻克过诸多名城大郡的太平军而言并不新鲜，天京守军采取"穿隧以迎、熏以毒烟，灌以沸汤"的战术，不仅轻松化解了湘军的攻势，更给对手造成了"须臾殒命者，率常数十百人"的伤亡。

有趣的是此时的曾国荃并不清楚天京城内的政治风向，认为城中主持防御事务的是返回天京的李秀成，还为其增添了一种"见其上草色，辄知下有地道"的技能。但事实上自苏州失守之后，李秀成的政治生命便已岌岌可危。在太平天国诸王之中，地盘和兵力往往决定着话语权。在"进北攻南"之役中损失了大量有生力量的李秀成，回到苏州之后便已无力压制郜永宽等昔日的麾下悍将，更不用说轻骑回京之后面对皇亲国戚的洪姓诸王了。

在其《自述》中，李秀成曾回忆了其从苏州返回天京过程中的种种郁闷。面对"自小从戎教练，长大至今，做到王位，与谭绍光两人是我左右之手"的郜永宽，李秀成虽然"久悉其有投大清之意"，但也不敢加以阻止，只能用"我乃国中有名之将，有何人敢包我投乎！"来保护自己，而郜永宽等人也给了自己老领导最后的面子，用"自幼蒙带至今，如有他心，不与忠王共苦数年"将李秀成送出苏州。从苏州突围之后，李秀成一度试图依附于屯兵溧阳的堂弟李世贤。但李世贤此时已决议脱离太平天国的系统，因此对于李秀成的态度异常强硬，不仅不准其返回天京，甚至在李秀成"不肯从"的情况下，"其欲出兵前来，逼我（李秀成）前去"，无奈之下李秀成只能"轻骑连夜赶回京"。此时的李秀成与其说是驰援首都，不如说是进京避难。而洪秀全对其更缺乏信任，在"各处要紧城门要隘之处，概是洪姓发人巡查管掌"的情况下，李秀成唯一能做的无非是搜罗昔日部下留在天京的家眷。虽然只是"各在家每有十人，或七八人"，但积沙成塔，竟然也被李秀成拉出了一支"计有千余"的武装力量，加上"随身之将十余员"。在缺兵少将的天京城内，李秀成的这支乌合之众竟然也成了一支不可或缺的力量，但也不过是"某处要紧，即命我行"的"救火队员"而已。

李秀成参与天京城防本是其丢失苏州根据地之后的无奈选择而已，但把持权柄的洪姓诸王偏偏对其还不放心，最终引发了一场所谓"忠王通贼"的闹剧。其实此时的太平天国早已风雨飘摇，虽然下达了"私开敌人之文者，抄斩全家"这样的严令，仍挡不住"松王"陈德风和"慰王"朱兆英这样的王侯与湘军暗通。李秀成虽然在《自述》中宣称这两人的行动"并未与我言明"，但从事情败露之后，李秀成出资贿赂洪仁发保下两人的表现来看，李秀成即便不是陈、朱两人的同谋，也至少支持其主张。毕竟此时的天京已出现了大面积的粮荒。在"内无粮草"的同时，天京城外虽然还有驻兵湖州的李世贤、黄文金所部，但面对李秀成的血书，李世贤却以缺粮为由，迟迟不肯发兵。李秀成只能提议李世贤率部进入江西，三个月之后再回救天京。但显然天京城内的守军支撑不了那么长的时间。

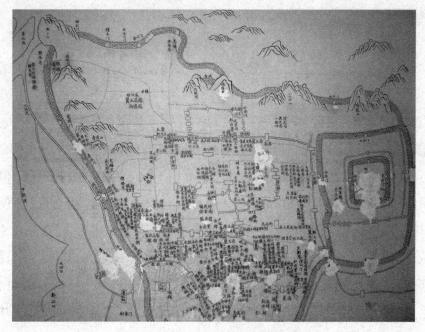

天京城内诸王府位置图

面对"阖城男女饥饿，日日哭求"的局面，李秀成建议将非战斗人员放出城外，以缓解粮荒的局面。但洪秀全却仍严辞谴责这一想法："不体国体，敢放朕之弟妹外游"，要求城内军民"各遵朕旨，多备甜露，可食饱长生"。所谓"甜露"不过是沾着露水的各种野草，面对已经陷入癫狂的最高统治者，李秀成只能"强行密令城中寒家男妇，准出城外逃生"。但此举却遭到了守城的洪姓诸王的种种刁难，除了"将男妇出城之人将各所带金银取净之外"，还对穷人横加杀戮。然而即便留在城内也未必安全，竟然出现"城内贼盗蜂张，逢夜城内炮声不绝，抢劫杀人，全家杀尽"的可怕场面。因此对于李秀成等人而言，城外的湘军似乎也并没有那么面目可憎。

而就在拿出 1800 两银子摆平了"松王"陈德风和"慰王"朱兆英"通敌"的事件之后，又出现了李秀成的妻舅宋永祺投递降书的风波。按照李秀成自己的说法，其妻舅宋永祺自称认识曾国荃帐下的师爷，劝说李秀成开城投降，但李秀成尚未拿定主意，贪杯好事的宋永祺却已将消息广为传播。陈德风收到风声后便写信向李秀成询问，不料这封信却在粮务会议上被洪秀全的心腹"补王"莫仕葵公开。一时之间不仅李秀成下不了台，担任掮客的宋永祺更险些被开刀问斩。长期主持太平天国的外交和刑部事务的莫仕葵，能够精准地向李秀成发难，似乎事情远不是巧合那么简单。除了从李秀成手里又讹了一笔银子之外，"忠王"这块金字招牌更因为"通敌"而蒙污。之所以如此打压李秀成，更多的是缘于洪秀全每况愈下的健康状况。1864 年 6 月 3 日，洪秀全去世，天京这座孤城之内又掀起了一场新的权力斗争。按照洪秀全生前的安排，其长子洪天贵福继任天王，但主要朝政依旧由洪秀全的两位兄长——洪仁发和洪仁达执掌。李秀成虽被任命为大主帅，掌握军权，但由于此前的"通敌"事件，其政治威信大打折扣，不仅无力改变任何军事决策，反而"四时有人防备，恐我变心"。

太平天国内部的连场内讧，对于城外的曾国荃而言并无实际的意义。在湘军"穴地攻城"的战略迟迟无法奏效的情况下，曾国藩终于按捺不住了，他写信给前线的曾国荃表示准备接受淮军的助战："余意欲奏请少荃前来金陵会剿，而可者两端、不可者两端。可者：一则渠处炸炮最多而熟，可望速克；一则渠占一半汛地，弟省一半心血。不可者：少荃近日气焰颇大，恐言语意态，以无礼加之于弟，愈增肝气，一也；淮勇骚扰骄傲，平日恐欺侮湘勇，克城时恐抢夺不堪，二也。有此二者，故。然弟心、肝两处之病已深，能早息肩一日，乃可早痊一日；非得一强有力之人前来相助，则此后军事恐有变症，病情亦虑变症也。特此飞商：弟愿请少荃来共事否？少荃之季弟幼荃，气宇极好，拟请之日内至弟营一叙。"曾国藩的这番话表面上是在为自己兄弟的身体着想，背后却是清廷不断施压的无奈之举。

湘军最终突破天京城防

对于湘军长期屯兵于金陵城下，北京方面早有微词。1864年5月16日淮军攻克常州，慈禧更颁下谕旨要求淮军驰援战场："李鸿章所部兵勇攻城夺隘，所向有功，炮队尤为得力；现在金陵功在垂成，发、捻蓄意东趋，迟恐掣动全局，李鸿章岂能坐视！着即迅调劲旅数千及得力炮队前赴金陵，会合曾国荃围师，相机进取，速奏膚公。李鸿章如能亲督各军与曾国荃会商机宜，剿办更易得手，着该抚酌度情形，一面奏闻，一面迅速办理。曾国藩身为统帅，全局在胸，尤当督同李鸿章、曾国荃、彭玉麟，和衷共济，速竟全功，扫穴擒渠，同膺懋赏。总以大局为重，不可少存畛域之见。"

对于清中央的命令，李鸿章自然不敢公然违抗。只能含糊地表示："于攻克常州后，未敢遽议协剿金陵；一

西方画家笔下的李秀成

以臣部兵将苦战经年，伤病疲乏，未得休养，若遽令远出，诚恐再衰三竭，无裨大局。"甚至编出了"现在天气炎热，洋枪连放三四次即红，多则炸裂；开花炮放至十数出后，即不能著手。昨攻长兴，各项炮具俱已震损，亟须回苏修整。以后节交三伏，战事颇难"这样的瞎话。李鸿章虽然以种种理由推辞前往天京战场，但时刻可能出现在战场上的淮军还是给曾国荃莫大的压力。7月19日，在调集了全军精锐的情况下，曾国荃炸开天京太平门龙脖子一线城墙，随即蜂拥入城。太平军虽然全力封堵缺口，但终因寡不敌众败下阵来。在"各处军营见京已失，降亦有之，逃亦有之，死亦有之"的情况下，李秀成只能保护"幼天王"洪天贵福化装突围。

清代画家笔下的洪天贵福就擒图

关于突围途中李秀成将战马换给洪天贵福骑乘，自己则因为骑了"不力之骑"最终没能跟上大部队而最终被俘的说法，长期以来可谓流传甚广。但这些出自李秀成《自述》中的一面之词，似乎并不为另一个当事人——洪天贵福所承认。在洪天贵福被俘后的供状之中，他是这样描述天京突围时的情景："我有三个伯，王长兄信王洪仁发在西门跳水死，王次兄勇王洪仁达未出城，来到垅口被官兵拿了。忠王李秀成带有一百多人，从石牛石马处到芳山被官兵拿了。独恤王仁政伯到杨家牌，亦被官兵擒了。出南京是尊王带我出来的。时尊王（刘庆汉）用长枪系长白带，我骑马跟紧着白带走。"

当然洪天贵福被俘后共写了十几副供状，其中不乏内容前后矛盾之处，但整体来说他对李秀成突围时的表现并没有特别的赞赏和肯定："忠王乃齐兵欲去太平门交战，临到太平门时，忠王又率众回，欲出大南门，后又细思南门外有雨花台，正是多营盘之处，乃回头上西门城上，却看见西门外尽是水，又不曾出。东门、南门官兵总上了城，我们乃去清凉山，各王议俟头更时冲太平门垅口出。后从垅口出，从淳化镇去直至广德州。"这些描述与李秀成《自述》中其英勇神武的表现似乎差之甚远。但无论如何，随着天京的沦陷和李秀成的被俘，轰轰烈烈的太平天国运动无可奈何地进入了尾声。

暗流汹涌

金陵这座被太平天国信众唤作"小天堂"长达 11 年的城市在 1864 年 7 月 19 日后的半个月间无疑是一座人间地狱。即便是曾国藩本人，也不得不承认，湘军破城之后："分段搜杀，三日之间毙贼共十余万人，秦淮长河，尸首如麻。"但是曾国藩并不认为杀戮过多，相反将这场良莠不分的大屠杀视为赫赫军功。倒是湘军幕僚赵烈文良心未泯，在其撰写的《能静居日记》中写道："沿街死尸十之九皆老者。其幼孩未满二三岁者亦斫戮以为戏，匍匐道上。妇女四十岁以下者一人俱无，老者无不负伤，或十余刀，数十刀。"

当然屠戮之余，金陵古城也多处毁于兵燹。但曾国藩不承认是湘军放的火，提出"万室焚烧，百物荡尽，而贡院幸存"的大火是太平军自己放的。有趣的是这一说法在不同的历史时期有着各种截然不同的解读。一些历史学家认为太平天国的将士此举彰显了"片瓦不资敌"的不屈精神；但近年来更多的主流意见则认为湘军通过这场大火掩盖了其大肆侵吞太平天国财富的劣迹，这一说法事实上在湘军攻克天京后不久便已甚嚣尘上，引发了所谓的"圣库"疑云。

所谓的"圣库"指的是太平天国定都天京之后，于水西门灯笼巷建立的国家金库。按照洪秀全所颁布的诏书，太平天国军民不得拥有个人资产："各宜为公莫为私，总要一条草对紧天父天兄及朕也。继自今，其令众兵将：凡一切杀妖取城所得金宝绸帛物等项，不得私藏，尽缴归天朝圣库。逆者议罪。"有鉴于太平天国长期控制了富庶的江、浙、皖、赣等省份的诸多城市，因此有好事者认定天京城内"金银如海，百货充盈"。可湘军破城之后，曾国藩奏报搜查"贼赃"的情况，却说除了二方"伪玉玺"和一方"金印"，别无所获。一时间物议沸腾，多指其为谎言。

对于这些指责，曾国藩不得不做出解释："城破之日，查封贼库，所得财物，多则进奉户部，少则留充军饷，酌济难民。乃十六日克复后搜杀三日，不遑他顾，伪宫贼馆，一炬成灰。逮二十日查询，则并无所谓贼库者。讯问李秀成，据称：昔年虽有圣库之名，实系洪秀全之私藏，并非伪都之公帑。伪朝官兵向无俸饷，而王长兄、次兄且用穷刑峻法搜括各馆之银米。苏州存银稍多于金陵，亦无公帑积贮一处。惟秀成所得银物，尽数散给部下，众情翕然。此外则各私其财，而公家贫困等语。臣弟国荃以谓贼馆必有窖藏，贼身必有囊金，勒令各营按名缴出，以抵欠饷。臣则谓勇丁所得贼赃，多寡不齐；按名勒缴，弱者刑求而不得，强者抗令而遁逃，所抵之饷无几，徒损政体而失士心。因晓喻军中：凡剥取贼身囊金者，概置不问；凡发掘贼馆窖金者，报官充公，违者治罪。所以悯其贫而奖其功，差为得体。然克复老巢而全无货财，实出微臣意计之外，亦为从来罕闻之事。"

曾国藩的这番说辞虽然还是在替湘军开脱，但毕竟承认了湘军破城之后曾搜掠财物用于贴补军饷。而清政府随后也表示理解，认为"逆掳金银，朝廷本不必利其所有。前据御史贾铎具奏，故令该大臣查明奏闻。今据奏称：城内并无贼库；自系实在情形"。但皇帝、太后的不追究，并不能挡住上下臣僚甚至湘军内部对曾氏兄弟的"羡慕嫉妒恨"，一时间各种关于曾国荃在天京缴获各种奇珍异宝的谣言不一而足。甚至连天王府殿上"大于五石瓠，黑柱内撑如儿臂，而以红纱饰其外"的四个灯笼也被说成是元代的文物。至于什么"大如指顶，圆若弹丸"的珍珠、"大于栲栳，裂一缝，黑斑如子，红质如瓤，朗润鲜明，殆无其匹"的翡翠西瓜更是司空见惯。最终种种谣诼汇聚成一句掷地有声的指责："闻忠襄（曾国荃）于此中获资数千万。除报效若干外，其余悉辇于家。"此后曾氏家族虽然用了各种方式进行辟谣，但成效甚微。

除了不满曾氏家族独占太平天国的"圣库"财富之外，湘军攻破天京，克尽全功的说法，也很快便遭到了质疑。尽管在俘获李秀成之后，曾国藩很快便得知了"幼天王"洪天贵福已经成功突围。但为了不节外生枝，曾国藩还是奏报称："城破后，伪忠王之兄巨王、幼西王、幼南王、定王、崇王、璋王乘夜冲出，被官军马队追至湖熟桥边，将各头目全行杀毙，更无余孽。又据城内各贼供称：城破后，伪幼主积薪宫殿，举火自焚等语。"果然在龙颜大悦的情况下，清政府以"次第荡平，歼除元恶"的大功，对曾氏一族"特沛殊恩，用酬劳勋"，一次性封了侯、伯、子、男四个爵位。

但很快就被左宗棠在汇报湖州军情的奏折中毫不留情地"打脸"："据金陵逃出难民供：伪幼主洪天贵福于六月二十一日由东坝逃至广德，二十六日，堵逆黄文金迎其入湖州府城。查湖郡守贼黄文金、杨辅清、李元继等皆积年逋寇，贼数之多约计尚十余万，此次互相勾结，本有拼命相持之意；兹复借伪幼主为名号召贼党，则其势不遽他窜可知。且江西兵力渐集，李世贤、汪海洋诸逆如不得逞于江西，则遁入浙、闽，复与湖州踞逆相首尾，亦未可知。"虽然曾国藩很快便抓住左宗棠的语病，指出："由金陵至广德，县县有兵，层层密布；其中如驻句容之刘铭传、驻溧水之王可陞、驻建平之李榕、驻东坝之郑魁武，皆晓事不欺之人，又奉严防逸贼之札。若谓洪天贵福 仅带零贼剃髪潜遁此数处者，或不知之；若贼至二三千之众，而谓此数处一无闻见，既不截剿，又不禀报，此事理所必无也。"

左宗棠不顾昔日情谊，公然揭露湘军冒功的行径，令他与曾国藩之间关系急转直下。向来睚眦必报的曾国藩也随即在奏报中还以颜色："至防范不力之员弁；是夕，贼从缺口冲出，我军巷战终日，并未派有专员防守缺口，无可指之汛地，碍难查参。且杭州省城克复时，伪康王汪海洋、伪听王陈炳文两股十万之众，全数逸出，尚未纠参；此次逸出数百人，亦应暂缓参办。"收复杭州本是左宗棠足以自恃的政治资本，此时曾国藩指出此战不过是太平军主动突围，顿时令左宗棠灰头土脸。左宗棠不得不再度上奏解释说："臣战余杭，蒋益澧战杭州，屡次破垒获胜；臣奏两城贼势窘蹙，并未以贼数众多为言，每与交战，逆贼多不过一万数千而止。迭次奏报甚详，尤堪复按。曾国藩称：'杭城克复，十万之众全数逸出'；所谓'十万''全数'，果何据乎？两城之贼于二月二十三夜五更窜出，官军皆于黎明时入城；夫以片时之久，一门之狭，而谓贼众十万从此逸出，殆无是理！"

曾、左两人在奏折之中互相揭短之时，李鸿章始终保持作壁上观的姿态。毕竟此时"鸟尽弓藏"的阴影已经悄然笼罩在了湘、淮、楚等地方团练武装的头顶之上，与其高调争功、相互攻讦，不如考虑如何保全手中的军队和地盘。早在天京即将攻陷前，河南巡抚张之万便于1864年7月13日率先奏上《裁勇练兵折》，建议整顿制兵以代替勇营，清廷当即下旨，认为此议"实为目前要务"。攻下天京后，又有御史陈廷经等奏请"妥善安置勇丁"，或挑补兵额，或遣撤归农。清廷随即于8月12日旨令各督抚"妥慎办理，毋贻后日无穷之患"。一时之间，镇江冯子材、扬州富明阿部防勇以及驻扎淞沪之贵州勇、水师广勇等部全撤。这股撤军的浪潮，俨然马上就要波及而来。

作为湘军最高统帅的曾国藩，此时首先要考虑的自然是如何减轻朝廷对他的疑忌，裁撤自己一手打造的湘军虽然有切肤之痛，但却势在必行。但另一方面要保全湘军集团的政治势力，应对下一阶段追讨太平军残部以及北方捻军等反政府武装，又必须要有一支足以信赖的军事力量。左宗棠的表现令曾国藩极为失望，但淮军在驰援天京战场中的让功之举，却使他对李鸿章颇为信赖。在写信给李鸿章阐释心机"长江三千里,几无一船不张敝人之旗帜,外间疑敝处兵权过重,利权过大,盖谓四省厘金,络绎输送,各处兵将,一呼百诺。其相疑良非无因"的同时,扶持淮军以逐步取代湘军的方案,逐渐在其脑海中成形。

在攻下天京后第十九天,曾国藩上《初筹善后事宜折》,表示"臣统军太多,即拟裁撤三四万人"。十天以后,他又以曾国荃有病,疏请开缺浙江巡抚回籍。而"金陵各营勇丁,陆续遣撤,已及二万五千余人"并由曾国荃押带回湘。一年左右,除了湘军水师改编为经制长江水师,凡由曾氏兄弟直辖的湘军均被裁撤;与此同时左宗棠部也由六万人裁去四万多;其余江西、湖南等地的杂系湘军也都大部遣散。就这样,曾国藩以大规模自裁湘军之举,既减轻了清廷对他的疑忌,同时也使湘军后期诸多弊端,如将帅争权夺利、士卒掳掠成风、闹饷哗变不断等一了百了。

而在攻克天京后写给李鸿章的第一封信中,曾国藩就说:"拟请雄师北渡,肃清南北各属,以保珂乡,亦即以卫苏疆。一至淮北,湘勇远不如淮勇也"。针对天京城破后湘勇大肆收掳,将财帛子女抢劫一空,引起清廷震怒,追问"圣库"下落,曾国荃为千夫所指、只得托病告退的结局,曾国藩又致信李氏谈了内心的感受:"即钦阁下之忠荩宏远,而又私幸下走创立淮军新军,正所以济湘军之穷,而为敝人弥缝无限之缺憾也。"

对于曾国藩所谓"湘勇强弩之末,锐气全消,力不足以制捻。将来戡定两淮,必须贵部淮勇任之"的论调,李鸿章固然欢迎,但在湘、楚两军均大幅裁撤的同时,李鸿章也不得不拿出实际行动来配合清廷的统一部署。李鸿章在1864年9月的一份附片中率先陈明,拟将所部分别裁撤,"酌留洋枪炸炮三万人,以备海防"。在给好友吴棠的信中他又说:"敝部水陆七万人,忙时有益,闲时多愁。拟酌撤二万,留最得力兵将以备海防。"按照李鸿章的方案,淮军将撤去一半或三分之一,保留精锐主力。这样做,一方面可以缓解遣撤时发还欠饷的实际困难,更重要的是他看到了"以备海防"的国防实际需要。为此,他在曾氏正式上奏裁撤湘军前,就写信建议:"冯军门(子材)缄商遣撤该军,鸿章深以为然。扬军(富明阿部)亦在可裁之列。吾师暨鸿章当与兵事相始终,留湘淮勇以防剿江南北。俟大局布稳，仍可远剿他处，呼应尚易灵通，乞酌夺为幸。"

李鸿章坚意要保留一部分军队的意愿，与他带兵沪上，在与洋人打交道中不断加深对列强侵略和贪欲的认识是密不可分的。早在同治二年秋，他就指出："目前之患在内寇，长久之患在西人。"同治三年春，他又上书总理衙门，提出："天下事穷则变、变则通。"极力陈述中国欲自强，非从练兵制器，培养人才入手不可。及至"平吴"战事结束，他又发出对"千古变局"的呼吁："外国猖獗如此，不亟亟焉求富强，中国将何以自立耶？千古变局，庸妄人不知，而秉钧执政亦不知，岂甘视其沈胥耶？"

击败太平天国后的李鸿章

同一天，他在致总理衙门大臣薛焕的信里也说："惟朝廷为远大之计，仍须及时变易绿营旧制，酌留劲旅，厚给粮饷，精求火器，择置能将，使各国勿轻视之心，即当局有操纵之术。"在这些议论里，李鸿章设想以湘淮勇营为主体，建立一支新型国防常备军的方案，比起曾氏兄弟功成身退、尽撤湘军以轻疑谤的做法，无疑要高出一筹。因此"裁湘留淮"既是李鸿章凭着对时代潮流的领略和顺应，获得朝野上下的认同；也是他迎合恩师持盈保泰的心理，在曾氏的主动支持下，争取到的一个较圆满的结局。这对淮军日后的发展并充当国防军，无疑是十分有利的。当然在某种层面上李鸿章或许也有着自己未来取曾国藩而代之的小算盘，但他或许并没有想到这一天会来得如此之快。

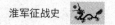

第五节：东捻、西捻——围剿捻军之战和曾李瓜代

死灰复燃

所谓"捻军"，本是比太平天国历史更为悠久的民间反清武装，早在康熙年间，捻党便"起于山东"。但其起初只是一种游民组织，虽然一度从山东发展到淮、徐地区，但在劫富济贫的同时，并无明确的政治目标。直到太平军北伐进入皖北，占领蒙城和亳州以后，一盘散沙的捻党才发生了质的变化。虽然多次与太平军联合作战，但捻军依然保持着自己的独特制度和领导系统，其活动范围也一般只限于安徽境内及其邻近地区，捻军没有渡江南征；驻扎地区不受约束，与太平天国邻近，但总在边缘，没有深入太平天国区；太平军也不过问捻军内部事务，不改编，不奉调遣，有事联合作战，无事各自走开。

安庆失守之后，捻军首领张乐行更将其最后一块基地定远，交给太平军接防，率部假道正在抗清的苗沛霖区，从寿州附近渡过淮北，回到颍上暂住。此后由于苗沛霖的叛变，张乐行又率部由颍上回到雉河集老家，并最终于1863年为清军所剿杀。至此与太平天国几乎同期爆发的"捻军起义"似乎也走向了没落。但没有人能想到张乐行的侄子——此时正跟随太平军陈得才、赖文光所部西征的张宗禹会接过自己叔父的大旗，并一度将捻军发扬光大。

1864年，陈得才、赖文光部所部太平军东下，谋解天京之围，张宗禹、任化邦、陈大喜等捻军将领也随行东征。但天京失守前，这支联军始终被僧格林沁、官文等部府军阻击在鄂东麻城地区。而随着天京沦陷的消息传来，其部更是军心涣散，被围困在安徽霍山黑石渡周围不足 50 公里的地区之内。11 月 2 日在清军的围攻和政治诱降之下，"扶王"陈得才军溃自杀，其他将领如马融和等叛而降清，张宗禹、任化邦、陈大喜部也大败于英山土门河、红花界等地，无论是太平军和捻军，这时都面临着覆灭的厄运。日后淮北民歌中"提起黑石渡，心中就难受，迷路入了山，人马掉了肉"唱词正反映了此时情形。这时，太平军只有赖文光部尚保存数千军力，其他各部均已溃散，捻军实力则尚有数万，算是江北唯一的革命力量了。

僧格林沁麾下的部队

但也正是在这样的情况下，太平军残部与捻军最终决定"抱团取暖"。赖文光日后回忆说："京都失守，人心散离。其时江北兵士无可依归者共有数万，皆是蒙、亳之众，其头目任化邦、牛宏升、张宗禹、李蕴泰等誓同生死，万苦不辞，请予领带，以期报效，此乃僧帅（僧格林沁）好戮无仁之所致也。可谓'行一不义，杀一不辜'，以此思之，诚哉真千古不易之良言也。予视此情状，君辱国亡家破之后，不得已勉强从事，竭尽人臣之忱，以听天命。"

赖文光按照太平天国的兵制、兵法，重新编组捻军，提出"披霜踏雪，以期复国于指日"的口号。在战术上，则易步为骑，以骑兵为主，步兵为辅，通过"以走疲敌"的运动战模式伺机歼敌。经过这番整顿教育，捻军"旧貌换新颜"，很快便在中原、华北等地形成星火燎原之势。为了剿灭这支劲旅，清政府先派僧格林沁率部围剿。僧格林沁乘着蒙古贵族的虚骄之气，以为很快就可将捻军消灭，于是采取穷追不舍的战术。捻军利用他急于求成的心理，故意避而不战，只是每天行军一二百里，拖着他兜圈子。

1864 年秋冬之际，僧格林沁在湖北被捻军牵着鼻子走，接连被捻军打得损兵折将。清政府遂命曾国藩率军增援。但此时的曾国藩却摆起了架子，表示：临阵指挥，非我所长，如果一定要我西上助战，请调淮军随同出征。言下之意，嫡系湘军已经裁撤，无兵可用。他在用征调淮军随同增援来拖延时间，实际上是拒绝出战。同时还挪揄道："僧格林沁、官文同驻蕲、黄，四百里内，以钦差三人萃于一隅，恐启贼匪轻视将帅之心。"这时捻军避实就虚，挥师北上河南，湖北军情缓解，曾国藩不再援鄂，清政府只能仍以僧格林沁为"剿捻"主帅。

此时的捻军除了挑逗僧格林沁部昼夜穷追之外，开始在运动中抓住有利战机，利用地形地势回军反扑，令僧格林沁所部一败于邓州，再败于南阳，死伤枕藉。而僧格林沁虽然气得暴跳如雷，气急败坏，但除了对手下"击折总兵翎顶"之外，毫无办法。1865 年 1 月，捻军在河南鲁山三败清军，击毙僧格林沁麾下的恒龄。此战之后僧格林沁所部"得力战将渐稀"，而"湘淮军著名兵将，多观望不至，僧格林沁亦不愿用之"。至此捻军与僧格林沁之间的交锋正式进入决战阶段。1865 年 4 月，捻军进入山东，"盘旋于兖、沂、曹、济之间。由汶上窜郓城水套，句结伏莽，众至数万"。僧格林沁错误地估计了形势，率领部下猛扑飘忽不定的捻军主力，最终累得自己"手疲不能举缰索，以布带索腕系肩上驭马"。

1865 年 5 月 17 日，僧格林沁率军追至高楼寨之南的解元集地区。捻军派出少数部队迎战，诱使清军向高楼寨地区深入。18 日中午，清军进至高楼寨，埋伏在高楼寨以北村庄、河堰、柳林中的捻军一齐出击。僧格林沁分兵三路迎战。但此时的清军早已疲惫不堪，很快便全线崩溃。在后督队的僧格林沁只得率残部退入高楼寨南面的一个荒圩，捻军乘胜追击，将该圩团团包围，并在圩外挖掘长壕，防止敌人突围。当夜三更，僧格林沁率少数随从冒死突围，当逃至菏泽西北 7.5 公里的吴家店时，被捻军追上。根据《清史稿》的说法"僧格林沁抽佩刀当贼，马蹶遇害"。而捻军方面则说是僧格林沁是被一个名为张皮绠的 16 岁士兵持刀在麦田中搜索残敌时所杀。据说至今山东一带还流传着"张皮绠，真正强，麦稞地里杀僧王"的民谣。

歼灭僧格林沁所部一役，令捻军缴获了大量的军械和战马，声势更为浩大，一度纵横山东、河南，威逼直隶、津京。23 日，清廷急令两江总督曾国藩携带钦差大臣关防，督军北上"剿捻"。28 日，又命曾国藩督办直隶、河南、山东三省军务，所由三省八旗、绿营及地方文武员弁均归节制。两江总督由江苏巡抚李鸿章署理，为曾国藩指挥的湘军、淮军筹办粮饷、军械。1865 年 5 月 26 日到 5 月 31 日，短短的五天之内，连发五道谕旨，可见军情之紧急。但此时的曾国藩已经 54 岁了，功成名就，位列甲侯，再也没有 10 多年前那种追求功名之心了，只是碍于皇命难违，才不得不领命出征。

6 月 2 日，曾国藩上奏朝廷，表示"剿办捻匪"万难迅速，其原因是：湘军、淮军过去在长江流域作战，缺乏马队。现在到中原地区作战，而"捻匪"又以骑兵为主，必须添练马队。添练马队须往口外采购良马，教练骑术，练习作战，故非短时期内所能办到。湘军已大部裁遣，分驻江南之湘军，愿随其北上"剿捻"者，仅止三千余名。原驻皖南的刘松山，愿随其北征，惟刘部兵数不多，不足三千，俟到徐州后再行招募补充，成立新营，这等事亦非一蹴即成。淮军归其调遣者，仅有刘铭传、周盛波等军，兵力不足，亦须扩充。为了防止捻军跨越黄河，打入直隶，须办黄河水师，非四五个月难以集事。他说与捻军争逐于中原地区，因兵力不足，难有取胜把握，就目前情况论，实无力兼防直隶。

不过捻军并没有像曾国藩所担心的那样北上直隶，湘军、淮军主力从金陵开拔后不久，就传来了张宗禹率捻军围攻雉河集的消息。雉河集是捻军昔日的老巢，张宗禹在僧格林沁覆亡，北京方面乱成一团之际，却只将注意力集中于规复旧土，不能不说有些小家子气。在接到安徽布政使英翰的告急求救之后，曾国藩进驻临淮关，指挥湘军、淮军与豫军救援雉河集。仰攻不利的张宗禹被迫撤围而去。雉河集之战虽然未能重创捻军主力，却令曾国藩看穿了对手不愿离开中原的战略弱点，随即提出了设防于"四省十三府"，困死捻军的全盘计划。所谓"四省十三府"，指的是安徽的庐州、凤阳、颍州、泗州；河南的归德、陈州；江苏的淮安、徐州、海州；山东的兖州、沂州、曹州府与济宁州。

根据曾国藩的分析，"捻首"张宗禹、任化邦、陈大喜等及其部队，大多是安徽、河南、山东、江苏之人士。"捻匪"东西窜扰，动辄千里，是流寇之象。然而"流寇如无源之水，听其所之，而此贼尚眷恋老巢，斯又不似流寇"。因此"捻军既不能忘情故土，势必有时前来，利于拦击、堵剿"，起到以"有定之兵，制无定之贼"的效果。除此之外曾国藩还进一步指出设防十三府之地，不能平均看待，分兵把关，而应以江苏的徐州、山东的济宁、河南的周家口、安徽的临淮关等地为重点在此设立大营，大营所在地坚筑强固的工事，每处储藏大米一万石，草料、弹药、军械亦应大量储藏。各大营重兵驻守。一省有警，三省往援，援军粮械取给于大营。

而除了重点设防之外，曾国藩还命令各地官员清查农村的圩寨，规定各乡村建立圩寨，圩设圩长，负责办理如下事项：坚壁清野。在圩寨外高筑墙、深挖沟，凭墙"击贼"的同时，将人丁、牲畜、粮米、柴草等一切足以资敌的物资，一一搬入圩寨之内，使捻军来后"无可掳掠"。壮丁须勤加操练，闻令即入圩寨固守。圩长应编造良民册与莠民册，"倡乱及甘心从捻者，入莠民册"。凡属倡乱者，"宜戮其家，屠其家，并及坟墓"，"从逆者杀无赦"。圩长发给执照，负责检查圩内有无莠民。圩内居民实行连环保结。这些手段早在曾国藩于湖南兴办团练对抗太平天国时便已驾轻就熟，因此很快便在各地推行。

客观地说曾国藩对张宗禹的乡土情结有着前瞻性的认识，这位绰号"小阎王"的捻军首领，日后虽然转战大半个中国，但最终还是渴望取道山东南下故土，可谓狐死首丘。但他却忽略了捻军的指挥系统中还有一位太平天国的"遵王"赖文光。赖文光早年跟随洪秀全、陈玉成、陈得才等人南征北战，战略眼光自然非张宗禹可比。虽然在歼灭僧格林沁所部后，由于捻军首领们对尔后的进军方向"争言不决"，而错失了攻略济南、北上直隶的良机，随后又为了与张宗禹会师而不得不南下安徽，但很快其便识破了曾国藩试图困死捻军的图谋，于是在1864年11月间进入河南谋求发展。

捻军大举进入河南，令新任河南巡抚吴昌寿兵饷两绌，一筹莫展，只能以"豫省军务种种棘手，势处万难"的名义向清中央叫苦。而清廷此时对曾国藩名为督办三省军务，实仅株守十三府州之地的行为也颇为不满。谕令其"统筹全局，前往应援""未可株守一隅，致误事机"。而除了来自清中央的压力之外，山东、河南官绅"习见僧王战，皆怪曾国藩以督师大臣安居徐州，谤议盈路"。但曾国藩仍不愿改变自己"以静制动、困死捻军"的整体战略，只是将"四省十三府"的防线前推至运河、沙河与贾鲁河一线。

按照曾国藩自己的说法："自周家口以下，至槐店止，扼守沙河。自周家口以上，至朱仙镇止，扼守贾鲁河，由臣派兵设防。自朱仙镇以北，四十里至汴梁省城，又北三十里至黄河南岸，无河可扼，挖濠守之。由李鹤年派兵设防。自槐店以下，至正阳关，仍守沙河，由乔松年派兵设防。自正阳关以下，即系淮河，由臣派水师与皖军合防。"通过"各分汛地，层层布置，或渐逼渐紧"的部署，最终达到将捻军驱逐至豫西山多田少贫瘠之处，加以歼除的目的。但曾国藩显然没有想到这条纸面上的防线最终将成为其个人军事生涯的终点。

曾李瓜代

沙河、贾鲁河两岸尽是沙土，质地松软，缺乏黏性，本就不适合修建工事。战线过长更将造成兵力上的分散，导致防守薄弱。因此曾国藩的计划一经提出便遭到河南官绅异口同声的反对，认为沿河建立堤墙，纯属劳民伤财，而将捻军驱往豫西，更是"以豫为壑"，纷纷要求曾国藩"宜于速剿，不必为防河之谋"。但曾国藩却固执己见，强行上马"聚兵防河"的计划，在各地堤墙一再倒塌、再三修补的情况下，最终于 1866 年秋季勉强建成。

但没有想到的是 1866 年 9 月 24 日，在河南省城开封以南数十里之地，瞭望有火光隐隐出现，"渐迤而北，逼近豫军长墙。派马队驰探，行至离汴省十余里，见堤墙已毁塌数处"。后来查明是捻军于二更时分，"潮涌而至，抚标三营所守堤墙，当被冲破"。由于此前曾国藩从重点设防地区抽调劲旅扼守贾鲁河、沙河一线，导致清军在内线无兵可调。捻军冲破汴南濠墙后，闯至豫东、山东，纵横驰骋，湘军、淮军防不胜防，疲于奔命。对此曾国藩只能上奏说："今一处疏失，功败垂成，半由于人力未周，半由于贼势过重。闻讯之余，实胜焦愤。"而此时朝野舆论也是物议纷起，指责曾国藩縻饷两年，捻势益张。

不过对于这些弹劾的声浪，曾国藩内心不服，他认为僧格林沁"剿捻"四年有余，结果全军覆没。他"剿捻"不足二年，尚未大败，即要受到严厉申饬，于情于理不公。但面对舆论的压力，他也只能借口病重难愈，摆出辞职不干的架势："请开去协办大学士两江总督实缺，另简钦差大臣接办军务"，自己"以散员留营，不主调度赏罚之权，但以维系将士之心"。清政府当然不能将这位平定太平天国的功臣一撸到底，于是命其回两江总督本任，以李鸿章代替他为钦差大臣督师。

李鸿章取代曾国藩成为"剿捻"主帅一事，在很多人看来是李鸿章长期布局的必然结果。因为自曾国藩领军北上以来，淮军诸将便处处与之作对，而无法驾驭和指挥淮军，恰恰是导致其下台的主要原因。除了前线淮军诸将不听从曾国藩的调度，而是纷纷向远在千里之外的李鸿章请示之外，李鸿章本人也对前线军事干预，屡次奉陈剿捻方略，干扰曾国藩的种种部署。这一度引发曾国藩的极度不满，甚至向李鸿章发出了那道著名的《通牒信》："目下淮勇各军既归敝处统辖，则阁下当一付之不管。凡向尊处私有请求者，批令概由敝处核夺，则号令一而驱使较灵。以后鄙人于淮军，除遣撤营头必先商左右外，其余或进或止、或分或合，或保或参、或添募、或休息假归，皆敝处径自主持，如有不妥。请阁下密函见告。"

曾国藩的信虽然写得严厉，但此时的李鸿章早已不是他昔日的入幕之宾了。既然曾国藩早在出师之前，便已经宣称"捻军非淮勇不能灭，淮勇非君家不能督率"，那么由李鸿章主持"剿捻"战事，免于越俎代庖的尴尬，自然是再好不过的了。何况长期以来，淮军不服曾国藩指挥并非个案。上至李鸿章的幼弟李昭庆、下至刘铭传等将领，频频以告假为名逃之夭夭，令曾国藩也无从下手。曾国藩曾奏调李鹤章、李昭庆兄弟一同前往帮办军务，因李鹤章称病未到，他便将希望寄托在李昭庆身上，要他组建并统率武毅军，作为主力游击之师，并对其殷殷教诲，希望他能像曾国荃一样，代替乃兄在前线督战。但他很快就发现李昭庆少不更事，难耐艰苦而又"视事太易""骄矜轻敌之心蕴之甚坚"。统率游击之师千里追逐劳而无功，曾国藩只好令其留守驻济宁兼护运防，自己前往周口行营，并在行前一再叮嘱他，如要请假，应"备公牍前来，候批再去"。但李昭庆却不顾留守重任，以回省探母为由，"一面发信，一面竟扬帆东去"，气得曾国藩连连责问"胡竟迫不及待，岂忘临别之言耶？"

与李昭庆的所作所为相比，淮军悍将刘铭传的举动更令曾国藩难以接受。自加入"剿捻"的行动以来，刘铭传所部先是在长沟与僧格林沁的旧部陈国瑞发生械斗，接着更在徐州以曾国藩名义矫诏调托伦布马队归已指挥。曾国藩对此十分不满，拟下批札予以惩处。李鸿章得知后，连连写信为其求情。碍于情面，曾国藩只能收回了处分决定，只是将刘铭传召至临淮关当面训诫一顿了事。刘铭传为人一向自命不凡，随即也撂挑子告假回籍去了。偏偏这时李鸿章还写信来诉说刘铭传所部苦状，"请予休息"。曾国藩只能板起面孔，教训李鸿章说，刘铭传已经回籍小住数月，来此作战不过一年多，"亦不为甚劳甚久"。

不过曾国藩对于李鸿章取代自己并无太多的抱怨，在写给自己儿子曾纪泽、曾纪鸿的信中，曾国藩这样写道："淮勇不足恃，余亦久闻此言，然物论悠悠，何足深信。所贵好而知其恶，恶而知其美。省三（刘铭传）、琴轩（潘鼎新）均属有志之士，未可厚非。"当然曾国藩之所以"奏请开缺"，事实上依旧将希望寄托于时任湖北巡抚的曾国荃身上，在信中他直言不讳地写道："但需沅弟无非常之举，吾乃可徐行吾志耳。"因此在交接"剿捻"的军事指挥权之后，曾国藩还特意写信给曾国荃表示："淮军入鄂，请弟殷勤接待，视如一家眷属。盖年余以来，诸军虽未立大功，而其听我之话，与听少荃之话实无以异，弟若隔膜视之，则将领或疑我平日不诚。"

对于老于政略的曾国藩而言，他深知在"剿捻"的问题上湘淮本属于一体，如果李鸿章失败，朝廷的板子不会只打在淮军一家的身上。因此在被免去钦差大臣一职后，曾国藩在徐州虽然踌躇了一段时间，与李鸿章交接过程中也有过龃龉，但绝非到了水火不容的地步。作为权力象征的钦差大臣关防，也是曾国藩派人主动送去的，因此徐州交篆充其量也只是曾李两人在权力交接中一段不愉快的插曲。有记载说曾氏曾经发出"撤湘军事，合九州铁不能铸错"的深痛忏悔；又有笔记说他回任以后"绝口不提剿捻军事"，显然都是捕风捉影夸大其词。相反在此后的战事进程中，曾国藩始终与李鸿章保持着密切的互动，用曾国藩对李鸿章的话说："来示谓中外以鄙人为砥柱，仆（曾国藩自称）则视淮军、阁下为转移。淮军利、阁下安，仆则砥柱也；淮军危、阁下危，仆则累卵也。"因此在回到金陵以后，曾国藩始终以两江总督的身份，为前线淮军尽心尽责地筹饷转运，同时也积极为李鸿章出谋划策，甚至许下了"如有大风波，仆自分任其衍，必不使（李鸿章）独当其咎"的政治承诺。

客观地说李鸿章的运气着实不错，他上任之后没多久捻军内部便爆发了著名的"许州分兵"。自冲破曾国藩主持的沙河、贾鲁河防线以来，捻军一度重新进入山东菏泽、曹县、巨野一带，补充粮秣和兵员。但面对淮军潘鼎新部已进抵济宁，刘铭传部进入城武、巨野，刘秉璋、刘松山、张树珊等部也先后到达山东，进入运河防区的局面，捻军高层没有发动主力决战的勇气，只能选择回军西向，于1866年10月13日进入豫东地区。此时长期以来几乎公开的分裂情绪逐渐抬头，最终引发了张宗禹所部脱离赖文光的领导独自西进。

有趣的是尽管捻军内部不和早已为清政府所熟知，曾国藩曾说"（捻军）东西两股向来不协""而其彼此猜忌，心力难齐"。李鸿章更预判"闻该两逆衅怨已深，势难久合"。但赖文光在被俘后却不愿意承认捻军在自己领导下最终分裂的结局，宣称自己"久知独立难持，孤立难立之势"，所以才"特命梁王张宗禹，幼沃王张宗爵，怀王邱远才前进甘陕，往连回众以为掎角之势"。但无论捻军是分裂还是分兵，都无法改变其东、西两支各奔前程后，被李鸿章各个击破的窘境。

1866 年 10 月下旬，东捻军三万余人在赖文光、任化邦、李允等率领下，由河南中牟返回山东，拟攻破运河防线，重新进入较为富庶的运河东部地区，以扩充兵员和筹集粮饷。此时李鸿章已在运河一线部署防御，东捻军多次抢渡均未成功。面对淮军刘铭传、潘鼎新等部始终衔尾追击的局面，赖文光只能放弃进入运河东部地区的计划，决定向湖北转移，拟渡过汉水，进占荆州、宜昌，然后主力入川，在"天府之国"建立根据地。

赖文光的战略与昔日石达开负气出走后的选择可谓异曲同工，但他忽略了以豫、鲁、皖、苏农民所组成的捻军乡土观念远较太平军更为强烈。而此时李鸿章更掌握着远较昔日各省督抚更为强大的武装力量，因此赖文光所选择的这条路，从一开始便注定通向覆灭。1867 年 1 月，李鸿章调集不下十万部队，组成"堵击之师"和"兜击之师"，在河南、湖北集中。其具体部署是：在北部，命李昭庆部二十余营驻河南信阳，扼捻军北上的通道；在西部，命鲍超三十二营由南阳移驻襄阳，豫军总兵宋庆十营、副将蒋东才六营扼守枣阳，荆州将军巴扬阿统领提督蓝斯明、水师总兵左光培扼守汉水沿线；在东部，命新任安徽巡抚英翰、总兵张得胜等率皖军分扎六安、霍山一带；在南部，由湖广总督官文驻守武昌，彭玉麟统领水师驻守黄州封堵捻军，又命刘铭传、刘秉璋、周盛波、张树珊等部淮军共三十余营，由豫东南分道入鄂，湖北巡抚曾国荃统领的郭松林、彭毓橘、伍维寿、熊登武等部湘军共三十余营，组成"兜击之师"，与赖文光正面决战。

1867 年 1 月 11 日，东捻军于钟祥以东的罗家集伏击湘军老将郭松林所部，激战半日，歼灭清军二千余人。郭松林身中七枪，被捻军生擒，因伤重不能行走，被弃掷路旁，幸免于死。1 月 26 日，捻军在德安府杨家河东岸又击败淮军总兵张树珊所部六营，阵斩张树珊及副将刘登朝、郭有容等数百人。虽然连战连胜但东捻军始终无法抢渡汉水，战略上已经陷入了李鸿章的围困之中。李鸿章在调集各路人马逐渐缩小包围圈的同时，淮军主力刘铭传部万余人也由北而南部署，湘军主力鲍超部一万六千余人自西向东包抄，在尹漋河（今永隆河）一带，逼迫捻军进行主力决战。

2 月 19 日拂晓，刘铭传为了争功，自行改变与鲍超军共同进攻的计划，提前

长枪快马的捻军骑兵常常能冲垮清军的火枪阵地

由下洋港向尹漋河抢先发动进攻。他见捻军扎营于司马河（今天门河）对岸，便留二三营兵力护卫后路辎重，以十七营兵力渡河攻击。捻军以步队正面阻击敌军，以千余马队向北绕袭敌军后路。刘铭传恐后路兵单，辎重难保，便抽出步队三营、马队二营加强后路，自率十二营兵力分三路进攻。捻军亦分三路迎击：任化邦敌左路，牛喜敌右路，赖文光、李允敌中路。

捻军骑兵的冲击，长期以来都令清军颇难抵御。曾国藩的幕僚王定安便曾在其笔记中写道："（捻军）以劲骑分两翼，抄我军马。疾如风雨，官军往往陷围不得出。贼尤善用长矛，巨者逾二丈。我军以枪炮轰击，贼马闻枪声，腾扑愈猛，瞬息已逼阵，枪不得再施。又喜以一步挟一骑，为团阵滚进，官军以此益畏之。"此时捻军悍将"鲁王"任化邦率部全力围攻刘盛藻的左路军，"刘盛藻鏖战多时，渐不能支"。刘铭传恐左路有失，忙从中路抽出黄桂兰、张士元、李锡增三营兵力往援。在捻军的锐利攻势下，刘盛藻部过河溃逃，李锡增则中枪丧命。接着，任化邦率部转援牛喜部，将右路淮军一举消灭，击毙总兵唐殿魁、记名总兵田履安、副将吴维章等。捻军左右两路取胜后，任化邦、牛喜便率部与赖文光、李允部一起围攻刘铭传亲自督率的中路军。捻军将士挥刀斩杀，淮军一败涂地，退至司马河彼岸。刘铭传失魂落魄，与其部将、幕僚"俱脱冠服坐地待死"。

但正当捻军追过司马河，即将歼灭刘铭传所部淮军时，鲍超率所部湘军从旧口由西向东侧击杨家洚捻军侧背。杨家洚与尹漋河同在司马河东岸，相隔十余里。赖文光在鲍军进入杨家洚后，没有仔细侦察敌情，便仓促率领中军步队向鲍超所部湘军冲锋。但湘军阵势严整，左、中、右三路，每路八九营兵力，分主攻和策应，稳扎稳打，步步前进。激战两小时，捻军中军步队受挫，虽有马队驰前接应，但后路又为湘军马队截断，军心动摇，阵势大乱，由胜转败。又因连日下雨，河港水深，道路泥泞，捻军慌不择路，阵亡和溺死者近万人。杨家泽、尹潍河等处数百村庄据点，全被鲍军占领。

尹潍河之战，虽然歼灭了刘铭传所部淮军半数以上，但东捻军自己也遭到惨重损失，伤亡万余人，被俘近万人，损失马匹数千和辎重无数，不但元气大伤，而且使西进的计划受挫。尹潍河之战最后遭到失败，首先是由于东捻军在取得罗家集、杨家河两次胜利后，产生了骄傲轻敌情绪，对于在武器装备上占很大优势的敌军没有予以足够重视，以至在与刘铭传部作战时，竟没有派出相当数量的部队，对近在旧口的鲍超部进行警戒，当鲍部来袭时，赖文光等不做周密部署，仓促反击，结果受挫。其次，捻军在作战不利的情况下，缺乏坚忍顽强的意志，稍遇挫折，就撤离战场。此外，尹潍河一带河汊纵横，使捻军骑兵的活动受到限制。鲍超之后便总结说："擒斩溺毙之多，则由彼之先失地利耳。"

东捻军在尹潍河战败后，余部即北上河南，从唐县、桐柏东走信阳、罗山、光山，然后经湖北麻城、黄冈、蕲水、蕲州、广济，进入安徽西南边境，因遇淮军刘秉璋、周盛波部阻击，又折回湖北蕲州一带，这时湘军彭毓橘部驻扎于蕲水。3月23日，东捻军由兰溪、董家河一带沿浠水河北上时，彭毓橘亲率湘军十三营由六神港至溪潭坳堵截，捻军将其击败，阵毙总兵彭光友，并乘胜包围六神港，取得了击毙彭毓橘以下营哨各官三十余名和歼敌三千余人的胜利。但此战的胜利，并不能改变兵败尹潍河后东捻军元气大伤的现实。而此时东捻军仍未能突破汉水，西进入川的计划仍无从实现。

为了改变战略上的颓势，东捻军又西经孝感、应城、京山等地抵达汉水东岸，在旧口至岳口一带筹船结筏，希图西渡汉水，为清军炮船所阻，未获成功。后经钟祥北上枣阳、随州，5月初进入河南桐柏、信阳境，因遭淮军周盛波、刘铭传部截击，由平靖关折回湖北应山，旋又东走黄安。5月14日，捻军在黄安的王家冈设伏，大败刚从河南光州赶到麻城的淮军杨鼎勋部，杀总兵张遵道。接着，捻军再次进至汉水东岸，由于刘铭传和鲍超部相继追来，不得不放弃西渡汉水进入四川的计划，拟从河南西进入陕，与西捻军会合。

1867 年 5 月下旬，东捻军进入河南新野、邓州、镇平、内乡一带，还来不及休整补充，淮军刘铭传等部就从枣阳、襄阳跟踪追来，豫军宋庆部和淮军周盛波等部也分别由南阳、唐县前来堵截。而当时捻军内部对于行动方向问题意见不一。赖文光、任化邦等本主张进军西北，但从山东郓城、梁山地区参军的将士认为山东连年丰收，粮食充裕，而陕西连年战乱，粮食缺乏，极力主张东进山东。赖文光、任化邦等为了尽快摆脱敌人的包围，又因"恐西路山多，难于翻越"，也就改变主意，采纳了东进山东半岛的意见。

东捻军进入山东腹地后，日行百余里，忽东忽西，新任山东巡抚丁宝桢虽督军尾追，只能望尘莫及。6 月 19 日，东捻军东走章丘，后经邹平、寿光等地进入胶东半岛，6 月底兵锋直指烟台。道员潘霨勾结英法侵略者联合防守烟台，通商大臣崇厚则从天津派出洋枪队渡海增援。胶东半岛虽然比较富庶，但捻军进入这三面濒海的地区，易被清军包围，而东捻军首领们虑不及此，最终招致失败。

东捻军突入山东后，清廷令李鸿章从河南移营山东"择要驻扎，居中调度"。李鸿章根据刘铭传、潘鼎新等将捻军"挤入登（州）、莱（州）海隅，趁势围逼"的建议，立即奏称："断不敢谓蹙贼海隅之议遂有把握，但与其任令长驱各省，流毒无穷，似不若诱令盘旋偏隅，得办且办。"6 月 30 日，李鸿章抵达济宁，随即以刘铭传部由济宁、泰安、莱芜径趋青州（今益都）为中路，以潘鼎新部由潍县（今潍坊市）、昌邑赴莱州（今掖县）为北路，以总兵董凤高、沈宏富马步十五营由郯城、兰山进莒州为南路，"三路兜截而前，欲逼（捻军）入登、莱绝地，会合（山）东军相机扼"。其具体部署是：以运河为外圈，胶莱河为内圈，进行布防。决定调皖、豫、鄂、苏和直隶的清军，分段防守运河，在西岸修筑长墙，并以部分兵力就东岸旧墙修缮炮台，"掎角护守"。鉴于胶莱河是扼捻军西突的咽喉，决定配以重兵，以一营守三里，在近三百里的地段上，共部署兵力近百营，由淮军主力刘铭传、潘鼎新、董凤高、沈宏富、王永胜等部及豫军宋庆等部和丁宝桢的山东军划段防守，并筑长墙壕沟于河西。同时，以黄河为北部防线，由崇厚和刘长佑负责防守；以江苏北部的六塘河为南部防线，由漕运总督张之万和由浙江北援的部队共同防守。

济宁危机

事实上李鸿章的这一部署与昔日曾国藩的"聚兵防河"别无二致，而结果自然也是一样。1867 年 7 月中旬，东捻军正在福山、宁海（今牟平县）一带就粮，得知清军在胶莱河西岸修墙筑垒，分段扼守，才急忙回军西向。7 月 31 日，赖文光、任化邦等率军自即墨向胶莱河南部的麻湾口发起攻击，但未能突破，只得转兵北上。8 月 6 日，又向淮军潘鼎新部驻防地段的新河突击，仍未成功。后侦知胶莱河北段入海处沙滩无兵驻守，而潍河北段自下营至海口一段只有已革山东军总兵王心安部二千余人驻防，且"营垒初成，河墙未筑"，便于 8 月 19 日集中兵力从这一地段的海神庙等处发动进攻，歼灭了王心安所部清军，进入潍县、昌乐，然后由安丘、临朐疾驰南走。李鸿章费尽心机策划的"扼守胶莱之策"，成为画饼。清廷大为震惊，将李鸿章、潘鼎新交部议处，丁宝桢革职留任。

胶莱河防线被捻军突破后，李鸿章将防守胶莱河的各部清军调至运河防线，并将大营由济南移至台庄（今台儿庄），居中调度。当时，多数清军将领对防守运河丧失信心，特别是丁宝桢表示坚决反对，他说："今胶防骤守，运河之防非独无补于事，抑恐有碍大局。"曾国藩也悲观地说："胶莱三百余里尚难堵御，沿运千有余里更觉毫无把握。"清廷则明确指出"河防不可恃"。李鸿章面临朝野的谴责和攻讦，仍然认为扼守运河虽没有十分把握，但舍此别无良策。他在 9 月 19 日的奏折中说：捻军"正急欲出运"，"若先撤运防，是示贼以弱也。守运各军早夜修防，尚无疲倦，较穷年追逐者劳逸饥饱略殊。忽令守，又忽令不守，是使军心惶惑也"。"今使罢运防而另有制贼之法，臣必速罢，若更无可制贼，似不若得守且守，能战即战，尽人力以待时机"。李鸿章继续加固河防，后来还组织了三支各拥有万人以上的"游击之师"，紧追捻军。

东捻军虽然突破了胶莱河防线，但仍局处于运河与胶莱河之间，由于地域狭小，无从发挥流动作战的长处，粮食也日益缺乏。赖文光、任化邦等为摆脱遭十余万清军拦阻追击的不利局面，决心跳出敌人的包围圈，但缺乏明确的方向，行动慌乱。先是由莒州、日照南下江苏赣榆、沭阳等地，企图抢渡运河和六塘河。由于清兵防守严密，进军受挫，遂于10月初复入山东，并派人由间道入陕，向西捻军求援。11月初，东捻军突至章丘，准备北渡黄河，又被清军水师所阻。在寒冷缺粮的情况下，东捻军只得东走乐安（今广饶）、寿光、潍县就粮，刘铭传部淮军尾随其后。11月12日，东捻军在潍县松树山仓促应战，结果大败，损失惨重。赖文光、任化邦等只得率军南下江苏，拟再次抢渡运河和六塘河。11月19日，当刘铭传部尾追至赣榆时，捻军再次进行反击。由于淮军绕袭后路，捻军复大败。鲁王任化邦被叛徒潘贵升枪杀，使东捻军元气大伤。任化邦死后，赖文光率部折回山东，企图突破淮军的围困，但因连遭失利，力量大减，加上饥寒交迫，人困马乏，士气日益低落。12月，当赖文光率军北上，徘徊于寿光、昌邑、潍县避敌就粮时，刘铭传、郭松林、潘鼎新等部又相继追来，东捻军屡战屡败。

12月24日，东捻军在寿光的北洋河与弥河之间的滨海地带与清军背水决战，结果惨败，伤亡近二万人，被俘近万人，精锐丧失殆尽，首王范汝增等壮烈牺牲。之后，赖文光率余部四五千人由昌乐南下诸城、日照，走江苏赣榆、宿迁。12月31日，在抢渡运河失败后，即转兵东向，前队于次日夜由沭阳城南张家湾突破了六塘河防线，进入清江浦境内，但后队未及渡河即被清军歼灭。渡过六塘河的捻军由于不断遭到清军堵击，减员愈来愈严重。

1868年，按照古老的东方历法是以龙为属相的"戊辰"之年，而在佛教密宗的定义之中，"戊辰"一词又有着"三千繁华，弹指刹那"的定义，似乎冥冥之中便已然注定了这一"干支纪年"与改朝换代、成败兴衰联系在了一起。这一年的1月5日，太平天国最后一位"正统王侯"赖文光于扬州瓦窑铺兵败被俘。作为昔日深得洪秀全信赖的"外戚"，赖文光在清军的大营之中写下了千余字的自述，虽然篇幅不长，但其中"古之君子，国败家亡，君辱臣死，大义昭然；今余军心散，实天败于予，又何惜哉？"的英雄豪气却远胜于下笔万言的"忠王"李秀成。

而在太平洋彼岸的 1868 年 12 月 25 日，美国总统安德鲁·约翰逊签署法令，宣布无条件特赦南北战争中的所有"叛国者"。至此南北战争结束以来，美国军队对南方各州长达 3 年的"军管状态"宣告结束。这些改变或许与这一年日本明治维新相比，谈不上翻天覆地，但在人类历史的演进之中，每一次兴衰荣辱的背后都蕴含无数小人物的悲欢离合。而就在淮军上下为剿灭东捻军之际，一场危机却悄然袭来。

1868 年 1 月下旬，在济宁集结度岁的淮军由于连年征战，早已疲惫至极，为此李鸿章上奏清廷准许部将休息，但此时却传来了西捻军已渡过黄河进入直隶，京师戒严的消息。自 1866 年 10 月捻军分为东、西两部后，西捻军有三万余人（一说五六万人），在张宗禹、邱远才、张禹爵等率领下，由豫东经许州、洛阳、陕州（今三门峡市西）、阌乡（今灵宝西北），于 11 月 9 日进入陕西华阴县境。清廷在西捻军入陕前，已改命左宗棠为陕甘总督、乔松年为陕西巡抚，西捻军入陕后，又命鲍超率所部湘军入关追击。可是，左宗棠借口筹备粮饷，停兵湖北，踌躇不前；鲍超则通过曾国藩转奏清廷，力陈入陕有"米粮之难办""饷银之难解"等困难，要求"俟马队练成，陕省米粮转运等事布置周妥，再行入关"。

1867 年 2 月 22 日，清廷授陕甘总督左宗棠为钦差大臣，专办陕甘军务，以按察使刘典为帮办。左宗棠在清廷的一再催促下，率楚军近二万人，从 6 月中旬开始，分三路陆续入陕。左宗棠率军入陕后，在陕清军兵力增至约四万人。西捻军虽有数万之众，但除老弱妇孺外，能战之兵只有万余人，在数量和武器装备上都居于劣势。当时，西捻军正盘桓于蒲城、富平、三原、泾阳一带。这一地区南有渭水，西有泾水（今泾河），东有洛水（今洛河）、黄河，北面则是山区，很不利于捻军骑兵纵横驰骋。为了摆脱左宗棠所部各军的包围，西捻军决定向陕北转移。就在这时，张宗禹收到了被困于山东的东捻军求援的急信。后世一般认为张宗禹为实践此前与赖文光等人"誓同生死，万苦不辞"的誓言，才决定立刻离开陕北。但事实上陕北高原塬、梁、峁、沟、壑相间，人民生活十分贫困，西捻军进入这一地区，作战和补给都遇到了不少困难。

张宗禹等原拟率军南出潼关，由河南转赴山东援救东捻军。后来又决定进军河北，威胁京畿，把清军吸引到自己周围，以达援救东捻军的目的。这个类似围魏救赵的计划，在当时来说，还是可取的。可惜东捻军很快失败了，结果西捻军非但未达目的，反使自己陷入清军的重重包围之中。西捻军突然出现在直隶南部，还是使清廷慌了手脚，连下谕旨，调兵遣将，防卫京师。1月23日，清廷诏命李鸿章进军直隶堵剿，而淮军各部将领竟无一应命，且纷纷求退，聚讼不休。清廷中枢从1月25日至2月5日连下八道上谕，严旨催行，而李鸿章面对诸将的吵闹，竟一筹莫展，无法向朝廷复命，以至最后一道上谕以"应援不力"，将李鸿章拔去双眼花翎、褫去黄马褂。这时的李鸿章，可以说是面临淮军建立以来第一次来自本军系内部的严重危机，史称"济宁危机"。

淮军将领的不合作，表面的理由是苦战已久，疲惫至极；潜在原因却是在剿灭东捻军后，嫌朝廷功大赏轻；并且不甘心久在李鸿章脚下盘旋，都想自立门户，觊觎疆吏之位，因此大有排李而去之势。李鸿章虽然驾驭有方，一度把淮军控制在手中，但实际的情况则远要复杂得多。诚如王尔敏在《淮军志》里所说："淮军将领皆系依附鸿章而起，但亦不甘永在其脚下盘旋。特别是在羽翼渐丰之时，既有功高赏薄之怨，复有鸟尽弓藏之忧。故其渴望自立，与湘系将领亦无若何差异，不惟文途出身之张树声、刘秉璋、潘鼎新诸人之冀望位致方面大吏，即武途出身如刘铭传、吴长庆，也是极希望为地方之长，以展其才，此本人之常情。"

不过在当时的政治环境中，尽管淮军诸将为各自的功名前途争权位、闹意气，但真正到了关系本集团第一号首脑人物命运的严峻时刻，则均能做到以大局为重，自觉聚集在李鸿章周围，以集团利益为最高利益，其中又以文化程度较高的刘秉璋和潘鼎新最自觉。朱孔彰在《中兴将帅别传》上亦记述，李鸿章"夜以单骑冒雨至（潘）营咨所以入卫，公（潘鼎新）又毅然请行"。由于潘鼎新的带头，淮军各军随后也均络绎北上，解了京畿之危。

随着淮军潘鼎新、周盛传、周盛波、善庆、郭松林、杨鼎勋等部先后进入直隶景州、安平一线，三口通商大臣崇厚率洋枪队布防天津；直隶总督官文率部往援保定；连警卫圆明园的马队也调往涿州（今涿县）防剿。集结在直隶中部、南部的清军共十余万人。为了弥合左宗棠与李鸿章间的矛盾，清廷于 2 月底命恭亲王奕䜣为大将军，左宗棠、李鸿章为参赞大臣。各路统兵大臣及督抚等均归恭亲王节制，以一事权。

2 月 5 日，西捻军于满城为道员余承恩部所败，东南走祁州（今安国）、饶阳。2 月中下旬，西捻军陷入了湘军刘松山、郭松林部，淮军杨鼎勋部，皖军郭宝昌、程文炳部，豫军张曜、宋庆等部的包围之中。3 月 16 日，捻军因连日奔驰，疲惫不堪，疏于戒备，结果在饶阳东北一带遭清军袭击，部队伤亡很大，特别是邱远才、张禹爵两员让敌人闻风丧胆的战将同时牺牲，使士气大受影响。为了摆脱敌人重兵围困，张宗禹率军南走，于 3 月 23 日进入河南，进行了短暂的休整，把步兵全部改为骑兵，使部队行动更加迅速，同时，伐竹为矛补充军械物资。

这时，淮军已赶到豫北，李鸿章正想北依太行山，南据黄河，实施其围困计划，幸好张宗禹等已经察觉到"怀、卫一带，阻山（太行山）面河（黄河），地势至狭，恐被围困"，很快离开清化镇，东出延津平原。4 月 1 日，在封丘大败湘军刘松山部、皖军郭宝昌部，重伤郭宝昌，毙记名提督周盈瑞。4 月 12 日，又与潘鼎新、杨鼎勋、郭松林等部战于滑县，杀淮军提督陈振邦、副将刘正同等。之后，经浚县、内黄、直隶清丰、南乐之交进入山东莘县。活动于东昌府（今聊城）一带的沧州下洼、高家口盐民起义军数千人，在其首领高岩率领下，参加了捻军，并充当向导，引导西捻军于 4 月 17 日从东昌府南李海务渡过运河。4 月下旬，经德州、沧州，兵锋指向天津。

西捻军临近天津后，恭亲王奕䜣即命三口通商大臣崇厚率洋枪队加强防卫，命绥远城将军定安、副都统富和、提督郑魁士各率所部增援天津；命侍郎恩承、副都统玉亮所部赶赴武清（今杨村）设防；并指使崇厚通知英国、法国炮船协同防守天津。西捻军在独流镇、杨柳青等处用船搭桥抢渡运河，因遭洋枪队密集炮火封锁，无法前进，遂于 4 月末南下山东就粮。这时，清军各部十余万人，先后到达运河东部的直鲁地区。清廷命李鸿章为前线总指挥，调度各军。李鸿章按照其"设长围以困之"的"就地圈制"计划，由河北、山东、安徽等省清军分段负责，附近州县的民团协防，又调总兵丁长春部水师炮船进驻德州，加强水面巡逻，严密防守；南面，封锁黄河各渡口，将船只一律调至南岸，由山东地方官吏带队把守；东面，严禁渔船下海，防上西捻军渡海而走。同时，调战斗力较强的湘淮军为"游击之师"跟踪追击。

5 月中旬，张宗禹由于不知沧州捷地坝已被挖开，且有重兵把守等情，仍然企图强渡捷地减河北上，结果受阻而返。下旬，张宗禹又率军抢渡临清、东昌等处运河，仍为驻防清军所败。为了摆脱追军和出敌不意，捻军东进海丰。5 月 29 日，疾驰至直隶东光的下口镇再次抢渡运河，由于丁长春部水师及该处清军把守严密，仍然无隙可乘，不得已又南返山东。西捻军被围困在方圆六七百里的地区内，忽而北上，忽而南下，几次抢渡均失败。虽然把清军拖得疲惫不堪，李鸿章、左宗棠等也因未能完成清廷下达的一个月内消灭捻军的任务而被"交部议处"，但整个形势对西捻军愈来愈不利。由于连续下雨，河水猛涨，道路泥泞，使以骑兵见长的捻军行动更加困难，而清军的炮船却更便于行驶，配合步队围攻捻军。同时，李鸿章又实行"缩地围扎"的方针，把捻军压缩在马颊河以南、徒骇河以北的高唐、商河、惠民等地的狭长地带，并进一步施展"招抚"伎俩，加上当地地主豪绅实行坚壁清野，强迫村民搬入堡寨，使捻军的食宿发生困难。在艰难困苦的环境下，捻军士气日益低落，以至接连发生投敌事件。

7 月 16 日，西捻军在直隶吴桥（今吴桥东）遭周盛波、周盛传部伏击，伤亡千余人。26 日，与郭松林、潘鼎新部战于山东商河东北的沙河镇，被杀被俘三四千人，张宗禹也中弹受伤。31 日，在济阳玉林镇、鸿福寺与豫军张曜、宋庆部和淮军潘鼎新部发生激战，因地处黄河弯曲部，骑兵行动不便，结果又遭惨败，将士阵亡六七千人，损失马匹上万，辎重丢弃殆尽，张宗禹率余部突围。威震一时的西捻军，至此已成强弩之末。8 月 4 日，张宗禹率领余部在德州的桑园、二屯、老君堂等处抢渡运河，均未成功。8月15日，在东昌的李海务口再次抢渡，又被清军所阻，退往茌平西南广平镇。8月16日，在向东北方向转移途中，与刘铭传、郭松林、潘鼎新、袁保恒、张曜、宋庆等部遭遇。经过激战，张宗禹的爱子张葵儿、兄张宗道、弟张宗先等数千捻军将士全部阵亡。太平天国灭亡后，领导捻军坚持抗清斗争达四年之久，被称为"沉静好谋"的新捻军重要首领张宗禹，率领十八骑突围而出，来到徒骇河边"穿林凫水，不知所终"。

但是伴随"剿捻"成功而来到的并非全是嘉奖和封赏，曾一度利用淮军来制约湘军的清政府，此时又采取"扬曾抑李"的策略搞权力平衡。督师无功的曾国藩入主直隶，并在朝觐班次上列为汉臣之首；李鸿章虽以"平捻"首功获得太子太保、协办大学士的封赏，但这仅是虚衔，清廷在命他回湖广总督本任的同时，又命进入近畿的淮军南撤，而淮军饷源所恃的两江地区，此时已换了并非湘淮集团的马新贻担任总督。显然随着淮军、淮系势力的不断膨胀，清廷对李鸿章的疑忌也在日益加深。早在攻克天京后的1865年7月，就有江苏籍京官殷兆镛和王宪成等人，上书弹劾李鸿章在江苏"霸术治民""恃功朘民""岁入厘捐达四千万两，罪不容诛"。而清廷将该折钞寄李鸿章，已含有警诫之意，只是考虑到要继续借用淮军平捻，才使他得以渡过此次危机。因此，在剿捻结束后的李鸿章，实际面临的是与攻灭太平天国后的曾国藩相似的窘境。

第 二 章：
洋 务 先 锋

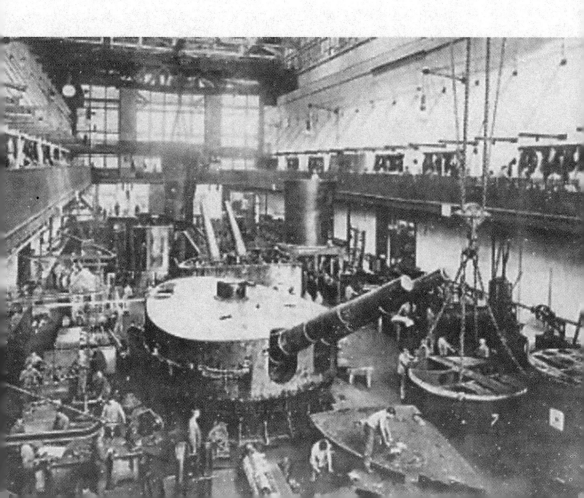

第一节：入主直隶——"天津教案"的台前幕后与李鸿章的"外臣执政"

天津教案

　　以李鸿章的政治阅历自然觉察到了清廷的猜忌和自己的险恶处境。而要破解这一危局，首要任务自然是保住淮军这支基干武装力量。因此"剿捻"战事结束之后，他第一时间写信给新任两江总督马新贻，表示："弟为养此军平中原之贼，而冒中外之不韪，吴人之怨讟。今幸勾当已了，撤军归农，是吾素志，此后扁舟垂钓，不复与闻军事，可告无罪。或谓宜留骁健，以备后患。涤相（曾国藩）亦请留二万人，未知主人翁能不惮否？"

　　李鸿章之所以对马新贻如此客气，无非是因为这位出身山东的回族大员此时正是清朝政坛一颗冉冉升起的新星，正全面负责清政府东南财赋的收敛和分配工作。要维系淮军的粮饷供给，自然需要得到马新贻的助力。马新贻虽非湘淮一系，但他毕竟与李鸿章是同年进士，且长期在安徽为官，与李鸿章的私交还算不错，何况曾国藩、李鸿章虽然离开了两江总督、江苏巡抚的岗位，但还是安插了诸多心腹在东南半壁。比如此时的江苏巡抚，便是与李鸿章"一鼻孔出气"的淮系亲信丁日昌，以下的司道大员，也大多是李鸿章一手扶植起来的班底，因此于公于私马新贻都对保留淮军的基本编制表示没有异议。

　　借助着马新贻和丁日昌等人的支持，嘴上说着"撤军归农是吾素志"的李鸿章，并没有像曾国藩那样尽撤湘军，而是仍然保留一支拥有 75 营约五万人的强大淮军。使他意想不到的是，由于接任湖广总督，他在率淮军主力二十营入鄂的同时，利用朝廷命令他"援黔""援陕"的机会，不仅可以在湖北就地筹饷，还争取到了将当地盐、漕税银的相当一部分以及江汉关四成税银每月二至三万两作为淮军的协饷的便利。如此一来，淮军原有的粮饷基地便由平定太平天国时期的江苏一省，扩大到苏、鄂、直、鲁四省，对李鸿章而言可谓因祸得福。但是这笔钱李鸿章也不能白拿，不久清廷便谕令他督办贵州军务，而由其兄李瀚章接任署理湖广总督。

之所以抽调淮军"援黔"，主要缘于此时贵州当地的苗民起义不仅未随着太平天国运动的终结而覆灭，相反有愈演愈烈之势。贵州自古便是一个多民族混居的省份，加之地处云贵高原东部，土地贫瘠，交通闭塞，因此历代均战乱频发、动荡不休。雍正、乾隆两代实行"改土归流"之后，贵州名义上废除了土司统治，实际上形成了"土流并存"的局面，各族人民遭受着流官和土司、汉族地主和本民族地主的双重压迫。出现"土司、通事挟其诈力，剥剥无已。一切食米、烟火、丧葬、嫁娶、夫马供应之费，无不取之于苗民。……借事勒索，不倾其家不止，而苗民之生机绝矣"的局面。面对"犯法可以赊死，忍饥则将立毙"的困境，为了生存，苗民只有起而反抗。

咸丰初年，清王朝倾全力镇压太平军，在贵州的军事力量比较薄弱。1855年4月30日，张秀眉和包大度、李鸿基等人在台拱首举义旗，黄平、清平等地苗民起而响应，起义很快扩展到整个黔东南苗民聚居地区。当各族起义军在黔东南、黔北和黔西南各地蓬勃发展的时候，在黔西北也爆发了农民起义。1860年5月，苗族农民陶新春利用一万四千余苗族、彝族、布依族群众在韭菜坪（今赫章县境）举行降仙大会的机会，发动起义。起义军一举摧毁三个土司衙门，攻占黔西北要隘七星关，控制了黔、滇、川三省的交通咽喉。1863年，石达开部将李福猷率太平军经过黔西北，陶新春将其迎至猪拱箐休整。在太平军的帮助下，苗军整顿了队伍，逐步建立起各种制度，陶新春自任统兵元帅，周国瑞（汉族，太平军成员）、基哉先生（彝族）为军师，陶三春、杨应再、熊万顺、杨八、张项七、张项八（均为苗族）、罗幺大（布依族）等人为将军，顾朝礼为经略，此外还设有掌柜、宰辅、巨帅、礼师等职。这样，黔西北苗军逐渐壮大，猪拱箐根据地日益巩固起来。至此，各族人民起义的烽火燃遍了贵州全省，使清廷在当地的统治阶级处于岌岌可危的境地。

太平天国首都天京陷落之后，清廷随即令曾国藩、李鸿章等人提出进军贵州的方略，不得以"地属边陲，稍存漠视"。不过此时的李鸿章对遥远的贵州没什么兴趣，倒是湖南出身的曾国藩对邻省比较关心，奏称："谋黔当以湘为根本，即以筹饷责之湖南巡抚。蜀之南多与滇邻，湘之西多与黔邻，进剿即所以自防，势有不得已者，义亦不得而辞。"曾国藩的提案受到了清廷的认同，进军贵州的使命便落在了李鸿章的胞兄新任湖南巡抚李瀚章的肩上。此时湘军攻陷天京后，大批被裁撤的湘军官兵回到原籍，李瀚章从中选练兵将二万余人，分三路向贵州"进剿"，而其中就有已革浙江按察使、原湘军统领李元度的身影。不过湘军三路入黔作战，不仅未能消灭苗军，反而招来了苗军经常东进湘西，袭扰湘军后方，使湖南籍和在湖南的官吏大为不满。李元度又惨遭"降为二品顶戴"的处分。

湘军三路援黔失败后，清王朝对贵州的用兵方略发生了些变化。1867年秋，太常寺卿石赞清以"贵州全省糜烂，万难自强"，乃上书清廷，提出了"料理黔事，心须川楚合力"的主张。因此"援黔"便成了身为湖广总督的李鸿章的分内之事。不过李鸿章并不愿意将淮军投入贵州山区战场，因此便上奏存在饷项、地势军情、采办转运三项困难，陈明不能贸然前往，并请清廷"勿责时效"，实际是借故拖延不就。

因湘军宿将刘松山在金积堡阵亡，清廷又于3月中旬改令李鸿章率军援陕。不过对于此时主政陕西的左宗棠，李鸿章嫌隙已久，实在不愿与这位冤家对头打交道，对援陕之命，觉得味如嚼蜡。他致函英翰："鄙意左公主持陇事，未便俎越。"又对曾国藩说："中原久定，散骑归农，非数月不能成军，即凑齐亦不可遽战"。因此，他仍然采取拖延的办法，迟迟不愿前往，并振振有词地对袁保恒说："涤相尝晒鄙人调度喜用验着，至西北则不敢不图稳慎矣。"其内心真实的想法则是："愿借防秦养拙，作壁上观耳。"一直拖到7月25日，淮军大队才行抵西安近郊。

机遇对李鸿章似乎十分垂青，李鸿章到西安仅仅七天，就接到"酌带各军克日起程驰赴近畿一带相机驻扎"的密谕。之所以出现这样的局面，是因为1870年6月21日，天津地区爆发了围攻西方传教士，焚毁海楼天主堂、仁慈堂、位于教堂旁边的法国领事馆，以及当地英美传教士开办的其他4座基督教堂的"群体性事件"，史称"天津教案"。事实上早在四五月间，天津一带社会上就流传着一些谣言，说传教士买通了中国教徒诱拐婴孩至天主堂，修女们将他们害死，挖心剖眼，制作各种迷药，此种说法，在城厢一带相当普遍。6月初，天气炎热，加以时疫流行，天主堂育婴堂中有三四十名儿童患病而死，草草埋葬以后，又被盗墓的人发现。不久，一名被捕的人犯武兰珍供出，与天主堂王三有牵连，于是群情哗然。

天津教案中被焚毁的望海楼教堂

6月30日晨，天津道台、知府、县令带了人犯武兰珍去天主堂对质，时天津民众已群情激奋，将教堂团团围住。在对质中，查不到武兰珍所供的罪证及王三其人，但围观的人群已骚动不安。法国驻津领事丰大业，要求三口大臣崇厚派兵镇压。崇厚只派了几名巡捕，丰大业见状大怒，腰挂双枪，其秘书西蒙手执利刃，飞奔去见崇厚。崇厚事后奏报："他俩（丰大业和西蒙）飞奔前来，未及进室，一见即口出不逊。告以有话细谈，该领事置若罔闻，随取洋枪当面施放，幸未打中，经人拉住，奴才未便与之相持，暂时退避。该领事进屋将什物信手打破，咆哮不止。奴才复又出见，好言告以民情汹涌，街市聚集水火会已有数千人，劝令不可出去，恐有不虞。该领事奋不顾身，云我不畏中国百姓，遂盛气而去。奴才恐致滋事，当派弁随同护送。讵意该领事路遇天津县刘杰，自该堂弹压而回，该领事又向其放枪未中，误将刘杰之家人打伤。众百姓瞥见忿怒已极，遂将丰大业群殴毙命。传锣聚集各处民人，将该教堂焚毁，并将东门外之仁慈堂焚毁，别处讲书堂亦有拆毁之处。"

教案发生后，中外震惊。英、美、法、德、俄、比、西七国驻京公使联合向总理衙门提出抗议，要求惩办教案人犯，随即调派军舰到天津海口和烟台进行武力恫吓。6月23日，清政府急派直隶总督曾国藩前往查办。曾国藩此刻正在病假期间，尚未痊愈。临行前，"阻者、劝者、上言者、条陈者纷起沓进"，多数主张不可前往，幕僚史念祖甚至认为赴天津办案"略一失足，千古无底"。曾国藩涉足政治多年，对其中的利害关系不会不知，但皇命难违。临行前曾国藩给两个儿子留下了带有遗嘱性质的书信："余此行反复筹思，殊无良策。余自咸丰三年募勇以来，即自誓效命疆场，今老年病躯，危难之际，断不肯吝于一死，以自负其初心。"

天津教案的法庭现场

曾国藩到天津后，深知此案涉及法、俄、英、美、意等列强，"万一牵动各国同时推波助澜"，"中国此时之力何能遽与开衅"？权衡再三，终于决定"不欲以百姓一朝之忿，启国家无穷之祸"，只能"立意不开兵端"。至于结案之法，"终不外诛凶手以雪其冤，赔巨款以餍其欲"。因此一到天津就采取"严拿凶手，以惩煽乱之徒；弹压士民，以慰各国之意"的方略。因教案中洋人伤毙二十一人，曾国藩决定查拿21名肇事者，便"足与相抵"。不料法国公使罗淑亚抵达天津后与曾国藩会晤，提出四项要求：赔修教堂，埋葬丰大业，查办地方官，惩究凶手。7月20日，罗淑亚照会曾国藩，词气凶悍，谓如"不将天津府县及提督陈国瑞抵命，即便宜行事"。虽然曾国藩认为"欲令府县抵命，坚持不允"，但还是以天津知府张光藻、知县刘杰办理民教启衅一案事前疏于防范，事后又不能迅速获犯，即行革职，交刑部治罪，陈国瑞交总理衙门查办。

曾国藩这种强人就案、杀民以谢敌的委曲求全做法，引起民众的愤慨和一些官吏的谴责。消息传开，举国哗然。"京师湖南同乡尤引为乡人之大耻"，"物论沸腾，致使人不忍闻"。旅居北京的湖南同乡宣布把他从同乡会中除名，并且砸毁了曾国藩手书的"湖南会馆"匾额。而就在曾国藩在天津焦头烂额之际，南方又爆发了"刺马案"。一时间"中兴名臣"曾国藩，"积年清望几于扫地以尽"。

刺马疑案

1870年8月22日，两江总督马新贻到校场演武厅阅射。马新贻在1869年时，在江宁练了四营新兵，新兵们每天都会操演两次，专习洋枪、抬炮、长矛，每月农历二十五校阅。当时江宁还有一年一度的总督阅射，允许百姓参观，为江宁一大盛典。因七月二十五日下雨，校阅之期便延迟了一日。到中午检阅完毕时，围看的百姓挤得人山人海，连马新贻回署的箭道两旁也挤满了围观的群众。等马新贻来到督府后院门外时，一个年轻的武官突然从队列中冲出，跪在马新贻轿前状告他所在的部队领不到军火。马新贻大轿被拦，只好落轿。他知道此人是湘军的，心里不满，嘴里却说："等我查明后，自会公平处理。你先下去吧，这里不是谈公事的地方。"那人并不走开，两边护卫一把将这人推开，就在这时，又有人高喊冤枉从近旁的士兵队伍中冲出来，拔出匕首，刺入马新贻的右肋。当日下午，马新贻因伤势过重，救治无效身亡。此人名为张文祥。张文祥被捕以后，坚不吐实，只说是马新贻的拜把子兄弟，是为其弟曹二虎报仇的。

"刺马案"的还原图

封疆大吏于公署之内遇刺，令清政府大为吃惊。慈禧随即派了漕运总督张之万前去查案。但无论怎么审，张文祥还是那几句话。民间有关张文祥的故事却很快流传开来，甚至还编了弹词、编了戏曲演，而且都是把张文祥夸成是为友复仇、义薄云天的义士。大体的意思是说：同治二年（1863 年），时任安徽按察使的马新贻清剿安徽的小股捻军时，不慎中伏被俘。该股捻军首领张文祥不但不杀他，反而主动请降。张文祥提出，自己与史金彪、曹二虎为结拜兄弟，只要马新贻与他们三兄弟结拜，他们便归降。马新贻虽有踌躇，但怕性命难保，于是就答应了。四人设案结拜，马新贻年纪最大，被尊为大哥。但不久之后马新贻贪图曹二虎的妻子柳无菲的美貌，竟与之勾搭成奸，此后马新贻派曹二虎去安徽寿州领取军火，一到寿州便以私通捻匪罪将其就地正法。张文祥得此消息，发誓要为曹二虎报仇。

曾国藩调任两江总督，但他审此案时，一反过去的做法，为张文祥换了监所，去掉镣铐，并改善了伙食，据说还亲自去监狱探望张文祥，并和气地对张文祥说，他如没有深仇大恨，是不会走此杀人毁己道路的，张文祥行刺后并不逃走，一人做事一人当，是个光明义烈的汉子，劝张文祥把真相讲出来，让天下人得一个明白，为自己留一个清白。曾国藩一番推心置腹的话打动了张文祥。他沉默良久，最后将刺杀马新贻的前因后果原原本本地招供出来。

曾国藩随即把供招抄录分送军机处、刑部存案。这一手很厉害，首先存案，造成既定事实，意思很明白，这就是最后定谳，绝不能翻案。曾国藩还在会衔复奏时附了一个夹片，陈明"实无主使别情"，但又说"该犯供词，尚属可信"。前边意思是没有其他情况了，后面又说此供词只是可信。这一模棱两可的措辞竟被慈禧通过了。慈禧明白，此案只能是一个糊涂案，深究反而会给朝廷带来麻烦。同治十年四月初四，曾国藩奉旨监刑，将张文祥凌迟处死，并摘心致祭。据说用的是"鱼鳞剐"，一片片细割。张文祥的儿子也一并被杀。相反清政府对马新贻则恤典甚厚：入贤良祠，以总督阵亡例议恤，赠马新贻太子太保，予谥号"端愍"，意思是为官清正，死得可惜。又赐其后代子孙可世袭"骑都尉兼云骑尉"的职位。

表面上看"刺马案"纯属马新贻的个人生活问题所引发的惨案，但后世却秉承着阴谋论的基调给出了多种不同的解释。马新贻死于湘军集团策划的政治谋杀案的说法起源也比较早，其中论述最全的是高尚举的《刺马案探隐》。他认为，在镇压太平军的过程中，曾国藩的湘军实力逐步做大，成了朝廷心腹大患，于是慈禧把曾国藩调离两江总督的位子，派马新贻担任，以牵制湘军势力。另外，马还肩负着调查太平天国财宝去向的秘密任务。马的到任触动了湘军集团的利益，所以湘军指使张文祥刺杀了马新贻。

除此之外，马新贻死于"督抚不和"的说法也得到了官方讨论，此说是案件审理过程中由太常寺少卿王家璧正式提出的。当时江苏巡抚丁日昌之子丁惠衡犯了案子，归马新贻查办。王家璧认为丁日昌向马新贻"请托不行，致有此变"。他还说这个传闻流传很广，而且传播得很远。丁日昌"本系矫饰倾险小人"，江南官员那么多，大家偏偏怀疑他，未必是空穴来风。清廷向来鼓励官员"风闻言事"，王家璧此举也是人臣本分。

丁日昌与湘淮集团之间因为其与曾国藩、李鸿章的这种特殊而又密切的关系而紧密相连，丁日昌与李鸿章同岁，但和李鸿章相比，丁日昌此前的仕途经历只能用"惨淡"一词来形容，不仅进士功名与他无缘，在江西庐陵县令任上不久就因弃城获罪旋被革职。幸好不久曾国藩以两江总督、钦差大臣身份督办江南军务，刚被革职的丁日昌即以江西省吏治、漕运等问题向曾国藩大胆建言，旋被曾国藩招揽入府，并正式与李鸿章结识。

随后李鸿章率初兴的淮军在上海与太平军作战正酣，急需熟悉军火制造的人帮助提供械弹支持，以解弹炮制造"刻不容缓"之急，丁日昌则是不二人选。经李鸿章再次专折奏调，九月终获朝廷谕准，丁日昌即"起程赴沪"，成为李鸿章部下。丁日昌无疑是一个善于学习、精明能干，同时也是一个善于把握机遇的人。在李鸿章幕府时，他参与"炸弹三局"的筹建，并制造出能容80磅炮弹的开花炮，使淮军军事装备威力大增；他积极参加战役，屡获战功；他办理与洋人交涉事件，顺利完成李鸿章交办的解撤常胜军一事，表现出色。凡此种种，李鸿章甚感满意，也极为欣赏。在李鸿章的推动下，丁日昌开始平步青云，1863年补江西直隶州知州、知府；1864年署苏淞太兵备道；1865年保升两淮都转盐运使司盐运使；1867年，升授江苏布政使；1867年年底，升江苏巡抚。四年之内连升六级。李鸿章对丁日昌可谓有着提携之恩。因此从某种意义上来说，如果"刺马案"的幕后黑手真是丁日昌的话，那么李鸿章可谓一石二鸟，既拔除了马新贻这颗钉子，又极大地削弱了曾国藩和湘军的政治势力。

当此之时，以法国为首的西方各国列强军舰麇集大沽口，以武力相要挟，曾国藩因不谙外交，办理无术，外惭清议，内疚神明，弄得焦头烂额。恰在此时，又发生马新贻遇刺身亡的突发事件。清廷最高当局再三权衡，无论就洋务经验还是备战军力，第一当时都非李鸿章莫属，于是匆忙之间又演出一幕"换马"活剧，以曾国藩回任两江，而以李鸿章接任直督。这对李鸿章来讲，真可谓天随人意。他在接到驰赴畿疆的诏命后，在致丁日昌函中十分高兴地说："在陕本为赘疣，藉此销差，泯然无迹，一意驱车渡河。"从 7 月 30 日接奉移军密谕，到 8 月 30 日任命李鸿章接任直督诏旨发下时，他已率亲军八营行至井陉，很快又于 9 月 7 日行抵保定。

然而，随后李鸿章却在保定逗留观望，徘徊不前。首先，他在给朝廷的奏折中，情词堂皇地宣称：直豫晋交界处间有游勇滋扰教堂，同时也为防堵陕西土匪回窜，淮军必须暂驻保定以布置后路；其次，从当时的外交形势来看，如果将军队部署得离天津越近，引发战争的概率也越大。这点，李鸿章在给大哥李瀚章的家书里写得很明白："两奉密谕，沿江沿海防备，炸空苗（炸苗系合肥土语，意即为瞎咋呼）而无实际。"所以他尽管也做好了"弟赴援与军存亡，料虎将人人皆肯拼命"的战备动员，但他内心深知，清廷最高当局不到万不得已，是不会轻易决裂开战的。

当然从个人角度出发，李鸿章连日冒暑远行，须"调养肝疾"，实际是不愿陷入津案处理的烂泥潭中去。因为早在曾国藩接手天津教案、向他质询办法时，他就说过："此案'彼直我诎'，将来议结不外挐犯、赔银两层"，并劝告恩师："与洋人交，略参用痞子手段，不宜轻以一死塞责。"但曾国藩一来缺乏外交的实际历练，二来对近代外交所必须遵循的实力、均势、机变和相互制约等基本原则并无深刻的认识和把握，而只是幻想用所谓"忠、信、笃、敬"和中国传统的以诚待人的交友之道用于处理近代国家间的交涉，其碰壁是不可避免的。正像李鸿章所婉转批评的"吾师莅津后，章疏皆系老实话，每为人所挟持，此鸿章所不敢出耳"。曾国藩自己也承认采用痞子手段与洋人打交道，"自揣非所能为"。所以，尽管此案已临近终局，但面对天津绅民"人心汹汹"，都中士大夫"群以为怪"的场面，李鸿章自然不愿去蹚这趟浑水了。

9 月 9 日，李鸿章在致曾国藩函中宣称："鸿章冒暑远行，莅省后委顿异常，不得不略为休息。兼以初政即犯众恶，嗣后诸难设施。尊处能将凶犯议抵限期议结，计鸿章到津接替此外未了各事，必为一力担承。"有论者根据这封信，认为此时的李鸿章已深谙为官之道。因为 9 月 18 日是法方催逼的最后议结期限，而他又熟悉曾国藩遇事多虑的心理。故他一面坦言自己不愿"初政即犯众恶"，一面又实实在在的"作壁上观"放言高论，而听任恩师在火上烤。曾国藩本可藉交卸直督而脱身，但一是谕旨中有务将"首要各犯尽数拘获"并且"务得实供"的严命，使他欲罢不能；二是他对李鸿章所放出来的"痞子腔"，早已没有剿捻无功时"自请留营效力"的"挺劲"，而无可奈何地说："目下中外责望全归鄙人，台从虽限前抵津，尚不致稍损令望；至到津会同拿犯，则不免与仆分谤矣。"就这样一直捱到 9 月 20 日，李鸿章才行抵天津。在此前二日，曾国藩与帮办教案的丁日昌已将第一批要惩办的凶犯名单上奏清廷，李鸿章所允诺一力担承的"未了各事"，只不过是坐享其成罢了。这说明经过一段时间的"韬略养晦"，李鸿章在政治手腕上已历练得相当圆熟了。

从另一个角度看，他在这一段时间发表的议论，如："外国审办命盗重案，必以证据口供当堂质对，反复研究乃能定谳，与中国明慎用刑之意略同。""鸿章前云痞子手段，我于尽情尽理后，若再以无礼相干，只有一拼而已。""严兵卫正所以保和局"，以及"此案敷衍过去，果为自强之策，大沽口南北炮台及北塘等处，应驻重兵。长江以炮台为经，轮船为纬，……但保津畿与长江，自固根本，彼必不也轻视，动辄强压。海外我与彼族共之，缓图可也。"这又说明，此时的李鸿章，无论在外交还是国防上的识见上，都已远远高出曾国藩了。

正是由于李鸿章在政治上的成熟，因此在接任直隶总督后不久，又兼领北洋大臣，并居此要职达二十多年，集军政外交大权于一身，"坐镇北洋，遥执朝政，凡内政外交，枢府常倚为主，在汉臣中权势为巨"。甚至有学者称呼李鸿章的衙门"几有成为清政府第二朝廷的趋势，李鸿章便是这个朝廷的中枢人物"。由此可见，一个具有相当实力的政治集团——淮系集团，也正由于李鸿章个人地位的上升，对其部下将帅僚属具有更强的凝聚力、影响力和号召力的时候，得以宣告形成。

布局全国

　　军队，是淮系集团赖以生存的基础和支柱，将领则是军队的灵魂与核心。淮军在镇压捻军起义后，经过较大规模的裁撤，仍保留了75营大约3.75万人的精锐主力。其中：铭军马步28营，凤军马步4营，庆军马步11营，勋军5营及开花炮队1营，武毅军步队5营，鼎军7营，盛军步队9营、马队3营、炮队2营，共75营。当时，因"剿捻"军务结束，曾国藩调任直隶总督，根据英翰、毛昶熙和左宗棠的建议，以淮军镇守近畿，于是诏命铭军20余营驻扎山东张秋，由直隶协饷，主要负责直隶防务。又因潘鼎新回任山东布政使，留鼎军7营分驻山东境内。江苏则以凤军4营、庆军11营驻扎徐州，刘玉龙开花炮队驻守南京下关，以段喆所统勋军5营沿江布防。李鸿章自己则回任湖广总督，带回武毅军5营、盛军马步炮14营进驻鄂境，淮军从"平吴"时期江苏一省防地，扩展为分防直、鲁、苏、鄂四省的局面。

　　李鸿章出任直隶总督后，淮军的分防区域又有了新的变化。他是在率军援陕（参与镇压回民起义）途中，接到驻防近畿命令并接任直隶总督的。处理完天津教案后，屯聚直隶周围的淮军已达81营有余，面对外患日亟的局面，清政府不敢将其遣撤，要李鸿章通筹安置。于是，直隶方面，李鸿章留下所带亲军8营和盛军23营，加上丁寿昌所募的2营3哨，作为近畿防军；另有铭军马步28营，武毅军步队10营以及徐邦道马队2营，共40营，交由刘铭传统带继续援陕；留守江苏者，凤军改为徐州防兵，庆军先后移马队驻扬州、江浦、江阴等地，剩余武毅军步队 5 营、马队 2 营，由郭松林带赴湖北提督任所，实际归李瀚章调遣。在此前后，1870 年因张树声调补山西按察使，经与晋抚李宗羲协商，由其弟张树屏另募步队 6 营并开花炮队 1 哨，号为树军新军。而原驻山东的鼎军 7 营，则因潘鼎新与丁宝桢的矛盾，在他自请开缺回籍后不久，即导致 1869 年 7 月该军在韩庄闹饷哗变后遭到全撤的命运。这一时期淮军的分驻区域，为直、苏、鄂、晋、陕五省，而以直、苏、鄂为淮系势力十分稳固的省份。

晚清督抚权力的膨胀，自太平天国失败后愈演愈烈，主要表征有三：一是手握重兵；二是专擅地方财政；三是把持辖境人事。由此而造成所谓"外重内轻"。薛福成在《叙疆臣建树之基》一文中也指出："督抚建树之基，在得一行省为之用，而其绩效成就之大小，尤视所凭之地以为准焉。"因此，无论湘系、淮系，还是稍后而起的清流集团，凡是想在中国政治舞台上有所作为的集团，无不以谋取地方实缺作为扩大本集团势力范围的重要途径。就淮系而言，它对地方行政权力的攫取和分割，主要表现随着淮军充当国防军主力，为了保持防区稳定和筹饷的需要，以李鸿章为首的集团核心，运用种种努力来影响和干预淮军驻防区域地方行政长官的任免。

张之洞的兄长张之万

1870 年，因马新贻遇刺身亡，清廷调曾国藩第三次就任两江总督，而以李鸿章接任直隶总督。李虽权势日增，但是并没有放弃对两江的注重。曾国藩回到江宁不久，因江苏巡抚丁日昌母丧开缺，廷旨以漕运总督张之万调补，李鸿章立即致信给曾国藩："幸吾师功德在民，威望慑众，从容擘画，自就范围。雨生之事，早在意中，失此右臂，诚为寡助。青翁素喜更张，才力精神，似多不及，若得敏斋为方伯，究稍维持百一。"张之万虽为李氏同年状元，但他究竟不是淮系中人，而且行事"素喜更张"，因此李氏提出以多年追随的亲信应宝时出任布政使，可确保淮军筹饷无虞。但清廷以奉天府尹恩锡调署江苏布政使，使李鸿章深感不便，幸而张之万很快调任，清廷即以李鸿章另外一位进士同年、湖广旧僚属何璟调补江苏巡抚；不久，曾国藩于 1872 年病故，又以何璟迁署两江总督，把张树声由漕运总督调授江苏巡抚。这一格局，李鸿章认为是"与湘、淮将气谊相投，缓急可恃"。但因何璟资望尚浅，李鸿章又多方打探曾国荃、彭玉麟等湘系大员的态度，以寻求支持。几个月后，何璟又以丁忧去官，清廷又调前山西巡抚李宗羲补授，他也是李鸿章的同年进士，两江时期的旧僚属，李鸿章在署理两江总督期间，曾经专折保举，自然与淮系一鼻孔出气。于是李宗羲和张树声一督一抚，实际成为淮军后路的镇守者。而淮军分防南北洋的格局，亦大致在此时确立。

然而这一局面也没有维持多久，1874 年 10 月，张树声因丁母忧去职，次年初李宗羲也以病免，清廷又命湘系大员刘坤一署理两江总督，以安徽巡抚吴元炳调补江苏巡抚。这两人与李鸿章的关系较疏，于是李鸿章复又施展合纵连横的手段，极力举荐沈葆桢出任两江总督。沈葆桢虽不属于淮系，但他和李鸿章是道光丁未科的同房进士，且同在曾国藩幕府里共过事，又同时受曾国藩推荐出任方面，比起其他同年，关系更进一层。他又与湘系中曾、左两大集团均有较深的渊源，容易为湘系所接受。因此，早在 1873 年春，李鸿章就函告沈葆桢"日盼我公兼圻东南"。

正因为湘系也十分注重两江，所以对李鸿章这一系列活动的用意，左宗棠曾经一言中的地指出：这是"欲笼沿海之饷养洋枪队耳，朝廷以江督授刘（坤一），颇非其心所乐，恐利权不属，不能长养此不战之兵"。果然，沈葆桢就任江督不久，李鸿章就希望他在筹办海防和

湘系后起之秀刘坤一

保证驻防淮军的饷需方面，予以大力支持。而沈葆桢一方面是出于对东南沿海防务的关注，一方面也是为了报答同年好友的举荐之情，不但同意将原应分解南北洋的海防专款（每年400万两）全数拨归北洋，而且实际保证了淮军江苏防军的定额饷需不致匮乏。

两江以外，凡是有淮军驻防的其他地区，情况亦大同小异。如山西，1870年树字新军六营募成后，张树声、李宗羲不久接连调迁，继任相续为何璟（1870—1871年）、鲍源深（1871—1876年）、曾国荃（1876—1880年）。鲍源深是安徽和州人，与何璟一样，亦是李鸿章丁未同年，情谊笃厚。何、鲍两任，对这支树字新军都倍加关照。曾国荃抚晋后，曾经另募湘勇10营，一度将树军裁至1200人，但也一直维持到1891年张树屏去世后，才最终全数遣散。由此也可以看出集团政治的运作，对于防区兵力消长的影响。再如湖广总督一职，仅李瀚章一人即连任12年（从1870年至1882年丁母忧去职），期间他虽然数度遭人弹劾，但一直安如磐石。这与李鸿章的影响和操纵也是分不开的。

除根据军力布防安插督抚人选外，随着李鸿章权势扩张，在淮军驻防未及的地区，不少淮系大员也纷纷由于李鸿章的荐任出任方面。1870年，王凯泰由广东布政使升任福建巡抚，开了淮系向南洋渗透的先声。1871年，钱鼎铭由直隶布政使升任河南巡抚，这时，李鸿章甫任直督不久，处置政务感到"如失左右手"，但考虑到豫省与晋省一样，同为直隶腹地，唇齿相依，无论从防务和河工来看，其地位都十分重要，于是毅然割爱。

至于福建，本是湘系左宗棠（原任闽浙总督）集团的势力范围。1870年8月，王凯泰抚闽，为淮系势力揳入了一根楔子。此后，随着海防与塞防之争的展开以及新疆危机的发生，左宗棠倾力关注西北，为淮系进一步在闽扩张提供了机遇。王凯泰于1875年病故，清廷立即根据沈葆桢与李鸿章的推荐，起用丁日昌接任。丁日昌是淮系的中坚分子，也是李鸿章至为信任之人。不过丁日昌于1870年底因丁母忧开去江苏巡抚一缺，去职前后，曾遭王家璧为首的苏籍保守派官僚连续弹劾，一度意志消沉，不愿出山参与政事，为此，李鸿章曾多次致信规劝。

1875年九十月间，因得知王凯泰"病棘"，李鸿章乘为同治帝出殡扈卫之便，向两宫太后陈言洋务与自强之道，夸赞丁日昌的政绩与能力，为其"徐筹位置"，并要他应沈葆桢之荐，克期赴闽接办船政大臣一职，"从容研画，以待后命"。不数月，王凯泰病逝，清廷即以丁日昌补授闽抚。李鸿章怕丁日昌再坚辞，乃再次致函恳切开导："阁下拜受新命，虽所处境地极难，万无可辞之理，……然则衮衮诸公，其不明阁下心迹者多矣。窃谓人生不过百年，早迟皆有一死，公岂畏死哉。闽抚固不必辞，即专令巡台船政，即再调滇陇，亦不必辞，使天下人人皆知非规避取巧，使朝廷时时信其无尚免危难，以公之才望，何可不成，何人不得耶？"在李鸿章的热情鼓励下，丁日昌果然在福建巡抚任上做出了突出的政绩，尤其是他在 1877 年奉命巡视台湾后，在奏折中对台湾的防务以及修铁路、开矿山、铺设电报等各项建设事业做出了系统的筹划，为清政府加强东南海防和淮系日后经营台湾，做了呕心沥血的探索和论证。此外张树声于 1880 年出任两广总督，刘秉璋于 1883 年授为浙江巡抚，潘鼎新于 1884 年调任广西巡抚，刘铭传于 1884 年以福建巡抚督办台湾军务，次年首任台湾巡抚，与之相适应的是淮军的防区与军力进--步扩张，到中法战争前期，东南沿海省份的督抚，已均为淮系要员所占，其集团势力已遍及大半个中国。

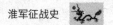

第二节：制器之器——李鸿章和淮系掌控的军、民企业

垄断军工

淮系集团是伴随着洋务运动的发生发展而成长壮大的。因此，在它所从事的近代化事业的各个新领域和新部门，无不有其得力干吏捷足先登，占据要津。海关在清朝初年就已设置，但第二次鸦片战争后，随着西方商品大量涌入和中国农业原科产品的大量输出，列强将"洋人帮办税务"写进不平等条约，促使海关的性质发生重大变化，成为中国近代半殖民地的耻辱象征。但海关又是交通中外、便于洋务派官员与列强打交道的重要渠道。同时，从列强口中分得关税残羹，又成为这些官员一部分重要的财政来源，得以支撑某些新兴的洋务事业。李鸿章在同治元年初到上海，就制定出"关厘分途"的政策，利用江海关关税支付庞大的军费开支（包括购置西洋军火和军工设备），尝到了甜头。因此，他一直把控制海关道台人选，作为一项重要的事务。1870年前上海海关道先后四任：黄芳（1862年）、丁日昌（1863年）、应宝时（1863—1869年）、杜文澜（1869年）均是李氏嫡系亲信。1870年后，李鸿章虽然调任直督，但他仍对上海海关道人事有很大的发言权。

李鸿章调任直督后，清政府根据他的建议又新设了天津海关道一职，"专管洋务及新钞两关税务"，作为北洋大臣在通商交涉事务上的佐理，"凡交涉之务，则责成关道而总其大纲，以咨决于总署"。由于在设立之初，吏部章程即奏定，这一职位如出缺，应由直隶总督在直省现任道员、候补道员、现任知府中拣员请补，如直省内无合适人选，亦可举荐其他人选。于是，除了首任署理津海关道陈钦系根据曾国藩的保荐和总理衙门的意见安排以外，从 1870 年到期 1894 年李鸿章担任直隶总督期间，津海关道的人选一直由李精心挑选的淮系亲信分子担任，这些多年追随李鸿章的亲信，绝大部分是由李鸿章从外地主要是上海直接调入的，正如一位英国学者评论的"李鸿章在举荐中，强调这一职位不寻常的条件和发现符合这些条件的人员如何困难，他并不贬低被派到本省等待空缺的较传统的官员，但宣布因为他们没有必要的洋务经验，因此不能选择他们"。从而将这一职位的人事安排紧紧控制在本集团的掌握之中，并因此而控制了北方这个主要口岸的关税和商业收入。

近代四大军工企业，一般的说法是李鸿章参与主办了两个——江南制造总局和金陵机器局，接管了一个——天津机器局，而另一个福州船政局则是左宗棠与沈葆桢联合举办的。实际的情况则还要复杂和微妙一些。江南制造总局的创设，是由以下三部分组成：一是曾国藩于 1863 年秋拨款六万八千两白银委托容闳赴美购买的机器制造设备；李鸿章约于同时饬派丁日昌在上海购买的美商旗记铁厂，加上原上海炸弹三局中由丁日昌、韩殿甲主持的两局。它的发轫，固然是由于同治三年八月丁日昌上李鸿章的密禀，以及李鸿章向总理衙门转呈这一密禀后得到的明确支持答复。而它的创设宗旨，则早在 1863 年春李鸿章致恭亲王奕䜣那封著名的信里就已经提出："鸿章以为中国欲自强，则莫如学习外国利器；欲学习外国利器，则莫如觅制器之器，师其法而不必尽用其人；欲觅制器之器与制器之人，则或专设一科取士，士终身悬为富贵功名之鹄，则业可成、艺可精、而才亦可集矣。"1865 年 9 月 20 日，李鸿章会同曾国藩联衔奏上《置办外国机器铁厂折》，可以视为该局正式开办。嗣后由于军务繁忙，曾、李二人交替往前线督军，因而江南制造总局的迁厂建设诸般事宜也由两人轮流督办。因此，该局实际上是由曾国藩与李鸿章共创。

金陵机器局的前身是上海炸弹三局之一的马格里（MacarteneyHalliday）、刘佐禹主办的松江炮局，淮军攻下苏州，该局即随迁至苏州，成为苏州炸炮局，雇用外国工匠四五人，中国工匠五六十人，生产已初具规模。1865 年曾国藩北上督师剿捻，李鸿章署理两江总督，又下令将此局从苏州迁往金陵，便成为金陵机器局。可以说它此前一直是跟随淮军的军事行动而迁移的。

江南制造总局的火炮车间

由于这是近代第一个聘雇洋人参与管理的军工企业，而主持该局的马格里又因在苏州杀降事件中对李鸿章和戈登（Gordon）调停劝解有功，与李鸿章建立了良好的私人关系，并深得李鸿章的信任。金陵机器局迁厂之初，有传记作者评述："这时马格里对李鸿章的影响，已达到极点了。对于一切重要的事务，他们都密切联系着。李鸿章遇到疑难问题，总是找马格里作顾问。"李鸿章曾经因马格里办厂有功，专门奏请赏给他三品顶戴。马格里因此更加志得意骄，先和首任中国籍总办刘佐禹龃龉，逼迫李鸿章将其撤职；又和继任总办段起（字小湖）不和，行事擅权专断，对洋技师多方优待，对中国工匠则极尽克扣责罚之能事。他本是侵华英军99联队的军医，后来加入常胜军，对军火生产完全是外行。1873年，已任北洋大臣的李鸿章专门派他去欧洲为机器局添购设备，他一方面吹嘘自己所办的是一个真正的兵工厂，另一方面又拿清政府的钱任意挥霍。

这样一个外行管理的弊病很快就显示出来了，1875年1月5日，由金陵机器局制造的两尊68磅的大炮，拖运到天津大沽口安放，在试放时爆炸，当场炸死7

名中国炮弁。事故发生后，李鸿章立即将马格里招到天津质问，马氏仍然强词夺理。经过调查取证，证实爆炸的原因确实是质量不良引起的，当年 7 月，李鸿章果断地将马格里撤职。

光绪年间，接任机器局管理委员的先后有孙传樾、龚照瑗、郭道直等人，均是淮系的亲信要员。另外，李鸿章本人虽然远在北洋，但金陵机器局作为淮军随营兵工厂的性质，由于体制的原因一直未有改变。于是，我们在新编《李鸿章全集》的未刊奏稿里，可以看到光绪年间基本保存完好、一年一度的李鸿章与南洋大臣会衔上奏的《金陵机器局制造经费报销折》，最后一件延至光绪十九年。这说明，李鸿章一直把它视作自己的囊中物而加以遥控。

天津机器局虽是由三口通商大臣崇厚于 1867 年创办，但李鸿章一开始就参与其事。该局创办的起因是 1865 年 5 月僧格林沁在曹州剿捻阵亡，京师震动。清廷接连下旨命李鸿章速派洋枪队航海入津护卫，同时又指名要调丁日昌赴京制造火器，但被李鸿章婉拒。接着廷旨改命李派员赴津开局制造炸弹，到当年冬天，崇厚本人也商请李鸿章帮助购备机器运往天津，实际的怂恿者则为江苏巡抚丁日昌，这就是天津机器局的由来。1870 年天津教案后，李鸿章调任直隶总督兼北洋大臣，名正言顺地接办了天津机器局，不到一年时间，他就将崇厚聘请的不太听话的洋监督密妥士撤下，换上由上海江南制造总局调来的亲信沈保靖。从此以后，随着津局生产规模的不断扩大，他一直把这个眼皮子底下、也是北方最大的军工企业的人事管理大权，牢牢控制在自己手中。

正在修建船只的福州船政局

福州船政局的创办，和李鸿章并没有直接的关系，但是在1872年初，内阁学士宋晋以福州船政局"靡费太重"为由，奏请将江南、福州"两处轮船局暂行停止"，于是引发了一场有关近代造船工业的"兴废之争"。李鸿章在这场争论中，以一篇脍炙人口的《筹议轮船未可裁撤折》，对接替左宗棠创办福州船政局的沈葆桢表示了坚定的支持。这一方面是因为沪、闽两局休戚相关，另一方面也是李鸿章与沈葆桢私谊深笃、政见一致。所以，尽管当时曾国藩、左宗棠等洋务重臣都不同程度地对沈葆桢表示了支持，而李鸿章的议论，是最有说服力的。他认为："自强之道，在乎师其所能，夺其所恃耳。况彼之有是枪炮、轮船也，亦不过创制于百数十年间，而浸被中国已如是之速。若我果深通其法，愈学愈精，愈推愈广，安见百数十年后不能攘夷自立耶？"又认为沪、闽两局的开办，"皆为国家筹久远之计"，所以绝不应裁撤。

招商巨轮

轮船招商局是李鸿章最早创办的官督商办企业，也是中国近代早期各类工矿交通企业中规模最大和最早引进西方技术和管理方式的民用企业。此处仅就其人事管理制度上看淮系的控制和运作。轮船招商之议，早在太平天国平定后的同治六七年间即已开始，当时在淮系班底工作的道员许道身、同知容宏率先提出《华商置造洋船章法》，即输入西方航运方式，分运漕米兼揽客货的方案，但结果是"因循日久，未有成局"。面对"各口通商以来，中国沿江沿海之利，尽为外国商轮侵占"的严峻形势，李鸿章对鼓励华商发展本国轮船航运之事，一直颇为关注。

1872 年 1 月，内阁学士宋晋以福州船政局和江南制造局"糜费太重"为由，奏请停止造船，由此引发洋务派和守旧派关于造船工业兴废的一场大论争。在这场论争中，李鸿章坚定地站在曾（国藩）、左（宗棠）、沈（葆桢）等洋务派官员一边，指出：

轮船招商局旧址

"臣愚以为国家诸费皆可省，惟养兵设防、练习枪炮、制造兵轮船之费万不可省，求省费则必屏除一切，国无与立，终不得强矣。"针对如何解决造船养船耗费巨款的问题，他又提出"配运漕粮，商人租贷"的变通办法，并主张"华商自立公司，自建行栈，自筹保险"，"准其兼运漕粮，方有专门生意，不致为洋商排挤"。这就开了筹建轮船招商局之端绪。

与此相应的步骤，是李鸿章在 1872 年初即授意津海关委员林士志"与广帮众商搭雇洋船者"拟议轮船章程九条，并函告两江总督曾国藩，而曾氏同时也命综理江南轮船操练事宜、前福建台湾道吴大廷筹议轮船招商局租赁事宜。吴氏经过一番调查研究后，在分呈南北洋大臣的禀文中，提出办理此事有"五难"——招商难、设埠难、保险难、揽载难、用人难。具体的解决办法：一是准其兼运漕粮，二是廉收租价，三是准其转运煤铁，并附以各项优惠条件，庶能做到官商两便。但此禀递上时，曾国藩已经作古，继任者何璟对此兴趣不大，批令其再与江海关道沈秉成及江南制造局总办冯焌光妥筹。而李鸿章则对这一禀文十分关注，详细披阅。鉴于"五难"中"招商最难"的实际情形，他在批示中表示：应物色殷商所深信之官，使之领袖，假以事权，即可达到"官为之倡""而勿绳以官法"的目的。这年五月，他还面谕盛宣怀另行草拟一章程，对轮船招商局事宜做进一步推敲。

在这次筹议过程中，李鸿章深深感觉到"徒议章程而不即试行，仍属无济于事"，并且"若不及此时试行，恐以后更无试行之时"。于是 1872 年 7 月间，他即乘在天津验收海运漕粮之际，商令上海沙船界头面人物，经办江浙海运多年的候补知府朱其昂及其弟朱其诏等，议妥轮船招商章程二十条，并拨借北洋练饷二十万，于 10 月间派他们在上海设局招商。此时，何璟、沈秉成等人仍在游移，经李鸿章"详晰告知，均各释然"。不久，何璟因丁忧去职，由江苏巡抚张树声署理两江总督。张树声一上来不太了解情况，有些犹疑。为加速促成此事，李鸿章又特意致函："与阁下从事近二十年，又几见鄙人毅然必行之事，阻于浮议者乎？……兹欲倡办华商轮船，为目前海运尚小、为中国数百年国体商情财源兵势开拓地步。"张树声本为淮系大将，自当欣然附和。这样经过一番筹备，轮船招商局于 1873 年 1 月 14 日由李鸿章正式奏准设立，由朱其昂为总办，承运江浙漕粮，并兼揽客货。在此之前，李氏函达总理衙门的咨文中，对招商局的性质作出了明确规定，"仍应官督商办，由官总其大纲，察其利病，而听该商董等自立条议，悦服众商。"

1881 年，唐廷枢因开平煤矿公务羁留天津，徐润又适逢丁忧回籍，唐、徐二人会衔禀请李鸿章札委张鸿禄（字叔和）帮办局务，不久，李鸿章又札委郑观应到局帮办。于是，1882—1884 年的局务主要由唐、徐、张、郑会商办理，而其中发挥显著作用的则是早期改良思想家郑观应。

郑观应原为太古洋行买办，是郑藻如的近亲。由于这层关系，李鸿章于 1878 年札委他筹办上海机器织布局，并于 1880 年担任该局总办；旋又出任上海电报局总办；1882 年，他正式脱离太古，全身心地投入轮船招商局事务。他上任不久，即拟出"救弊大纲"十六条禀呈李鸿章，在内部则从得人用人、职责相符、赏罚分明、增盈扭亏等各方面力加整顿；对外则与怡和、太古等洋行签订了"齐价合同"，以避免与洋商削价竞争，从而使业务蒸蒸日上。1884 年初，李鸿章下札，升任他为招商局总办，但郑氏极力辞却。

郑氏力辞，直接的原因是 1884 年他本人因上海机器织布局的巨大亏空而破产，更深层的原因是他本人此时对"官督商办"的体制，已经不再抱有希望。诚如他在给唐廷枢的密函里所写的："查招商局乃官督商办，各总、会、帮办俱由北洋大臣札委，虽然我公现蒙李傅相器重，恐将来招商局日有起色，北洋大臣不是李傅相，遽易他人，误听排挤者谗言，不问是非，不念昔日办事者之劳，任意黜陟，调剂私人。我辈只知办公，不知避嫌，平日既不钻营，安有奥援为之助力？而股东辈亦无可如何。"

事情的发展果然不出郑观应所料，1884 年初盛宣怀重回招商局实行整顿，次年被李鸿章任命为"督办"而取代唐廷枢

红顶商人盛宣怀铜像

总办一职。根据他提出的"非商办不能谋其利，非官督不能防其弊"的原则，政府"专派大员一人认真督办，用人理财悉听调度，会办三四人应由督办察度商情，秉公保荐"。由于他长期在外任职（先后任登莱青道和津海关道），便将局务委托由其保荐的马建忠、谢家福、沈能虎三员会办分任，盛宣怀则用"互相勾稽"亦即互相监视的办法来控制，以达到综合平衡各会办的权力，但这种做法使得招商局的官气愈来愈重。1891 年马建忠愤而离职后，李鸿章于次年再度札委郑观应帮办局务，重新提出改革整顿的方案，但已经积重难返了。

轮船招商局是中国早期近代化企业的一个典型，也是李鸿章自诩的"开办洋务四十年来最得手文字"。从对它经营管理和人事制度上的剖析，可以概见集团政治运作在经济领域中的诸般特点：一是从创办到衰落，淮系集团要员始终保持着对它的绝对控制，并为此倾注了大量的人力和财力；二是当其面临外部势力（如湘系集团）争夺控制权的挑战时，其内部的离心力马上又能转化为向心力而一致对外；三是作为"官督商办"的经营样板，淮系集团中凡是有近代管理经验的菁英，如唐廷枢、徐润、朱其昂、盛宣怀、郑观应、马建忠、谢家福、沈能虎等，均在不同时期不同程度上参与过招商局的管理，并由此引发，拓伸向近代化

领域的其他部门，如煤铁、电信、纺织等，从而使淮系集团在近代化事业的开拓方面，相对其他集团来得更为宽广和深远。

铁路之议

在近代中国，首先提出修建铁路的中国人是太平天国的干王洪仁玕，他在1859年写的《资政新篇》中曾经建言，给能造火车者以专利，并在全国"二十一省通二十一条大路，以为全国之脉络"。格于时局，未能实行。在他之前一年，还有一名外国人，即驻印度英军退伍大尉斯普莱（Richard Sprye），写信给英国外交部，建议修筑一条从缅甸通过中国西南边陲重镇思茅进入华中的铁路，以应付"将来的竞争"，并且自印了一本《英国与中国铁路》的小册子争取舆论，但没有引起英国政府足够的重视。

西方列强正式向中国地方政府提出修筑铁路的要求是在1863年底，由英、法、美三国驻沪总领事通过江海关道，向李鸿章建议承修从上海到苏州的铁路，遭到断然拒绝。李鸿章在同治四年二月十七日的致总理衙门的信里回顾说："苏城初复时，该领事等请由沪开铁路至苏，当经剀切禁阻。……查铁路费繁事巨，变易山川，彼族亦知断不能允，中国亦易正言拒绝。"可知，直到1865年，李鸿章和各省督抚的认识是一致的，对铁路采取排斥的态度。然而就在这一年，总税务司赫德写了《局外旁观论》，接着，英国驻华使馆参赞威妥玛也写了一篇《新议略论》，都有修筑铁道的建议。李鸿章向来以趋新自诩，读到这些，自然会有所触动。1867年，清政府在派遣蒲安臣代表团出使前，考虑到西方各国公使经常向总理衙门提出修铁路问题，于是总理衙门又以信函的形式向各督抚征求意见，得到的反馈仍然是众口一词，碍难实行。李鸿章此时已在湖广总督任上，他认为铁路"有大利于彼，有大害于我"，坚持不允；但又指出"铁路工本，动费千数百万，即各国商众集赀，亦非咄嗟能办。或谓用洋法雇洋人，自我兴办，彼所得之利，我先得之，但公家无此财力，华商无此巨资。官与商情易隔阂，势尤涣散，一时断难成议，或待承平数十年以后。然与其任洋人在内地开设铁路电线，又不若中国自行仿办，权自我操，彼亦无可置喙耳"。这大约是受到丁日昌的影响，因李鸿章这一时期正忙于剿捻军务，在与丁的通信中，多次谈到运兵运饷的困难。而丁日昌草拟的《三洋水师章程》中，也隐含有发展近代国防，水陆交通须放在第一位，必须"权自我操"的思想。

到1872年10月，李鸿章在致丁日昌的信里，第一次明确提出"中土若竟改驿递为电信，土车为铁路，庶足相持"的观点。他指出："俄人坚据伊犁，我军万难远役，非开铁路，则新疆、甘陇无转运之法，即无战守之方。俄窥西陲，英未必不垂涎滇、蜀，但自开煤铁矿与火车路，则万国蹜伏，三军必皆踊跃，否则日蹙之势也。"当时"闻此言者，鲜不咋舌。"1874年，日军侵犯台湾，沿海形势紧张，李鸿章在《筹议海防折》所附条陈中乘机向朝廷提出，如果内地修有火车铁路，屯兵于旁，闻警驰援，可以一日千里，不致误事。但奏折递上后，也是洋务重臣的文祥竟然"目笑存之"，次年春，李鸿章又乘进京参加同治皇帝葬礼之际，向恭亲王力陈铁路的利益，并请先试造清江浦至北京一线，以便南北转运。奕䜣则以"无人敢主持"为由拒绝；李又请他能否"乘间为两宫言之"，奕䜣仍复以"两宫也不能定此大计"婉拒。于是李鸿章"从此遂绝口不谈矣"。

其实，"绝口不谈"只是李鸿章在信里向郭嵩焘讲的气话。1877年3月，郭嵩焘抵达英国甫及三月，就接连给李鸿章写了四封信通报在英国的观感，在第四封信里，他写道："来此数月，实见火轮车之便利……其地士绅力以中国宜修造火轮车相就劝勉，且谓英国富强实基于此。"李鸿章的回信就是说明中西国情不同，中国由于守旧势力过于强大，连文祥、奕䜣这样较开明的中枢权臣都感到无能为力。

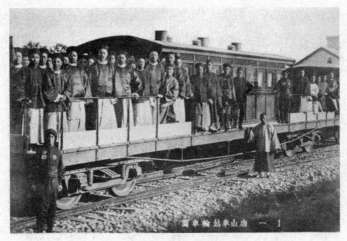

李鸿章视察唐胥铁路

　　李鸿章的修铁路计划受阻，而英国商人却无视中国主权擅自修路，19世纪70年代初，英商怡和洋行即以修马路为名，瞒着中国地方当局修建吴淞铁路。1876年7月，上海至江湾段建成通车，因发生轧死中国人事故，被迫停驶。清廷谕令李鸿章与南洋大臣沈葆桢"妥商归宿之法"。当时美国驻华公使西华（G.F.Seward）提出，吴淞铁路可否"准令洋商承办，照各国通例，由中国抽纳捐税十年，再照原价收回"。李鸿章当即拒绝，认为英商欺瞒在先，为了维护中国主权，必须收回此路。他派朱其诏、盛宣怀二人前往上海，与英方代表梅辉立（W.F.Mayers）谈判，最后以28.5万两白银的价格，将吴淞铁路买回，也得到了沈葆桢的支持。但是买回来以后如何处理，李鸿章却与沈葆桢产生了很大的分歧。梅辉立曾经建议，仍交怡和洋行承办数年，李鸿章坚决拒绝，认为应该由华商集股，继续经营。但沈葆桢却将用重金买回的这条铁路拆毁，铁路器材运往台湾，弃置海滩，任其锈毁。以至于李鸿章在给郭嵩焘的另一封信里愤然写道："幼丹识见不广，又甚偏愎。吴淞铁路拆送台湾，已成废物，不受谏阻，徒邀取时俗称誉。"这个批评是一针见血的。

　　正是感到在内地修铁路阻力太大，李鸿章也将眼光转向台湾，并寄希望于时任福建巡抚的丁日昌。1877年，丁日昌通过对台湾的考察，上奏清廷，主张在台修建铁路。这是与李鸿章充分商量过的。李鸿章在读过奏折草稿后，随即提出意见，认为"各省煤铁矿渐兴，内地轮路亦须筹办，独惜大疏后段声明他处不得援以为例，未免瞻顾太多，转予廷僚以口实。兄曾发狂论以'朝开铁路，夕死可矣！'仅见台湾线路之成，尤非志愿之所及"。可见他的期望和抱负很大。丁的奏折递上后，李又很快去信表示支持，鼓励他"专致力于铁路、电线、开矿、招垦等务"。当时台湾士绅林维源、林维让兄弟捐银 50 万两作为筑路经费，然而清廷却将这笔巨款给用于赈灾；李鸿章又出面向英商丽如洋行借款，又因利息过高也未借成。加上丁日昌本人病重离台，所以台湾铁路此时并未能修成。

1878 年开平矿务局成立，总办唐廷枢禀请李鸿章从唐山修筑一条至胥各庄的轻便铁路，用来运煤。李鸿章专折具奏，获清廷批准。唐胥铁路顺利动工，修路工人都用矿区四周地区的农民，并聘雇英国工程师金达（C.W.Kinder）督修。这一情况使李鸿章深受鼓舞，认为修建一条横贯南北的大铁路时机已到。于是就有刘铭传的上奏，从而引发一场铁路问题的大论战。

开平矿务局

1880 年，中俄伊犁交涉局势紧张，俄国出动陆海军进行威胁，清政府在派曾纪泽谈判的同时，也开始做战争准备。9 月 26 日（八月二十二日）李鸿章上奏称："查刘铭传将略最优，……昨复钦奉谕旨，饬催来京，臣又备文加函敦劝矣。该提督勋望智略，实不在鲍超之下，昔年督办陕西，并未遇贼，竟遭谗毁，素性耿直，不受羁勒，未免抑郁以去，此次如投袂赴阙，惟祈温谕慰勉，假以事权，其才可当一面。"清廷接受李鸿章的推荐,旨命刘铭传进京觐见。

作为追随多年的老部下,李鸿章对刘铭传一直十分器重。早在同治八年刘铭传在剿捻军务结束后,因嫌朝廷"功大赏轻"而乞病归乡,与李长乐等在家乡吃喝嫖赌、放荡不羁。李鸿章得知后,立即去信规劝:"……久无嗣音,未知踪迹近在何处?传言与李良臣盘桓六、霍一带,纵欲张乐,酣戏淋漓,欲效信陵公子醇酒妇人以自乐耶?似未宜尔。多读古人书,静思天下事,乃可敛浮气而增定力,窃愿吾党共勉之。如公之才识、声望、断非终老林阿者,及此闲暇,陶融根器,后数十年之世界,终赖扶持,幸勿放浪自废为祷。"但他也知道,刘铭传出身卑微,没有功名,必须遇非常事件有非常表现,才能破格擢拔,由武入文,得授封疆。所以1870年的天津教案和此次的伊犁交涉,他都设法推荐刘铭传应诏赴京,也是为这位爱将创造机会。

上面这封信对刘铭传一生的思想发展影响很大,整个19世纪70年代,他在养疴田园的同时,读了不少西学书籍,同时也接触了不少具有社会改良意识的人士,并且曾经雄辩地提出:"非罢科举、火部案、辟西校、拔真才,不出十年,中国将不可问。"思想见解上的认同、放言无忌的个性以及赋闲的勋臣旧将的地位,使李鸿章觉得,刘铭传是能够提出自己"绝口不谈"的话题的合适人选。11月22日,刘铭传乘轮船由海路抵津,谒见李鸿章,并在天津盘桓六日,28日方启程赴京。这六天当中,除了交换对伊犁备战形势的看法,另一项重要的工作就是在李氏幕僚们的帮助下,起草了《筹造铁路以图自强折》。

根据目前的有关资料,参与草拟工作的,有李鸿章的机要幕僚吴汝纶,李家的西席范当世。吴、范本是好友,范入李家,即是由吴推荐,两人共同切磋,自不在话下。还有一个重要人物即是张佩纶,由于其父原安徽按察使张印塘在咸丰初年与李鸿章一同在安徽与太平军作战,"往往并马论兵,意气投合,互相激励劳苦"是共过患难的战友,所以张佩纶在丁母忧期间(1879—1881年)也在李鸿章幕府帮忙办事,他也对于奏稿的修订提供了意见。由于张佩纶的关系,另一位清流健将陈宝琛也得以参与对奏稿的起草修订工作,所以在陈宝琛的《陈文忠公奏议》家刻本里,保存了刘铭传所上的这篇奏折。

正像王家璧所指陈的，李鸿章对这一切，事先都知情。他在光绪六年十一月十九日给张佩纶的信里说："省三回津，日趣复奏铁路事，此乃鄙意所欲言而久未敢言，幸与吾党发其端。"这是明确地把这项奏议放入集团的利益目标加以考虑。半个多月后，他在十二月初五日致张佩纶的另一封信里又和盘托出真情："铁路一事，鄙人蓄之十年，明知与世龃龉，未敢遽发，此执事所略知矣。省三入山后，书问久绝，比应召而出，谓专以此献之大廷，方服其识力之勇决。乃天语亦相咨询，倘不乘斯时剀陈事理之必当行，负国负友兼负平生矣。"所以也可以说，这份《筹造铁路以图自强折》是刘铭传打算再度出山时，献给李鸿章乃至清廷最高当局的一份见面礼。李鸿章趁势复奏，不愿负国负友负平生，也表明他和刘铭传之间有着某种约定。

刘铭传的奏折是十一月初二日（12月3日）正式递上的，在折中，他具体分析了中国所处的国际形势，特别指出北邻沙俄"自欧洲起造铁路，渐近浩罕，又将由海参崴开铁路以达珲春，不出十年，祸将不测"；东邻日本，"恃有铁路，藐视中华，亦遇事与我为难"。面临俄、日两国强劲的军事威胁，中国必须急起直追，修造铁路，有了铁路，便于迅速调兵运饷，保卫边疆，亦有利于漕务、商务、赈务、矿务和旅行，是一项"裕国便民"之举。他还在折中建议修造南北铁路各两条：南面两路，一由清江至山东，一由汉口经河南，均直达北京（亦即后来津浦、卢汉铁路的雏形）；北面两路，由北京东通奉天，西通甘肃。鉴于铁路修筑工需浩繁，他又建议可以先借洋债。

此折一上，立即在朝廷内外引起一场轩然大波。翰林院侍读学士张家骧（字子腾）抢先上折反对，指出修建铁路有"三弊"：一、清江浦乃水陆通衢，一旦筑路，商贾辐辏，洋人觊觎，难免不生事端；二、清江浦至京，一千数百里，田、庐、墓、桥之拆移，难免不会滋生扰民之事；三、修路虚糜帑项，赔累无穷。清廷接到这个意见，立即将其与刘铭传原折一并发交直隶总督李鸿章、两江总督刘坤一讨论，要他们"悉心妥议具奏"。

李鸿章于十二月初一日（12月31日）呈上《妥筹铁路事宜折》，对刘铭传奏折中的论点进一步详加论述，主要罗列了修铁路的诸种好处：便于运兵御侮、保卫京师，促进生产发展、繁荣经济，遇有水旱灾害可以及时赈济等；他还建议中国应成立铁路公司，由刘铭传担任督办。针对张家骧提出的"三弊"，他还特意附上了《议复张家骧争止铁路片》，逐一予以驳斥。认为："我朝处数千年未有之奇局，自应建数千年未有之奇业，若事事必拘守成法，恐日即于危弱而终无以自强。"并指出："臣于铁路一事，深知其利国利民，可大可久。假令朝廷决计创办，天下之人见闻习熟，自不至更有疑虑。"但他同时又认为这件事的关键在于经费的筹集，"若洋债未能多借，商股未能骤集，则虽欲举办，一时亦乏其力。"在给张佩纶的信里，他也坦露心曲："子腾所驳三大弊，业经详具一疏，剀切上闻。即使阻于廷议，后世必有踵而为之者，勿令笑我辈之拙也。"可见他对因顽固派的反对而"阻于廷议"是有心理准备的。

果然，李鸿章的奏折一上，立刻又引起一片新的反对声。顺天府府丞王家璧、翰林院侍读周德润、通政使司参议刘锡鸿等纷纷上奏指斥。刘锡鸿的观点颇具代表性，他指出修铁路有"不可行者八、无力者九、有害者九"，认为如果铁路修通，中国险要尽失，外敌即可长驱直入；洋人亦可由铁路进入内地城乡；修铁路需采购大量外国器材，会导致白银大量外流；火车运费高昂，运费加入货价内，会造成货价猛涨；丝茶为中国主要出口品，有了铁路运输，出口量大增，价格就会下降；加上当前国库不裕，民力贫弱，修铁路实无此巨额财力。刘锡鸿曾经出使英、德等国，号称通晓洋情，尽管其言论强词夺理，有些地方甚至荒唐可笑（如说修路会触怒山川之神，易发生洪涝灾害），但颇能混淆一些人的视听。尤其是筑路经费问题，正好触及李鸿章的短处。至于其他人，如周德润叫嚷在中国修铁路是"用夷变夏"，王家璧攻击李鸿章"似为外国谋，非为我朝廷谋"，都起到了推波助澜的作用。

在这种情况下，两江总督兼南洋大臣刘坤一的态度就显得十分重要。刘坤一的奏折于次年正月初八日递上，他一方面认为："铁路火车之有裨益，别项虽未深知，至于征调转输两端，可期神速，实为智愚所共晓。"赞成先修筑清江浦至北京一路；另一方面又担心铁路建成后，会使脚夫失业，税利减少。所以建议总理衙门"参酌异同，权衡轻重"。态度暧昧，模棱两可，实际上把球又踢给了朝廷。

当时刘铭传还是赋闲之身，一见事不可为，便仍请赏假养病，打道回府。李鸿章孤立无援，在这场论战中败北的命运便是注定的了。1881 年 2 月 14 日上谕发布："刘铭传所奏，着毋庸议。"李鸿章当时在写给王闿运的信里愤愤不平地说："今各国一变再变而蒸蒸日上，独中土以守法为兢兢，即败亡灭绝而不悔。天耶人耶，恶得而知其故耶！"即反映了他这种四顾茫然的心情。

然而历史毕竟是在曲折中不断向前发展的。李鸿章一看铁路修筑计划一时难以实现，便转向兴办阻力较小、投资规模不大的电报事业，这是他在 1867 年首次上奏清廷正式提出的，当时未被采纳。1880 年，清廷同意在天津设立电报总局，由盛宣怀担任总办，次年又在天津与上海间设立了 7 处分局。随后又不断扩展，建成浙、闽、粤陆路电报干线。与此同时，唐胥铁路工程也在按部就班地进行，1881 年末建成，全长约 10 公里。1882 年，英国工程师金达用矿上的废锅炉改制成一台蒸汽机车，用以运煤，又遭顽固派弹劾，说什么机车直驶，震动东陵，且喷出黑烟，有伤禾稼。奉旨查办，机车停驶。矿务局总办唐廷枢等力谋挽救，几经周折才得以重新运行。这件事，增强了李鸿章等人兴修铁路的信心。

经过中法战争，清廷最高统治当局终于逐渐认识到建设铁路有利于调兵遣将，巩固国防。1885 年成立的海军衙门兼管铁路事务，由醇亲王奕譞任总理，李鸿章为会办。清流人士、兵部侍郎黄体芳曾经上奏要求清廷免去李鸿章的会办职务，被廷旨斥责为"迹近乱政"，并将他"交部议处"。这也说明清廷在这一问题上对李鸿章开始信任。李鸿章抓住这一有利时机，依靠奕譞支持，于 1886 年组建开平铁路公司，出资收购唐胥铁路，并扩修至芦台，名唐芦铁路；1888 年又延长至天津，称津沽铁路，全程约 130 公里。随后首任台湾巡抚刘铭传也在台湾大刀阔斧地进行改革，招商引资，兴修台北到基隆、新竹的铁路。淮系官员的这些作为，为近代中国的铁路建设起了先导作用。

值得一提的是，当 1887 年 3 月，奕譞奏上《请准建津沽铁路折》时，同样也有一批顽固派人士跳出来反对，如大学士恩承和吏部尚书徐桐联名致函奕譞，极尽危言耸听，但奕譞不为所动，因为此时他对铁路的认识已经发生了很大的变化，同时李鸿章则据理力驳，对两人谬论一一澄清。

到了 1888 年末，又有更多的顽固派反对修路的弹章蜂拥而来，甚至有 20 多人联名反对的奏折。著名者有国子监祭酒盛昱、山西道监察御史屠仁守、仓场侍郎游百川、内阁学士文治等，叫嚣铁路是"开辟所未有，祖宗所未创"，并说太和门失火是"天象示儆"，围攻李鸿章"误国家"，要求罢建津通铁路。李鸿章则针锋相对，写了《议驳京僚谏阻铁路各奏》等信件，逐一批驳反击。奕��见事情棘手，只好奏明慈禧，慈禧于 1889 年 2 月 14 日明降懿旨，命有关的 13 位督抚将军对双方意见各抒己见。除了一人未见复奏、两人不作表态外，其余十人的复奏，均经慈禧详加披阅，认为唯有两广总督张之洞、福建台湾巡抚刘铭传、护理江苏巡抚布政使黄彭年的奏折"各有见地"。这三人都是主张兴修铁路的，后两人又是淮系成员，尤其是刘铭传，不但上奏支持，而且还向李鸿章拍发电报说明利害关系："津通铁路此次如办不成，以后绝难再举，不独贻笑外洋，朝野有志之士亦冷心解体。"李鸿章给刘铭传的电文则说他读了刘的奏折后"痛快得未曾有"。此时的李鸿章，已经不是孤军奋战了，尽管日后在修路问题上又有津通和卢汉之争，但修建铁路这件事本身，在近代中国已是大势所趋。李鸿章、丁日昌、刘铭传等淮系官员在铁路筹议中开风气之先的作用，是不容抹杀的。

第三节：北洋成军——北洋水师成立前后的幕后故事

海防筹议

在近代国防问题上，李鸿章一直是一个强力的"海防论"者，这一方面与他担负的职责有关，另一方面也与淮军充当国防军后的布防区域多在东南沿海、淮系官员出任封疆的势力范围也多在沿海省份的实际情形有关。李鸿章本人在长期的军事实践中，已经形成一套系统的唯武器论的观点，对于西方列强的"船坚炮利"有着切身的体验，建设一支近代化的海上军事力量，一直是他孜孜以求的。1874—1875 年的第一次海防大筹议，是他朝着这个方向迈出的切近的一步。在他的精心策划、精心组织下，这次筹议成为集团运作影响朝廷决策的一次成功尝试。

1874 年 5 月，日军侵台在清廷朝野引起极大震动。11 月 5 日，《中日台湾事件专条》在北京签字后的第五天，总理衙门递上《海防亟宜讲求武备必求实际折》，回顾了从"庚申（1860 年）之变"到此次侵台事件的创巨痛深，认为必须讲求武备、亟图振作，并提出练兵、简器、造船、筹饷、用人、持久六条具体意见。奏上当日，军机处即奉到谕旨，发下沿江沿海各督抚将军讨论，限期一个月内答复。左宗棠时任陕甘总督，并不在沿江沿海地区，但总理衙门认为他留心洋务，所以也咨请他参加讨论。

李鸿章接旨后，随即于 11 月 11 日在给大哥李瀚章的信里写道："廿七寄谕，饬议整备海防，注意在铁甲战船、水炮台等件，自是当务之急。惟中国水师向未讲究，离道太远，无人无钱，一时殊难集事。今从发蒙起手，人才当于闽、粤求之。文相为倭事气愤不过，发此正论，但恐有唱无和，言易行难。限一月复奏，未便过迟。此间正拟构思，尚不知从何处说起。尊处虽据上游，遇此大议论不免随众涂抹。幕僚中有可商榷属稿者否？弟自凌筱南（凌焕）南旋后，洋务笺奏皆自起稿，苦涩殊甚，故常说白话，无泛论也。"这段信文透露了几个重要的信息：一是中枢当局如文祥、奕䜣等人开始认真考虑装备铁甲战船、水炮台等近代海防的硬件了；二是因为怕有唱无和，希望大哥"随众涂抹"起而响应；三是因自己身边没有得力幕僚，洋务笺奏需要自己拟稿。这就澄清了一个事实，即他所上的《筹议海防折》基本是他自己起草的，而不是像有的学者如苑书义先生所提出，是由其幕僚薛福成代笔的。因薛福成本人直到1875年秋，才应李鸿章之邀，北上保定加入李鸿章幕府，而且在他现存文集中，均没有找到代拟该折的记载。

11月19日，就在李鸿章苦苦思虑、奏折将上未上之际，清廷收到由广东巡抚张兆栋转呈的、正在广东揭阳老家病休的前江苏巡抚丁日昌递上的第一个条陈，即《海洋水师章程》六条，又可以称之为"前六条"。这是丁氏早在1867年任江苏布政使时就提出的设立"三洋水师"的构想，到1868年，正式向两江总督曾国藩提出，名为《内外洋水师章程》，并附《海洋水师章程别议》，其主要内容，即是将沿海划为三洋：设北洋提督于大沽口，辖直隶、盛京、大沽各海口；设中洋提督于吴淞口，辖江苏、浙江各海口；设南洋提督于厦门，辖福建、广东各海口。但在当时被曾国藩压下未报，仅有少数知交好友如薛福成等知道。六年以后，再度递上这份条陈时，他又拟出六条具体的建议，主要有：一、外海水师专用大兵轮船及招募之人；二、沿海择要修筑炮台；三、选练陆兵；四、沿海地方官宜择精干仁廉之员；五、北、东、南三洋联为一气；六、精设机器局。条陈递上后，总理衙门认为颇有参考价值，于是发下去与总理衙门六条一并讨论。

主持中枢事务的军机大臣兼总理衙门大臣文祥，不仅和奕䜣一起起草了总理衙门六条，还于12月6日（十月二十八日）单衔奏上《敬陈管见折》，极力强调购办铁甲船、水炮台的重要性。上奏以后，他又专函催促李鸿章，希望李能够"畅所欲言"，李鸿章自己也感到："若弟不畅所欲言，各督抚未必尽知，未必敢说。"于是，他"连日来百忙中采择各营局洞悉军情洋法者议论，又历年来所阅历蕴蓄，逐条解答，……推出许多新意。"他把拟好的奏折草稿，先秘密抄给大哥阅看，并且很自负地说："将来王大臣会议，即不能尽行，存吾此言，以俟后世。不一一做到，洋务断不得振作，自强断无实际也。"同时又关照大哥："兄未经办洋务，有许多话可说不到。"这就是《筹议海防折》上奏前的背景。

12 月 10 日，李鸿章奏上《筹议海防折》，雄辩地提出："历代备边，多在西北，其强弱之势、客主之形，皆适相埒，且犹有中外界限。今则东南海疆万余里，各国通商传教，来往自如，麕集京师及各省腹地，阳托和好之名，阴怀吞噬之计，一国生事，诸国构煽，实为数千年未有之变局。轮船电报之速，瞬息千里；军事机器之精，功力百倍；炮弹所到，无坚不摧；水路关隘，不足限制，又为数千年来未有之强敌。"要应付这样的变局和强敌，就必须认真整顿海防，而要整顿海防，"舍变法与用人，别无下手之方。"他还在所附的《议复条陈》里，结合丁日昌的六条，对总理衙门的六条给予逐条回答。

从奏折和条陈的内容分析，除去一些具体细节，就李鸿章的海防思想看，他主要受到了两方面的影响：一是 1874 年初由傅兰雅和华蘅芳合译出版的普鲁士军官希里哈所著《防海新论》。该书介绍了两种海防战略，派本国兵船堵住敌国海口，或自守本国紧要口岸，李鸿章权衡之下，采纳了后者。二是薛福成《应诏陈言疏》里有关《海防密议十条》的内容。《应诏陈言疏》虽然是薛福成在 1875 年 5 月由山东巡抚丁宝桢代递清廷的，但是其中的主要观点和一些小块文章则是他在曾国藩逝世后离开曾幕，于 1872 年至 1875 年在苏州书局供职期间写成的。事先已经请李鸿章阅看过，并因此而被李鸿章延聘入幕。所以，尽管薛氏本人并没有为李鸿章代笔，但将《海防密议十条》和《筹议海防折》两相比较，薛氏海防思想的一些精华内容为李氏吸收则是事实。

因海防而涉及变法，李鸿章预感到自己的奏折一上，又将在朝廷内外引起一场大争论。于是又叮嘱他最为信任的同道丁日昌围绕总理衙门的原奏六条，再次"筹议切实办法"。丁日昌很快就遵嘱写成《海防条议》寄来，也是六条，又可以称"后六条"。这次由李鸿章直接转呈。1875 年 2 月 24 日（光绪元年正月十九日），李鸿章上《代奏丁日昌议复海防六条折》，特意说明："臣因思前江苏巡抚臣丁日昌随办洋务有年，熟悉机宜，究心时事。曾密钞总理衙门原奏六条，函嘱该前抚筹议切实办法，以为集思广益之助。兹接据丁日昌上年十二月初三日自广东揭阳原籍来函，并寄呈逐条议复折稿，请据情代奏前来。"此前五天，他在收到折稿后给丁日昌的回信中高兴地说："惠示议复总署六条大稿，披读再四，逐条皆有切实办法，大意似与拙作一鼻孔出气。"又在给李瀚章的信里说："雨生续函，有议复海防六条，乞为据情转奏，所议多中肯处。"对丁氏的见解和步调一致表示了高度赞赏。

果然，在各督抚将军的奏折陆续反馈上来后，有关海防问题的讨论立刻热烈起来。戚其章先生在近著《晚清海军兴衰史》中，分为海防论、江防论、陆防论、塞防论、海塞防并重而塞防为急论等五种。而海军司令部编著的《近代中国海军》则认为：在筹防问题上，除李宗羲、王文韶强调应以筹陆防、练陆兵为重，英翰、裕禄主张先筹江防外，其余督抚都不同程度地表示对切筹海防的支持。可以说是见仁见智。但由于此次筹议的重点，归根结底是要不要组建以及如何组建近代海军的问题，而李鸿章和丁日昌二人的主张又旗帜鲜明，因而他们就必须面对两方面的论敌。一方面是以左宗棠为代表的海塞防并重论，其基本立论点是西征不能罢，同时反对划分三洋海军，认为海防一水可通，划分三洋可能会造成畛域之分，会造成不良后果。而李鸿章则认为："新疆不复，于肢体之元气无伤；海疆不防，则腹心之大患愈棘。"建议罢西征、撤西征之饷匀作海防之饷，这是非常错误的认识，但仍属于政见之争的范畴。史学界大多数论著对此已有结论。

另一方面则是来自封建顽固官僚士大夫的反对。1875 年 2 月 22 日（光绪元年一月十七日），总理衙门奏称，现在李鸿章等人复奏已齐，应即请饬廷臣会议。清廷遂于当日就发布上谕，将所有原奏、复奏一并下发，除总理衙门王大臣毋庸与议外，所有在京亲郡王应会同大学士、六部九卿悉心妥议，也是限期一个月复奏。由于在京廷臣中大多数人都是恪守传统观念的封建士大夫，因而必然会对以李鸿章、丁日昌为代表的洋务派的海防主张发动猛烈的抨击。如通政使于凌辰在复奏中攻击"李鸿章、丁日昌直欲不用夷变夏不止"；另一个顽固人物王家璧又趁机公报私仇，诬蔑丁日昌是"丁鬼奴""矫饰倾险，心术不正"；还有一个刘锡鸿也写信责问，认为"御夷"并不一定要"恃乎船械"。他们之所以要特别攻击丁日昌，是因为在他的"后六条"里，已经涉及铁路电报、公司银行、用人理财、工商实业等多方面的内容，实际上把国防军事——科技实业——经济社会有机地联系了起来，是一个全面社会改革方案的雏形。

在压力面前，李鸿章一面为丁日昌打气，三月十二日致丁函里说："近闻于、王复议，痛诋鄙论，株及执事，语多诬蔑，其主谋附和者，非止一二人，盖恐悬两江以待之，遂以乱天下也。……仍望耐心守过一月，以全君臣礼意。"一面积极寻找同盟者和支持者，检阅这一时期的李氏函稿，他和王凯泰、丁宝桢、李宗羲、沈葆桢、刘秉璋、刘坤一等人的通信中，多方陈述自己的海防观点，以争取较多的支持。通过讨论，督抚们逐渐统一了认识，普遍认为铁甲舰是最新式的海防利器，建设外海水师也是势不可缓的。至于是造船还是购船以及如何建立新式海军，意见仍不尽相同。这时候，两位淮系要员出来说话了，王凯泰指出："闻洋人议论，谓中国人无定见，又无恒心，办新式海军应尽量避免此弊端。"李瀚章认为："新式船械，为利用计，暂宜购自外洋；为经久计，必须制自中土。"针对政杂言庞的局面，他又呼吁："局中局外，宜一心一力，共与维持，毋忘往事，毋惑人言，自始至终，艰苦贞定，历之永久，而无或稍渝。斯公忠同尽，自强之效，有操卷可卜者。"体现了对二弟坚定的支持。

在这场论争中，受李鸿章保荐再度出山的郭嵩焘，此时也以福建按察使的身份向总理衙门递上条陈，阐明："西洋立国有本有末，其本在朝廷政教，其末在商贾、造船、制器，相辅以益其强。"因此，他开出的方案有四条：一、急通官商之情；二、通筹公私之利；三、兼顾水陆之防；四、先明本末之序。实际上是想从提高综合国力入手，找出富国强兵之方，和李、丁的论述异曲同工、互相呼应。与此同时，一些非淮系的督抚大员如沈葆桢、刘坤一、杨昌浚等，也纷纷上奏支持兴办海防，其中尤以沈葆桢奏折，"条条实对，兵船一节，尤探讨入微，自道甘苦"，令李鸿章"钦伏莫名"。

1875年5月30日（光绪元年四月二十六日）总理衙门奕䜣等上奏，给这场争论画上了一个句号。折中提出，按照王大臣商议，拟简派分段督办海防事宜大臣两员，专理其事；并就现有财力，先在北洋创设一军，俟力渐充，就一化三，择要分布。并在附片中指明："王家璧片内有任意诋毁在议大臣之处，殊非议事之体，应请一并毋庸置疑。"当天，清廷即明发上谕，派李鸿章督办北洋海防事宜，派沈葆桢督办南洋海防事宜。这就是所谓的"分洋分任"。至于海塞防之争的另一位主将左宗棠，清廷也已任命他为钦差大臣督办新疆军务，"速筹进兵，节节扫荡"。海防与塞防，两手并重，双管齐下。这在当时，不失为集思广益之后的明智决策。

分洋分任

第一次海防大筹议结束之时，也就是北洋海军开始筹建之始。既然是分洋分任，那么，在优先建设北洋海军的过程中，南洋大臣沈葆桢就是一个关键人物。关于沈葆桢的任命，李鸿章着实出了不少力气。他在"倭事起时"，即"密举幼丹赴台"，并派出唐定奎部铭军十三营劲旅赴台驻防。1874年12月7日他在给大哥的信里又透露："统帅一节，内中注意鄙人，而以幼丹佐之。……弟处正折尚未起稿，顷又接廷寄，以文祥催办铁甲船、水炮台，饬与南洋筹办。"而这时，沈葆桢还在台湾，尚未赴任两江。丁日昌的"前六条"递上后，李鸿章对设立三洋水师的提法，基本赞同，并在《筹议海防折》所附的《议复条陈》里，推荐

"前江西巡抚沈葆桢、前江苏巡抚丁日昌，皆究心此事，熟悉洋情，似堪胜任"。而于凌辰、王家璧等人所以要痛诋丁日昌，很大一个原因也是怕他就任两江总督。于是在上奏两天以后，李鸿章又致信文祥，详细讨论海防人选，认为："左相坐镇西陲，似难兼营海澨。幼丹于船务颇知梗概，而于不顺手之际肝气偏急，或有议其不能和衷者，究不失为光明俊伟之君子也。"为了寻找船政大臣的接替者，李鸿章一度还属意福建巡抚王凯泰，并去函相商。1875 年 1 月，因同治皇帝去世，李鸿章入京吊唁，被慈禧先后召见三次；他还和文祥、李鸿藻商谈，力荐沈葆桢出任江督。为此，他在 2 月 11 日致沈葆桢的信中特意说明："推戴执事，出于至诚，非敢互相标榜也。"

李鸿章推戴沈葆桢，显然有着自己的考虑。这从他给大哥的几封信里可以略见端倪。同治十三年十二月初三日信说："海防折闻已会议，迄未见分晓，想皆由心思不佳也。""心思不佳"的直接原因是同治帝病危，朝中无人能顾及此事。光绪元年正月初六日的信里说："各省海防复疏，总署诸公面赞幼丹及鄙疏较精实。文博翁则以西域停兵为非计，是仍不能分饷筹海矣。今春再下廷臣集议，亦恐议不出道理来。"这是对来自左宗棠和廷臣两方面的反对，已有一定的心理准备。到了五月十四日，清廷已经明发分洋分任的上谕后，他在信里仍然忧心忡忡，抱怨说："前奉旨督办北洋海防，题目过大，交卷不起。谢折昨已抄咨，兹将复总署函钞呈。醇邸与总署复议，皆指雨生条陈，整顿各省厘税盐榷为办海防巨款，奚翅痴人说梦，特为提醒。恐总署又不肯自任筹饷，则鸿章不敢虚担此责成矣。"他所以要一再辞谢，根本原因就在于经费无着落。

于是就引出了"南款北让"之议。这是在五月初七日被廷旨派往天津帮同李鸿章办理交涉事务的丁日昌的主意。从李鸿章在此前后接连给丁日昌的几封信也可以看出来。四月廿九日的信说："海防一节，虽奉简派，徒拥虚名，恐鲜实济。第一是无财，次则无人，又无激励之法。衰暮负此重寄，瞬见颠蹶，如何可支？初冀执事来助，鼓舞颓唐，乃特旨未由中出，尊体未能痊愈，辗转筹画，奚敢冒昧相溷？"鉴于无财无人的实际情形，他内心很希望丁日昌帮着出出主意。五月初九日夜的信里写道："或谓海防一节，不可不具疏陈谢。兹拟就一稿，略布微忧，录呈犀鉴，明日专差赍上（已派帮办，故不复提）。事机重大，不敢作寻常套语。知我罪我，听之而已。前以无财无人，分次第专就北洋局面而言之，虽口孔复生，亦属无济。至东南各省，有人或自有才，然无如协拨太多，何也。"这时他已经看到东南有财，但是担心协拨过多有难处。接着，五月十二日的信，和盘托出了他的顾虑："尊意以南洋之财办北洋之事，自是正论。然闻金陵筑炮台工费百数十万，现尚短缺一半无处自给（宁藩粮道另存百万，尚不肯动）。幼丹哪知此等情形，到任后恐其自顾不暇，况日久必生形迹耶。总署奏牍、来函，均以筹饷自任，亦甚不悉外间情形。昨详复一函，以相诘难，钞呈电阅，彼见千万以外字样，便当吓倒（事理毫不明晰，只知算小钱），其实仍是收小办法。若来谕一气呵成，非有三千万南北均分，断办不出局势。东南各省，即处处得人，认真整顿收剿，出入或增一二百万，何济于事？"这是一方面埋怨总署的小家子气，一方面又担心南洋筹不出许多钱来。

丁日昌建议"以南洋之财办北洋之事"，在当时财力紧张的情况下，无疑是一种明智的抉择。总理衙门在充分听取了海塞防两派的意见以后，1875 年 7 月 12 日（光绪元年六月初十日），由该衙门和户部联合奏准，从海关洋税和厘金项下拨解海防经费银 400 余万两，分交南北洋大臣兑收应用。新任两江总督兼南洋大臣沈葆桢在履任之初，立即慷慨地表示，愿意将南洋名下每年 200 余万两白银的海防经费，在前三年悉数让给北洋，优先购买船械。这就是"南款北让"。而沈葆桢之所以能这么做，一方面与他本身怀有炽热的爱国情怀、能够顾全大局，加上在作为钦差大臣办理台湾事件时的切身感受有关；另一方面也与淮系成员尤其是李鸿章和丁日昌的一再做工作、意气相投、见解一致有关。

尽管有了"南款北让"，但是经费拮据的困境始终困扰和阻滞着近代海军建设的步伐。四百万拨款在定议之初，李鸿章在给沈葆桢的信里就指出，这是部中"动舞空文"。果然，李鸿章在最初四个月收到的只是预期应收款项的 15%，而且日后长期徘徊在这样的低水平上。沈葆桢为此感到苦恼和愤恨，曾经想与李鸿章联衔上奏，要求户部下文抑制各省对海防专款的侵占，但李鸿章认为这样做是"徒烦笔墨"而作罢。另一方面，南洋也有着它自身的发展问题。1878 年初，沈葆桢以"南洋税课日绌"为由，要求将海防专款仍按原议分解南北洋，也就是收回"南款"。对此，李鸿章没有异议，因为他业已接受丁日昌的建议，打算将这笔款项用于台湾的防务。但沈葆桢随即于1879年冬去世，从此，"海军之规画遂专属于李鸿章"。

然而，就在1879年，李鸿章和他的海军规划又受到了来自列强代表人物赫德的干扰。在第一次海防大筹议结束时，中国尚未有正式的驻外公使和驻外机构，而且懂得西洋船炮的人也不多。1874年，总理衙门曾委托赫德，通过他设立的"大清海关总税务司署驻伦敦办事处"代购了四艘舰艇："龙骧"号、"虎威"号、"策电"号、"正霆"号。这是中国海军创建时最早的一批军舰。随后，他们又陆陆续续为中国购进了十余艘舰船。1879年，赫德以为时机已到，于是向总理衙门提出一个试办海防的章程条例，建议继续添船购舰，成立南北两洋海军；同时自己也向李鸿章表示，必须由自己担任总海防司，尚肯出力。他在给金登干的信里甚至把自己的官衔和职权都想好了："我的官衔简称为总海防司，我的上司是总理衙门和负责海岸防务的总督。"意图篡夺中国海防大权的险恶用心昭然若揭。

1879年夏，总理衙门居然接受了赫德的意见，下文委派他为总海防司。由于赫德所拟章程，规定用人、支饷、造械诸事，均由总海防司决定，南北洋大臣不得侵越，严重地干预和侵害了南北洋大臣的权限，实际上也是对中国主权的侵犯。这时，正好薛福成丁母忧期满，被李鸿章召回北洋幕府，一见到这份委任令，立刻敏感地意识到其中的不妥，于是连忙草拟了一道呈文——《上李傅相论赫德不宜总司海防书》，指出："夫赫德之为人，阴鸷而专利，怙势而自尊，虽食厚禄、受高职，其意仍内西人而外中国。彼既总司江海各关税，利权在其掌握，已有尾大不掉之势；若复授为总海防司，则中国兵权、饷数皆入一人之手。且以南北洋大臣之尊，尚且划分界域，而赫德独综南北洋。……数年之后，恐赫德不复如今日之可驭也。"在他一针见血、鞭辟入里的分析下，李鸿章开始逐步打消怕影响与总理衙门及赫德关系的顾虑，于十天以后向总理衙门致函，将薛氏的重要意见写入其中，并且根据薛福成建议，提出具体的解决办法，即由总理衙门出面要求赫德：在总税务司和总海防司两者之间选择其一。赫德贪恋总税务司的丰厚利益，果然不肯去海滨贫瘠之地当总海防司，一场危机就此消弭于无形。通过这件事，李鸿章也更坚定了一个信念——办海军，必须权自我操。

海军章程

1885 年 6 月 21 日，中法战争刚结束不久，清廷即发布上谕："自海上有事以来，法国恃其船坚炮利，横行无忌。我之筹画备御，亦尝开设船厂，创立水师，而造船不坚，制器不备，选将不精，筹费不广。上年法人寻衅，迭次开战，陆路各军屡获大胜，尚能张我军威；如果水师得力，互相援应，何至处处牵制？当此事定之时，惩前毖后，自以大治水师为主。"同时要求沿海各督抚"各抒所见，确切筹议，迅速具奏。"这是清政府鉴于海军发展步履蹒跚，直接影响到战局成败，于痛定思痛之后，掀起的第二次海防大筹议。

和第一次海防大筹议不同的是，此次各省督抚将军的复奏，几乎不约而同地希望能建立一个领导全国海军事务的中枢机构。其中，李鸿章的《遵议海防善后事宜折》的意见，仍显得特别引人注目。他在折中开宗明义地提出："夫中国七省洋面广袤万里，南须兼顾台湾孤岛，北须巡护朝鲜属邦，非有四支得力水师，万不敷用。北洋合直、东、奉为一枝，南洋苏、浙合为一枝，闽、台合为一枝，广东自为一枝。"随又总结说："今虽分南北两洋，而各省另有疆臣，迁调不常，意见或异。自开办水师以来，迄无一定准则，……南北洋大臣亦无统筹划一之权，……或谓宜添海部，或谓宜设海防衙门，有专办此事之人，有行久之章程，有一定之调度，而散处之势可以联络。若专设有衙门，筹议有成规，应手有用款，则开办之后诸事可渐就绪，……然后水师可治。"

无独有偶，在第一次海防大筹议中与李鸿章观点对立的左宗棠，此时的认知也发生了很大的变化，在其《复陈海防应办事宜请专设海防全政大臣折》里，中肯地指出："今欲免奉行不力之弊，莫外乎慎选贤能，总持大纲，名曰海防全政大臣，或名海部大臣。凡一切有关海防之政，悉由该大臣统筹全局，奏明办理，畀以选将、练兵、筹饷、制船、造炮之全权。"这时离他辞世只有一个多月了。

8月14日，清廷因李鸿章的奏陈言多扼要，谕令来京，9月26日李鸿章进京觐见。9月30日，军机大臣面奉慈禧太后懿旨，令李鸿章会同军机大臣、总理衙门王大臣以及醇亲王奕譞，一并妥议海防善后事宜。诸臣集议后，以总理衙门名义上奏，一致认定"目前自以精练海军为第一要务"，限于财力，宜先就北洋已有船只操练，逐步扩展；关于设立海部或海防衙门问题，应拟请特派王大臣综理其事，并在疆臣中简派一二人会同办理。10月12日，慈禧发布懿旨，派醇亲王奕譞总理海军衙门事务，庆亲王奕劻、大学士直隶总督李鸿章会同办理，正红旗汉军都统善庆、兵部右侍郎曾纪泽帮同办理。由于先练北洋一军，因而李鸿章即是实际的主持人。有了中央的名义，加之醇亲王作为靠山，使李鸿章在当时的体制下，能够得到一种理想的结果。

在加快购买舰船、筑造船坞炮台的同时，李鸿章和淮系的官员们还意识到，先进的设备必须和完善的章程制度、训练有素的官兵相配套，才能使北洋水师真正成为一支海上雄师。《北洋海军章程》的正式奏定施行，是在1888年成军之时，但它的筹划和拟议，应该说和淮系诸要员早期的探讨和努力是分不开的。

丁日昌的《海洋水师章程》是较早提出的一份蓝图，但在三洋分区设防的规划上，首先遭到左宗棠的反对，他认为会造成畛域之分，调度呼应不灵。李鸿章虽然原则上倾向丁日昌，但他认为："京畿为天下根本，长江为天下财富奥区，但能守此最要、次要地方，其余各省海口边境……即有挫失，于大局尚无甚碍。"主张分最要、次要两区；王文韶则提出补充意见；"简任知兵重望之大臣，督办海防军务，驻节天津，以固根本。"并慎选提镇，分布沿海作为分统。实际是希望事权统一归于李鸿章。

1879 年日本吞并琉球事件以后，湘系官员、翰林院侍读学士王先谦上奏条陈洋务，提出办理海防应以日本为假想敌，反对多数海防论者的"以守为战"说，主张"必能战而后能防"，采取攻势战略。对此，李鸿章并不同意，讽刺为"空谈无实"。与此相对应，他对内阁学士梅启照在稍后于 1880 年 12 月 3 日密陈的《筹议海防折》（又称《密陈海防十条》）表示赞赏，因其中有两条：一是强调铁甲船的作用，认为"火轮船水师之利器，而铁甲者又利器中之利器也"。二是提出将"战、守、和三字，一以贯之"。梅启照与李鸿章在江苏有过属吏关系，这两点正中李鸿章下怀，因而李鸿章于 1881 年 1 月 10 日专门奏上《议复梅启照条陈折》，指出："从来御外之道，必能战而后能守，能守而后能和。"并认为梅氏"严防东洋"也是自己练水师的目标。

1881 年夏间，李鸿章将时任翰林院侍讲的张佩纶邀至天津住了 20 余天，主要讨论海防问题。这时候在李鸿章幕府办理洋务的主要幕僚即是薛福成，两人商讨后，起草了《酌议北洋海防水师章程》十四条，主要内容有：北洋水师应拥有包括两艘铁甲舰在内的大小战舰 39 艘；防区应包括奉天、直隶、山东三省沿海，以津沽为大本营；添设外海水师提督，建阃津沽，受北洋大臣节制；设立水师学堂培养人才；从留学生和外海内江水师宿将选拔海军将才；购船与设立电报线等。薛福成是一位颇有远见卓识的早期改良思想家，在他的《筹洋刍议》里，曾经把变法和海防战略有机地结合在一起。张佩纶也多次为创设外海水师而大声疾呼："欲求治政之法，非创设外海兵轮水师不可；欲收横海之功，非设立水师衙门不可"，并且还认为，水师要政约有四端：审形势、练将才、治师船、致工用，将这些思想内容融进这份章程中，对于七年以后的定本有着很强烈的参照作用。

1882 年 10 月 31 日，另一位翰林院侍讲学士何如璋亦向清廷提出《整顿水师事宜六条》。何如璋，字子峨，广东大浦人，同治七年进士，授翰林院编修，因潜心研究洋务而得到李鸿章器重。光绪二年（1876 年）二月，李鸿章举荐他任驻日本副使，次年升为正使，1881 年底回国，这份条陈就是他有感于日本自明治维新后孜孜发展海军的现状而发。主要内容是：立营制、编舰队、办船等、勤训练、谋并省、精选拔。其中十分强调水师的分防与统一指挥，并主张扩大外海水师的防御范围。这时，马建忠已经从法国留学回国，接替薛福成在北洋幕府办理洋务。批阅何的奏章后，颇有感触，于是就在奏章上加以签注，并特别就水师领导、舰队制度、舰船品种和功用以及分层次设防等问题加以说明。马建忠，字眉叔，江苏丹徒人，由于其二哥早年为淮军办理粮台事务，所以他 1870 年也被引入李鸿章幕府。1876 年福州船政局派遣学生出洋留学，李鸿章推荐他作为随员随李凤苞前往，主攻国际法，兼任驻英法公使的翻译。这份《上李伯相复议何学士如璋奏设水师书》，可以说是他向李鸿章交上的一份答卷，也为不断发展的近代海军建设提供了又一份珍贵的蓝图。

1888 年 4 月，醇亲王奕譞电示李鸿章，"将北洋定额兵制、驻扎会哨各章程拟底，寄京公酌会议"。李鸿章当时正在外巡查海防，回津后，立即"督饬文武将领悉心筹议"。参加起草工作的有周馥、丁汝昌、林泰增、刘步蟾、罗丰禄等人，期间，李鸿章虽然卧病经旬，但仍经常参加讨论；端午节康复以后，更是详加批阅、修订，历时近两个月方才脱稿。他一面向奕譞致函报告，一面派周馥携带《北洋海军章程》底稿赴京，请醇亲王最后改定。尽管他在报告里说："所拟章程大半采用英章，其力量未到之处或参仿德国初式，或仍遵中国旧例。"通过上面的论述，应该说，这份《章程》是众多淮系集团成员集思广益的成果。而从两次海防大筹议，到海军衙门的成立和北洋海军的成军，也可以说是淮系集团在国防近代化机构、组织的设立方面，运作较为成功的一个的范例。

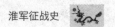

第四节：藩属危机——李鸿章所面对的外交新局

日清修好

在经历"明治维新"的一番腥风血雨之后，重新归于统一的日本政府终于开始腾出手来经营自己的外交事务，首当其冲的自然是一衣带水的邻国朝鲜。1868年12月"戊辰战争"的硝烟尚未散去，身为总裁局顾问的木户孝允便向主政的岩仓具视建议"往朝鲜派遣使节，问彼之无礼。彼若不服时，宣布罪状，攻击其国土"。并于次年向朝鲜王国派遣了使团。

有趣的是自定鼎列岛以来，德川幕府虽然宣布"锁国"但却曾努力以"日本国主"的身份修复与邻国中、朝的关系。日本史学家称之为"大君外交"。鉴于丰臣秀吉所发动的入侵，朝鲜王国长期对日本保持着敌意，一度将派往日本的使团称为"探贼使"。尽管德川家康通过遣返"侵朝战犯"（其实是替罪的死囚）献尽了殷勤，但朝鲜王国最终也不过是和对马藩订立了每年20艘的"岁遣船"贸易额度的《己酉条约》，俨然将日本当成了自己的藩属对待。

19世纪被西方称为"隐士之国"的朝鲜此时正处于国王李熙执政时期，作为在中国脍炙人口的"明成皇后"闵兹映的老公，李熙本人性格懦弱，真正在幕后把持朝鲜内政、外交的是其生父——"兴宣大院君"李昰应。李昰应作为朝鲜王室的旁支别系，能够通过长期部署将自己的儿子推上王位，自然不是等闲人物。在其的一手操控之下，积贫积弱的朝鲜王国竟然出现了些许中兴的气象。

李昰应是一个保守型的东方政客，在他看来清政府和日本的先后被迫"开国"皆因统治者软弱所导致的。1866 年 2 月 23 日面对国内日益蔓延的西化浪潮，李昰应下令在国内大举搜捕天主教信徒，掀起了号称"丙寅邪狱"的政治运动。面对朝鲜国内堪比后世中国义和团"天主教徒是祸首，洋夷舰船休逞狂，污点要用血来洗，赶尽杀绝洋教徒"的疯狂口号和行动，西方列强自然不能袖手旁观，武装干涉随即接踵而至。

朝鲜王国"丙寅邪狱"中被捕的西方传教士

率先对"丙寅邪狱"做出反应的是向来自诩"急公好义"的美国人。1866 年 8 月 8 日，一艘名为"舍门将军"号的双桅帆船出现在了朝鲜大同江的入海口。有趣的是这艘船虽然以"将军"为名却不是军用舰艇，甚至不隶属于美国海军。它的船主是在中国天津活动的美国商人普雷斯顿，船长佩齐以下仅有 5 名船员来自西方，水手则多为中国人和马来西亚人。就这样一艘仅有两门前装火炮，24 名乘员的武装商船也妄想撬动一个东方国家的大门，其结果自然可想而知。

9 月 2 日在与"舍门将军"号数度谈判无果，甚至前往交涉的朝鲜军官李玄益也被非法拘押的情况下，朝鲜人终于被激怒了。他们以传统的海战模式——小艇火攻来对抗入侵者。在数百艘装满茅草的渔船围攻之下，"舍门将军"号最终消失在了大同江的波涛之中。

击沉来犯"夷船"的消息令朝鲜举国一片欢腾，秉承着"气可鼓、不可泄"

的原则,大院君李昰应随即对要求朝鲜废立国王来向"丙寅邪狱"中被杀的本国传教士谢罪的法国全面开战。此时正处于拿破仑三世执政时期的法国对朝鲜半岛觊觎已久,甚至在国际社会提出过"英占舟山,法占朝鲜,美占台湾"的瓜分方案。

面对纠集了 7 艘战舰,1500 名海军陆战队的法国远征军,朝鲜军民扼守汉江下游,在以木筏封锁江面逼迫对手登陆之后,最终于文殊、鼎足两座山城大败法国陆军。眼见无力深入内陆的法国亚洲舰队司令罗兹,只能在洗劫了长期被作为朝鲜陪都的江华岛泄愤之余,姗姗而回。连续挫败两次"洋扰"的李昰应至此志得意满,甚至在宗庙发出"若和亲则是卖国也;若许交易则是亡国也;若有去幽则是危国也"的誓言,自然不屑于与历史上颇多恩怨的日本建立什么外交关系。

在朝鲜方面吃了所谓国书"不合体例"的闭门羹之后,日本国内虽然一度激愤异常,但此时明治政府的大员们正在筹备出访欧美,吸收先进文化、修改不平等条约的"岩仓使团"之行,发动"征韩"虽然有所主张,但却还有很多的工作要做,其中最重要的莫过于调整中日关系。毕竟清政府虽然屡败于西方列强,但在东亚版图之上已经以其册封的藩属体制维系着地区的政治秩序和疆域稳定,雄心勃勃的日本要在国际舞台上一展拳脚,自然必先要与清政府建立外交关系。

中日之间的外交关系在德川幕府时代就很复杂,德川幕府在东亚大陆明清交替之际曾长期支持以福建郑氏集团为首的南明势力,甚至在 1660 年有"大举兵,随汉人之客于日本者以向北京矣"的军事动作,但是德川一系的武士向来不擅长航海之道,在遭遇了日本列岛夏季常见的台风之后,还未与八旗子弟相见于战场便白白在海难中损失了几千精锐。

这一股不为人所知的"神风"同样改变了东亚的历史,不仅自诩将统帅"不期而会者海外一十四国"北伐的郑成功最终由于兵力不足而兵败南京,德川幕府更从此视干预中国内政为危途。此后郑氏及南明其他势力多次派代表到日本"乞师",皆以"其前出兵损失,坚意不允"。但这种视清政府为"夷狄"的态度,最终还是令德川幕府直至郑氏所盘踞的台湾岛被清政府攻占之前,与南明始终保持着外交往来。

当然不与清政府正式建交，不代表德川幕府不重视中日贸易。在 1610 年前后江户方面曾利用中国商船抵达长崎港的机会，致信福建总督以期"继前世之绝，兴当年之废，修遣使之交，求勘合之符"，不过此举很快便不了了之。因为 1609 年萨摩藩以三千精锐发动对琉球的"闪电战"之后，日本列岛便开始利用琉球王国与明、清的朝贡关系，开始了以之为"代理服务器"的中日"密贸易"。

在琉球王国处于"中日双属"的时期，通过"两年一贡"的"朝贡贸易"，中日之间依旧保持着经济和文化上的互动。而为了保持这种来之不易的苟且关系，日本人也算是煞费苦心，不仅顺从清朝剃发、易服的要求，更制定了一整套应对之词。但这些小伎俩还是无法瞒过擅长欺上瞒下的清官僚，康乾时代中国官员便发现其中的蹊跷。但是沉浸于天朝上国迷梦之中的君皇并不在意，以为通过政治册封和朝贡贸易中的"厚往薄来"便足以保护琉球的独立。

正是清廷的这种不作为，最终导致以萨摩藩为代表的日本势力逐步蚕食了琉球的经济和文化基础，昔日对琉球政治和文化拥有举足轻重作用的闽南三十六姓逐渐式微。而琉球国主尚氏家族也日益对日本的控制逆来顺受，频繁地前往江户，参拜幕府将军，俨然已经把自己当作日本列岛的大名之一。

中英鸦片战争不仅为西方打开了中国的国门，更令垂涎于西方独占"长崎—上海"航线巨额利润的德川幕府于公元 1861 年开始四度遣使前往上海，寻求中日官方直接贸易的可能。有趣的是日本使团前往上海还肩负着刺探"西南强藩"在中国购买军火的秘密使命，曾一度试图通过荷兰驻沪使领馆诱捕了长州藩士村田藏六，但是这一计划最终碍于清政府的法规而无从实施，倒是与日后清政府无法在日本打击"同盟会"等革命团体相映成趣。

德川幕府还未来得及与清政府建立正式的外交关系便被"西南强藩"拿着从上海进口来的西洋枪炮打翻在地。面对复杂的国际局势，明治政府秉承着继往开来，谱写中日友好新篇章的宗旨开始向北京派遣使团。1869 年，日本政府便有委派改名为木户允孝的桂小五郎出访中、朝的计划，但此时的日本仍处于内战之中，

明治维新后改名为木户允孝的桂小五郎

忙于整顿内部事务的木户允孝分身乏术，只能借口捻军正在进犯天津而推迟了行程。当然这番说辞根本站不住脚，因为张宗禹的西捻军逼近北京是 1868 年 1 月的事情，木户允孝提出要访问中国之时，长达 16 年的捻军起义已经烟消云散了。

1870 年 9 月，中断了近 600 年的中日官方交流终于伴随着明治政府的外交特使柳原前光抵达天津而正式破冰。应该说清政府内部的"洋务派"对与日本建立外交关系还是颇有兴趣的，诚如李鸿章对恭亲王奕䜣所说："夫今日之日本，即明之倭寇，距西国远而距中国近。我有以自立，则将附丽于我，窥西人之短长。"应该说李鸿章对此刻日本在中国与西方列强之前游离观望的心态可谓洞若观火。

无独有偶，柳原前光在游说清高层时推销的也是联合对抗西方列强的"日清提携"理论，按当时会晤人员的记录，日方代表团"每称西人强逼该国通商，心怀不服而力难独抗，欲于中国通好，以冀同心协力"。正是在这样的背景之下，李鸿章力排国内传统外交事务中"大信不约"的原则，决定与日本签署一份"不可照英、法、俄一体办理"的平等外交协定。

很多人都认为 1871 年签署的《日清修好条款》不过是日本方面"暗度陈仓"的战略欺骗。毕竟就在明治政府委派大藏卿伊达宗诚前往中国商谈双边协定细节之时，中日之间发生了著名的"牡丹社事件"，随即引发了日本吞并琉球、出兵中国台湾地区等一系列外交摩擦。但这些偶然事件显然并非世人所能预料，真正阻碍当时中日之间外交关系正常发展的恰恰是双方长期以来在外交事务中所隐藏的诸多含糊和暧昧，以及处于上升阶段的日本和依旧泥足蹒跚的清政府之间的力量失衡。

琉球漂民

1871 年 12 月《日清修好条约》的相关文件传回日本国内，可谓一石激起千层浪，明治政府内部随即有人指责伊达宗诚办事不力，未能将西方与中日签约时惯用的"片面最惠国条款"纳入其中，从而影响了日本未来与中国外交事务中可以和西方列强处于"一体均沾"的有利地位。而恰在此时八重山岛和宫古岛出发的 4 艘琉球朝贡船于台湾海峡遭遇台风，其中一艘失去了动力漂泊到了台湾东南部的八瑶湾。

这艘琉球船在海难中两人落水溺死，一人下落不明，剩余的 66 人在弃船登岸之后的遭遇则可谓是扑朔迷离。按照幸存者的说法，他们起先遇到的是两个台湾当地的汉族居民，在获知了附近是民风剽悍的原住民领地之后，琉球船员在两位汉人的带领下向南进发。按照这条路线走下去，这群遇难海员将可以安全抵达清政府于当地设立的凤山县辖区，照例可获得保护和遣送归国的处理。

但就在行进的过程中，琉球船员和这两名汉人发生了摩擦。按幸存者的说法是这两位汉族向导试图抢劫他们身上的财物，但是考虑到双方悬殊的人员对比，所谓"抢劫"一说很可能只是索要一些带路费而已。双方在谈不拢价钱的情况下，最终分道扬镳，琉球船员一夜摸黑前行最终误入了当地原住民——排湾部落的领地。

由于长期孤悬海外，台湾原住民不仅保持刀耕火种、渔猎为生的部落经济，更有对进入其领地的异族"出草"和"猎头"的血腥风俗。在双方语言不通的情况下，66名琉球船员之中54人被杀，幸好当地的琉球侨民找来了汉族长老杨友旺，以猪牛美酒换下了剩余12人的性命，并将他们护送到清政府于当地的行政中枢——台湾府城（今台南市），而此时另一艘遇难的八重山进贡船只也恰好漂流到台湾南部，在中国官员的妥善安置下，这些人最终保全了性命被送回了琉球。

应该说琉球列岛与中国台湾比邻而居，双方海上作业时常会有船只遇险后船员滞留在对方领土的事情发生。乾隆年间清高宗弘历曾朱批沿海封疆大员"要中外一体，怀柔远人"。琉球海员被当地原住民猎杀固然是不幸，但清政府和汉族民众对他们及时救护，礼送归国却是尽职尽责的。事后琉球政府和遇难者代表也向给予帮助的群体表示了感谢，谁也没有想到此事竟会最终导致兵连祸结，甚至以琉球国灭而告终。

19世纪中叶琉球居民的衣着

消息传到日本国内，此时正准备动身前往中国进行"改约"的新任日本外务卿副岛种臣立即意识到这是一个可以借题发挥向清政府施压的好机会，因此在双方围绕《日清修好条约》展开舌枪唇剑的同时，副岛种臣将琉球船员遇害的"八瑶湾事件"摆在了台面上。值得一提的是由于李鸿章深知副岛种臣"意在改约"，不愿与之过多接触，因此和副岛种臣商谈"八瑶湾事件"善后事宜的是缺乏外交经验的吏部尚书毛昶熙及户部尚书董恂。

当然毛昶熙半生戎马，在《清史稿》中与袁世凯的从叔祖父袁甲三并列。董恂学贯中西，被钱钟书誉为"具体介绍近代西洋文学的第一人"，均是一时才俊。但是在具体外交事务上这两位老先生却失之粗放，面对副岛种臣咄咄逼人的态度，他们不仅没有抓住琉球法理上仍是独立国家的有利证据，还在对方要求惩治凶手的问题上，以"生番系我化外之民，问罪与否，听凭贵国办理"授人以柄。

事实上由于台湾原住民屠戮海员而引发的外交摩擦，"八瑶湾事件"并非首例，早在1867年中美之间便由于美籍商船"罗发"号，于屏东七星岩触礁沉没，船长亨特·汉特（J.W.Hunt）夫妇以下13人被原住民所杀而引发过军事冲突。当时曾参加美国南北战争的驻厦门领事李仙得（Charles W. Le Gendre，或译李善得）便曾自说自话地调来美国海军2艘战舰，派遣海军陆战队登陆去"追捕"凶手，但结果却是在山岭之间遭遇伏击，美国海军上校麦肯吉以下多人阵亡。最终还是在清驻军的威慑之下，美国政府与当地原住民酋长和平协商，要回了遇难船员的首级。

或许在毛昶熙和董恂看来，美国人无法办到的事情，"蕞尔小国"的日本更难办到。但是他们忽略了在当时纷乱的东亚格局之中并非只有中日两方的势力。就在副岛种臣改约不成，无奈的归国之际，同样被迫辞去了美国驻厦门领事之职的李仙得在归国途中过境日本横滨。这两位失意政客随即一拍而和，利用清政府草率宣称的"番地无主论"，开始紧锣密鼓地筹划出兵台湾。

当然在李仙得看来，日本要高举"保护国民、质问生番"的大义旗帜，还必须要解决日本和琉球的从属

在"罗发"号中台湾原住民打死的麦肯吉上校

关系问题，而在此之前日本政府已经收到了萨摩藩关于吞并琉球的《鹿儿岛藩琉球国调查处理意见书》。萨摩藩之所以如此积极，无非是针对明治维新后的"废藩置县"之中可以抢先一步力陈萨摩藩长期以来对琉球的"实效统治"，将其纳入新成立的鹿儿岛县的版图。

对于岛津家族这种妄图独占琉球的行为，明治政府当然不能答应，但却也不得不承认琉球"谓皇国（日本）中国为父母之国，成为两属"的现实。为了防止节外生枝，1872年9月日本政府借琉球王国末代君主尚泰携使团向明治天皇朝贺之际，悍然宣布琉球群岛为日本的"内藩"，这一单方面摧毁琉球王国法理独立的举动被日本史学界称为"第一次琉球处分"。可笑的是尚泰本人此时还没有明白事态的严重性，以为明治政府无非是将琉球的宗主权从萨摩藩的手中收回而已，竟还表示了一通感谢之情。他并不明白，自己那被改称为"琉球藩"的群岛从那一刻起便不再能获得任何人的保护了。

在悄然将琉球群岛并吞入自己版图的同时，日本国内亦再度泛起了"征韩"的声浪。这种冒进的思潮多少也与公元1871年美国政府发动的对朝战争有关。在东亚大肆吹嘘"门户开放"政策，以求打开"看来是不可限量的东方市场"的美国自然无法忍受地处中日之间的朝鲜半岛长期处于"闭关锁国"的状态。在"舍门将军号事件"之后，在东亚羽翼未丰的美国一度试图勾连同样吃了亏的法兰西第二帝国，联手入侵朝鲜，无奈此时向来好大喜功的拿破仑三世正为欧洲大陆普鲁士所发动的德国统一战争所牵制，对美国的建议始终只能虚言应付。

公元1870年9月法国军队兵败色当，拿破仑三世被普鲁士军队所俘虏。眼见"联合行动"的计划彻底泡汤的美国政府，随即调集5艘战舰、1230名陆战队员决议独力打开朝鲜的国门，而其出发基地正是日本的长崎港。目睹了美国庞大的远征军从自己的国土上扬帆而去，明治政府复杂的心情自然可想而知。他们既想借美国之手狠狠教训一下高傲自大的朝鲜，更担心朝鲜为美国所占据，成为日后日本本土安全的威胁。

不知道是不是日本暗中祈祷产生了效果，在被朝鲜王国称为"辛未洋扰"的朝美战争之中，美国军队虽然凭借着"异船大炮，飞如雨柱，陆贼鸟铳，乱如雹下"的火力优势全歼了朝方"巡抚中军"鱼在渊以下的精锐中央军（京军）250人，占据了江华岛沿岸的草芝、德津等五座要塞，但却在缺乏后方支援的情况下，来势汹汹的美国人最终也只能退回海上，准备用长期封锁来逼迫朝鲜开国。

1871年远征朝鲜的美国海军

眼前朝美之间可能陷入长期对峙的局面，日本政府随即遣员拿着和清政府签署的《日清修好条约》跑去搅局，但此时朝鲜的街头却到处树立起了"大院君"李昰应手书的"洋夷侵犯，非战则和，主和卖国"的"斥和碑"。日本趁势打开朝鲜国门的努力自然再度归于破产。

经过了近一个月观望之后，美国也自认耗不过软硬不吃的朝鲜，于是美国亚洲舰队司令约翰·罗杰斯只能宣布撤军。而讽刺的是这次美朝之间交锋的主战场正是日后麦克阿瑟大军登陆的仁川港附近。而对于日本而言，既然趁火打劫不成，那么趁朝鲜与美国对抗之后，军费负担加剧、人心浮动的机会明火执仗地大举入侵便成为日本朝野"急征派"的共同选择。一场旨在"开辟韩地釜山"的战争似乎已经箭在弦上了。

1873年9月，耗资百万日元，历经20个月，出访欧美12个国家的"岩仓使团"终于回国了。单纯从外交角度来看这次耗费日本年财政收入2%的环球之旅并没有实质性的成效，与西方列强对于此前和日本所签署的不平等条约没有任何松动和改变的意思，恰如随团出行的木户孝允在日记中所言："彼之所欲者尽与之，我之所欲者一未能得，此间苦心竟成遗憾，唯有饮泣而已。"

但是以岩仓具视为首的一干日本政坛新贵们此行也并非一无所获，在英国他们见识了"世界工厂"的富足，从而衍生出了"殖产兴业"的理想。在美国他们看到了昔日出身草莽的新大陆居民通过全民教育所展现的奋发热情，发出了"莫为急务者，莫先于学校"的感叹。而在普鲁士，日本人学到了"国中之男子堪执兵器者，悉受兵卒之教练"的常备军制。最为关键的是在俾斯麦的言传身教之下，日本人清楚地看到了西方文明的本质——"彼之所谓公理，谓之保全列国权利之准则，然大国争夺利益之时，若与己有利，则依据公法，毫不更动；若与己不利，则幡然诉诸武力，固无常守之事"，简而言之，即"强权即公理"。

"岩仓使团"出发之前，其成员来自公卿、藩主、志士、学者等各个阶层，更有木户孝允和大久保利通的长萨对立。但是返回日本之时，他们已经形成了一个旗帜鲜明的政治集团，日本史学家称之为"归国派"。而"归国派"下车伊始，首先要力主日本政府放弃"征韩论"。"归国派"此举果然有急切向要从以西乡隆盛、江藤新平为首的"留守派"手中收回权力的意味，但更重要的是"岩仓使团"之行让他们看到了日本与西方列强之间巨大的势力差距。如果贸然出兵朝鲜，不仅胜负难料，更可能引起西方的干涉，导致日本陷入万劫不复的深渊。

"归国派"来势汹汹，"留守派"却也不甘愿就此认输。西乡隆盛等人力陈明治维新以来所推行的"废藩置县""庶民征兵"政策已经极大打击了原有武士阶层的信心和士气，如果不以一场对外战争来缓解国内矛盾的话，作为幕府时代既得利益者的武士们必然会揭竿而起。

面对两派针锋相对的意见，身为"太政大臣"的三条实美夹在中间颇为尴尬，只能借口"精神错乱"而将裁决的权力上交到了明治天皇的手中。睦仁虽然此时年仅 21 岁，但经历过明治维新的一番磨砺之后，早已成了处变不惊的"老油条"了。他深知"征韩论"虽然本是长州藩代表木户孝允首先倡导的，但立论以来迟迟没有动作，无非就是忌惮兵权在握的西乡隆盛而已。而西乡隆盛挟"戊辰战争"之余威，自然想在对外扩张中再现辉煌，而如若真的让西乡隆盛成功"征韩"，那么日本国内必将出现一位新的"幕府将军"，因此万万不能答应。

在明治天皇亲下敕令，宣布暂缓"征韩"的情况之下，西乡隆盛和江藤新平随即以辞职来抗议。一夜之间明治政府内部有超过600人递交了辞呈，整个政府运作一度陷入了瘫痪之中，史称"'征韩派'政变"。

但"归国派"和明治天皇却毫不动摇，毕竟江藤新平、板垣退助所代表的佐贺、土佐两藩本来就在以"长萨联盟"为主导的明治政府中人微言轻，而西乡隆盛的萨摩派之中大久保利通已经转入了"归国派"的阵营，也无须多虑。更何况西乡隆盛的弟弟西乡从道也并未随其兄而去。这次总辞职对明治政府而言，不仅谈不上伤筋动骨，反而恰好为"归国派"放手推行其政策让出了道路。

窥测宝岛

"留守派"回到家中，没有等到明治天皇温言挽留或再三征调，其失落感自然可想而知。不甘寂寞的江藤新平、板垣退助联合副岛种臣组建了日本第一个政治社团"爱国公党"，到处宣扬他们本身并不热衷的"自由民权"，期盼能靠"民选议院"重回政治舞台。但更多的人选择了以激进的叛乱方式宣泄不满，但最终以旧武士为主的叛军，面对明治维新后组建的日本国家军队，无一例外的惨遭失败。亲手将老战友推上断头台的大久保利通的心情究竟如何，世人不得而知。但是为了安抚"征韩派"的情绪，明治政府随后还是作出任命西乡隆盛之弟——陆军中将西乡从道为"台湾蕃地事务局都督"，开始正式筹划"出兵台湾"。

　　较之贸然"征韩"出兵台湾的确有诸多便利之处，首先日本的对手并非是一个主权国家，而是清政府言明"化外"的"无主生番"，可以稳操胜券。其次日本自诩出兵台湾与美、英的利益相符，非但不用顾及国际影响，还有可能借助西方列强之力，向清政府施压。当然最为关键的还是明治政府认定出兵台湾的军费开支不至影响"归国派"大肆展开各项建设。

　　尽管有着上述几点便利，"出兵台湾"对于西乡从道而言却还是一个烫手的山芋。台湾虽然与日本一衣带水，但长期以来由于洋流和风向等原因，日本真正远航台湾的人并不多。而上一次对台湾的军事行动要追溯到德川幕府时期，著名的"商人武士"山田长政在远赴大城王国（近代暹罗的前身）"打工"之前，曾在台湾北部短暂逗留过，不过随着明朝军队进驻澎湖也就只好拔腿开溜了。

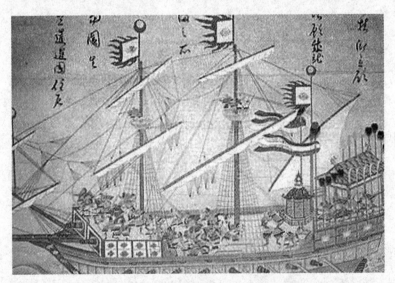

德川幕府早期的日本海船，村上远征的主力

　　此后在公元 1616 年依附过德川家康的海商村山等安也曾以"长崎代官"的身份组织过"高砂远征"。但是由 13 艘战舰组成的"村山舰队"还未抵达台湾便被风暴吹散，侥幸抵达台湾的明石道友所指挥的一军，为台湾原住民所杀。窜入台湾海峡，试图劫掠中国东南沿海的 7 艘船则被明福建水师提督沈有容指挥舰队击沉。最终仅有漂流到交趾的村山等安所率的 3 艘船体无完肤地回到了长崎，不久村山等安也由于和大阪的丰臣家族暗通款曲而被处斩。

这两次失败的远征虽然遥远，却依旧是西乡从道的前车之鉴。要顺利完成"惩戒生番"的使命，西乡从道首先要解决舰船的问题。明治维新之后的日本虽然在幕府舰队的基础上建立了海军，但其当时所拥有的船只大多为近海防御型舰艇，并不适宜远航。加至跨海远征，兵员、枪炮、粮秣均需要海上运载，即便解决了船只运力的问题，日本海、陆两军上下对台湾岛内地形、风土也缺乏了解，对当地原住民的生存现状更是一头雾水。可是说如果没有别有用心的美国人李仙得，日本"出兵台湾"不仅难以成行，更可能是一场军事灾难。

李仙得曾经美国驻厦门领事的身份多少掩盖了其本人的军事色彩，事实上李仙得在踏足外交领域之前是一个如假包换的职业军官。而在南北战争之中李仙得不仅多次身先士卒，重伤入院，更在纽约为联邦政府招兵买马中尽显其组织才能，最终以陆军准将的身份退役。尽管招揽李仙得的副岛种臣在"'征韩派'政变"中失势，但身为外务省顾问的李仙得却显然并未受其影响。他一边和松平庆永的私生女打得火热，一边谋划着借助日本的军力完成自己此前失败的"台湾殖民计划"。而随着"台湾蕃地事务局"的成立，李仙得更是凭着自己多年积累的情报和人脉成为西乡从道身边炙手可热的人物。

在处理美国商船"罗发"号事件中，李仙得曾深入台湾原住民部落与之交涉，不仅本人学会了几句原住民语言，更掌握了大量台湾东部沿海的地图和照片。这些情报对于日本政府而言可谓"千金难买"。而针对此次远征缺乏船只、水手的短板，李仙得更是发动自己在美国"东方冒险家"中的人脉，为日本政府租船、雇人，一时俨然成了日本政府的"后勤总管"。

正是由于李仙得的这份热情，让明治政府一度认为在"出兵台湾"的问题上，西方列强是支持自己的。正是这种主观认定，令以英国驻日公使巴库斯为代表的西方各国突然纷纷致函日本外务省，发出"在台湾之通商港口，我国人民持有不少货物利益，贵国政府将军队开赴台湾岛，拟作何事？"的质问之时，日本政府手足无措，一度作出"暂停出兵"的决定。

西方列强是否此前对日本出兵台湾的事态一无所知，答案显然是否定的。毕竟通过李仙得租用的西方商船主要来自英、美两国。而之所以对日本政府发出紧急叫停的"黄牌警告",除了涉及西方列强在华利益的考量之外,更关键的是英、美注意到清政府此时已经显露出了"海防、塞防"争论的端倪。西方列强自然不希望正屯兵陕甘准备收复新疆的清政府将注意力转移到海军建设上来,打破其对西太平洋海权的垄断。

4月19日,老官僚三条实美派出特使赶赴长崎,要求西乡从道按兵不动"以待后命"。此时早已自认"万事俱备"的西乡从道当然不肯放弃这个扬名立万的机会,随即以"从道既奉铃玺敕书,已非前日之从道,今日纵使太政大臣自来传谕,从也不敢奉之"为由拒绝停兵。西乡从道此举无非是中国传统军旅文化中"将在外,君命有所不受"的衍生,似乎无可厚非。但自近代以来战争与政治、外交的联系已经日趋紧密,军事行动不得不随国家政策之变化而变化亦成为了主流。西乡从道悍然于4月27日命令日本驻厦门领事福岛九成率270名士兵乘坐武装商船"有功"丸先行出发,不仅首开了日本军队自说自话"暴走"的先例,更是开启了对西方列强对日本上屋抽梯式的外交戏耍的反击序曲。

第五节：补于亚洲——日本在东亚的扩张狂潮和李鸿章的应对之道

台海危机

5 月 3 日，受命阻止西乡从道进军的大久保利通赶到长崎，但此时熊本镇台的三千多名士兵已经在谷干城的指挥下开往台湾了。面对先斩后奏的西乡从道，大久保利通也只能因势利导的选择支持对方，并慷慨地表示："如酿出难题，则由大久保首任其责。"西乡从道在表示感激之余，随即跳上了租用的英国商船"高砂"丸，带领着由 13 艘运输船组成的支援舰队，奔赴战场。

5 月 22 日，西乡从道抵达了台湾西南部的社寮港，此时日本陆军已经完成了登陆，并在和当地原住民的小规模交火中互有伤亡。有趣的是在日方的记录里甚至限制锚泊于近海的"日进"号战舰也遭到了袭击。面对台湾原住民神出鬼没的打击，日本陆军糟糕的心情可想而知。此时补给船队的抵达不仅解除了日本远征军的后顾之忧，西乡从道的出现更令以昔日萨摩藩为主体的熊本镇台兵士气如虹。当天，来自长州藩的佐久间左马太中佐率部猛攻当地原住民"牡丹社"领地的要冲——石门。

"石门"夹于断崖绝壁之间，确如鬼斧天工的大门。"牡丹社"酋长阿禄古深知该地的险要，于是率族人奋力死战。但是原住民手中的弓箭、鸟铳终究不是全副武装的日本正规军的对手，而参加过"戊辰战争"佐久间更一眼看出了"牡丹社"在两翼山岭之上的防御漏洞，在正面予以火力压制的同时，以精锐步兵攀岩而上，一举击溃了对手的防御。此时的佐久间左马太虽然志得意满，但或许并没有想到日后他将作为日本驻台军政长官，为了扑灭台湾当地汉族和原住民的反日情绪，在中央山脉南北鏖战十年之久。

西乡从道舰队的主力"日进"号

值得一提的是日本出兵台湾虽然打着"惩办凶手"之名，但真正杀害琉球船员的是与"牡丹社"比邻而居的"高士佛社"。石门之战"牡丹社"方面指挥抗敌的酋长阿禄古父子先后阵亡，但其族人却已经不甘屈服，日军虽然进占石门，将位于台湾最南端的恒春半岛拦腰截断，却仍不得不分兵三路，全力扫荡"牡丹社"的腹地。面对来势汹汹的日军，"牡丹社"只能放弃自己的家园。

面对"生番皆弃家逃奔山谷"的所谓"武功"，日军也不敢在山地长期驻守，在放火劫掠了一番之后，西乡从道将部队驻守于社寮港。在委派陆军指挥官谷干城回国报捷的同时，身为"台湾蕃地事务参军"的海军少将赤松则良则以护送福岛九成前往北京交涉的名义，前去刺探军情。毕竟西乡从道深知台湾原住民对日军构不成致命威胁，可一旦清朝水师大举来犯，自己的后路就有随时不保的危险。

从某种意义上来看西乡从道的担心不无道理，在他一意孤行决定出兵之后，英国政府随即通过驻华使节将日军东向告知清政府。主政总理衙门的恭亲王奕訢虽然认为"应按约据理相机辩阻"，通过积极的外交斡旋来处理，但以奕訢的老道自然知道国际纠纷向来以实力为先。因此在递交给侄子载淳的奏则中也明确提出应该立即"钦派闻望素著，熟悉洋情之大员，带领轮船，前往台湾生番一带，察看情况，妥筹处理"。而奕䜣口中这位"闻望素著，熟悉洋情"的大员，正是清末名臣林则徐的爱婿——福建船政大臣沈葆桢。

受命前往台湾之时，沈葆桢正在马尾船政局主持其前任左宗棠部署的第一期造舰计划。尽管财政等方面的阻力颇多，但自1867年沈葆桢接掌以来，已有十余艘各型舰艇由马尾船政局坞台驶入人海，一扫鸦片战争以来，

沈葆桢

清政府的有海无防的颓废之气。而既受命节制福建全省军务，沈葆桢第一时间所要做的便是调集自己一手打造的战舰，先行夺取台湾周边的制海权。

一时之间福建水师精锐尽出，除了千吨级战舰"安澜"号、"伏波"号和"飞云"号先行随沈葆桢赴台交涉之外；"福星"号炮舰停泊台北；"长胜"号"海东云"号往来于闽台；"扬武"号巡弋澎湖；"靖远"号往返于福、厦；"振威"号穿梭于马尾、上海。组成了一张进退从容，攻守权变的大网。

而与沈葆桢麾下的这些战舰相比，西乡从道手中仅有"日进"和"孟春"两艘正规战舰。其中除"日进"号为千吨级木质巡洋舰，吨位、火力可与福建水师的主力战舰一较长短外，次一级的"孟春"号排水量仅为357吨，装载有4门火炮，堪与福建水师的二线战舰"福星"号比肩。而其余的"明光"丸、"有功"丸和"三邦"丸则不过是临时加装火炮的武装商船，根本不堪一战。在悬殊的实力对比之下，西乡从道自然不敢与沈葆桢争锋海上，只能眼睁睁地看着清政府源源不断地向台湾增兵。

357吨的"孟春"号

事实上是康熙年间收复台湾以来，清政府在台湾长期驻守"水陆十营"的重兵。但是这些部队不仅大多部署于台湾西部的平原地带，更大多是"万人更番、三年毕戍"的福建兵，既对台湾缺乏乡土之情，更兼纪律涣散不堪一战。因此沈葆桢抵达台湾之后，随即请求清政府调来相对精锐的淮军武毅军入援台湾，而在增援部队陆续抵达的同时，沈葆桢又力主"驱倭抚番"，一边招募汉族乡勇，一边安抚在日军铁蹄面前动摇的原住民诸部。

一时之间，台湾南部形成了清政府军民协防对西乡从道步步紧逼的局面。为了避免与沈葆桢正面冲突，西乡从道由社寮港移营至三面环水的龟山，俨然已经放弃了战场主动权。但是西乡从道依险而守，与清军长期对峙的计划很快便被当地恶劣的自然环境所打乱了。来自日本的士兵大多不能适应台湾南部炎热潮湿的气候，驻守山地更令非战斗减员呈直线上升的趋势。沈葆桢得到的所谓"死者日四五，病者不计其数"的情报或有夸张的成分，但日军在龟山驻留期间病殁650人却是不争的事实。当然同样的气候也令清军之中疫病流行，但继续这样对峙下去，首先撑不住的自然是日本一方。

西乡从道在台南苦苦支撑的同时，中日双方的外交斡旋也陷入了僵局。这倒不是清政府自认胜券在握，有意拖延，而是明治政府一开始便自视太高，漫天要价。除了要求清政府承担琉球船员被杀的外交责任，支付军费之外，日本政府还要求谈判代表柳原前光"当以此次机会，断绝琉球两属之渊源，开启朝鲜自新之门户"。这些不切实际的目标自然是无法达到的。于是拖延到 8 月 1 日，明治天皇终于坐不住了，委派大久保利通为全权办理大臣，前往北京打破僵局。

1874 年 9 月 10 日，大久保利通抵达北京，开始了他第一次也是唯一一次全权外交大臣的工作。客观来说大久保利通的手腕要比柳原前光高明，他并没有坚持日本政府所制定的那些虚无缥缈的目标，而是首先抓住了双方矛盾的焦点——"贵国政府实地于生番有几许处分"，这个问题令清政府照实难以回答，只能含糊地表示"一时难以俱悉"。

大久保利通随即以此为突破口，大谈中国这样的礼仪之邦"素以仁义道德闻于全球"，怎么能"见生番屡害漂民，置之度外，不曾惩办"呢？俨然一副"你怎么可以这样，我对你好失望，好伤心"的怨妇样。面对大久保利通的质问，清政府当然不能拿张纸巾给他，而是进一步说明自己对台湾原住民是有所约束的，"八瑶湾事件"只是偶然。而这些解释对于摆出一副流氓嘴脸的大久保利通自然全无效果。

面对清户部出具的台湾原住民方面的税赋登记文本，大久保利通说自己"无暇观看"。清政府说自己对台湾原住民的管理是"宜其风俗，听其生聚"，大久保利通无耻地说这不足以说明"属土之征"。清政府说台湾原住民"岁纳社饷"，大久保利通继续无耻地说"社饷者，如弱者馈献于强者，不得称为税也"。清政府说自己给予原住民教育"遴入社学"，大久保利通还是无耻地说："如取二三番儿入学，不足以为教养之征。"

在深刻领教了大久保利通和日本

极近无赖之能事的大久保利通

政府的无赖嘴脸之后，清政府终于忍无可忍了。9月22日总理衙门向大久保利通发出照会，表示这种形同"问官讯供"的谈判"本衙门不敢领教"。面对这样的"逐客令"大久保利通先是表示自己要回国了，在清政府毫无挽留之意后，他又无耻地在照会中宣布"番土非贵国所辖治也！"宛如一个独立高呼"我赢了！我赢了！"的小丑。

当然大久保利通也并非就单纯只会耍无赖，在被总理衙门拒之门外之后他频繁地拜会英、法驻华公使，亮出了日本的底牌：一、日本出兵花费巨大，清政府如果不意思意思，"尚难退兵"。二、日本出兵是保护侨民，"若能保全我国此种名誉，则可退兵"。面对英国公使威妥玛的介入，总理衙门决定给对方一个面子，花钱消灾。但对于大久保利通开价200万两的"坑爹价"，清政府还是不能答应。

而此时清政府也注意到了西方列强在中日之间的挑拨是非，李鸿章在递交给总理衙门的《论日本图攻台湾》一函中指出，日本大军驻守台湾完全依靠英、美商船运送补给，只要掐断了对方的这条生命线，便可起到"釜底抽薪"的作用。在清政府的外交压力之下，美国政府只能逮捕了在厦门活动的李仙得。直到日军撤离台湾，才将其释放。李仙得此后常年寄居日本，其子孙后来成了日本有名的歌舞伎（有一段时间日本成功的歌舞伎大多是男性）。

中日之间在反复拉锯之中，最终还是由威妥玛"居中说合"，定了一个50万两的价钱，其中10万两名义上是给予死难琉球船员的抚恤金，当然这笔钱最终还是到了日本政府的口袋。而其余的40万两则是西乡从道所部在台南修路驻营的"劳务费"。值得一提的是在最终签署《北京条约》中最终关于所谓"杀人凶手"的台湾原住民，日本的态度是"清国自宜设法妥为约束，不能再受凶害"，算是正式以"下不为例"的形式了断了这件公案。

在沈葆桢的主持之下，清政府随即对台湾地区东、南部展开了大规模的开发和海防建设。而除了耗费重金打造炮台和灯塔之外，沈葆桢更注重台湾吏治的革新，当地经济的建设以及在原住民中推广义塾、普及教育。但是由于日军的入侵，台湾东南部地区的原有部族势力均衡被严重打破，以狮山社为首的原住民部落频繁出草，直到1875年唐定奎攻破内外狮山社，同时对协从者一经归顺即给衣履酒食。在恩威并施之下，才最终出现了台湾大定的局面。

回首中日《北京条约》的签署，世人多以为清政府在军事形势大好之下，依旧赔款了事是软弱可欺的表现。但事实上此时的清政府西北要面对得到俄、英支持的"中亚屠夫"阿古柏，西南则要抵御法国对越南的蚕食，实在无力在左宗棠率大军出击新疆的同时，再与日本在东海交兵。而就在《北京条约》正式签署前的 9 月 29 日福建水师的"安澜"号炮舰和"大雅"号货船在安平遭遇台风沉没，由此可见漫长的对峙有时往往比战争更为惨烈。

1874 年 11 月 7 日，大久保利通在上海支取了中国政府预付的 10 万两抚恤金之后，启程回国。几乎同时西乡从道也从台湾南部开始撤军。对于"出兵台湾"，明治天皇虽然敕语称"其功可谓大矣！"但仅从军事角度可言，贸然出兵的西乡从道并未讨到什么便宜。日本为了这次远征所支付的军费高达 1260 万日元，这笔钱不算上向英、美租赁商船的费用便已远超中国所给予的补偿。在日本朝野上下异样的目光之中，"败军之将"西乡从道痛定思痛，决心退出陆军一线将佐的行列。

当然西乡从道并非就此远离军旅生涯，而是深刻地意识到了海军对于日本这样一个岛国的作用远胜于自诩"武士之魂"继承人的陆军。当然西乡从道本身转会海军要等到十年之后，但是他的这一观点却通过"出兵台湾"深刻影响了明治政府的决策层。

军购暗战

事实上早在明治维新之初，日本便不乏提出大举造舰的有识之士。公元 1870

年 5 月，兵部省便拟定了一个 200 艘战舰的建军计划。对于这种"大跃进"式的冒进思潮，明治政府就批了两个字"没钱"。德川幕府时代的海军元老胜海舟也觉得这个计划有点不靠谱，于是认真研究之后，于 1873 年又提出了一个 18 年造舰计划，但一看到 104 艘的数量和每艘的单价，明治政府高层就一致头皮发麻，干脆这次一个字都没批，直接归档了。

此后陆续也还是有人不死心，提出各种各样的自建或购舰计划，但迫于国内此起彼伏的民变和叛乱，明治政府还是长期将陆军作为军备建设的重点。正是在"陆主海从"，海军军费年仅 50 万日元，勉强够维持现有舰艇运转的无奈之下，心灰意冷的胜海舟于公元 1875 年辞职，回家吟诗作画直到终老。接替其职务的是西乡隆盛的连襟——川村纯义。

所谓"来得早，不如来得巧"，和昔日德川幕府的"军舰奉行"胜海舟相比，他昔日长崎海军传习所的同学川村纯义或许不是什么海军专家，但是他却恰好赶上了日本海军高速发展期，出兵台湾前后日本相继开始以横须贺造船厂为中心动工修建"清辉""天城""磐城"三艘炮舰，但经历了明治维新的一番折腾之后，日本本土的舰艇建造工艺并没有太大的提升，"清辉"号、"天城"号和"磐城"号都不过是不足千吨的木质炮舰。应该说在中日海上军备竞赛之初，日本在自行建造军舰的领域远远落后于以福建船政局为首的清政府军工系统。

既然自行造舰无法与假想敌对抗，那么明治政府便只能乞灵于外购战舰了，1875 年 5 月明治政府正式向英国订购三艘铁胁木壳、外敷装甲的大型战舰："扶桑"号、"金刚"号和"比睿"号。其中"扶桑"号满载排水量近 4000 吨，可以10 节航速巡航 4500 海里。尽管与英、法等西欧列强的万吨级战舰相比仍有距离，但"扶桑"号以其巨大的舰躯体和 240 毫米的主炮独步亚洲。

无独有偶，日本出兵台湾的"牡丹社事件"也极大地刺激了清政府，在以恭亲王奕䜣为首的"洋务派"的努力之下，清帝国随即决定每年拨出四百万两作为海军经费，用于买船造舰。不过此时的海防建设的重心已经由左宗棠、沈葆桢创建的福建水师转向了由直隶总督、北洋大臣李鸿章主导的北洋水师，这其中固然有李鸿章的个人影响力在内，但是恰如沈葆桢所言："外海水师以先尽北洋创办为宜，分之则难免实力薄而成功缓"，面对辽阔的海岸线，中国的确需要一支可以独力作战的精锐海上力量。

一度独步亚洲的日本军舰"扶桑"号

李鸿章主抓海军伊始，也打算通过向世界第一流的海军强国——英国购舰来迅速提升海军实力。1875 年李鸿章通过中国海关总税务司赫德向英国阿姆斯特朗公司订购了 4 艘被称为"蚊炮船"的"伦道尔式炮艇"即"龙骧"号、"虎威"号、"飞霆"号、"策电"号。由于在日后的海战中这些被英国人吹嘘为"来去如风""船小炮巨"的舰艇并未有出彩的表现，李鸿章的首次购舰也被世人广泛诟病，认为清政府是受了对方的蒙蔽。

事实上"伦道尔式炮艇"在当时世界上一度颇为流行，英国皇家海军也先后采购了数十艘之多，其改进型甚至服役到第一次世界大战。而为了争取长期订单，英国方面还特意对 4 艘舰艇进行了一系列的改进，不仅赋予了其远航的能力，更强化了装甲防御和火力。而李鸿章也早在订购之前便已明确表示这些军舰不过是"驻扼口隘其力能拒甲舰"的海上炮台而已。

伴随着中日两国所订购的军舰在不列颠的造船厂内如火如荼的开工建设，日后将延续近二十年的海上军备竞赛由此拉开了序幕。在这场你追我赶的国力角逐之中，中日双方都有过神来之笔，如清政府通过驻德公使李凤苞买下了质量上乘的两艘 7000 吨级铁甲舰——"定远"号和"镇远"号，而日本则从英国手中获得了航速高达 22 节的穿甲巡洋舰"吉野"号。

当然他们各自有过昏招、走过弯路，如清政府买下了据说可以"追赶碰坏极好之铁甲船"的撞击巡洋舰"超勇"号和"扬威"号，日本则为了对抗中国强大的铁甲舰，依照法国设计师白劳易的设计建造了大而无当的"三景舰"。或许我们无法以最终的结果去评判这场竞赛过程中孰优孰劣，但与日本积极的谋划争锋大洋的战略相比，清政府一味求稳仅局限于近海防御的保守，却不得不说是大陆帝国的一种通病。

"伦道尔式炮艇"的模型

如果要问 19 世纪末，谁是东亚最有权势的女人，那么答案毋庸置疑——中国"垂帘听政"的慈禧太后——叶赫那拉·杏贞。但正如许多籍籍无名的亚军一样，很少有人记得在与中国山水相连的朝鲜半岛，同样有一位热衷干预政治的"女强人"，她就是被今天的韩国影视剧包装为"贤良淑德""开化先锋"的"明成皇后"闵兹映。

客观地说闵兹映生前从来没有登上过王后的宝座，更不用说"皇后"了。在其最初的婚姻生活中，被册封为王妃的她常年得不到丈夫的恩宠，过着长夜独眠的苦闷生活。闵兹映的丈夫朝鲜高宗李熙之所以对自己的妻子提不起兴趣，很大程度上是由于他们的结合是一场名副其实的"包办婚姻"，按照亲属关系，李熙更要叫闵兹映一声"姨妈"。

闵兹映来自号称"三韩甲族"的骊兴闵氏，可谓是"名门之后"。但是由于八岁丧父，因此早年的生活并不富裕。改变她一生命运的男人，是过继到父亲名下的同族哥哥闵升镐。作为"大院君"李昰应的妻弟，闵升镐长期自我感觉良好。偏偏姐夫李昰应对他并不重用，于是苦求出头的闵升镐只能继续在家里的女人身上打主意。1866年他把自己名义上的妹妹推荐给正在为15岁的儿子选妃的姐夫。

李昰应倒未必真的欣赏闵兹映，只是他本人便是通过击败外戚势力安东金氏才上台的，而骊兴闵氏此时家道中落，闵兹映入宫可以杜绝类似事件的再度发生。于是不仅首肯了李熙和闵兹映的婚事，还直接将她放在了主持后宫的王妃位置上。不过老子的安排，儿子未必买账，李熙早就爱上了和自己朝夕相处的女官"封书尚宫"李顺娥，因此在李顺娥为朝鲜王室开枝散叶产下"龙子"李墡并进封"淑媛"之时，闵兹映只能用阅读各种描写朝鲜宫廷的"职场小说"来打发时间。

婚后漫长的三年里，闵兹映根本就看不到自己得宠的希望，公公李昰应忙于政务，哥哥闵升镐还在吏曹和户曹中层苦苦徘徊。但就在没有任何外援可以指望的情况之下，李熙却主动回心转意，开始宠信起闵兹映来。这一峰回路转的情节日后被某韩国化妆品拍成了广告，提醒现代的韩国女性要用姿容来挽回爱情。客观地说李顺娥尽管比闵兹映大3岁，但此时也仍未到年老色衰的阶段，真正令李熙将注意力转向闵兹映的，并非是容颜和媚术，更多的是急于亲政的李熙发现闵兹映在对抗父亲李昰应的问题上能够提供比出身卑微的李顺娥更多的帮助。

李熙和闵兹映的爱情升温随即影响了朝鲜王国的政局。1872年，闵升镐升任"刑曹"主管（判书），自此进入中央决策层。随后大批骊兴闵氏的亲贵如过江之鲫般地涌入朝鲜政府机关。外戚干政的阴影再度笼罩在了朝鲜王国的上空。一心巩固王权的"大院君"李昰应自然不愿意看到另一个"安东金氏"的崛起，他开始扶植自己的长孙李墡，试图利用闵兹映的子嗣先后夭折这一点，将这个女人赶

被闵兹映利用为"政治打手"的大儒崔益铉

出政治舞台。而对于闵升镐，李昰应更利用手中的人事权将他外放到水原府去做父母官去了。

事实证明"大院君"李昰应太小看自己的儿媳妇了，闵兹映不久就通过枕头风将自己的哥哥吹回了中枢，重回汉城（今韩国首都首尔）的闵升镐不仅出任"兵曹判书"开始执掌兵权，更通过外放的机会串联了被李昰应赶下台的另两股前外戚势力——安东金氏和丰壤赵氏，"大院君"李昰应反倒成了孤家寡人。

1873年11月，在朝鲜世林之中颇有威望的大儒崔益铉上书批评李昰应裁撤各地书院的政策。崔益铉虽然品德高雅，但却是刚正不阿的人物，曾因为针砭时弊而被李昰应罢免过，8个月才重新被征用为"同副承旨"为李熙起草公文。对于崔益铉的批评，李昰应起初并不在意，毕竟朝鲜王国的书院早已不是教书育人的地方，而成了地方贵族拉帮结派的乐园，逃避劳役者的巢穴，李昰应自感问心无愧。不料自己的儿子李熙不仅没有责罚崔益铉反而公开嘉奖了他的正直敢言。李昰应随即敏锐地感觉到此举显然是一个危险的政治信号。

李昰应所料不差，闵兹映随即以"命召牌"在后宫接见了崔益铉，要对方主笔撰写一篇弹劾"大院君"的奏章，崔益铉本来就是个迂腐的文人，回家之后就书写了一篇洋洋洒洒的雄文递交了上去。不过这篇文章中列举李昰应的罪状除了裁撤书院之外，也不过是关闭了朝鲜国王祭祀明神宗的万东庙，打压外戚官员而已。其中最夸张的莫过于指责李昰应允许清朝货币在朝鲜流通是"胡钱之用，华夷之别乱矣"。好在这话没有传到向来讨厌被称为蛮夷的清朝帝王耳中。

崔益铉满怀希望地将奏章递了上去，不想等来的不再是嘉奖而是流放。1873

年 12 月 22 日，崔益铉以"不当言事"的罪名被放逐济州岛。就在人们纷纷认为这是"大院君"李昰应打击异己之时，幕后把持政权的闵兹映却在偷笑。面对朝野上下对自己父亲不满的声浪，朝鲜国王李熙出面宣布"亲政"，面对自己儿子、儿媳打出的"组合拳"，李昰应也只能无奈地以退为进，带领自己的党羽辞职离开首都，史称为"癸酉政变"。不过，这只是此后朝鲜王国漫长的"翁媳斗法"的第一回合。

江华条约

据说在正式宣布辞职之前，李昰应曾进宫"觐见"自己的儿子高宗李熙，希望能以父子亲情打动对方回心转意。李熙夫妻两个表面上也对"大院君"颇为恭敬，闵兹映甚至亲自下厨做了几道菜请自己的公公品尝，但是饭后李昰应准备回家之时却听到自己儿媳放肆的抱怨声。面对"朝鲜其必以大院君亡乎！"的恶毒诅咒，李昰应只能在"儿大不由爹"的感慨中黯然谢幕了。

闵兹映虽然赶走了自己的公公，但骊兴闵氏毕竟在外戚之中还是小字辈，面对昔日同盟"丰壤赵氏"通过"领议政"李裕元利用前往北京朝贺之际，勾连清政府权臣李鸿章对自己的施压，闵兹映一边将自己的堂弟闵奎镐引入中枢，把持负责外交"礼曹"，一边以"开国"为名，授意闵升镐派员前往釜山，开始尝试与对朝鲜虎视眈眈的日本进行接触。自此朝鲜王国的内斗开始牵连上了两大邻国。

事实上朝鲜王国虽然和日本没有正式的外交往来，但在釜山却有一个类似"代办处"和"经济特区"的机构——草梁倭馆。在丰臣秀吉入侵朝鲜之前，倭馆曾遍布朝鲜各处，居留有大批前来朝鲜经商的日本侨民。但是在"三浦之乱"和"壬辰卫国战争"之后，朝鲜视日本侨民为"第五纵队"随即大幅度限制了倭馆的设置，仅保留了釜山一处作为向朝鲜称臣的对马藩交易、朝贡的据点。

明治维新之后对马藩不复存在，日本政府要求接管草梁倭馆设立公使馆。此举本属正常的移交似乎无可厚非，但是草梁倭馆依龙头山而建，占地面积广阔，长期久留的日本侨民多达五六百人，一旦移交，形同租界。因此身为"倭馆训导"的安东晙秉承"大院君"李昰应的意见，不仅本人称病不见，婉言拒绝，还阻止日本使团离开倭馆，史称"馆倭拦出"。最终日本方面只能采取武力的手段，由外务大丞花房义质及步兵两小队开到釜山，强行接收了"草梁倭馆"，正式将其改名"大日本公馆"。

闵氏一族要和日本进行接触必然要先拔掉安东晙这颗钉子。1874 年 8 月 1 日，闵兹映操纵朝臣以"欺上瞒下"为由将安东晙逮捕处以极刑法。安东晙身为"倭馆训导"，一言一行都吸引着日本情报系统的注意，得到他被杀的消息，身居釜山的日本外务省理事官森山茂随即于 1875 年 4 月 15 日向东京汇报："李朝政府内部，大院君残党与闵族一派相抗衡，政情不安，不如乘此良机，派军舰一两只至朝鲜对州近海测量，以示日本国威，当可打开日朝交涉的僵局。"

向来没有主见的太政大臣三条光美接到报告之后随即请来岩仓具视进行磋商。自丰臣秀吉出兵朝鲜以来，日本国内向来轻视朝鲜，昔日"征韩论"之所以甚嚣尘上，也就是因为日本国内普遍认为朝鲜王国"知守不知攻，知我不知彼。其人深沉狡狞，固陋傲顽，觉之不觉，激之不激"。对朝用兵只要"一日举我三十大队以蹂躏彼之巢窟，则土崩瓦解。一夫太院，七纵七擒，实易易耳"。

甚至外务省雇员佐田白茅也客串写起了军事计划："兵遽入，其十大队向江华府，直攻王城，大将率之。其一少将率六大队，进自庆尚、全罗、忠清三道。其一少将率四大队，进自江原、京畿。其一少将率十大队，溯鸭绿江，自咸镜、平安、黄海三道而进。远近相待，缓急相应。角之犄之，必可不出五旬而虏其国王矣。"正是在这种朝鲜软弱可欺的固有印象之下，日本最终决定派遣三艘军舰进逼朝鲜半岛。

日本对朝鲜半岛的野心，中国历朝历代都可谓洞若观火。就在中日双方围绕"牡丹社事件"而剑拔弩张的同时，清政府曾通过礼部密咨朝鲜王国，表示："日本尚有五千兵长崎，台湾退兵后，将从事高丽。法、美与高丽前隙未解，必以兵船助之。高丽不足以敌三国。若中国能令高丽与法、美立约通商，则日本势孤、不敢动兵，高丽之民得保全。即使日本妄动，高丽力亦足支。"

清政府作为朝鲜的宗主国主动要求帮助朝鲜与西方列强"立约通商"，固然有失道义，但是在当时的环境之下却不失为不是办法的办法。可惜朝鲜王国并不以为然，反而对清吹嘘自己"迩来器械精良，设炮相望峙，粮亦支几年之需"。当然这些话也并非全无根据，在"大院君"李昰应时代，朝鲜的确曾三度击败美、法两国的入侵，但此一时彼一时，国内人心浮动的朝鲜再也不复昔日之勇了。

1874 年正月，朝鲜王国的正宫"景福宫"发生了针对闵兹映的爆炸案，闵兹映虽然侥幸逃过一劫，却也不敢再继续居住在自己公公修建的这座宫殿之中，只能搬往了相对偏僻破旧的"昌德宫"居住。而不到一年之后，1875 年 1 月 8 日闵氏一族的首脑闵升镐又在自己家中遭遇"礼盒炸弹"，闵升镐和闵兹映的生母当场被炸身亡。几天之后投靠闵兹映的"大院君"李昰应胞兄——"兴寅君"李最应家中又遭纵火，作为报复，闵兹映随即指认"庆尚道右兵使"申哲均为凶手，将这位李昰应的心腹将军处斩。

就在朝鲜王国内斗日趋白热化之际，日本海军军舰"云扬"号突然驶入了朝鲜釜山海域。"云扬"号虽然不过是一艘满载排水量仅为 270 吨的炮艇，但是新任"倭馆训导"的玄昔运却不敢自作主张，在"云扬"号舰长井上良馨宣布自己此行是为了"保护日本使馆"之后，朝鲜方面也只是抗议了事。眼见朝鲜方面只是徒呼负负，日本海军的胆子随即大了起来，6 月 12 日另一艘日本军舰"第二丁卯"号抵达，"第二丁卯"号也不过 236 吨，不仅火力薄弱，航速更只有 5 节。但就是这两艘根本上不了台面的军舰，在釜山外海公然搞起了演习，炫耀起"武力"来了。不过釜山毕竟是"草梁倭馆"的所在地，日本海军也投鼠忌器，挑衅了一番就扬帆北上，对朝鲜东海岸进行了一番勘测之后，于 7 月 1 日返回了长崎。

"云扬"号首度出航，尽管无功而返却试探出了朝鲜王国虚弱的本质。于是日本军部省颇为"大气"地又调拨了功勋战舰"春日"号交给井上良馨指挥。"春日"号虽然是艘排水量 1269 吨的大船，此时却已是落伍于时代的老舰了，在日本出兵台湾之役中也只是作为"通报舰"载着奉命赴华刺探情报的陆军少佐桦山资纪到处窥探情报。

不管怎么说"春日"号编入舰队还是让井上良馨颇受鼓舞，舰队以勘探由朝鲜东海岸至中国牛庄的航线为名再度出发，于 9 月 20 日逼近汉城的海上门户——江华岛。江华岛经历了"辛未洋扰"的朝美战争之后本是朝鲜海防枢纽，岸边炮台林立，永宗镇要塞亦有 500 人的驻军。但是除了日本海军放下舢板侦测水文信息之时，朝鲜方面曾以草芝镇炮台予以阻击之外，在接下来两天日军对丁山岛炮台和永宗镇要塞展开的进攻里，朝鲜海防部队均一触即溃。甚至出现了日军在战场仅击毙朝鲜士兵 35 人、俘虏 16 人，却缴获了 35 门大炮、步枪 130 支的奇异场景。

炮击江华岛

客观地说由于长期与外隔绝，朝鲜军队的武器的确与对手存在着一定的代差，比如朝军炮台上的青铜火炮射程仅 700 米，步枪也大多为火绳燃放；但是日军无论是在兵力还是在舰艇性能方面均远远不如昔日前来叩关的美、法远征军。真正导致江华岛外的永宗镇被日军烧成白地的，恰恰是守将"永宗金事"李敏德没有了当年鱼在渊至死不退的勇气和信心。

应该说炮击江华岛的军事行动虽然圆满成功，但明治政府却在很长一段时间里陷入了焦虑和不安之中。一方面朝鲜很可能对釜山居留的日本侨民展开报复，为此除了"云扬"号返回长崎之外，"第二丁卯"号和"春日"号被派往釜山海域警戒，不久从台湾方面返回的"孟春"号也被派往这一区域；另一方面，作为朝鲜的宗主国，清政府是否会就此强出头，也是日本外务省颇为担心的问题，因此木户孝允认为应该先行遣使征求清政府的意见，再与朝鲜展开外交磋商。

作为日本政府的特使，曾经留学英国伦敦的森有礼刚抵达烟台，便听说朝鲜使臣已经抵达，要求清政府出兵支援。森有礼随即颇为紧张地赶往北京，但是在总理衙门，负责处理此事的军机大臣沈桂芬却表示："朝鲜虽隶属中国，一切政教禁令，完全自主，中国从不与闻。"森有礼听到这话还怕是清政府有意诓骗自己，于是继续追问："那中朝之间的'宗属'关系作何解释？"沈桂芬回答说："无非是非今始有，由来甚久的册封和朝贡而已！"

沈桂芬的这番回答固然与"遇事持重、躬行谨饬"的个性有关，更是清政府此时自顾不暇的真实写照。1875 年 1 月，年仅 19 岁的清穆宗载淳突然去世，清政府长期以来的"两宫同治、恭王议政"的微妙平衡随即被打破。而在西北方面清政府已经基本平定了陕甘地区以白彦虎为首的回乱，于 1875 年 5 月正式任命左宗棠为钦差大臣，开始收回新疆的军事行动，大批的兵员和物资源源不断地向西输送，庞大的军费开支，即便是向来主战的左宗棠也不得不说："转运一节，固非藉资民力不可"。在这样的情况下，清政府的确没有介入朝日纠纷的实力。

当然对于日本政府颠倒黑白，发出的所谓"朝鲜背约拒使，况在江华炮击我船"的外交照会，主掌北洋军务的李鸿章还是出面对森有礼进行了一番敲打，表示"日本炮船被击，固有不平之气，高丽炮台被毁，兵士被杀，谅亦有不平之气。高丽国虽小，其臣民之气一也，不可凌辱"。同时李鸿章还建议总理衙门向朝鲜秘密传达了"息事宁人"的意见。

得到了清政府的这一答复之后，明治政府顿感轻松，随即调集了 8 艘战舰、226 名海军陆战队员护送全权特使黑田清隆，再度前往江华岛。与此同时，"陆军卿"山县有朋则前往下关，负责调集广岛、熊本两镇台的陆军部队，随时做好谈判破裂后的战争准备。

日本海军炮击江华岛之后，闵兹映虽然派出自己的堂兄——"京畿观察使"闵台镐和"丰壤赵氏"的代表人物"江华府留守"赵秉式全力备战。但是在日本忙于征求清政府意见的近半年时间里，主掌朝鲜政府的各路外戚除了撤职拿问"永宗佥事"李敏德的畏战之罪外，并没有实质性的应对措施。面对日本政府的"兴师问罪"，闵兹映更无心抵抗，派出"御营大将"申观浩于江华府练武堂接待日本使团。

江华岛谈判

申观浩可以算是朝鲜军队中少数的"技术型"军官，不仅擅长筑城之术，更依照从中国传入的《海国图志》中的理论，长期活跃于"水雷炮"的研制领域。但也正是由于深刻理解了朝鲜与日本在军事科举上的差距，申观浩面对黑田清隆的不断施压，竟然"饮泣吞声"，最终不得不与对方签署又称《江华条约》的《日朝修好条规》。

《江华条约》除了要求朝鲜开放口岸、准许日朝自由通商之外对日后影响最为深远的条款莫过于："朝鲜国自主之邦，保有与日本国平等之权。"日本方面之所以坚持将这一条款写入其中，当然不是为了照顾朝鲜王国的面子，更是想借此否定中朝之间的"宗属"关系，为日后进一步侵蚀朝鲜的主权埋下伏笔。

对于日本的狼子野心，清政府也并非全无察觉。就在《江户条约》签署前夕，清政府以传统的东方模式给予了反击。1876 年 1 月 2 日，清使团抵达汉城，册封闵兹映的儿子李坧为世子，此举不仅压制了朝鲜国内拥立庶长子李墡的"丰壤赵氏"的势力，卖了闵兹映一个人情，还以这种方式明确了中朝之间的"宗属"关系。对于朝日条约中的所谓"自主"，李鸿章等清官员也始终表示："朝鲜虽与各国订约，仍是中华属邦，其与各国交约，冒称自主，是中华宽容之大度。"

纵观《江华条约》签署的过程，虽然表面上看朝鲜与中、日迫于西方武力"开国"并无不同，但实际上以日本当时的国力并不构成对朝鲜的压倒性优势。朝鲜之所以被迫签署此后的一系列不平等条约，更多的是内部各派势力角逐的后果。而日本派遣舰队直逼江华岛，虽然是对"黑船袭来"的扶植和模仿，但是以"云扬"号这样的炮艇前去叩关，不仅拙劣更显冒险。不过就如同所有侥幸获胜的赌徒一样，此后的日本更频繁地在准备不足的情况下在外交事务中主动施以武力，直至输得精光。

第 三 章：
鏖战甲午

第一节：拉锯朝鲜——日本对朝鲜主权的蚕食和李鸿章的反制

促朝开国

1876 年《江华条约》的签署，本是以高宗王妃闵兹映为了巩固自身统治的权益之计，但是事态的发展却很快便脱离了闵氏一族的预期。和大多数东方国家一样，在江华岛谈判的过程之中朝鲜代表将注意力集中在诸如日本公使久驻汉城、日本侨民活动范围等政治问题，却忽视了关税、金融货币等重要经济条款，其结果是在《江华条约》签署之后，日本商人根据相应条款只需在朝鲜通商口岸交纳为数不多的船税，便可以讲免除关税的货物倾销于朝鲜市场。而两国之间真金白银的货币流通，更令日本商人大量吸纳着朝鲜的贵金属储备，其所造成的经济影响自然可想而知。

闵氏一族很快便意识到了问题的严重性，并以在釜山以北的豆毛镇设关，对进入内地的日本商品征税来作为补救措施。但在日本代理公使花房义质率领舰队逼近釜山、公然持刀刺伤朝鲜东莱府使尹致和的情况之下，闵氏一族最终还是选择了屈服。朝鲜政府不仅被迫取消了抵挡日本经济入侵的相关措施，更被迫开放了永兴湾的元山和作为首都门户的济物浦（今韩国仁川港），可谓"得不偿失"。

早在日本舰队逼近江华岛，试图强迫朝鲜签署"城下之盟"时，清政府直隶总督北洋大臣李鸿章便曾提醒朝鲜政府："西洋英美诸国专务通商，地球以内几无不到，兹日本既导先路，诸国或思步其后尘。"不出李鸿章的预料，随着日本打开朝鲜国门的消息传开，曾经被朝鲜王国拒之门外的美国政府随即跟进。1878 年曾经前往朝鲜沿海调查"舍门将军"号沉没原委的美国海军准将薛斐尔再度领命前往远东，试图通过日本政府的斡旋，打开朝鲜的国门。

但是出乎美国人意料的是日本政府对于充当朝美之间联络人一事并不热心。薛斐尔两度通过日本政府投书朝鲜国王，均被原封退回。其中第二次更是借口薛斐尔

打开朝鲜国门的美国海军准将薛斐尔

在致朝鲜国王的信中，把"Korea"翻译为了"高丽国"，有辱朝鲜的国体。

就在逗留于长崎的薛斐尔心灰意冷之际，清驻日领事余瓗却主动找上门来，表示中国政府有意帮助美国与朝鲜"订约通商"。清政府之所以如此热心，当然有着自身的利益考量。此时中俄两国不仅正在伊犁处于"两军相望"的对峙状态，沙俄海军更是频繁游弋于西太平洋，威胁中国东南沿海。为了避免沙俄侵入朝鲜，威胁中国东北地区，清政府迫切需要引入另一股西方势力制衡。

另一方面自 1874 年"出兵台湾"失利之后，日本政府也加紧了对琉球王国的并吞。1875 年春夏之间，日本政府多次要求琉球国王停止向清朝朝贡礼仪，断绝与清朝的外交关系。琉球国王尚泰一边与日本政府据理力争，一边秘密派遣特使向清政府求援。清政府自然不愿轻易放弃琉球群岛这个藩属和东海战略缓冲带，但是清驻日公使何如璋所提出的"先遣兵船责问琉球，徵其入贡，示日本以必争"的方案，以清海军当时的实力并无完成的把握，而"据理而言，明约琉球令其夹攻，示日本以必救"的战略，却由于日本军警已经驻扎于琉球群岛之上而无从实施，剩下的也就只有"反复辩论，徐为开导，若不听命，或援万国公法以相纠责，或约各国使臣与之评理，要于必从而止"的反复交涉了。

217

就在何如璋在东京就日本政府阻止琉球王国向清朝贡一事提出严重抗议，琉球王国也通过荷兰、美、法公使在国际社会向日本发出控诉之时，恼羞成怒的日本政府铤而走险，委派多次与琉球王国交涉无果的"内务大丞"松田道之率领41名内务省官员、165名警部巡查队和陆军熊本镇台分队的两个中队于那霸港登陆，杀气腾腾冲入琉球王国都城首里，强行宣布"废藩置县"，改琉球藩为冲绳县。随着国王尚泰以下的琉球王室成员被全部押往东京，延续了500年的尚氏王朝至此彻底灭亡。日本称对琉球王国的这次武力并吞为"第二次琉球处分"。

尚氏一族被强行掠走，在琉球岛内顿时引起了轩然大波，"士族官吏数百人围着驾舆，妇女和众人哀号者不知几许"，场面可谓惨不忍睹。但是琉球王国自1609年遭遇日本萨摩藩入侵以来便被解除了武装，无拳无勇的民众除了痛哭流涕，也是毫无办法。

琉球国灭的消息传到北京，清朝野上下顿时舆论哗然。但恰如李鸿章所说"今则俄事方殷，中国之力暂难兼顾"。通过卸任后访问远东的美国南北战争名将、前总统尤里西斯·格兰特的斡旋，中日之间就琉球问题展开磋商。日本政府似乎也觉得独吞琉球群岛有些"不好意思"，于是提出所谓的"分岛改约案"，即用琉球群岛靠近中国台湾的宫古、八重山两岛换取之前《日清修好条约》中双方纠缠的"最惠国待遇"和"内地通商"特权。

应该说宫古、八重山两岛虽然贫瘠，但是地理位置险要，清政府如果控制两岛可以将台湾海防向东拓展数百海里。但是清政府还肩负着为琉球复国的

琉球王国末代君主尚泰

使命，于是李鸿章于 1880 年提出了琉球三分方案，要求日本将冲绳本岛在内的中部各岛归还琉球，恢复琉球王国，宫古、八重山以南各岛划归中国，日本则获得包括奄美大岛在内的北方五岛划归日本。这个提案对于日本而言无疑是"一觉回到解放前"，自然是不肯答应的。

在中日两国围绕琉球群岛的谈判陷入僵局的情况下，以恭亲王奕䜣为首的洋务派主张从朝鲜入手打开局面。李鸿章为此先通过私下的接触，向朝鲜王国亲贵李裕元传了如下信息："彼日本恃其诈力，以鲸吞蚕食为谋，废灭琉球一事，显露端倪，贵国固不可以备之。然日本之所畏服者西人也，以朝鲜之力制日本，或虞其不足；以统与西人通商制日本，则绰乎有余。"李鸿章的这番话固然是肺腑之言，但是李裕元此时在朝鲜国内已是边缘人物，而真正掌权的闵氏一族则对清保持戒心和防备。因此朝鲜王国除了派员以朝贡为名向清索取中国与各国修订的通商章程，准备带回国内援照之外，并没有更积极的回应。

眼前朝鲜王国有脱离与清的藩属关系，独立与西方列强建立外交关系的趋势。李鸿章一边指出"惟该国于外交情事生疏，即于日本通商五年，尚未设官收税，并不知税轻重，设再与西国结约，势必彼此欺蒙，无益有损"的利害关系，一边主动与美国特使薛斐尔展开了接触。

1880 年 8 月 26 日，率舰离开长崎的薛斐尔，于天津与李鸿章展开了"积极友好"的会晤。双方不仅交换了对美朝关系的看法，更深入商谈了中美军事合作的可能性。李鸿章甚至提出清政府向美国订购舰艇，聘请薛斐尔为北洋海军顾问的合作意向。不过薛斐尔深知美国此时的海军工业较之英、法仍有不小的距离，北洋水师上下也充斥着英国人的势力，于是只是将自己随行战舰"提康德罗加"号上的水雷队队长满尼克斯中尉，推荐给了李鸿章出任天津水师学堂的教官。

1880 年 11 月 8 日，薛斐尔率舰回到美国西海岸的旧金山。他的远东之行虽然由于日本方面的敷衍而未能打开朝鲜国门，却意外地为美国与清政府建立了稳固的外交关系。4 个多月之后他以美国驻华武官的身份重返北京，此时《中俄改订伊犁条约》已经签署，困扰清政府长达 6 年之久的西方"塞防"问题暂时告一段落。李鸿章遂开始与薛斐尔商谈协助美国与朝鲜修订通商条约的事项。

朝鲜王国之所以拒绝与美国等西方国家建立外交关系，固然有国内在野的"大院君"李昰应为首的"卫正斥邪"派保守势力的阻挠，但更为关键的是在把持政权的闵氏一族眼中，对朝鲜逐步渗透的日本已经俨然成了其维持统治的有力外援。自《江华条约》签署以来，朝日贸易额在短短6年里增加了26倍，尽管朝鲜国内自给自足的小农经济被日本专卖的欧美商品冲击得体无完肤，但是靠着向日本出口农产品和矿石，朝鲜国内依附于闵兹映的大小政客们还是赚得盆满钵满，开始过起了"每夜曲宴、淫戏、保佑、巫祝，工瞽歌吹媒嫚，殿庭灯烛如昼，达曙不休"的奢靡生活。

除了经济上与日本联系日益紧密之外，闵氏一族还迫切渴望获得日本武力上的支持。自《江华条约》签署以来，恶劣的民生状况和反日情绪，使得朝鲜国内民变四起。而蛰伏的"大院君"李昰应势力更利用民愤，趁机夺权。尽管由儒生安骥泳所发动的宫廷政变最终胎死腹中，但是其以"举义讨倭"为旗号，勾连禁军，准备"废高宗、杀闵妃、诛灭诸闵"的计划还是吓出了闵兹映一身冷汗。

闵氏一族创立的"别技军"

为此，闵兹映一边凌迟处死了安骥泳等谋反者，一边却又将"大院君"李昰应的嫡长子李载冕引入内阁的同时，开始谋划组建自己的核心武装力量。1881年在日本赠送枪支和派遣军事教官的有力支持之下，一支有别于朝鲜王国传统武装力量的宫廷卫队——"别技军"横空出世。

客观地说"别技军"并不是所谓"新式陆军"，这支部队的性质和13世纪高丽王国崔氏家族为巩固自身权力而组建的私人武装"三别抄"并无二致。讽刺的是尽管薪俸是朝鲜旧式政府军的5倍，还发放颇为拉风的新式军服，但是由于朝鲜民间"语到倭边，咬牙欲杀之"的仇日情绪，以及日本教官堀本礼造中尉的严苛操练，"别技军"方一组建便有半数以上的成员当了"逃兵"。

"别技军"一时半会儿指望不上，无疑令一心想要独霸朝鲜的日本公使花房义质颇为头疼，而就在此时长期被日本政府忽悠的美国人薛斐尔又出现了仁川港外。不过这一次薛斐尔的舰队之中不仅有海军的战舰"汕岛"（swadara）号，更带来清北洋水师最为新锐的英制巡洋舰"超勇"号、"扬威"号和训练舰"威远"号。

面对联袂而来的中美两国，花房义质自然格外紧张，但是此时日本海军在朝鲜近海仅有测量舰出身的炮艇"磐城"号。自知试图以武力阻止不过是螳臂当车的花房义质只能自降身份，一而再再而三地以"路过"的名义先后登上中国海军战舰，拜访清仁川行馆，希望能从李鸿章的心腹特使马建忠的口中探听到清促成的《朝美修好通商条约》的内容，但中、朝、美三方均表示"无可奉告"。

马建忠更是在会谈中以"闻薛君（薛斐尔）曾乞贵国致书朝鲜国王，称述立约之意，不知曾代达否？"狠狠地揶揄了对方一把。而在谈论日本对朝鲜关税的干涉问题上，马建忠更将花房义质批驳得无地自容，令对方只能主动表示："吾外务卿井上馨亦以彼国不谙通商利益，未便以税则一事，致碍大局。"可以说正是在清政府强大的海军力量面前，日本不仅不敢阻止朝美直接通商，而且同意朝鲜以7.5%的税率向日本商品征收关税。

1882年5月22日，在北洋水师"站队升炮以张吾威"，马建忠、丁汝昌的监理下，《朝美修好通商条约》正式签署。仅就各项条款而言，这一条约依旧充斥着西方列强惯用的"协定关税""片面最惠国待遇"等不平等色彩，而《朝美修好通商条约》墨迹未干，英、德、意、俄、法等欧美列强便纷至沓来，与朝鲜签订类似条约，严重破坏了朝鲜的主权。但恰如马建忠所言："环地球皆通商，不通商者仅朝鲜一国耳。且朝鲜已与贵国（日本）通商。"不可能"独峻拒欧美诸国"。与其让日本成为朝鲜对外开放的代理人，清政府应该当仁不让地承担起"宗主国"的责任"立约保藩"。事实证明尚未正式成军的北洋水师这次出航仁川，不仅彰显了清政府的国力，更为不久之后直接出兵汉城平叛奠定了坚实的基础。

1882 年，朝鲜出现了罕见的大旱，加至朝鲜王宫之内钩心斗角，各种"灵异事件"不断。加之此时朝鲜和西方列强签署诸多条约的消息传来，向来封闭的朝鲜国内顿时纷纷指责闵兹映勾结"洋妖"导致天怒人怨，甚至有人编造起了闵兹映"不守妇道"的桃色新闻，一场武装政变的舆论准备已悄然展开。

壬午兵变

朝鲜王国首都汉城的警备任务长期由所谓的"京军五营军"——"训练都监、龙虎营、禁卫营、御营厅和总戎厅"负责。闵氏一族当政之后，为了排斥异己和节省开支，一度将"五营军"缩编为了"武卫营"和"壮御营"，大批职业军人的"下岗"自然引发了社会的不满，与此同时依旧在编的官兵，其工资待遇也是日渐下滑。到 1882 年 7 月，朝鲜首都卫戍部队已经连续 13 个月没有领到粮饷了。7 月 19 日全罗道漕米运抵汉城，倍感压力的朝鲜政府决定先向武装部队发放一个月的米粮以缓解不满情绪。

日本画家笔下的"壬午兵变"

虽然只是杯水车薪，但是"武卫营"和"壮御营"的士兵们还是怀着"久旱逢甘霖"的欣喜之情赶往主管俸禄发放的"宣惠厅"领饷。大灾之年本就粮食紧张，而主管兵曹的闵氏一族成员闵谦镐竟然还想要"雁过拔毛"，竟然授意"和糠换米，窃饸赢利"，拿着手中不堪食用的米粮，朝鲜官兵心中的不满可想而知，于是在"宣惠厅"的粮仓——都捧所内，愤怒的士兵与库吏由争执演化成了肢体冲突，最终上演了一场砸毁仓库、夺取粮食的闹剧。

抢了粮食的旧军官兵本是一哄而散，但是"兵曹判书"闵谦镐却有心要抖抖官威，"汉城捕盗厅"（警察局）随即侦骑四出，逮捕了带头闹事的金春永等四名士兵，准备杀一儆百。但是自以为权势熏天的闵谦镐忘记了，他所要面对的不是升斗小民，而是向来重视袍泽之情的职业军人，于是在官兵们拔刀击地曰"饿死、法死，死等耳。宁杀当杀者，以一雪耳"的怒吼声中，一场兵变由此展开。

1882 年 7 月 23 日，群情激奋的"武卫营"和"壮御营"两营官兵于东别营出发。在打开军火库抢夺了武器之后，暴乱的士兵开始向汉城市中心进发。起初哗变士兵只是为了替含冤被捕的同僚叫屈，如果有一位颇为威望的军中大老可以出面好言安抚的话，局面本不至于失控。可惜的是身为"武卫大将"的李景夏本来就是个朝秦暮楚的墙头草，此时更不敢轻易表态，只是写了一张"陈情状"便把哗变士兵打发到了闵谦镐的府上。

在闵谦镐的府邸，衣食无着的官兵被对方奢华的府院所彻底激怒了。长久的积怨一朝爆发，令最初陈情上诉的美好愿望顿时被抛到九霄云外，哗变士兵冲入了闵府大肆破坏。闵谦镐翻墙逃入了王宫，愤怒的士兵只好将其府邸中珍藏的奇珍异宝焚之一炬。在人参、鹿茸、沉麝等名贵药材燃烧所发出的"芳烈闻数里"的异香之中，一场瓢泼大雨不期而至。不过雨水浇熄不了哗变士兵的热情，反倒令他们认为这是天人感应的"为之洗冤"。

哗变士兵起初的头目不过是被捕士兵金春永的父亲金长孙，在焚毁了闵谦镐府邸之后，自感闯下弥天大祸的旧军才想到应该另觅政治领袖，于是他们又赶往"大院君"李昰应的居所——云岘宫。早已不甘雌伏的李昰应表面上以"吾老矣，国事何知？"拒绝和叛军合作，但背地里却召见金长孙等人，不仅授以"密计"，还派出自己的心腹家臣许煜混入叛军之中。在李昰应的遥控指挥之下，原本如无头苍蝇般乱冲乱撞的叛军随即兵分三路，除了进攻"汉城捕盗厅"和义禁府，救出包括金春永在内的一干政治犯、捣毁闵氏一族各权臣的府邸之外，叛军还动员汉城的居民开始进攻"别技军"军营所在地——下都监和汉城的日本公使馆。

"别技军"虽然装备精良、粮饷充足但是终究数量有限，而其士兵长期被蔑称为"倭别技"更是士气低落。叛军的大队人马还没有杀到，汉城的居民便开始向下都监军营投掷石块，不明就里的日本教官堀本礼造头扎抹额的白布，拔刀冲出军营。或许堀本礼造的本意是想身先士卒地鼓舞部下"跟我上"，却不想他冲入人群才发现自己不过是个光杆司令，随即被朝鲜民众乱棍打死。

与逞匹夫之勇的堀本礼造相比，日本驻朝公使花房义质则要识趣得多。汉城民众一开始向公使馆聚集，他便率领使馆上下溜之大吉，逃往仁川去了。而在呈给外务省领导井上馨的报告中花房则是大吹法螺，说自己在"矢石弹丸横飞"之下，仍"竭力防守七小时"，在没有得到朝鲜政府援军的情况还冲开一角，直奔朝鲜王宫。只是在城门紧闭的情况下，才不得已撤至仁川，俨然把自己当成百万军中冲突的人物了。

不过花房义质虽然见机逃得早，但是到了仁川才发现当地的朝鲜民众也亦掀起了排日的浪潮。在当地军民的围攻中，花房从汉城带出的28个人中2人死亡，3人负伤。只能驾着小船逃到海上。就在花房义质浮于海上走投无路之时，一艘在朝鲜南阳港遭遇风暴的英国测量船恰好路过。在英国人的帮助之下，花房义质才总算保全了首级，逃回了长崎。

仁川外海螳臂当车的炮艇"磐城"号

朝鲜发生兵变的消息随着惶恐不安的花房义质第一时间传到了日本国内。打着保护在朝侨民安全的旗帜，日本海军第一时间命令在朝鲜近海游弋的"磐城"号前往元山。同时全力开动在朝情报网，探听兵变之后朝鲜的政治动向。而从汉城方面传来的消息多少令明治政府有些失望：7月24日叛军已经控制了王宫，朝鲜高宗李熙迫于无奈急召其父李昰应入宫，并宣布归政于"大院君"，日本此前在朝鲜获得的诸多利益随时有失去的可能。

当然从汉城传来的也并非都是坏消息，日本政府通过自身的情报网络得知尽管包括李最应、闵谦镐在内的一干"亲日派"为哗变士兵所杀。但是闵氏一族的核心人物——王妃闵兹映却在"武艺别监"洪启薰的保护下逃出了王宫，逃往老家骊州郡。作为曾经权倾朝野的外戚，虽然"大院君"李昰应进宫之后随即便宣布了儿媳已经身故的消息，但是汉城还是流传着闵兹映之侄闵泳翊纠集闵氏残党及"褓负商"（朝鲜王国物流从业者）准备大举反攻的谣言，可谓是"百足之虫，死而不僵"。

事实上在从骊州郡进一步南逃忠州长湖院的闵兹映也的确在着手展开反扑，不过承载其翻盘希望的并非是朝鲜国内的家族势力，而是此刻远在中国天津的"领选使"金允植。毕竟金允植不仅是朝鲜王国在清的全权代表，更与清权臣李鸿章等人私交深厚。闵兹映授意金允植向清政府告状"（李）昰应勾结匪党，图谋不轨"。清政府果然决议出兵干涉。

清政府此时之所以对朝鲜内政如此积极，倒也并非是听从了金允植的一面之词，而是通盘考虑之下做出的谨慎决定。毕竟自朝鲜兵变以来，长期对其虎视眈眈的日本已然打着"惩膺之师"的名义开始调动海、陆军队。海军方面除了"磐城"号之外，日本海军三艘新锐的巡洋舰"日进"号、"天城号"和"金刚"号已授命开往朝鲜，而山县有朋也向陆军东京和熊本镇台下达动员令，在福冈编组混成旅。

有趣的是，日本出兵朝鲜的情况并非是通过清朝的情报系统第一时间获知的，而是德国驻华公使递来的消息，德国介入朝鲜半岛的事件虽晚，但却在清的协助之下，大有后来居上之势——日后在李鸿章的力荐之下，德国人穆麟德逐渐执掌了朝鲜的海关和税务，从这个角度看，清帝国在朝鲜半岛所推行的"以夷制夷"战略初见成效。

当然清政府深知在朝鲜半岛引入西方势力，无非是与虎谋皮的权益之计。要确保自己和朝鲜的"宗藩"关系，最终还是依靠强大的武装力量。在北洋大臣李鸿章因丧母"归乡守制"的情况，直隶总督张树声于 8 月 10 日命北洋水师的"超勇"号、"扬威"号和"威远"号三舰先行抵达仁川，而此时日本海军的新锐巡洋舰"金刚"号已然抵达。"金刚"号不仅排水量远超北洋水师的"超勇"号和"扬威"号，更在航速和防护上优势颇大。随舰行动的水师统领丁汝昌深知无力驱逐对手，只能暂时率舰返回天津，为后续抵达的清地面部队护航。

应该说在处理"壬午兵变"的问题上，清陆军的集结速度还是可圈可点的。自 7 月 31 日接到朝鲜政变的消息，到吴长庆所部六营淮军精锐抵达仁川港外仅仅不过 20 天的时间。当然清陆军之所以能够如此"快速反应"，多少要拜此时正准备鲸吞越南的法国所赐。

1882 年，在十年前为越南王国的中国雇佣军"黑旗军"所败之后，以越南半部为据点的法国在远东卷土重来，为了应对中法之间可能爆发的正面冲突，清政府宣布"沿海戒严"，更抽调老于军旅的淮军名将整肃"营规不整"的山东四镇，因此当邻国朝鲜发生兵变之后，吴长庆所部恰好正驻守于一衣带水的登州。

吴长庆所部抵达朝鲜沿海之时，日本海、陆军也大举逼近仁川。不过此时的日本陆军仍以"镇台"为单位，因此第一时间拼凑出机动部队着实有限——仅有在"西南战争"中表现抢眼的陆军少将高岛鞆之助所部1500人而已。兵力上的劣势使得日本陆军不敢贸然发难，只能由乘坐日本工部省货轮"明治"号抵达的驻朝公使花房义质前往汉城与朝鲜国王李熙交涉，在提出"谢罪、惩凶、赔款"等要求之外，日本还希望藉由此次事件获得在朝鲜驻兵的特权。

尽管陆军兵力占有压倒性的优势，但是面对日本海军的新锐战舰，清水师统领丁汝昌还是决定在仁川港以西160公里的南阳府马山浦海面抛锚，随后亲自乘坐舢板勘探登陆地点。而与丁汝昌一同前往的还有吴长庆身边一位此时仍籍籍无名的幕僚——袁世凯。客观地说马山浦方面的水文条件并不适合大军登陆，丁汝昌的舢板便由于退潮而搁浅，无奈之下丁汝昌和袁世凯只能光着脚涉水而行。来到岸上看到脚底被沙石和贝壳划破的袁世凯，丁汝昌或许觉得这位淮军后辈能够如此已是颇为难得，于是调侃道："纨绔少年亦如若是乎？"而显然丁汝昌是小看这位出身河南项城的名门之后了。

日军兵临城下的姿态的确令朝鲜国王李熙惊慌失措，但是他爸"大院君"李昰应却是见惯了大风浪的人，他一边以朝鲜王国正在处理王妃闵兹映的葬礼为由拖延谈判，一边却暗中动员汉城军民，准备和日军展开决战。清大军的抵达，更令李昰应感到底气十足。8月22日，他派出心腹密会清随军抵达的外交特使马建忠，请求清政府可以"居中调停"。

作为朝鲜王国保守派的代表"大院君"李昰应对清政府应该说还是信任的，但是带领一支淮军精锐抵达汉城的马建忠却是对其虚与委蛇，这一点从马建忠抵达汉城之后第一时间便与退守仁川的日本使节花房义质展开频繁的交往便可见一斑。后世有学者将马建忠对李昰应不友好归结于个人信仰上的冲突——马建忠是清政府内部少数天主教信徒之一，更有人以马建忠的胞兄马建常此时正在日本神户出任领事，与花房义质颇有私交，认为马建忠有亲日情结。但事实上在处理朝鲜政局的问题上，马建忠只是执行者，为了避免在南方与法国交恶的同时，在朝鲜半岛陷入

在保定身穿清朝官服的李昰应

与日本冲突的二线作战，迅速平息朝鲜内乱，向日本作出妥协早在清军队抵达之前已是清政府的既定政策。

8月25日，清陆军主力抵达了汉城市郊，一天之后以吴长庆、丁汝昌为首的满清海、陆将佐前往"云岘宫"拜访李昰应。作为礼节李昰应自然要去清军营回访，但仅率领家臣数十骑从家中出发的"大院君"并不知道等待自己的将是一个危险的陷阱。

上千年的文化辐射，使得汉字长期以来占据着东亚官方用语的位置，因此李昰应在抵达清军营之后，随即和马建忠进行了一次漫长的"笔谈"。在用尽了24张宣纸之后，马建忠最后发表了清政府对李昰应的处理意见："王（朝鲜国王李熙）为皇帝册封，则一切政令当自王出。君六月九日之变，擅窃大柄，诛杀异己，引用私人，使皇帝册封之王退而守府，欺王室轻皇帝也，罪当勿赦。"当然清政府也知道李昰应在朝鲜国内的影响力，因此并没有将其直接处斩的打算，而是要求他"速登舆至马山浦乘兵轮赴天津，听朝廷处置"。在漫天大雨之中，复辟仅33天的"大院君"李昰应被连夜押送到马山浦，塞进福州船政局建造的炮舰"登瀛洲"号，从此开始了漫长的3年软禁生活。

应该说在抵达清军营之后，李昰应已经从对手的一系列举措看出对手居心不善，因此在"笔谈"中曾对吴长庆感叹说："将军将作云梦之游耶？"将清诱捕自己的行为比作汉高祖刘邦出巡云梦诱捕韩信的自毁长城之举。而在清收押李昰应之后，"大院君"党羽顿时群龙无首，掌握汉城军政大权的嫡长子李载冕也束手无策，只能修书向清方面质询说："家父尚未归来……"而清方面倒也不含糊，随即以"有事相商，有劳尊驾来南别宫一叙"的名义，把李载冕也隔离了起来。

在连续诱捕了"大院君"系人马的两位首领之后，清陆军随即大举开入汉城，扫荡哗变士兵所居住的枉寻里和利泰院。朝鲜政府军虽然没有参与，但是作为闵氏一党的代表，金允植还是带着朝鲜国王李熙的手书与清军队协同行动。哗变士兵本就是乌合之众，此时"大院君"父子被拘，更令其士气低落。杻寻里方面还有小规模的巷战，利泰院方面则是清军未到，便作鸟兽散。早已在国内习惯了镇压骚乱、兵变的淮军随即从 170 名俘虏中挑了 11 个倒霉蛋儿押到中国使臣馆（慕华馆）前斩首，一场来势汹汹，牵扯中、日、朝三国的兵变就在这样的波澜不惊中画了一个句号。

乘虚而入

"壬午兵变"之中最为无辜的朝鲜政要可能就数国王李熙了，面对中、日两国依旧停留在自己国土之上的两支虎狼之师以及被强行拘押的父兄，这位所谓"一切政令当自王出"的国主所要做的第一件事情竟然是亲自赶往忠州，去迎回自己避难在外的老婆——闵兹映。此举当然不能证明这对夫妻的感情有多好，因为在赶走了"淑媛"李顺娥之后，李熙又勾搭上了宫女张氏，并生下了日后被朝鲜民众尊称为"麻衣太子"的李堈。李熙之所以如此迫不及待地找回闵兹映，其目的还是为了利用闵氏一族的势力稳定朝政。

已经实际控制汉城的清军将领们大多没有李熙那般的热情，只是派出了百余名士兵充当这位国王南下的护卫而已。不过在平叛之中身先士卒的袁世凯却深切认识到了这个女人在朝鲜政坛的巨大影响力，因此在闵兹映回宫之后，袁世凯率先前往"朝贺"，果然闵妃与袁世凯会见之后便大吹"枕边风"，朝鲜国王李熙不仅随后亲自接见了袁世凯，更通过金允植向马建忠委婉地提出了要袁世凯留驻朝鲜的请求。

袁世凯入朝之前本是一介布衣,此时作为清在朝鲜的全权代表自然不能再无一官半职。而袁世凯在平叛过程中"治军严肃,剿抚应机",更获得了直系领导吴长庆的赏识,以首功为其向朝廷请封。此时清廷朝野正沉浸于一举为朝鲜平叛的"大国雄风"之中,自然不会吝啬功名,于是本就家世渊博的袁世凯获得了"奉旨,以同知用,并赐花翎"的恩赏。所谓"同知"就是享受正五品"知府"的待遇,而顶戴花翎更是五品以上有功官员才能享受的殊荣。

袁世凯以战场上的表现声名鹊起,自然引来了同僚的"羡慕妒忌恨",与之同为吴长庆帐下幕僚的"状元"张謇便在自己的日记中收录了一首出现在汉城清驻军营地里的打油诗:"本是中州假秀才,中书借得无须猜。今朝大展经纶手,杀得人头七个来。"所谓"假秀才"说的是袁世凯未经科举、文采拙劣。而"杀得人头七个来"则说的是袁世凯在平叛过程中最大的功绩不过是杀了 7 名军纪涣散、劫掠朝鲜民众的部下而已。这首打油诗当然不是张謇所作,但是他特意收录显然也认同该诗的说法。

在汉城平叛的过程中,张謇虽然没有亲上战场,但是其为吴长庆运筹帷幄,同样可谓出力不小。更难得的是,在战后处理朝鲜王国的问题上,张謇写下了《朝鲜善后六策》,建议正视日、俄对朝鲜半岛的野心,清政府应援汉设玄菟、乐浪郡的先例,废黜朝鲜国王,将其纳入清的版图。有趣的是被押解到天津的"大院君"李昰应日后也出于自身的目的提出过清应效仿蒙元帝国,对朝鲜半岛实施军事占领,派出亲贵大臣出任"监国"。由此可见,张謇虽有天马行空之感,但并非全无可实施的空间。

张謇所主笔的《朝鲜善后六策》以吴长庆、丁汝昌、马建忠三人联名呈报之际,正值李鸿章"百日守制"终了。面对这份气冲斗牛的"建议书",李鸿章的第一反应就是"痛斥

日后以"实业救国"而闻名的张謇

多事"。李鸿章并非不知道日本的狼子野心，但此时的清政府内忧外患，不仅无力吞并朝鲜，所谓"三道出师，归复琉球"更属痴人说梦。而吴长庆所部驻军在汉城的一次"误警"更是清陆军色厉内荏的绝妙注解。

8月30日，作为日方全权代表的花房义质和朝鲜国王派出的李裕元、金宏集在仁川济物浦临时会馆内签署了有关"壬午兵变"的善后条约。在这份《济物浦条约》之中，朝鲜王国除了要向日本"谢罪"并赔偿55万日元的军费和抚恤金之外，还必须为日本使馆修筑军用，以便"日本公使署兵员若干备警事"。在附属条款中则开放日本官员和平民在朝鲜游历的范围。

朝日之间《济物浦条约》的签署，固然是清外交的一大失败，但自《江华条约》签署以来清对朝鲜的宗主国的身份已然名存实亡，自然也无法更多地干涉其与日本的外交活动。马建忠作为清在朝外交的实际负责人也参与了朝日之间的谈判，并成功遏制了日本对朝鲜"狮子大开口"的割地赔款要求，而即便是日本在朝鲜的驻兵也写明"若朝鲜兵民再无滋扰日本公使馆之事，日本可于一年后考虑撤兵"。

恰在此时吴长庆所部"庆军"二号人物——"记名提督"黄仕林突然向吴长庆报告"大批日军身着白衣，掩杀而来"。吴长庆也顿感紧张，随即命袁世凯率领起兵前去哨探。而袁世凯赶到战场才发现所谓"白衣日军"不过是当地的大户凌晨出殡而已。这一则记录于《容庵弟子记》中的小故事，虽然为袁世凯的门生所写或许有所夸张，但是驻朝清军的风声鹤唳却是可见一斑的。

李鸿章对《朝鲜善后六策》搁置不议的消息，在清朝国内引起了轩然大波。由于直隶总督张树声之子张华奎私自将这一建议书外传，以潘祖荫、翁同龢为首的"清流名士"纷纷以此为凭，上书弹劾李鸿章。甚至连李鸿章未来的女婿张佩纶也跟着起哄，在自己的《征东策》中公然提出应该对日用兵。

李鸿章对张佩纶还是欣赏的，他对《征东策》的批复是："海军未备，渡海远征非计。"而对于给自己带来不小的麻烦的老部下——张树声，李鸿章则让他回督两广，去对付虎视眈眈的法国人。而李鸿章对于张謇的《朝鲜善后六策》也并非全盘否定，其中"置重兵，守其海口""改革其内政，或令其自改"以及"为练新军，联合我东三省为一气"的三项建议事实上还是为李鸿章所落实了的。而张佩纶全力建设海军的国防主张也深为李鸿章所首肯，毕竟在"壬午兵变"之中日本海军的实力已经隐然凌驾于清北洋水师之上。

清陆军以迅雷之势控制汉城的举动，同样令日本政府大受刺激。日本基于机动兵力的严重不足以及国内财政捉襟见肘的情况拟定了一个从公元1885年开始实施的十年扩军计划，按照这一计划日本陆军不仅步兵联队数量增加了一倍以上，更强化了骑兵、炮兵、工兵和辎重部队的建设。

日本政府之所以将扩军计划推迟到3年之后进行，除了国内财政无法应对每年15%左右的陆军军费之外，更重要的是明治政府认定中法围绕越南必有一战，日本不仅可以利用这一机会休养生息，更可以在朝鲜问题上借助法国的力量，为此日本在野的自由党党魁板垣退助甚至自说自话地跑去找法国驻日公使，开口就是要求提供策动朝鲜军事政变的活动经费100万日元。

法国政府此时正忙于向远东调兵遣将，自然不会为日本在朝鲜的"事业"掏钱。但是在代表朝鲜王国前往东京"谢罪"的使团身上，日本政府却看到了新的希望。朝鲜王国的正、副"谢罪使"朴泳孝和金晚植都是首次踏上日本的国土，但是在他们的使团之中却有一位在日本朝野都颇有人脉的朝鲜"开花党"先驱——金玉均。

金玉均出生于朝鲜忠清南道的公州，作为高丽和朝鲜两朝都颇有权势的"安东金氏"后裔，金玉均的生活虽然衣食无缺，但在家族势力日益没落的情况下，重整山河的野心却始终鼓动着这位年轻人四处奔走。在著名"实学"思想学派大儒朴珪寿的门下，金玉均结识了金允植、朴泳孝和洪英植等人。

桃李满天下的朴珪寿是朝鲜近代少数兼容并包的开明学者，他曾作为朝鲜王国的"慰安使"前往承德避暑山庄觐见过为了躲避英法联军而"木兰秋狩"的清咸丰帝，对

朝鲜著名教育家朴珪寿

西方列强的坚船利炮和恃强凌弱有着直观的感受，因此在其出任平安道观察使的过程中曾坚决抗击美、法的入侵，深得"大院君"李昰应的赏识。但是朴珪寿并不反对朝鲜打开国门，吸收西方先进的文化和科技。1872 年，朴珪寿作为"谢恩使"再度前往中国参加同治帝大婚庆典的朴珪寿更目睹了清"洋务运动"的成功，并在朝鲜国内大肆呼吁开国、革新。

但是朴珪寿始终对邻国日本缺乏好感，在日本政府以"云扬"号为先锋，试图逼迫朝鲜王国与之通商的问题上，他悲愤地表示："日本称以修好，而带来兵船，其情叵测矣。第念三千里封疆，如果尽内修外攘之方，致国富兵强之效，则岂敢来窥畿甸，恣行恐吓？诚不胜愤惋矣！"最终在朝日签署《江华条约》的一年之后抑郁而终。

朴珪寿的思想深刻影响了他的弟子，金允植出使清政府，推动朝鲜王国借鉴中国的经验，发展洋务。而金玉均却将目光投向了自己老师所警惕的日本，由于身为"两班"贵族的特殊身份，金玉均起初只能委托僧人李东仁于 1879 年偷渡日本。李东仁抵达日本之后，随即与日本在野政客福泽谕吉、后藤象二郎进行了接触。日本政府虽然认为其"身材短小，颜面奇丑，眼睛怪异"，但也不得不认可李东仁"仅一年间，已通我邦语言"的卓越外交才能。

通过同年访问日本的朝鲜"礼曹参议"金宏集使团，明治政府开始向朝鲜递出愿协助其"开化"的橄榄枝，有趣的是金宏集访问日本之时不仅没有追究李东仁的"非法出镜"，相反还向其打听日本国内的情况。而此时清政府也有意促成中、朝、日三国的同盟关系，共同对抗沙俄。清驻日参赞黄遵宪不仅两度与金宏集长篇"笔谈"，更赠送给他自己的专著《朝鲜策略》。

黄遵宪的《朝鲜策略》虽然有越俎代庖的嫌疑，更有其视野和特定时间的局限性，但是这篇雄文在朝鲜国内还是颇有市场，并为朝鲜国内亲中国实力的"事大派"和亲日系人马的"开化派"引为经典。应该说无论是"事大派"还是"开化派"都认可黄遵宪所提出的"俄国威胁论"——"朝鲜一土，实居亚细亚要冲，为形胜之所必争。朝鲜危则中东之势日亟。俄欲略地，必自朝鲜始矣。"

但是"事大派"的解决之道在于联手清政府，震慑日俄——"俄人知其势之不孤，而稍存顾忌；日人量其力之不敌，而可与连和：斯外衅潜消而国本益固矣。"而"开化派"则认为清政府腐朽不堪，根本不足以保护朝鲜，毕竟"二百年来我国事大，诚未尝一分或懈，上国亦待之以内服，至今曲加庇覆，更有何别般劝亲者乎？"因此不论是"事大派"还是"开国派"最终都接受了黄遵宪"结约、通商、富国、练兵"的自强主张，但出于各自的利益，这些朝鲜王国的精英贵族还是走上了背道而驰的外交道路。

1881 年 2 月，朝鲜派出 62 人的考察团前往日本，李东仁虽然归国后以"总领机务衙门"职员的身份赫然在列，但却在临行前被暗杀。显然在朝鲜国内保守势力的眼中，如果西方是"禽兽"的话，那么日本就是"候补禽兽"。线人被杀，未能加入考察团的金玉均终于坐不住了。1882 年 2 月，他冒险东渡日本，虽然金玉均自己在日记中说是"我奉大君主之命，出游日本"，但是从他连旅费都要找人商借的情况来看，金玉均此行不过是一次个人的政治投机而已。

金玉均抵达日本之后，随即住进了福泽谕吉的私宅，在福泽的穿针引线之下，他很快便和伊藤博文、井上馨等日本朝野政客搭上了关系。金玉均是否出于个人利益与日本政府订立了什么秘密协定，或许永远没有答案。但是在"壬午兵变"之后，他搭乘日本军舰回国却是不争的事实。

金玉均本就是闵氏一族的核心成员，"安东金氏"自从在外戚争斗中落败后便长期依附于"大院君"李昰应。而出使日本的"谢罪使"朴泳孝身为前朝驸马，也长期属于边缘人物。这两位昔日同学在抵达日本的途中便自作主张地以"太极旗"为朝鲜国旗，在出访日本之后更是挟洋自重，开始依靠日本对朝鲜的援助谋求个人的政治利益。

明治政府对金玉均也可谓颇下本钱，不仅同意将《济物浦条约》所商定赔款分期 10 年支付，更允许金玉均以釜山关税和端川金矿为担保，贷款 12 万日元用于国内"开化"事业。拿着从日本政府借来的硬通货，金玉均等人开始在朝鲜国内大展拳脚起来。

第二节："三日天下"——朝鲜"甲申政变"背后的中日博弈

逼宫之变

1882 年，得到了日本鼎力支持的朴泳孝出任汉城府判尹（市长），在其一手推动之下，治道局、警巡局、博物局等一系列现代化的机构如雨后春笋般地在汉城出现。1883 年，由日方出资的朝鲜第一份近代意义的报纸《汉城旬报》开始发行，随即成为了金玉均所属的"开化党"及其后台老板日本的喉舌。而除了掌握舆论之外，金玉均还通过其在日本的人际网络，为朝鲜王国申请到了新式步枪 435 支和子弹 5 万发的军事援助，一时成为朝鲜政坛炙手可热的人物。

对于金玉均等"开化党"的狼子野心，被派驻朝鲜的袁世凯不仅保持冷眼旁观的态度，更通过"事大党"金允植得到了朝鲜国王由其"督练新军"的委任状。在大炮 10 门，来福枪千支的武装之下，袁世凯麾下很快便有了一支参照淮军编制，分为左、右、镇抚三营的朝鲜"新军"。

看着自己从日本要来的武器最终为袁世凯作了嫁衣，金玉均心中的不爽自然可想而知。但是"壬午兵变"以来，日本政府在朝鲜民间形象不佳，不得不将编练新军的主导权拱手让给袁世凯。而伴随清政府在朝鲜影响力的扩张，华商势力也通过中朝签署的《商民水陆贸易章程》大举进入朝鲜半岛。华商吃苦耐劳且善于经营，借助中朝之间往来于山东半岛和仁川港之间的定期货轮，仅短短的一年时间，不仅仁川港出现了繁华兴旺的"中国街"，甚至属于日商传统势力内釜山、元山等地也出现了中国商号的连锁店，而面对来势汹涌的华商，日方只能使出"堵门"这样的无赖手段，最终酿成了1883年的"德兴号事件"。

"德兴号"是旅日华商黄曜东在釜山开设的商店，黄曜东常年在日本神户经商，多少已经淡漠了自己的国籍身份，因此其在朝鲜开设的分店选择在了日本位于釜山的租界之内。黄曜东没有想到自己此举随即招来了釜山日商的围攻，"德兴号"不仅不能开张，还被日本政府要求搬出釜山。为此清政府"总办朝鲜各口商务委员"陈树棠亲自出面，前往釜山与日方交涉。

陈树棠曾任清驻美洛杉矶领事，通晓国际法。在他的斡旋之下，"德兴号"不仅得以在原地顺利经商，陈树棠更以便于管理为名，要求朝鲜政府给予华商和日商同等的待遇。通过签署《仁川华商专用地界章程》，将今仁川市善邻洞一带的16500平方米土地划为清租界，虽然面积不如日本在朝鲜各地圈占的地盘大，但终究给了在朝鲜华商一个属于自己的家。

陈树棠此举固然维护了中国政府和商旅正常的权益，但却也令因循守旧的朝鲜民众对清政府产生"你咋能也这样"的失望。而期间发生的"《汉城旬报》事件"和"李范晋事件"则更是朝鲜民众这种情绪的一种最直接表现。所谓"《汉城旬报》事件"是1883年有位清驻军随军货商去朝鲜商家购买人参，结果被朝鲜商家吞没了预付款，这位随军货商一怒之下带着十几名清军把那家人参店给砸了。

此事本是一起不起眼的民事纠纷，但是由日本方面幕后控制的《汉城旬报》却有意夸大和歪曲事实，说打砸一事是清军方高层所指示的。对此陈树棠随即通过外交途径发出抗议，要求《汉城旬报》厘清事实。随后清驻军也前往《汉城旬报》报馆门前示威。

《汉城旬报》虽然迫于清政府的严正抗议，最后登报道歉，但是1884年5月发生的"李范晋事件"却再次将清在朝驻军推上了风口浪尖。李范晋是朝鲜前任兵曹判书李景夏之子，在朝华商为了兴建中华会馆先后购买了其同胞兄弟李范祖和李范大两人的土地，但是在与李范晋商谈购买其名下的土地时却发生了纠纷。李范晋身为朝鲜王国"司谏院正言"，感觉典卖祖产很不光彩，坚决不肯出让，偏偏他的土地又位于其家族产业的中央，眼见先前由其兄弟手中购得的土地即将成了废地，华商代表熊廷汉在盛怒之下，率华侨三十余人将李范晋绑架到商务公署内，以暴力强迫其就范。

事后清政府虽然通过陈树棠出面道歉，还革除了熊廷汉商董之职，但是在审理此案中，清帝国根据"领事裁判权"在商务公署内挂出"天子法庭"的字样却引来了英国代表的抗议，真所谓"只许洋人杀人，不许清朝审案"。而有趣的是"李范晋事件"始作俑者熊廷汉不久在街头遭到朝鲜民众的群殴，清政府秉着息事宁人的态度，也并未进一步追究。

朝鲜开化党领袖金玉均

华商接二连三的在朝纠纷，令日本政府产生了一种清政府在朝鲜半岛不得人心的错觉。1883 年 8 年，法国军队占领顺化，强迫越南王国为其"保护国"，中法战争随即以法国远征军向清驻越兵团的进攻而揭开了序幕。日本驻朝公使竹添进一郎在得知清抽调朝鲜驻军一半兵力移防旅顺金州之后，随即向金玉均等人授意"中法开战，清国将亡，贵国有志于改革之士，不可失此机"，一场中日之间的暗战随即在汉城的夜幕中拉开了序幕。

1883 年夏季以来，以金玉均为首的朝鲜"开化党"便在政敌的打压之下迅速被"边缘化"了。金玉均之所以失势，很大程度上与朝鲜王国糟糕的财政状况有关。日本开出的贷款对于朝鲜王国的一系列现代化建设而言不过是杯水车薪，而为了缓解财政压力，金玉均夸口可以东南诸岛的开发权和朝鲜近海捕鲸业为担保向日本举债 300 万日元。

但是金玉均显然高估了自己在日本政坛的影响力，他的第三次日本之行并未筹到足够的款项，反倒把自己"将死"在了"东南诸岛开拓使兼管捕鲸事"这一岗位之上。而另一位"开化党"的实权人物——朴泳孝也被外调为"广州留守"。朝鲜的广州可不是什么大城市，而是地处汉城以南的一个穷乡僻壤。而朴泳孝还未来得及挣扎和反抗，1883 年年底他连"广州留守"的位置也坐不稳了，直接被罢官回家。

自身不利的政治处境与日本利用清政府深陷中法战争的蠢动一拍即合。1884 年 8 月，福建水师在马尾海战中几近全军覆没的消息传来，更助长了金玉均发动武装政变的决心。从 1884 年 10 月开始金玉均到处串联"开化党"的主要领导人，更与日本及西方列强驻朝公使频繁接触。

1884 年 11 月 19 日，在自认为部署停当之后，金玉均秘密入宫，向朝鲜国王李熙大肆吹嘘自己的"海外关系"和"万全准备"。李熙当了多年的政治傀儡，自然被金玉均的气势唬住了，为了保住自己的性命和有名无实的王位，李熙随即授予其"便宜行事之权"。但是身居内宫的李熙并不清楚，朝鲜"开化党"直到政变前夜还没有自己的武装，除了金玉均派往日本留学的所谓"士官生徒"及用从美国和日本购买了枪支武装的一干乌合之众之外，这场政变的成败完全寄托在日本驻军的身上。

日本在朝驻军法定人数为 200 人，为了协助金玉均发动政变，日本陆军不仅假借换防之名，将在朝驻军的实际人数提升至 400 人，更秘密武装了一批日本在朝的青壮侨民。日本驻朝公使竹添进一郎是个精通汉学的"中国通"，或许真是其在中国游历多年的经历，让他对清政府的腐败无能有了先入为主的印象，因此在金玉均仍在筹划政变之时，他便动员日本在朝驻军于汉城南山大搞相扑和剑术表演，随即还展开了针对性的夜间攻防演习。

竹添的本意或许是炫耀武力，震慑同在汉城郊外驻扎的清军，但他显然忽视了此时执掌清驻军的名义上是"记名提督"吴兆有，但其背后还有一个手握朝鲜"新军"指挥权的淮军"少壮派"——袁世凯。面对日方的军事威胁，袁世凯命令朝鲜"新军"悉数进入一级战备，而清驻军也昼夜戒严。一时之间汉城战云密布，中日双方都在等待着朝鲜"开化党"打响第一枪。

金玉均的如意算盘，是通过昔日同学——朝鲜首任"邮政总监"洪英植以庆祝新建邮政局落成为由，召开盛大宴会，利用朝鲜国内"事大派"政要及清在朝驻军将佐聚集一堂之际，于别宫放火，趁乱将其一网打尽。所谓"别宫"指的是朝鲜国王用于王家世子成婚的礼堂，金玉均之所以选择那里，主要是考虑到别宫与自己的亲信徐光范家相邻，便于隐藏诸多引火之物。

不过金玉均的计划一开始便出现了问题，宴会请柬递出之后，不仅袁世凯等清军将佐明确表示不便赴会，连日本公使竹添进一郎也托辞拒绝了。如此一来邮政局内摆设的是"鸿门宴"可谓昭然如揭。按照袁世凯的门生所写的《容庵弟子记》所记载，金玉均曾于政变两天之前，单独邀请过吴兆有、袁世凯等清军将领。在其余诸将不肯出席的情况下，袁世凯单刀赴会，不过也只是略进水酒便在金玉均等人"相顾失色"之下退席而去了。不过金玉均的日记中却说当日是在和自己的党羽欢饮直至"天明而散"，也许对于金玉均等"开化党"来说，招待清军将领的好酒好菜浪费可惜吧。

1884年12月4日，朝鲜新建的邮政厅中一时高朋满座，与会的除了朝鲜政要之外还有英、美驻朝公使，清领事陈树棠等各国使节。而就在金玉均自认"事大党"关键人物已经尽入瓮中之时，一个不幸的消息传来，由于朝鲜警察当夜加强了巡逻，别宫放火的计划已经流产了。气急败坏的金玉均只能亲自动手，派人点燃邮政厅邻近的民宅。火光果然是政变的信号，但同时也是震慑"事大党"的重要举措。"别宫"失火自然是须马上处理的大事，而民宅冒烟在"事大党"眼中却不过是佐酒的景色。

身为闵氏一族后起之秀的闵泳翊不久前刚刚从美国访问归来，或许多少感染了一些美国人的牛仔精神，第一个出去想要帮忙救火。却不想恰好撞破金玉均事先部署好的杀手。闵泳翊头部、腿部多处中刀，挣扎着跑回邮政厅。看到满身是血、倒地不起的闵泳翊，心怀鬼胎的各路人马随即一哄而散。倒是德国人穆麟德还有几分人道主义精神，将闵泳翊送去美国传教士霍勒斯·艾伦处救治，

"甲申政变"中的龙套，朝鲜首家西式医院济众院创始人霍勒斯

239

侥幸保全了性命的闵泳翊对霍勒斯感恩戴德，日后通过姑妈闵兹映为霍勒斯在汉城开设了首家朝鲜西式医院——济众院。有趣的是霍勒斯虽然身为神职人员，久居朝鲜之后竟然也迷恋上了狗肉的美味。

眼前众多暗杀目标在自己党羽的慌乱中逃出生天，金玉均只能无奈地先前往日本公使馆商讨进一步的行动方案，但是他刚一进门便遭到了对方"何不入宫"的呵斥，如梦初醒的金玉均这才急匆匆地赶往昌德宫。在含糊的"汉城政变"的消息进入王宫之后，金玉均首先将国王李熙、王妃闵兹映这对夫妻挟持到了供奉先王画像的景佑宫，随后以李熙手书的"日本公使来卫朕"的手谕，调日本驻军进宫。一场彻底颠覆朝鲜政坛的"甲申政变"就此全面展开。

杀伐决断

有了日本陆军的武力支持，金玉均随即大开杀戒，先诛杀了赶来护驾的朝鲜军三位指挥官李祖渊、韩圭稷、尹泰骏。随后又假传王命，将闵泳翊之父闵台镐、"丰壤赵氏"领袖赵宁夏以及闵兹映的另一个远方侄子闵泳穆暗杀于进宫途中。客观地说身为外戚的闵氏和赵氏亲贵确有贪腐等劣迹，但在与西方乃至日本通商、改革朝鲜政务的问题上并不比"开化党"保守，身为海防总管的闵泳穆便曾与日本签署了《釜山敷设海底电线条款》《朝日海关细则》《日本人渔采犯罪条规》等不平等条约，出卖了朝鲜的诸多主权。金玉均之所以对这些人痛下杀手，并非是政见不合，无非是争权夺利而已。

1882 年 12 月 5 日凌晨，金玉均在将政变的罪名悉数推在向李熙报告"宫外无事"的宦官柳在贤身上后，开始自说自话地封起官来。虽然在重新组织的政府之中金玉均为自己的老同学金允植等中间派留出了位置，但其随后颁布的《十四条政纲》却可谓是得罪了所有人。金玉均的执政纲领第一条就是废除中朝之间的藩属关系，要求清政府释放"大院君"，可谓是将自己完全放在了清政府的对立面上。随后两条"去除门阀""改革地租"则是动了朝鲜"两班"贵族的奶酪。革罢"内侍府""奎章阁""惠商公局"甚至"政府六曹外，凡属冗官尽行革罢"，则无疑激怒了皓首穷经的传统儒生势力。至于对朝鲜汉城驻军所谓"四营合为一营，营中抄丁"的整肃，不过是令原本就对"开化党"不满的朝鲜军队，更铁了心地跟袁世凯走而已。

就在金玉均一口气连发80多条政令，自以为通过平等民权、严惩腐败、减免税收、酌量减刑便能天下归心之时，他的对手袁世凯却已然开始着手反击。12月4日政变当天，袁世凯便率军赶往邮政厅，但是此时各派势力已作鸟兽散。袁世凯又派人前往昌德宫探寻，却得到了金玉均党羽"平安无事"的回复。不明就里的袁世凯刚刚回营，便接到了金允植送来的密信。此时袁世凯才意识到事态之严重。

但是朝鲜王宫此时已为日本军队所占领，西方各国公使也纷纷通过晋谒朝鲜国王，变相承认了金玉均政权。主管在朝军事的吴兆有只能一边写信向远在天津的李鸿章请示，一边向朝鲜国王请求清军入宫护卫。把持政权的金玉均当然不会答应吴兆有的请求，而陈树棠此时又带来了美、英、德三国公使要求清军按兵不动的所谓"劝告"，驻朝清军一时仿佛陷入了四面楚歌的境地。

在直系领导吴兆有坚持等待国内指令的情况之下，不甘心坐以待毙的袁世凯以稳定军心为名先行前往由自己编练的朝鲜"新军"营地。面对忧心忡忡的部下，袁世凯随即拿出600两黄金（一说为1200两白银）分发下去，所谓"重赏之下必有勇夫"，面对袁世凯的真金白银，本就对"开化党"缺乏信任的朝鲜"新军"踊跃请战，要"袁司马"带领他们"进宫勤王"。

应该说以袁世凯80两白银的年俸，即便加上数目不小的"养廉银"津贴，要一口气拿出这样一笔巨款也并非易事。袁世凯这一手"收买人心"不仅从侧面证明其在驻守朝鲜期间有颇多灰色收入，更形成了其日后自认高官厚禄便能换得忠诚的惯性思维，直至在一个名叫蔡锷的年轻人身上栽了跟头。

除了朝鲜"新军"之外，"开化党"所颁布的《十四条政纲》也在朝鲜民众中掀起了轩然大波。在金允植等人的带领之下，大批汉城豪族带领百姓前往清军营地"痛哭乞师"。眼见"人心日益汹汹，军民结众数十万，将入宫尽杀倭奴"的袁世凯嗅到了胜利的气息，随即以强硬的姿态向日本公使馆发出照会："敝军与贵部驻此，同系保护国王。昨日，朝鲜内乱，杀害大臣八九人，现王城内外军民不服，欲群举入宫，环攻贵部。弟既恐复惊国王，又恐贵部受困，将率队进攻，一以保护国王，一以援护贵部。"袁世凯虽然在信中客气地表示"别无他意"，但是强大的武力威胁已经令日本公使竹添进一郎大呼"吃不消"了。

应该说对于"开化党"的所作所为，竹添进一郎并不完全认同。在竹添看来各国改革无不循序渐进，金玉均如此雷厉风行的结果只能是欲速则不达。因此竹添进一郎在政变之初便拒绝了金玉均等人要把国王李熙挟持到江华岛的计划，反倒是赞同闵兹映搬回昌德宫的方案，毕竟大局初定，稳定民心是第一要旨。而此时汉城街头已经出现了王妃闵兹映为日军所杀，国王李熙或死或废，"开化党"与日本意图册立8岁的庶子李堈为君的消息。而金玉均等"开化党"不仅没有第一次时间辟谣，相反还编造出了"日军即将大举增援"的假消息，无异于火上浇油。

竹添进一郎深知日本政府此时仍未启动扩军计划，短时间内不可能派出援军，而自己手中400人的正规军还要分出三分之一保护包括日本在内的各国公馆，极难抵挡得到朝鲜军民全力支持的清军进攻。因此在政变第二天，朝鲜王室搬迁回昌德宫之后，竹添进一郎便以"恐遭物议"为由要求将日军撤出。但金玉均一边痛斥"日本政府变幻政略，如儿戏之事"，一边又提出要向日本政府商借300万日元。

就在竹添对朝鲜"开化党"彻底失望，正盘算如何抽身之时，清驻军已经兵分两路开始向昌德宫展开进攻。清政府方面本就占据兵力上的优势，且有朝鲜"新军"和反日民众助阵，而日本方面却只有"开化党"麾下所谓"忠义契"可堪一战。双方刚刚交火，宫门随即易手，日军随即退守楼台。而就在混战之中，闵兹映带着儿子李坧逃入清军大营。眼见王妃和世子脱险，朝鲜军民顿时士气大振，攻势如潮，大有不顾国王李熙死活的架势，甚至出现了金玉均出面喊话说"国王在此"，对面的朝鲜"新军"回答"倭奴亦在彼"，随即弹如雨下的搞笑场景。

激战了两个小时之后，面对眼前局面已不可收拾的日本公使竹添进一郎率先动摇，撂下了一句狠话——"清廷无理出兵，侮辱我们两国。我国定将以武相待！"之后，竹添进一郎便先行带领日军突围而去了。金玉均本打算挟持国王李熙流亡东京，但是在李熙表示故土难离的情况下，金玉均也只能伙同朴泳孝逃往仁川，而将国王李熙留在了汉城北郊的关帝庙中。陪伴在李熙身边的还有金玉均的同学洪英植等。洪英植向来对"开化党"处处依仗日本感到不满，因此选择留在了自己祖国，但是在清军于深夜在关帝庙中找到国王后，洪英植等7人当即被作为乱党处决。

撤出昌德宫的日军一路遭到汉城居民的阻击和侧击，好不容易撤到公使馆，又遭遇数万朝鲜军民的围攻。无奈之下竹添进一郎只能自行焚烧使馆，向仁川方向撤退。由于担心遭到朝鲜人的报复，大批日本侨民也跟随日本军队一同离开汉城，一时之间日本陆军和青壮男子组成外围防线，保护着居中的上千妇女、儿童，冒着零星小雪步行向仁川前进，场面倒也颇为凄凉。

竹添进一郎率领的难民大军好不容易于12月8日上午抵达仁川，但此时仁川的情况也并不比汉城好到哪里去。而此时日本政府为了防止事态进一步恶化，在通过外交途径与清政府交涉的同时，也派出曾经带着高杉晋作前往过上海的货轮"千岁丸"号抵达仁川撤侨。竹添进一郎由于"甲申政变"中自作主张被要求随船回国。自知前途暗淡的竹添随即拿一心期望前往日本寻求政变避难的金玉均等人出气，不许他们登船。好在"千岁丸"号船长辻觉三郎还有些政治眼光，私自将金玉均、朴泳孝装入木柜之中，这两位朝鲜"开化党"元勋才算躲过一劫。

12月10日，朝鲜国王李熙终于回到了自己的昌德宫中，随即宣布金玉均等"五贼臣，借他国之兵，挟制君父，罪不容诛"。而在"甲申政变"中痛失亲友的"事大党"也趁机报复，一时间金玉均等人的亲属悉数被判死刑，甚至连洪英植的父亲老臣洪淳穆亦被问斩。倒是前朝驸马朴泳孝由于是皇亲国戚，除了哥哥朴泳教死于乱军之中外，倒没有祸及妻儿。

日本方面以福泽谕吉为首的一干政客虽然发表了《朝鲜独立党的处刑》等一系列文章，抨击朝鲜王国这种株连九族的残忍做法，但是对于金玉均等人却并无同情之意。面对朝鲜政府要求引渡其回国受审的要求，日本政府虽然碍于面子没有答应，但却也视之为外交包袱，直接以保护为名将金玉均流放去了荒芜的小笠原群岛，朴泳孝见势不妙随即主动跑到美国去了。

时至今日，依旧有好事者认为"甲申政变"是朝鲜王国走向自立自强的一次有益尝试。但仅就金玉均等"开化党"拙劣的政变过程、残忍的夺权手段以及背离民心的施政纲领来看，如果没有袁世凯等中朝有识之士的联袂反击，令"开化党"仅有"三日天下"的话，那么等待朝鲜的或许才真的是福泽谕吉口中所谓的"地狱国"。

多线外交

"甲申政变"爆发之时，清政府正面临着空前艰难的外交局面。10 月初扫荡马尾军港的法国远东舰队以马祖岛为基地，多路向台湾进犯。淮军名将刘铭传在被迫放弃基隆之后，虽然在淡水挫败了法国海军陆战队深入台湾内陆的图谋，但是此时清海军已经彻底失去了台湾周边的制海权，在外援难以抵达的情况下，台湾这座孤岛似乎终难逃被攻占的命运。

在中法两国处于战略僵持状态的情况下，清政府对于朝鲜"甲申政变"的处理意见依旧是息事宁人。但"树欲静而风不止"，竹添进一郎归国之后率先将舆论的矛头对准中国，宣称"此事诸事，皆因袁世凯不善"。而接受清政府"居中调停"邀请的英、美等国也纷纷表示清政府应由李鸿章或总署出面解释事件非出自政府之意。日本《朝野新闻》更露骨地表示"汉城暴动之日，朝鲜政府未曾参与其事"，公开要求"处分围王宫，攻击我军者"，俨然已经喊出了"杀袁世凯以谢日本"。

中法战争中的侵华元勋——法国海军司令孤拔

李鸿章此时正为淮军在越南和台湾的苦战所困，自然无暇出面向日本进行所谓的"解释"。在日本迫使朝鲜于 1885 年 1 月签署《汉城条约》，日朝纠纷以"谢罪、赔款、惩凶、增兵"了事的同时，清政府也派出了特使吴大澂前往汉城。吴大澂此行表面上是"查办"袁世凯，实际上从吴大澂自 1880 年以来便一直"督办"吉林军务米看，清政府此举更多的是刺探朝鲜军情，做好和、战的两手准备。毕竟在淮军主力被牵制在华南战场的情况之下，中日如于朝鲜发生大规模战事，吴大澂编练的吉林"靖边军"将是一股不可忽视的力量。

吴大澂没有为难袁世凯，而是让其以养母牛氏病重为由先行回国暂避。对于袁世凯的遭遇，已经升任为朝鲜兵曹判书的金允植深表同情，其在《送慰亭归河南》的诗中写道："名高人多嫉，功成众所忌。此事古今同，处世谅不易。"当然朝鲜舍不得袁世凯的并非只有金允植，在朝鲜驻留期间，袁世凯纳了朝鲜名门之女金氏为妾。不知道是为了彰显大国气度还是为了体现一视同仁，袁世凯还将金氏的两个陪嫁丫头也收入偏房。这三房姨太太自然不能随行，只能留在朝鲜等待夫君的归来。

袁世凯归国之后并没有直驱项城老家，而是前往天津向李鸿章述职，掌握了朝鲜"甲申政变"第一手资料的李鸿章随即胸有成竹地等待日本人找上门来。4 月 3 日以伊藤博文为全权大使、西乡从道为参议的日本使团抵达天津，此时清军已经一

袁世凯与养母牛氏合影

扫中法战争开战以来的颓势。1885 年 1 月 6 日至 3 月 7 日，清军与法国以"非洲军团"为主力的重兵集团围绕基隆月眉山展开反复拉锯，最终逼迫法军放弃深入台湾本岛的战略计划。3 月 23 日清军宿将冯子材又于镇南关大败法国陆军，随即收复文渊、谅山等地。此时法国于远东的战线已然崩溃，入侵台湾的法国海、陆军被迫集结于澎湖，准备回援越南。

中日之间关于朝鲜问题的谈判正是在满清军队于各地捷报频传的情况下展开的。李鸿章深知清政府虽然在地面战中重挫法军，但是海军力量却仍与坐拥 38 艘铁甲舰、9 艘岸防铁甲舰、50 艘巡洋舰和炮舰，总吨位达 50 万吨的法国有着不小的差距。法国远东舰队司令孤拔曾有同时袭击旅顺、威海、吴淞口和马尾的计划，只是法国总理茹费理担心战事扩大才电令孤拔缩小打击范围。

马尾海战中清福建水师全军覆没，固然有主帅——钦差张佩纶畏战怕事、前敌诸将昏聩无能、海陆各军缺乏统一指挥等客观因素，但是法军战舰吨位和火力上的优势，也是其大获全胜的物质保证。作为一个拥有辽阔海岸线的大国失去制海权意味着什么，李鸿章等清廷高层自然很清楚。清政府曾于 1885 年 2 月命南洋水师出动"开济"号、"南琛"号、"南瑞"号、"澄庆"号、"驭远"号五舰驰援台湾，但遭遇法军截击，不仅没有将补给送抵台湾，还白白损失了"澄庆"号、"驭远"号两舰。

正是慑于法国的海上优势，清政府在"镇南关大捷"之后急于"乘胜即收"，与法国商谈停火。而伊藤博文也碍于日本此时有限的国力，不敢贸然在谈判中过分苛责。最终双方于 4 月 18 日签署了《朝鲜撤兵条约》，这份条约之中中日双发承诺同时从朝鲜撤军，并在日后朝鲜发生变故时，两国出兵之前彼此照会，算是初步建立中日之间的"军事互信机制"。而谈判之前日本国内传得沸沸扬扬的

所谓"惩办驻朝诸华将"虽然没有出现在
正式条款中，但是中日双方却约定了"两
国均不代朝鲜练兵"的事项，显然在日本
看来这一条款足以将袁世凯赶出朝鲜军队。

　　日本人显然小看了李鸿章这个老官僚
的手腕，1885 年 10 月袁世凯又再度出现在
了朝鲜仁川港的码头上，不过这一次他的
身份是"驻朝鲜总理交涉通商事宜"，并非
是军职人员，日本方面倒也一时没有办法。
而随袁世凯一同返回朝鲜的还有在保定被
软禁了 3 年的"大院君"李昰应。

身穿朝鲜官服的德国人穆麟德

　　清政府之所以在此时释放李昰应，固然是因为此君在保定态度良好，积极配
合"改造"。更重要的是，此时中日相继于朝鲜撤军之后，西方列强加紧了向朝
鲜的渗透。德国人穆麟德凭借其在"甲申政变"中救护闵泳翊的功劳，向主掌朝
鲜政务的闵氏一族积极推销其"联俄拒中"的战略，当然穆麟德此举并非个人行
为。自 1871 年完成统一以来，德国便在全球范围内积极扩张，而拉拢沙俄始终
是"铁血宰相"俾斯麦的外交重点。在自身力量暂时无法企及远东的情况下，德
国乐于出卖朝鲜以化解与沙俄在欧洲的其他利益冲突。

　　在穆麟德的撮合之下，朝鲜和俄国签署了《朝俄通商修好条约》，由于该条
约之中还包含了朝鲜延请俄国教官训练军队，出租不冻港于俄国以抵付练军教官
薪酬等秘密条款，因此又被称为"第一次朝俄密约"。朝鲜投向俄国的怀抱，不
仅令中日两国颇为不爽，更令此时正在阿富汗与俄军对峙的英国如芒在背。1885
年 4 月 15 日，为了警告朝鲜，更为了堵击沙俄舰队进入西太平洋，英国海军突
然出兵占领了扼守济州海峡的巨文岛。

　　巨文岛的英文名是"汉密尔顿港"，"巨文"之名则据说出自清北洋水师提督
丁汝昌之口。相传北洋水师曾抵达该岛，丁汝昌与当地大儒金纽进行笔谈，对其
文采赞叹不已，遂称此岛为巨文岛。不过丁汝昌本人早年失学，虽然日后积极补

课，但也只是粗通文墨，他认为的"巨文"或许也入不得大家法眼。事实上巨文之名实为"巨磨"的音转而已。英国海军中将杜威尔率三艘军舰占领该岛之后，随即引发了清政府与英国之间旷日持久的外交纠纷。

1885 年 7 月，李鸿章下令罢黜穆麟德在朝鲜的官职，代之以"中国人民的老朋友"美国人李仙得，但是闵氏一族却没有将穆麟德赶出朝鲜，反而将其聘用为私人顾问。在这样的情况下，清政府果断将"大院君"李昰应送回朝鲜，以制衡一家独大的闵氏外戚。

面对卷土重来的公公，闵兹映以在仁川凌迟处死了一干所谓"壬午兵变"余党的方式表示"欢迎"，随后又将其软禁在云岘宫内。但是李昰应毕竟德高望重，而其下野之后朝鲜国运的每况愈下，更令朝鲜民众怀念其当政时的美好。因此在李昰应从仁川前往汉城的路上"绅民络绎来迎，父老多流涕者"。

朝鲜民众越是对李昰应爱戴有加，大权独揽的闵兹映便越是如坐针毡。如果说 12 年前闵兹映可以凭借丈夫李熙的支持将李昰应赶下台是缘于朝鲜相对封闭的政治环境的话，那么自《江华条约》签署以来朝鲜政坛角力胜负则更多取决于谁能获得外部势力的支持。"甲申政变"后闵氏一族对"开化党"的屠戮，早已令其与日本势同水火，而清政府送回"大院君"更表明对闵兹映也并非百分百的支持，为了巩固自身势力，闵兹映在对李昰应展开严密监视的同时，频繁向西方列强伸出橄榄枝。

1886 年 8 月，沙俄驻朝公使韦贝与朝鲜政府签署租借元山港的双边条款，明确表示如遇第三方干涉，沙俄将派出舰队予以"支援"，史称"第二次朝俄密约事件"。对于沙俄的武力威胁，李鸿章以强硬的姿态予以回击："朝鲜系我属邦，向来自有办法。与俄仅领境通商，大有区别。"为了一劳永逸解决朝鲜问题，袁世凯向李鸿章建议"华先派水师，稍载陆军，奉旨迅渡，废其昏君，另立李氏之贤者"。

袁世凯口中的"李氏之贤者"指的是李昰应的嫡孙李埈镕，而在处理废黜李熙的善后问题上，袁世凯也力主让李昰应摄政——"人心瓦解，各国怨谤，如明降谕旨，再由宪授谕李昰应相助，三五日可定，尚不难办。"袁世凯的这一计划并非没有实施的空间，李鸿章也一度认为"非诛乱党，废国君无以挽回局面"。

但是鉴于朝鲜政府迅速将签署密约的责任推给臣僚，以所谓"韩廷信诸小人愚弄，时派人赴俄使韦贝处，求相助保护"。为李熙夫妻洗脱罪名，最终袁世凯一举颠覆闵氏政权的计划只能胎死腹中。

"第二次朝俄密约"的无疾而终，固然有其积极的一面。由于朝鲜提出签署密约的理由之一是"为巨文岛，亦求俄派船助韩防英"，在清政府的全力斡旋之下，飘扬在巨文岛上两年之久的"米字旗"最终得以降下。而鉴于清政府足以一举颠覆朝鲜政坛的能力，闵氏一族和包括日本在内的环窥列强都不得不长期承认清政府的"宗主国"特权。袁世凯一跃成了凌驾于李熙夫妻之上的"太上皇"。

但是"第二次朝俄密约事件"同样遗祸无穷，一方面闵氏一族和"大院君"系人马均未获得独霸朝野的特权，自然还要继续内斗下去；而另一方面清政府对朝鲜政治和经济的干涉也深刻地触犯了西方列强的既得利益。英、美为了驱逐清政府，对抗沙俄，不得不全力扶植日本。而德、俄、法等国表面上尊重清政府对朝的干涉政策，但实则作壁上观，等待着中日两国为了争夺朝鲜半岛最终两败俱伤。

第三节：十年消长——甲午战争前中日的战略和部署

长崎水兵

清政府之所以能在两次"朝俄密约"中力压西方列强，令长期对朝鲜虎视眈眈的日本"吃瘪"，关键还在于此时中国在远东地区拥有强大的军事实力。1886年夏季为了逼迫沙俄退出朝鲜，清北洋水师精锐尽出，以迎接前往海参崴参加中俄勘界谈判代表吴大澂为名进抵沙俄意欲强租的朝鲜元山港永兴湾一线展开大规模海上军事演习。

应该说北洋水师的此次行动主要针对的是沙俄，但是在演习结束之后，清政府却指令除了相对老旧的"超勇"号和"扬威"号两舰在海参崴护送吴大澂归国之外，水师提督丁汝昌应亲率北洋水师最为新锐的德制铁甲舰"定远"号、"镇远"号、巡洋舰"济远"号三舰及训练舰"威远"号前往日本长崎"大修"。

"定远"号和"镇远"号两舰服役不过一年，"济远"号更归国不足10个月，这样的新锐战舰需要"大修"显然只是托辞。北洋水师这一次造访长崎的真正目的只有一个，那就是震慑日本。1886年5月，袁世凯应日本外务省负责人井上馨之邀访问日本。清政府之所以批准此次外事活动，一方面固然有冰释前嫌的意思，但袁世凯同样还肩负着刺探日本情报的职责。

在日本访问期间袁世凯很快发现日本朝野弥漫着以黑田清隆为首的对华"速战论"的躁动。萨摩藩武士出身的黑田作为日本明治维新元勋中硕果仅存的一位，之所以主张对华开战，固然有对清军事力量迅速提升的担忧，但更多的是对长州藩长期把持日本内政外交的不满。

对于黑田清隆所谓"不在三年内夺取朝鲜，日本将远非清对手"的论调，长州藩出身的伊藤博文和山县有朋都嗤之以鼻。伊藤博文认定清政府之所以掀起购舰强军的风潮，无非是受了接二连三"边境、藩属危机"的刺激，而这种热情在其腐朽体制之下绝对无法长久保持，日本如能保持克制，清政府在"太平无事"的现状中必然再度"昏睡"。

高悬着满清"龙旗"的战舰出现在长崎港外，无疑是给了黑田清隆所谓"速战论"一记响亮的耳光——别说三年之内，即便是立即开战日本也非中国的对手。"定远"号和"镇远"号两艘7000吨级的铁甲舰宛如浮动的堡垒，其4门305毫米的巨炮更令码头上围观的日本民众不寒而栗。应该说作为远东不冻港，长崎港出入的西方战舰不在少数，但是面对自"鸦片战争"以来普遍被岛上民众认定为"老弱帝国"的清军军舰，日本人开始不淡定了。

建造中的"定远"主炮

8月13日，轮流上岸休假的中国水兵第一次与日本警察发生了冲突。关于这次事件的起因众说纷纭，李鸿章事后也承认"争杀肇自妓楼"，可见这次冲突的确是发生在长崎当地的风月场所。不过在李鸿章看来，海上航行的苦闷令"弁兵登岸为狭邪游生事"纯属正常的生理需要,长崎当地更有大批"失足妇女"赖之谋生,凭什么只做欧洲人生意?因此对事件的处理意见不过是"即为统将约束不严,尚非不可当之重咎,自不必过为急饰也"。在这次斗殴中也是日方吃亏:被打的中国水兵不过是皮肉之伤,而打人的日本警察却是重伤卧床。

8月15日,北洋水师集体放假,数百名水兵大举登岸之时却遭到长崎警察有预谋的反击。由于事出突然,离舰前丁汝昌又严饬水兵不许带械滋事,因此在械斗时中国水兵颇为吃亏,当场被打死5人,伤44人,失踪5人。事态发生之后,北洋水师立即进入全面战备,战舰升火游弋,主炮褪去炮衣。担心殃及池鱼,长崎民众纷纷跑去熊本镇台避难,一时间九州岛上空战云密布。

有趣的是力主对日开战的并非北洋水师提督丁汝昌,而是"洋教练"——英国军事顾问琅威理。担任"北洋水师总教习"的琅威理倒未必是有什么阴谋,这位英国海军上校个性严谨,在华任职更是刻板谨慎,甚至有"刻不自暇自逸,尝在厕中犹命打旗传令"这样的逸事。他之所以态度强硬,相信更多是出于对北洋水师战舰和水兵的感情。但是这一从军事角度考虑无可厚非的决定在政治层面却根本行不通。毕竟此时的清政府尚未有与日本全面断交开战的准备,最终只能通过外交途径来解决。

虽然李鸿章指出这次事件完全是日本警方有预谋的袭击:"初因小争,而倭遂潜谋报复,我兵不备,致陷机牙。观其未晚闭市,海岸藏艇,巡捕带刀,皆非向日所有,谓为挟嫌寻衅,彼复何辞?"但是日本方面却狡辩说事情起因是"语言不通"。在相互扯皮了大半年之后,中日双方最终以相互支付死伤者抚恤金了事。

"长崎水兵事件"对清政府而言,固然彻底瓦解了日本国内"速战论"的蠢动,但却也深刻地刺激了日本人睚眦必报的国民个性。一时之间,不仅日本海军上下一致谋求"复仇",甚至连天真稚童也玩起了"打沉'定远'"的街头游戏。而离开了长崎的北洋水师同样对日本的不友好有了直观的认识。1887年,清政府分别向英、德订购了4艘巡洋舰——"致远"号、"靖远"号、"经远"号、"来远"号,加上1888年清福州船政局在参考法国海防舰自主建造的"平远"号,北洋水师"八大远"的主力阵容--度独步亚洲。

日本博物馆中反映"长崎水兵事件"的油画

　　有趣的是"致远"号、"靖远"号、"经远"号、"来远"号四艘战舰本是清政府用于补充"马尾之战"后虚弱的福建水师，"专为闽台地区海防之用"。李鸿章将新锐战舰集中于北洋水师的做法，固然有助于迅速提升战力，但却也在其他封疆大吏之中树敌颇多。台湾巡抚刘铭传便多次以当地番社骚乱要求北洋水师出兵增援。1888 年 6 月 25 日，台南吕家望番社暴动，北洋水师便出动"致远"号和"靖远"号这对姐妹舰前往平叛。不过由于台湾原住民大多居住于深山之中，因此"致远"号和"靖远"号除了沿海炮击示威之外，还分别派出"海军陆战队"登陆作战。由于平叛有功，"致远"号管带获颁提督衔、记名总兵。

　　1891 年，应日本之邀，北洋水师再访日本。此次出行，昔日"长崎水兵事件"中的"济远"号和"威远"号虽然缺阵，但是"定远"号、"镇远"号两艘主力铁甲舰加上"致远"号、"靖远"号、"经远"号、"来远"号四艘快速巡洋舰组成的阵容依旧令人叹为观止。为了避免再次出现冲突，北洋水师在出发前先行整饬了水兵纪律，而日本方面也有意避开了民风剽悍的九州，开放相对温和的神户和横滨接待来访的中国舰队。

　　自知在舰队实力上一时难以与北洋水师比肩，但是秉承着"输人不输阵"的宗旨，日本海军还是派出了当时战力最强的英制高速巡洋舰"高千穗"号前来迎接，在中日战舰互致 21 响礼炮之后，停泊于横滨港内的英、美战舰则鸣 13 响礼炮表示欢迎。在各国通行的海军礼仪中这是迎接海军少将的规格，显然在西方列强眼中，北洋水师虽然已是亚洲第一，但依旧还是世界后进。

　　在日本停泊的近一个月时间里，北洋水师的各艘战舰均对日本记者和将校开放。怀着艳羡的心理，日本记者写下了诸如《清国水兵的形象》之类的赞美之词。而后世所谓时任"浪速"号舰长的东乡平八郎以清军舰上有水兵晾晒衣被判断北洋水师不堪一击的说法则被证明是误传。不过自 1890 年 6 月琅威理因为舰队南下香港避冻未悬挂代表其身份的提督旗愤而去职以来，北洋水师的确出现了纪律松懈、操练尽弛的现象。更为重要的是由于琅威理归国后，逢人便说其在华受辱，中英军事交流也随即进入了一个低谷。

　　在日本访问期间，丁汝昌曾于酒酣耳热之际表示："东洋兄弟之间如不团结，势必给外人以可乘之机。中日海军应当联合起来，共同对付西方列强。"这番话虽为场面客套，却也从一个侧面说明虽然中日双方在琉球、台湾、朝鲜等问题上龃龉不断，但李鸿章等清高层仍未放弃"联日"的外交战略。可惜与丁汝昌同行的北洋水师少壮将领刘步蟾等人却发现日本非但没有与中国海军结盟之心，相反在购舰、置炮乃至训练等领域与北洋水师处处针锋相对。在结束了日本之行后，北洋水师上下均深感压力，一致要求"添船购炮"。但此时清政府却迫于财政压力，宣布两年内暂停对海军拨款。在中日这场全面的军备竞赛中，清政府最终错失了关键性的两年。

　　后世关于清政府中断对北洋水师经费投入的问题，大多归咎于慈禧太后为修建"三海"宫殿和颐和园挪用海军经费。应该说为了修建宫苑，清政府的确曾挪用了本属于海军衙门的 400 余万两，必须指出清政府所挪用的只是中央给予海军的拨款，但这笔钱是海军军费中的大头。清政府用于建设海军的费用实际由三部分组成，除海军衙门拨款外，还有直接从关税划拨的"北洋海防协饷"以及李鸿章从其他政府开支先行支用以及淮军系统所控制的各省筹款。

北洋水师的建设之所以在 1891 年开始出现停滞，一方面是清政府刚经历了光绪帝大婚又要面对慈禧太后六十岁生辰，加上治理黄河工程几乎同时上马，户部捉襟见肘之外，更重要的是多年以来李鸿章为了加快北洋水师的建设先行占有了福建、南洋水师购船经费、"盐商议捐报效银"等款项。李鸿章的大肆敛财，不仅加深了湘、淮两系之间原有的矛盾，更形成了诸多财政窟窿。随着北洋水师的成军，李鸿章一面吹嘘"就渤海门户而言，已有深固不摇之势"，一边自然要"归还"欠账。

事实上对于中国这样一个海洋大国而言，最为经济的海军建设模式莫过于自行研造。李鸿章一直强调外购不仅令北洋水师进口军火缺乏统一规划，造成枪炮型号、口径的混乱，更令军购成本不断扩大。而北洋水师海防经费支出总额，更相当于同期江南制造局以及福建船政局从创办到中法战争爆发十七年的支出总和。不得不说单纯依靠外购这条道路并不适合中国。福建船政局所建造的"平远"号在此后海战中的表现更从一个侧面说明清政府自行建造的军舰并非不堪一战。

"大逆之死"

清政府中止北洋水师建设经费，还有一个重要原因便是长期以军事工业为抓手的"洋务运动"此时正陷入举步维艰的尴尬阶段。应该说自镇压"太平天国"运动以来，以恭亲王奕䜣、左宗棠、李鸿章等人为首的"洋务派"的确为清政府打造了一个准现代化的国防体系，但是这场"重实效而轻基础，重国造而轻民生"的"自强"运动最终被证明只是积沙成塔。最为先见的例子便是三十多年的"洋务运动"，到1895年之前仅修建了天津至山海关、基隆至淡水的两段军用铁路而已。

"洋务运动"表面上"强了军"，但并未"富了国"。清政府自认强大的军事力量，多年以来除了疲于奔命，应付各种危机之外，也仅为中国打开了朝鲜这一市场而已。客观地说以袁世凯为代理人遥控朝鲜政局的清政府并非采取的是西方列强般"敲骨吸髓"的殖民政策。尽管执掌了朝鲜的经济和外交大权，但清政府并未对朝鲜实施讹诈，相反在渔业和矿产方面还多次约束本国居民，保护了朝鲜的经济利益。当然大批华商在此期间还是自发地前往朝鲜，经过多年营聚，至1893年在朝华商人数已经远超日本。

面对朝日贸易逐渐被中朝贸易所取代的局面，宛如芒刺在背的日本自然不会善罢甘休。从"甲申政变"以来，日本便一再于朝鲜问题上挑起事端。1887年中朝两国由于朝鲜赴美特使朴定阳在美期间否定中朝宗藩关系和长期滞留不归而引发长达4年的外交纠纷。日本趁势挑起了"防谷令"事件。

所谓的"防谷令"是指朝鲜咸镜道的观察使赵秉式针对日本商人长期廉价从朝鲜收购大米、大豆等农产品导致当地民怨沸腾，以歉收为名禁止道内谷物运出的政令。严格来说赵秉式的这一做法是朝鲜的权力，在朝日之间签署的民间贸易规章也写明朝鲜官员只要提前一个月知会日方便可以如此处置。但是日本驻元山领事却借口未曾收到相关通知为由，要求朝鲜政府赔偿日商损失的17.5万日元，理由是这批粮食是日本用于赈济各地洪灾、地震的"救命粮"。

面对日方的漫天要价，朝鲜政府"就地还钱"，表示只愿赔偿4.7万日元。双方扯皮4年之后，最终还是由清政府出面给了个"良心价"——11万日元。"防谷令"事件表面上看是一起普通的贸易纠纷，但实则却是日本彰显其在朝鲜权益的政治手段。毕竟此时的日本已然确立了"君主立宪制"。日本政府不仅借此讨好了正日益崛起的商贾势力，更通过国内舆论不断夸大损失和指责清政府干涉朝日正常贸易的不实报道，掀起此起彼伏的对华宣战声浪。但是"防谷令"这样的纠纷毕竟不宜太过小题大做，于是一场精心策划的暗杀随即于上海秘密展开了。

1894年3月27日，由神户出发的日本邮船公司货轮"西京丸"号抵达上海，在熙熙攘攘的人流之中四名男子在码头雇了4辆黄包车之后便直驱北河南路的日籍旅社"东和客店"。在以岩田和三的名字登记之后，这四人随即于二楼住下。此时这位"岩田和三"本人都不曾想到这座"东和客店"将是他人生的终点。

所谓"岩田和三"其实是曾经轰动东亚的朝鲜"开化党"领袖金玉均在日本的化名。自"甲申政变"失败后，金玉均流亡日本的境遇只能用每况愈下来形容。面对日本政府日益冷淡的态度和朝鲜王国不断派出的通缉令和刺客，先后被日本政府"安置"在小笠原群岛和北海道札幌的金玉均心中的苦闷自然是可想而知的。拿着每月15日元的生活费不断斥责日本政府失信的同时，金玉均也开始检讨自己往日的"亲日"态度。眼见这颗棋子再无可利用的价值，日本外务省负责人井上馨于1886年便有意将金玉均诱骗到上海，任由中朝两国捕杀。

不过日本政府的态度并不代表金玉均在日本国内并无市场。以头山满为首的日本右翼组织"玄洋社"便长期与金玉均保持着良好的关系，当然他们的目的并不是帮助金玉均在朝鲜政坛东山再起，而是希望以他为旗帜"招募数百敢死之士，整备军资武器，渡往朝鲜"，为日本国内同样对前途感到悲观的武士阶层杀出一面新天地。

对于金玉均他的同学兼同党，早早离开日本的朴泳孝曾有过"长于交游，短于谋略，忘恩负义"的评价。但是金玉均本人却或许至死也没有正视过自己的缺点。1893年他在大阪结识了留学法、德的朝鲜青年洪钟宇。向来自诩口才了得的金玉均在洪钟宇的一番忽悠之下，竟自动地离开了相对安全的东京，前往危机四伏的中国上海。

关于金玉均的上海之行，日本官方的说法是洪钟宇自称可以通过一名自称清驻日公使馆书记官的中国人吴葆仁，为其安排在上海与李鸿章养子——前任驻日公使李经方接头，改投清政府的帐下。应该说李经方在日任职期间的确曾与金玉均有过几次交谈，但均局限于谈诗论画，并无实际的政治互动。而金玉均尽管对日本政府充满了失望，但以其才智应该能够想到在日本眼中形同"弃子"的自己，更是中、朝除之而后快的祸患，理应不会做出这样自投罗网的举动。

事实上金玉均此行或许有与清政府试探性接触的成分，但绝非是其主要的目的。金玉均真正的打算是利用上海这个"东方冒险家"乐园组建一支属于自己的武装力量，而其促成此事的也并非所谓的李经方"来信"，而是日本右翼政治团体"玄洋社"，这一点从金玉均临行前携带了日本银行家大三轮长兵卫资助的五千日元和头山满的佩刀便可见一斑。

大三轮长兵卫可谓是当时日本金融暴发户的代表人物，其家族本为福冈县的神社宫司。借之明治维新的东风，大三轮不仅通过经营海运业和商品批发完成了原始积累，更得以个人身份组建了第五十八国立银行。虽然不可说是"富可敌国"，但却也是财力雄厚、手眼通天的人物，以至1891年朝鲜王国也邀请其作为顾问参与币制改革。

名字颇为奇特的日本实业家大三轮长兵卫

大三轮参与的朝鲜货币改革最终由于袁世凯从中作梗而半道夭折。但大三轮对主持朝鲜金融的野心却越挫越勇，回国之后他一方面发动了日本承建京（汉城）釜（釜山）铁路的运动；另一方面也投身到了鼓动日本夺取朝鲜的声浪中去。大三轮长期资助金玉均，据说为了上海之行，更一气筹措了五万日元。而关于金玉均手中的那把据说出自名家之手的"三条小锻冶"佩刀，事后"玄洋社"方面表示并非头山满亲赠，而是金玉均盗走的。不过一个政治难民成功偷走黑社会大佬的心爱之物显然于理不合，何况日后头山满赠送给亚洲各色革命者和政客的刀剑也不在少数。

金玉均之所以选择在上海展开活动，一方面是由于当地的英、美公共租界中聚集了众多日本浪人，更是因为上海隶属于湘军系统出身的南洋通商大臣刘坤一的管辖之下，李鸿章所代表的北洋势力和朝鲜王国的密探特工鞭长莫及。而金玉均这一属于秘密的出行，在他离开日本到达上海的当天便见诸报端，日本《时事新闻》称他此行的目的是经上海前往李鸿章的故乡——芜湖。

1894年3月28日下午，正在"东和客店"里午睡的金玉均最终等来了他的索命人——身穿朝鲜传统服饰的洪钟宇。面对毫无防备的金玉均，洪钟宇连开三枪。诡异的是店主吉岛德三在发现金玉均倒在血泊中之后，跑去日本驻沪领事馆报告，而日本领事却回答："朝鲜人自相残杀，不便过问。"要知道金玉均在日本的化名长期都是岩田周作，只是因为动身前往上海时他本人正热衷于所谓中朝日三国同盟的"三和主义"才易名为"岩田和三"。显然金玉均在上海的一举一动，日本驻沪领事馆早已知悉。

洪钟宇被清政府捕获之后竟以"心急手忙，不知枪数"为由称不知道自己开了几枪，更推辞以"奔跑时被抛入河里"，拒绝交出凶器。更令人浮想联翩的是就在金玉均被杀的当天，"玄洋社"一举控制了长期潜伏在日本的朝鲜特工李逸植，而在严刑拷问获得了在朝鲜国王和袁世凯的指示下李逸植收买洪钟宇暗杀金玉均的口供后，向来对"玄洋社"不闻不问的日本警察突然出现，将李逸植带离了现场，随即指控其谋杀朴泳孝未遂将其驱逐出境。至此清政府和朝鲜王国暗杀金玉均一事在日本的精心策划下被办成了"铁案"。

金玉均不仅生前是牵扯中、日、朝三方的势力，甚至死后尸体也成了争夺的对象。日本政府要求将金玉均的尸体由"西京丸"送回日本；而朝鲜政府则要求将尸身和凶手洪钟宇一共送回朝鲜；李鸿章在权衡再三之后，最终同意了朝鲜方面的要求。4月6日清南洋水师"威靖"号炮艇奉命将金玉均的尸体及洪钟宇送往仁川。

闵氏一族向来视金玉均为大逆国贼，其尸体运达之后随即被千刀万剐，而杀人凶手洪钟宇则赏予五品官爵。清政府对金玉均之死并不在意，甚至直到民国时期编纂的《清史稿》中还懵懂地认为洪钟宇是洪英植的儿子，这一事件不过是家族仇杀而已。

在金玉均生前长期无视其存在的日本政府却对他尸体的待遇异常关心。"玄洋社"不仅派人前往上海调查金玉均的死因，与清政府交涉尸身归属，事后更在东京青山公园为其打造衣冠冢。与"玄洋社"关系莫逆的政客犬养毅公开表示："将金尸解回朝鲜是对日本帝国一大侮辱，要求对中国采取措施。"

日本画家笔下的金玉均遇刺

应该说日本政府对金玉均的遇刺及"玄洋社"背后的计划并非不知情，但是恰如新任外务大臣陆奥宗光所说的，"若为他国一亡命徒之死而宣战，绝不可能"。金玉均之死只是日本政府制造对华战争舆论的重要步骤之一，并非真正的发力点。不过通过陆奥宗光，"玄洋社"很快便找到了日本陆军参谋本部次长川上操六，长期在朝鲜问题上保持激进态度的"玄洋社"终于找到了"组织"。以日后著名的"黑龙会"始祖内田良平为首的一干"大陆浪人"随即以"天佑侠"的名义抵达朝鲜，加入到了此时正席卷朝鲜半岛南部的"东学党起义军"之中。

"东学民变"

所谓"东学党"并非是 1894 年才出现的新事物，这个吸收了西方基督教神学理念又夹杂着东方传统的儒、佛、道三派教义的政治团体，与其说是一个理论学派，不如说是一个宗教组织，从某种意义上来说其日后的名字"天道教"更为贴切。

以"道虽天道，学则东学"创建"东学党"的崔济愚提出的"人乃天"观念虽然有"万民平等"的进步意义，但是要求教徒只要研习其所传授的"天道""侍天主"便可成仙，构建"地上天国"的思想却与中国"太平天国"运动中的洪秀全如出一辙。而有趣的是崔济愚也是在精神不太正常的情况下，自称听到了天主之音："受我此符，济人治病，受我咒文，教人为我。"

1864 年在中国的"地上天国"——太平天国首都天京陷落的同时，天马行空的崔济愚也被朝鲜王国以"传播邪教"之名问斩于朝鲜南部的大邱。不过与"太平天国"运动自洪秀全离世而陷入低谷不同，朝鲜的"东学党"真正壮大却是在崔济愚死后。

自称"海月神师"的崔时亨在继承了崔济愚的教主之位后，虽然没有对"东学党"的教义有所发展，却完善了教派的组织结构。在崔济愚时代"东学党"形成了遍布全罗南道的 16 个分支组织，"东学党"称之为"接"。但这些分支各自为政，难以形成合力。于是崔时亨又创立了以不受地区限制的机动力量，"东学党"称之为"包"。

"东学党"之所以长期只能在地

东学党首代教主崔济愚

下活动，不仅是受其教义的局限，遭到"儒生非难"和"官家镇压"；更为重要的是在其创始之初，朝鲜政局稳定，相对封闭的自然经济仍能有效地运转。但自"大院君"李昰应被儿媳闵兹映赶下台之后，朝鲜王国内忧外患频发。浮动人心和日益恶化的民生给了"东学党"得以迅速滋生的土壤。1892年在软禁"大院君"李昰应的云岘宫内发现未引爆的炸弹之后，数万"东学党"信徒云集汉城，伏阙上疏，在为前任"教主"申冤的同时还要求"斥倭斥洋"。"东学党"的这一政治诉求与李昰应空前的一致，不免令人颇多联想。

闵氏一族虽然采取政治安抚的手段将"东学党"赶出了汉城，但是却无法阻止其在忠清道报恩郡再度"非法集会"。自恃已经拥有与朝鲜政府分庭抗礼的实力之后"东学党"的各路"接主"迅速分裂为了南北两派。北"接"以孙秉熙为首主张以和平请愿的方式继续斗争，而南"接"则以全罗道古阜郡"接主"全琫准为首，力主发动武装起义，推翻闵氏一族。"东学党"之所以出现了这样的路线之争，固然与各地"接主"和教徒的经济状况有关，而更为关键的是全琫准曾长期以游历为名在汉城活动，甚至曾进入过云岘宫，与"大院君"李昰应发生过直接接触。

就在"东学党"南北两派在所谓的"报恩大会"上发生严重分歧之际，闵兹映的亲信武臣——"壮卫营正领官"洪启薰率军赶来，面对态度强硬的闵氏一族，"东学党"南北各"接"的"接主"们逐渐达成以暴制暴的共识。在被朝鲜政府武力驱散之后，全琫准回到了自己的家乡。此时全罗道适逢歉收，面对郡守赵秉甲的横征暴敛，古阜郡当地民众推举全琫准的父亲全彰赫为首，前往官衙为民请命。

全琫准父子的正职虽然都是乡村教师（乡校掌议），但是其家族"天安全氏"却是一个自高丽王国以来兴盛了900年的官宦世家，其先祖全尚毅、全东屹曾活跃于抗击清军入侵的战场之上。但是"两班"贵族出身的赵秉甲却自恃出身高贵，又与闵氏一族颇有交情，不仅没有对全彰赫好言安抚，反而将这个德高望重的老人乱棍打死。

朝鲜地方官员杖责百姓早已成了习惯

本就对朝鲜政府心怀不满的全琫准面对此等至亲血仇自然不会善罢甘休。1894 年 2 月 15 日，全琫准以当地"东学党"信徒为骨干，组织数千人夜袭古阜郡城。赵秉甲此时不敢再抖官威，只能仓皇出逃。事情发展到这一步，如果朝鲜政府能镇抚及时的话，这场所谓的"古阜民乱"并不至于迅速扩散，因为"东学党"的第二任教主崔时亨对起义并不支持。

但是崔时亨的个人表态并不能代表朝鲜政府对"东学党"的看法，为了打击全琫准的起义军，朝鲜政府派出长兴府使李容泰对全罗南道的"东学党"信徒及参与起义的普通民众展开了大肆捕杀。这种高压姿态不仅无助于控制事

朝鲜画家金麟奎笔下的全琫准

态，相反令全罗道"一郡居民，痛入骨髓"。1894 年四五月间全琫准起义军已经发展到了上万人的规模。在"辅国安民""除暴安良"的军旗引导之下，起义军开始向全罗道首府全州进军。由于全琫准小名"绿豆"，因此起义军上下一致恭称其为"绿豆将军"。

把持朝鲜政府的闵氏一族起初对"东学党"起义并不重视，仅委派了全罗道观察使金文铉指挥 250 名全罗监营兵和 1000 多名雇佣的褓负商前往镇压。倒是刚刚办理完养母丧事回到朝鲜的袁世凯对"古阜民乱"颇为重视，要求清政府全力介入，出兵协助平叛。袁世凯之所以如此紧张，倒不是对东学党起义军本身有多大的戒备。在写给李鸿章的电报中，袁世凯便指出东学党虽然"时有聚众事"，但"党甚迂阔"，掀不起太大的风浪。真正令袁世凯感到危险的是日本自"甲申政变"以来陆、海军力量的迅速攀升，以及近期接二连三的在朝鲜挑起事端背后的阴谋。

坐镇天津的李鸿章同样嗅到了战争的气息，1894 年 5 月 8 日在会同东三省练兵大臣安定出海校阅北洋海、陆军及沿海防务的同时，北洋水师的"平远"号、"苍龙"号两舰先行开赴仁川。从李鸿章结束这次"战前检阅"后向清政府递交的奏折来看，李鸿章虽然已经认识到了日本"节省经费、岁添巨舰"，在海军建设上已经迎头赶上，但仍认为成军以来"未添一船"的北洋水师"以之守口，尚足自防"，因此在对待朝鲜"东学党起义"的态度上依旧还是以派遣海军协助为主，并不急于直接派遣陆军介入。

在当时依旧没有铁路网络的朝鲜半岛，北洋水师两艘军舰的抵达对朝鲜政府可谓雪中送炭。集结于仁川港的朝鲜精锐"京军"迅速登上北洋水师运兵船"苍龙"号和朝鲜货船"汉阳"号之后，在"平远"号海防舰的引领下全速驶往全州。但是这支由闵兹映"心腹爱将"洪启薰所指挥的"京军"主力终究还是晚了一步。就在他们抵达全州的当天也就是 5 月 11 日，全琫准在距离古阜 10 千米的黄土岘山区聚歼了前去镇压的地方军，缴获了大批武器，起义军开始向全州逼近。

洪启薰是宫廷警卫出身，本就缺乏实战经验，此时又背负上了全州供奉着朝鲜开国君主李成桂祖庙万"不可落入贼手"的思想包袱，在招降不成的情况下，洪启薰只能通过闵兹映的"枕边风"向国王李熙密奏向清政府借兵。朝鲜国王李熙虽然性格懦弱，但是对于"壬午兵变"之后中日两国长期驻军朝鲜的惨痛记忆却还是有的。怀着一丝侥幸，他调集了包括江华岛海防驻军在内的"倾国之兵"，打算凭借朝鲜的力量平息叛乱。

身为君主的李熙可谓尽到了本分，但是身处一线的洪启薰却多少有些不给力。5 月 27 日朝鲜政府军主力贸然出击，在长城郡月坪洞踏入了全琫准事先布置好的伏击圈。在腹背受敌的情况下，朝鲜王国所依赖的精锐新军也一败涂地。在洪启薰仓皇逃往邻近的灵光郡的情况下，6 月 1 日全琫准兵不血刃地占领了重镇全州。此时长期保持观望的孙秉熙等"东学党"各地"接主"纷纷起兵响应。一时之间朝鲜南部三道——全罗道、忠清道和庆尚道悉数落入起义军之手，"东学党"起义进入前所未有的高潮。

对于"东学党"起义的发展壮大，中日两国始终都保持着密切的关注。但李鸿章始终认为"韩王未请我派兵援助，日亦未闻派兵，似未便轻动"。而袁世凯虽然曾自负地表示"方今东学跳梁，招讨重任，而使孺子之洪启薰任之。国家不误则何？若使余划策，期以十日，必不难讨灭之"，但是在全州失守，朝鲜方面派闵泳翊前来求助之时，袁世凯也深知情况有些不妙，只能电报清政府"请兵"了。

清政府很清楚根据"甲申政变"后签署的《朝鲜撤兵条约》，中日双方均有权在朝鲜发生"巨大变故"的前提下出兵干涉，因此在是否向朝鲜派出地面部队的问题上李鸿章和清驻日公使汪凤藻都与日本展开了外交接触。但是日本外务省却只是表示会增派 20 名武装人员加强驻朝公使馆的警卫，派一艘军舰前往护商，还多次强调"别无他意"。在李鸿章认定日本无意挑起战事的情况下，倒是袁世凯提醒他，日本驻朝公使大鸟圭介是个反复无常的小人，"虑多事"。

袁世凯和大鸟圭介在"防谷令事件"和"金玉均遇刺"问题上打过一些交道，对这位德川幕府旗本武士出身的外交官表现出的蛮横和狡诈有着直观的认识。但是李鸿章却认为日本还不至于无耻到这个地步，复电表示："大鸟不喜多事，伊带巡捕二十名来，自无动兵意。"

1894年6月6日，清援朝陆军第一梯队：太原镇总兵聂士成所部910人由塘沽出发开赴朝鲜牙山海口。同时北洋水师也派出"济远"号、"扬威"号两舰抵达仁川与"平远"号会合，初步形成了海陆并进的局面。6月8日，清陆军第二梯队由直隶总督叶志超指挥，满载着1055名士兵及大批粮饷、弹药的"海晏"号、"定海"号两艘运兵船于6月10日在北洋水师"超勇"号的护航之下抵达牙山。

由于当时隶属忠青道的牙山不过是一个小渔村，当地并无现代化的码头，叶志超的部队只能以小舢板花费了两天的时间才完成登陆。为了保护正在轮番短驳的陆军，北洋水师只能将"扬威"号派往牙山。而就在仁川港内只剩下"济远"号、"平远"号两舰之时，日本海军的"大和"号、"筑紫"号、"赤城"号三艘战舰出现在了北洋水师的炮口面前。

应该说此时日本仅向朝鲜派出一艘战舰的谎言已经不攻自破。而以北洋水师"济远"号和"平远"号的火力，要拦截这支日本舰队并不困难。毕竟此时的"大和"号不过是一艘日本神户小野滨造船所建造的3桅蒸汽帆船，根本招架不住"济远"号德国克虏伯公司生产的210毫米双联装主炮。初代"赤城"号更不过是一艘600吨级的炮舰，远非排水量2150吨的"平远"号对手。

日本海军三艘战舰之中唯一可勉强一战的"筑紫"号，也不过是日本海军从智利手中买来的"二手货"，与北洋水师已经退居二线的"超勇"号、"扬威"号属于姐妹舰。如果中日海军真的在仁川开打，"筑紫"唯一的优势就是可以凭借其航速逃出生天。当然前提是它要不顾后面乘载着日本公使大鸟圭介的通报舰"八重山"号。

但李鸿章却认定日本此举无非"与华争体面"，竟然要求中朝两国军队"兵来非战，切毋惊扰"。6月10日下午日本驻朝公使大鸟圭介率领日本海军陆战队400人冒雨向汉城进发。2天之后日本陆军第9混成旅团的先头部队——第11步兵联队控制仁川港。至此日本借保护公使馆和在朝侨民之名，行大举入侵之实的骗局已经昭然若揭。但李鸿章仍天真地认为，只要迅速"摆平"全州的"东学党"便可以达到"华兵去，日自息"的效果。

1888年在长崎拍摄的"筑紫"号

或许也正是意识到了北洋水师的威胁，日本海军大臣西乡从道急忙令此时正在中国台湾海峡一线游弋侦察的"松岛"号、"千代田"号和"高雄"号三舰赶赴朝鲜海域。正在"松岛"号上的日本常备舰队司令伊东祐亨也深知此时日本海军的虚弱，率"松岛"号、"千代田"号两舰全速赶去救援。

值得一提的是伊东祐亨抛下"高雄"号一般的解释是该舰航速较慢，但事实上"高雄"号为日本横须贺海军造船厂 1889 年刚刚建成服役的新船，航速可达15 节，并不比"松岛"16.5 节的航速慢多少。伊东祐亨真正的考量应该是"松岛"号和"千代田"号均为注重防护的法式装甲巡洋舰，一旦开战不易被击沉。而"高雄"号的"钢骨铁皮"的无防护结构显然不适于一线恶战。恰恰是日本海军的这种精打细算使得其在未来的海战中将损失降到了最低。

伊东祐亨抵达仁川之后，立即登岸与大鸟圭介会面。在陆军后续部队一时难以赶到的情况下，日本海军云集仁川的 8 艘战舰临时拼凑了 405 名水手组成的海军陆战队护送大鸟公使前往汉城，在多次外交劝告均未果的情况下，日本海军陆战队于6 月 10 日下午冒雨抵达汉城，以日商开设的市川旅馆为中心，开始四面布防起来。

6 月 10 日，在先期抵达的聂世成所部的武力威慑之下，全琫准为首的"东学党"起义军已经和朝鲜政府方面开展了停火谈判。6月12日，在朝鲜政府接受全琫准提出的包括"承认'东学党'合法性、惩治腐败官吏、平分土地"等12项要求的情况下，"东学党"起义军撤出全州。

在达成了史称"全州和议"的彼此谅解之后，所谓的"东学党"起义事实上已归于结束。但是中日双方的外交战却才刚刚开始。由于后续部队仍在路上，大鸟圭介在汉城一度对袁世凯颇为恭敬，表示只要清政府停止向朝鲜派兵，他本人也立即向东京发电报，停止向朝鲜增兵。大鸟圭介甚至肉麻地表示："我年逾六旬，讵愿生事？"但是就在袁世凯自以为可以通过外交手段解决这次危机之时，由日本陆军少将大岛义昌指挥的日本第9混成旅团主力2673人登陆仁川。而此时清政府在朝驻军即便算上25日才抵达牙山的总兵夏青云所部也不过2465人，力量的天平开始向日本一方倾斜。

第四节："从丰岛到牙山"——影响深远的两次前哨战

不宣而战

应该说日本在对朝问题上并非一开始便准备与清政府刀兵相向的。在"东学党"起义之初，日本情报部门认为"东学党"起义军不仅兵力雄厚，且深得朝鲜民众的拥戴，日本贸然介入自然会成为向来仇日的全瑈准首要打击的目标。但是代理大鸟圭介公使职务的杉村浚却表示："东学党之乱，虽为近年来朝鲜罕见之事件，但不必认为这些乱民具有足以推翻现政权之势力。"根据杉村浚的第一手情报，日本政府开始谋划向朝鲜派兵。

后世很多学者都认定日本第一时间向朝鲜派出超越常规编制的"混成旅团"是日本陆军方面参谋次长川上操六欺上瞒下的杰作。理由是此时的日本首相伊藤博文虽然不是一个鸽派领袖，但却老成持重，断不会如此冒险。此时的伊藤博文日子并不好过，自1890年日本开设国会，进入"君主立宪"政体之后，在野党便不断发动舆论攻击执政的"长萨同盟"。1888年，首度组阁的伊藤博文由于外部的压力而辞职，将首相之位让给更能团结各路诸侯的黑田清隆。

黑田清隆虽然在日本国内德高望重，由其组建的"网罗元勋内阁"虽然平衡了各派势力，但西方列强却并不买账。1889年，日本与美、德、俄等国修订新的通商条约，不仅未能一举获得关税自主和取消治外法权，还许诺了开放日本列岛的内地市场。此事一出，日本国内顿时民怨鼎沸。外相大隈重信被"玄洋社"派出的杀手炸伤。黑田清隆内阁也不得不宣布辞职。

黑田清隆之后山县有朋和松方正义曾试图依靠军方和财政的力量来稳定局面，但最终均以失败而告终。1892 年 8 月 8 日，伊藤博文二度上台组阁，虽然伊藤博文采取吸收在野党势力的方式怀柔反对派，但是却收效甚微。1894 年 5 月，日本朝野上下密切关注的日英改约谈判正在伦敦进行，英国方面虽然有意扶植日本，同意取消治外法权，给予日本贸易最惠国待遇，但日本国内的反对派却依然不依不饶，并于 5 月 31 日在众议院通过对伊藤内阁的弹劾案。焦头烂额的"长萨同盟"恰如外相陆奥定光在写给驻英公使青木周藏所说，"日本国内政治形势一天比一天紧迫，政府极应做出一番震惊人心的事业"，而除了与西方列强修改昔日的不平等条约之外，最好的办法就是发动战争。

6 月 2 日，就在伊藤博文面对弹劾准备以解散议会相抗衡之际，清政府准备出兵朝鲜协助平叛的消息传来。伊藤博文顿时感到如获新生，毕竟解散议会重新选举未必对"长萨同盟"有利，松方正义内阁便是由于以军警和政府之力干涉选举，造成数百人死伤而不得不辞职的。6 月 5 日，日本政府根据宪法中的战时条例，宣布设立参谋本部大本营，首相伊藤博文赫然在列。至于战后日本学者所谓此举是没收内阁"对清、韩大方针决定之权，而极力以导引开战为有利之阴谋"，不过是替伊藤博文开脱而已。事实上决定向明治天皇奏请开设"大本营"的恰恰是伊藤博文本人。

果然，中日在朝鲜问题上的紧张对峙极大地转移了日本国内矛盾。大批对现状不满的昔日武士纷纷主动请缨，要求编组成"拔刀队"开赴朝鲜战场，甚至在被告知"恐难以如愿"的情况下，还要求成为随军役夫"冲入枪林弹雨之中，协助辎重士兵"。显然上千年的内战早已在日本男人心目中植入了"大炮一响，黄金万两"的错误理念。只要外界稍有风吹草动，一干生活不如意者便憋着出去"抢钱、抢粮、抢女人"。

此时的日本陆军已于 1888 年撤销镇台编制，改组为机动性更强的旅团制。此时的日本陆军师团满员编制也不过 9000 人，其下辖旅团则为 3449 人。而派往朝鲜的第 9 旅团隶属由广岛镇台改组而成的第 5 师团，除了本身的 2 个步兵联队之外，还特意加强了一个联队的炮兵和骑兵、工兵各一个大队，其兵力达 7600 人。早在 6 月 1 日日本陆军便以"演习"为名，租用了日本邮船公司的大部分大型客轮。因此日军向朝鲜运送兵力之迅速完全超出了世人的预期。随后以护送运兵船为名，日本海军"吉野"号、"高雄"号两舰也抵达仁川，日本海军构成了对北洋水师的绝对优势。

随着日本陆军第9旅团主力于仁川一线展开，第11联队第1步兵大队进入汉城，替换下前期拼凑而出的"海军陆战队"之后，日本陆军又以部分兵力于釜山登陆，至此日本陆军已从仁川、汉城和釜山构成了对清牙山据点的战略大合围。有了强大的军事力量为后盾，一度态度温和的大鸟圭介从6月16日开始上演了日本外务省的保留节目——变脸。此前和袁世凯常谈的"共同撤军"不见了踪影，"改革朝鲜内政"这一全新的话题浮出了水面。

对于袁世凯增兵朝鲜的请求，李鸿章虽然看破了日本是"以重兵挟议，实欲干预韩内政，为侵夺之谋"，但是还怀着"我再多调，倭亦必添调，将作何收场耶"的担心，始终寄希望于折冲樽俎的外交斡旋。而此时清海、陆两军的将领倒是战意高涨。6月29日，北洋水师提督丁汝昌以"各舰齐作整备，电到即率直往，并力拼战，决一雌雄"请战，陆军方面的叶志超则提议向汉城进发。由于此时西方列强正居中斡旋，日本政府也不敢轻易阻击清陆军的行动。

在仁川登陆的日本陆军第9旅团

正是在李鸿章这种一味依赖外交，不敢强硬对抗的态度之下，日本政府于6月22日和7月14日两度发出"绝交书"的外交照会。在要求清从朝鲜撤军的同时，日本政府无理地宣称："嗣后因此即有不测之变，我政府不任其责！"显然已将挑起战争的责任赖在了清政府的头上，中日之间一场宿命对决已是箭在弦上。

7月14日，日本政府向清政府递交的所谓"第二次绝交书"虽然仍未正式宣战，但却已是火药味十足。清官僚系统内部此时也出于各自的立场一派主战之声。7月14日，年轻的光绪皇帝终于坐不住了，要求李鸿章"速筹战备，以杜狡谋"。而李鸿章也随即证明自己这一个多月来不仅仅是在做外交"无用功"，"进军平壤"的战略计划随即在奏章中和盘托出。

在李鸿章看来，中国历代对朝鲜用兵都是从朝鲜本部重镇的平壤入手，鉴于在日军重兵猬集于汉城、仁川一线，清陆军理应避实击虚，在大东沟一线登陆抢占平壤。而早在中日两国出兵朝鲜之前，李鸿章已将自己的嫡系淮军精锐调集于环渤海湾一线，因此此时李鸿章手上应该说还是颇有资本的。按照李鸿章的计划，总兵卫汝贵率所部"盛军"马步十三营（6000人）由天津小站经海路前往平壤，驻守旅顺的宋庆所部"毅军"抽调马玉昆所部六营官兵（2000人）从陆路进驻中朝边境的义州。这些淮军"精锐"加上与"东北军区"的盛京将军协商抽调的左宝贵马步八营（4000人），清陆军在朝兵力在表面上已经对日军形成了绝对优势。

不过在如何处理已经先期如朝的牙山驻军问题上，李鸿章与前敌指挥叶志超之间发生了分歧。尽管连毫无战场经验的光绪都知道"牙山地势不宜"，要求李鸿章"体察情形"，叶志超"先择进退两便之地"，但是在如何"扼要移扎"上李鸿章和叶志超却各有打算。李鸿章希望牙山驻军可以由海路撤往平壤，以达到"厚集兵势"的效果。而叶志超则觉得自己的部队在日本南线活动可以与平壤方面军形成南北夹击的效果。应该说叶志超如果是真心以战局考虑提出这一建议，倒颇有名将的气度，但是事实上叶志超真正反对"以船移平壤"，无非是担心海路不安全而已。

李鸿章显然被叶志超这种"尽心国事、不顾个人安危"的表演所感动了。他不仅没有强令牙山驻军撤出，相反还电嘱叶志超"贵军过单，恐不足当一面"。随即从北塘防军统领、通永镇总兵的吴育仁麾下抽调精锐增援牙山。应该说李鸿章增援牙山驻军的初衷是好的，但他忽视了叶志超竟然不敢从牙山经海路撤出，那么大举从塘沽向牙山运兵同样危险。不过李鸿章依旧心存侥幸，在派出北洋水师护航的情况下，运送这批增援部队的船只悉数由租用的外籍商船承运。

清朝军队开赴朝鲜

由于考虑到牙山海湾没有现代化的码头，陆军登陆全靠舢板接驳，因此增援行动分三天展开。7月21日，"仁字营"翼长、记名总兵江自康率正副营1150人乘"爱仁"号商船先行由塘沽出发。7月22日，义胜前营200人、榆防军200人，马100匹搭乘英国轮船"飞鲸"号前往牙山。7月23日，隶属英国怡和公司的"高升"号货轮如约起航。在三艘运输船中"高升"号所肩负的任务最重，船上不仅有义胜前营，通永练军左营两支部队的800名陆军，仁字军亲兵前营炮队的100名炮兵和4门"过山炮"以及加强给牙山驻军的8门75毫米"行营炮"，甚至连"压舱物"也是用作军饷的600吨银锭（现估算价值8800万美元）。清政府的这次敌前转运的一举一动均在隐匿于天津军械局书办刘树芬家中的日本间谍石川伍一的掌握之中。

如此关键性的航运，如此危险的海域，理应由北洋水师上下都力主全力护航，但是水师提督丁汝昌却认为牙山海域狭窄不利于大舰队展开，且整个护航过程为期三天，夜间极易遭遇日军突袭。面对丁汝昌的谨慎，李鸿章一面斥之为"人有七分怕鬼"的怯战心里，一面却轻信了俄国公使所谓准备派出军舰前往仁川威慑日本的承诺。不仅只派遣"济远"号、"广乙"号、"威远"号三舰前往牙山护航，更先行调回了驻守仁川的"扬威"号。

关于李鸿章和丁汝昌在这次错误的决定中谁该负主要责任的争论，至今仍在延续。但不可否认的是与此时已经完成了原有舰只整编，组建"联合舰队"的日本海军相比，依旧维持着北洋、南洋、福建、广东四大舰队体系的清海上力量在开战之前已然在制度上落了下风。此次参与护航的"广乙"号巡洋舰不过是李鸿章通过私人关系，在 1894 年 5 月的海军会操之中临时抓来的"壮丁"而已。

7 月 23 日凌晨，在向朝鲜王国递交了最后通牒三天期满之时，日本驻朝公使大鸟圭介挥军杀向景福宫。汉城早已为日本陆军第 9 混成旅团所控制。朝鲜"京军"在光化门稍作抵抗之后，便作鸟兽散。在完成了对朝鲜王宫的控制之后，亲自前往云岘宫迎接"大院君"李昰应的大鸟圭介强迫朝鲜国王李熙下旨册封自己的父亲为"国政总裁"。第三度执政的李昰应虽然随即将政敌闵氏一族的骨干闵泳翊等人搁置，但在这场"我方唱罢你登场"的"翁媳斗法"中他和闵兹映都已经无可避免地成了失败者。

向来擅长强词夺理的日本政府事后对其攻击朝鲜王宫的解释是"朝鲜国王欲向生父大院君咨询国政，大鸟公使偕护卫士兵保护'大院君'进王宫之时，闵族所指挥之朝鲜兵首先开枪予以阻拦"。当然这一说法还是无法化解日本侵犯朝鲜主权的事实，于是日本国内的《时事新闻》又分析道："此事系预先潜入之清兵变装所为。因韩兵虽蠢，亦不至明目张胆，做如此无谋挑战之举。且我军为护卫国王之生父参内，从彼等素常行为观之，决不忍向君王开枪。"在一副"名侦探"的架势之下，凶手就是清军这一答案自然"不容怀疑，通晓朝鲜情况者均以为然"。

事实上此时的汉城不要说是清军的武装部队了，连长期坐镇的袁世凯都已于 7 月 19 日伪装潜逃，搭乘北洋水师停泊于仁川的海防舰"平远"号返回了天津。早在 6 月 11 日袁世凯便深感大厦将倾，以自己发烧"热过百度"为由将日常事务交给了自己的亲信唐绍仪打理，随即又以"凯病至此，何可得保辱国"为由请求调回国内。袁世凯的这番"撂挑子"举动固然可耻，但是在日军包围清驻朝公署时，无兵无权的袁世凯也只能溜之大吉。恰如后人笔记中记录恭亲王奕䜣曾问李鸿章中日甲午战争是否因袁世凯"鼓荡而成"，李鸿章的回答"横竖皆鸿章之过耳"。

1894年7月23日凌晨日军杀入朝鲜王宫

丰岛海战

7月24日下午，前往仁川送电报的"威远"号返回牙山，向正在当地护卫陆军登陆的"济远"号、"广乙"号两舰通报了"汉城韩倭开仗"及英国方面传递来的"大队倭船明日即来"的消息。而就在"威远"号从仁川返回之前，"济远"号已经发现牙山外海出现前来游弋侦察的日本通报舰"八重山"号。

此时第一艘抵达牙山的运兵船"爱仁"号仅用一个小时便完成千余陆军的登陆，安全返航了。但是第二艘运输船"飞鲸"号由于携带了大批粮弹补给，因此必须彻夜卸载。在这样的情况下，"济远"号管带方伯谦授意防护较弱的"威远"号训练巡洋舰先行驶离。"威远"号曾是方伯谦指挥的第一艘战舰，因此对其颇有感情也在情理之中。虽然方伯谦已经意识到了危险却并未提前驶出牙山海湾，白白浪费了一整夜的时间。

7月25日凌晨4点，"飞鲸"号所运载的兵员和补给物资已经大半上岸。心急如焚的方伯谦不敢再等，命令舰队起锚返航。但"济远"号和"广乙"号刚刚驶出海湾便发现在扼守牙山的丰岛附近海域横亘着3艘高悬着日本军旗的战舰，它们是日本海军联合舰队第一游击队的"吉野"号、"浪速"号和"秋津洲"号。

日本海军的行动事实上比陆军更早一步。在7月20日获知清政府有向牙山运兵的计划之后，日本海军军令部长桦山资纪离开横须贺前往佐世保，向联合舰队司令伊东祐亨传达了"开赴朝鲜海面，伺机袭击北洋舰队"的军令。事实上桦山资纪此举多少有些"抢镜头"的意味，因为早在他抵达之前，伊东祐亨便已经通过电报知悉了相关内容，并于22日完成了舰队的编组。

桦山资纪之所以如此积极，无非是在4年前的松方正义内阁中担任海军大臣的他曾由于在议会上向反对派咆哮"开口闭口就是萨长政府，没有这个萨长政府，四千万生灵活个屁"的不当言乱而被日本媒体斥责为"蛮勇将军"，一度被迫辞去了海军大臣之职。因此桦山资纪对功勋的渴望甚至远超出了身为联合舰队司令的伊东祐亨。

7月23日上午11点，云集于佐世保的日本联合舰队编组为第一游击队、本队、第二游击队、鱼雷艇队和护卫舰分队依次驶出。不甘寂寞的桦山资纪跳上武装货轮"高砂丸"亲自送行，面对桦山打出的"发扬帝国海军荣誉"的旗语，各编队也只能以"全力以赴""待我凯旋"之类的豪言壮语回应。可怜排在队尾的护卫舰分队旗舰"爱宕"号实在想不出词了，一度打算以"不必担心"来敷衍。最后以舰长灵机一动换上了"谨记在心"的旗语才避免了一场尴尬。

日本联合舰队离开佐世保之后随即展开行动，出于和丁汝昌同样的考虑，伊东祐亨没有将战舰悉数驶往牙山海域，而是命各分队分头搜索北洋水师的舰艇。其中战力最强的"第一游击队"于7月25日凌晨4点抵达安眠岛附近海域，在这里他们遇到了刚从牙山侦察返回的"八重山"号通报舰及炮舰"武藏"号。

在得到了北洋水师的 2 艘战舰正在牙山海湾护航的消息后，"第一游击队"司令坪井航三少将认为机不可失。上午 6 点 30 分左右，日本舰队抵达出入牙山必经之路——丰岛海域。此时天气晴朗海上能见度极高，日军战舰上的瞭望哨随即发现了从牙山湾驶出的 2 艘战舰喷出的烟柱。值得玩味的是伊东祐亨在由佐世保出发之前发出的训令是："若在牙山湾附近，中国舰队力量弱小，则不必一战；若力量强大，则进行攻击。"这一命令当然可

长州藩出身的坪井航三在日本海军中算是一个异数

以理解为避免打草惊蛇，但考虑到"第一游击队"司令坪井航三是日本海军中少数的长州藩出身的高级将领，这其中或许另有玄机。

留学过美国的坪井航三自然不是墨守成规的人物，在将开战的责任推给表示"是强是弱？打过才知道"的参谋釜谷忠道之后，坪井航三决定"该出手时就出手"。但是鉴于丰岛海域颇为狭窄，不利于发挥"第一游击队"3 艘战舰的高航速优势，坪井航三并不急于开火，而是先命舰队向东驶去，让"济远"号、"广乙"号两舰驶出牙山海湾。就在"济远"号管带方伯谦自认为躲过一劫之时，"第一游击队"突然再度转向从后侧向北洋水师发动突击。在 7 点 43 分"第一游击队"旗舰"吉野"号率先开炮，日本海军"不宣而战"海上突袭的传统由此首开纪录。

排水量 4150 吨的"吉野"号堪称日本海军当时综合战斗力最强的战舰。但其所选用的 6 英寸（152 毫米）40 倍口径速射主炮虽然射速惊人，其射程和威力却远不如吨位仅有 2300 吨的"济远"号上 210 毫米双联装的前主炮。因此海战开始之初，"吉野"号并未占到什么便宜，甚至出现了"浪速"号尚未加入战团，"济远"号炮弹已在其舰首附近爆炸，弹片割断其信号旗索的情景。而与此同时"广乙"号也冲入日本海军"第一游击队"的战列，在隔断"吉野"与"浪速"

和"秋津洲"两舰的联系之外，管带林国祥更打算"勇猛亮剑"，抖一抖刚刚换装的清江南制造局国产120毫米速射炮和4具鱼雷发射管的威风。

作为福建船政局自行建造的"穹甲巡洋舰"，"广乙"号的武备很有特点。其舰载火炮无论口径还是数量都略显薄弱，但是舰艇左右及中后部主甲板下的两舷却都装有一具14英寸（355毫米）口径的鱼雷发射管，与大型鱼雷艇的布置如出一辙，因此又称"鱼雷快船"，可谓是杀机暗藏，一击致命。

日本海军多年来均以清海军为假想敌，自然深知"广乙"号的厉害，慌乱间"吉野"号只能向左紧急规避。"浪速"号和"秋津洲"号也如法炮制，一时间出现了日军三艘主力战舰被排水量仅为1030吨的"广乙"号赶得到处跑的滑稽场面。如果此时"济远"号能够抓住有利战机，发挥其舰艇重炮的优势掩护"广乙"号施行鱼雷攻击的话，"丰岛"海战的结局可能将改写。但此时的"济远"号却以邻为壑溜之大吉了。

"吉野"号防护巡洋舰

关于"济远"号临阵脱逃的问题，最常见的说法是管带方伯谦贪生怕死，不仅本人躲进装甲最厚的所谓"指挥舱"中避难，更授意战舰率先脱离战场。这些指责当然均有出处。但必须指出面对着配备上了刚刚问世的专用火炮测距仪的

"吉野"号，"济远"号虽然凭借着"中凸边凹，形如龟甲"的钢铁复合装甲，舰体未受重创，但是其舰艏的半开放式的主炮塔和高高安置在飞桥之上防护较薄的司令塔却成了吞噬大量中国海军官兵的绞肉机。"帮带大副"沈寿昌在"屹立司舵，并指挥炮手还击"的过程中壮烈牺牲，"枪炮二副"柯建章在激战中也被弹片击穿前胸不幸阵亡。

与身先士卒的军官相比，"济远"号前主炮的炮手们同样前赴后继。在"水勇正头目"王锡山、管旗头目刘鹗等大批水兵的积尸累累之下，"济远"号的前主炮一度无法转动，失去了战斗能力。"济远"号在战场上遭遇如此严重的战斗减员不得不说是德系战舰设计上的缺陷。而在人类本能的求生欲望之下，方伯谦的表现固然可耻，但却也并非不可原谅。毕竟他如果继续待在司令塔上指挥，也不过成为北洋水师第一个战死的管带而已。

露天式的"济远"号前主炮

"济远"号脱离战团，令"广乙"号顿时成了日本"第一游击队"围攻的焦点。幸运的是此时战场已被双方炮战的硝烟及轮机驱动所释放的浓烟笼罩，日本海军的快炮失了准头。各自为战的日本军舰均有多次险些被"广乙"号近身的危险。"浪速"号在烟雾之中突然发现"广乙"号已经逼近到距离自己不足 400 米，舰长东乡平八郎吓出了一身冷汗，慌忙一面命令"浪速"号全速规避，一面将舰上所有的火力向"广乙"号招呼过去。

要说东乡平八郎的运气着实不错，不仅当年在"阿波冲海战"中逃过一劫，1892年还由于和海军领导西乡从道、山本权兵卫的同乡之谊躲过了"裁员下岗"，从没有前途的吴镇守府参谋长的位置一跃成了"浪速"号的舰长。而这次东乡平八郎再次"人品爆发"，在"浪速"号前主炮、左舷炮和各种口径速射炮的疯狂扫射之下，"广乙"号舰桥中弹，不得不向朝鲜西海岸撤退。而在这场危险的贴身缠斗中，"浪速"号仅左舷中弹，炸飞了备用锚和锚机。

好不容易击退了"拼命三郎""广乙"号之后，坪井航三令"第一游击队"重组阵营，"秋津洲"号追击"广乙"号，"吉野"号、"浪速"号则尾随"济远"号寻找战机。而就在此时丰岛海面上又出现了两股烟柱。坪井航三不明就里，随即命令追击"广乙"号的"秋津洲"号归队，全力准备迎战北洋水师的生力军。好在随着距离的接近，日本海军瞭望哨发现与自己迎面相遇的是毫无战斗力的英国货轮"高升"号和北洋水师的旧式木质炮舰"操江"号。

"操江"号是7月24日从"威海"出发的，虽然名义上是战斗舰艇，但是"操江"号航速仅有8节，武备也只有5门旧炮。因此"操江"号前往牙山担负的也是运输任务。在接近丰岛水域时"操江"号和从塘沽出发的"高升"号不期而遇。两艘满载着兵员、粮弹的非战斗船只在结伴向牙山行使的过程中首先发现了败下阵来的"济远"号，可惜"济远"号此时自顾不暇，根本无力护航。

此时的坪井航三一心想要击沉"济远"号，于是留下"秋津洲"号监视"操江"号，"浪速"号控制"高升"号之后，便亲率"吉野"号继续追击去了。下午2点左右，"操江"号在"秋津洲"号的炮击威慑之下，被迫投降。7月28日，在日本海军"八重山"号的押送之下抵达佐世保，船上83人中除了前往朝鲜接管汉城中国电报局的丹麦人弥伦斯被释放之外，其余官兵悉数被作为战俘关押至1895年8月才被陆续遣返回国。而船上所运载的20万两饷银、20门大炮和3000支步枪则全部资敌。

与"操江"号管带王永发的束手就擒相比，"高升"号上的中国军人的抵抗则坚决得多。在"仁字营"营务帮办高善继"我辈同舟共命，不可谓日兵辱"的动员之下，"高升"号拒绝向日本海军投降。身为"浪速"号舰长的东乡平八郎此时可能还未从"广乙"号带来的恐惧中走出来，竟下令向民用船只"高升"号发射鱼雷，并用舷炮屠戮甲板上聚集的中国官兵。

面对"高升"号上用步枪还击的中国陆军，恼羞成怒的东乡非但不予施救，相反命令"浪速"号水兵以小口径速射炮向落水者扫射。日本海军的暴行不仅引起了在附近海域围观的西方军舰的不满，英、法、德三国战舰事后共救起了中国官兵241人，而英国国内舆论更是一片哗然，英国远东舰队司令斐利曼特中将更要求日本方面"立即罢免并拘捕'浪速'号舰长"。

"浪速"号击沉"高升"号

但是此时的英国已经确定了"扶植日本，对抗中俄"的既定战略，随着英国政府的一干御用"专家""教授"在报纸上公开为日本辩护，英国政府竟最终裁定日本在击沉"高升"号的问题上不需承担任何责任。恰如深蕴英国政府眼中只有"永恒利益"的赫德所说，"我不信单靠正义可以成事，正像我相信单靠一根筷子不能吃饭那样，我们必须要有第二根筷子——实力"。

牙山之崩

在"浪速"号击沉"高升"号的同时,"吉野"号仍在不依不舍地追击着"济远"号。但是 12 点 43 分,在距离"济远"号不过 2000 米的距离上,"吉野"号突然停止了追击,令"济远"号全身而退返回了威海,这便是"丰岛海战"中著名的悬案——"尾炮退敌"。

"济远"号的火力配属颇不平衡,与前部两联装的 210 毫米火炮相比,其舰尾仅有的单管 150 毫米后主炮颇显单薄。但正是这门主炮在海战中却大发神威,屡次令"吉野"号吃瘪。在海上追逐战的开始之初,8 点 10 分左右,"济远"号后主炮连续命中了"吉野"号的舰艏和右舷,炮弹不仅击毁了"吉野"号所携带的救生艇,更贯穿装甲带,钻入了"吉野"号的轮机舱内。好在这不过是一枚实心穿甲弹,并未随即引爆,这样日本天皇省吃俭用买来的"吉野"号才侥幸免于沉没。

而从 12 点 38 分开始,"济远"号后主炮在近距离上更连续命中"吉野"号的舰艏。"吉野"号虽然吨位近"济远"的一倍,但是在右舷对敌的情况下,仅有一门 155 毫米的主炮可以射击,火力上与"济远"号旗鼓相当。眼前这样的缠斗讨不到便宜,坪井航三只能下令停止追击。

对于这一事件,事后中日双方都出于各自的政治目的予以了神化,方伯谦为了逃避罪责说自己在撤退过程中"连开后炮,中伤其望台、船头、船腰"。提督丁汝昌则稍加润色,说成是"一弹飞其将台,二弹毁其船头,三弹中其船中"。丁汝昌也知道自己是在吹牛,因此在"(日方)提督阵亡,'吉野'伤重,途次已没"的前面加上"风闻"两字。

坪井航三的生死和"吉野"号的沉浮均有据可查，为了鼓舞国民士气，丁汝昌的"风闻"自然是难登大雅之堂的。于是上海《申报》记者妙笔生花，杜撰出了一个"日舰受伤更甚，日兵官知不能敌，急高挂龙旗乞降，并挂白旗以免击"的故事，以衬托"'济远'号船坚炮利，方统领更谋勇兼至"的高大形象。

而日本方面则利用与英国的特殊关系，撰写了所谓"济远"号在撤退的过程中先后悬挂日本国旗和白旗表示投降，但却并不停船以至遭遇"吉野"号痛打的新闻。应该说这篇由英国于天津发行的《北华捷报》上刊登的新闻，由于引述的是所谓海战目击者的回忆，而流毒甚广，一度出现了"中西人传为笑谈，流言布满都下"的局面。但无论从时间还是模式上，《北华捷报》上的描述都可谓与《申报》如出一辙。联系到当时中、日、英三国正在为"高升"号被日本海军粗暴击沉一事大打国际官司，这些所谓"高升"号舰长、随船德国雇员的口述回忆同样并不可信。

"济远"号能够以 15 节的航速摆脱日本新锐战舰"吉野"号 23 节的追击，已经足以证明其后主炮的确成功击伤和威慑了对手。而事后"济远"号管带方伯谦不仅并未被追究海战失利的责任，反而获得了"传旨嘉奖"，与其说是清政府和李鸿章的失察，不如说是对方伯谦和"济远"号上下官兵奋战的肯定，以及对北洋水师的激励。不过由于方伯谦个性上的懦弱最终导致了其在随后关键性的"黄海海战"中临阵脱逃，最终自吞苦果。

满身弹痕的"济远"号最终于 7 月 26 日上午 5 点蹒跚着返回威海，这艘在交火中鏖战 4 个小时，中弹"三四百处"的战舰虽然伤亡惨重，但其"水线便穹甲上有钢甲处遮护，只一处中弹，机器未损"，从侧面证明了德系舰艇注重防御的战略并非全无可取之处。

面对不断被转运上岸的负伤同僚，丁汝昌随即于当晚 7 点率"定远"号、"镇远"号等北洋主力赶往交战水域搜寻日舰，以"雪死士之冤仇，泄臣民之公愤"。但是此时在丰岛海域不仅日本海军"第一游击队"早已撤离，连"广乙"号也不见了踪影。而清政府再次获得"广乙"号的确切消息则到了 8 月 4 日第一批"广

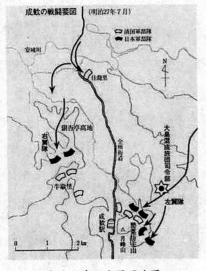

成欢之战日方军用地图

乙"号水兵搭乘朝鲜民船返回山东荣成。

根据参战水兵的叙述，北洋水师获知"广乙"号在与日本海军的短兵相接之中不仅官兵伤亡惨重，舰体更是千疮百孔，管带林国祥为了避免军舰为日军俘获，最终决定在朝鲜西海岸的十八家岛搁浅，随后对战舰进行了"凿锅炉，渡残卒登岸，遗火火药仓自焚"的处理。在失去了战舰之后，林国祥和水兵分头突围，在将伤员和大部分水兵交由朝鲜当地政府遣送回国的同时，林国祥本人率 17 名青壮水手向牙山的清军驻地进发。

希望可以及时提醒兄弟部队戒备日军突袭的林国祥没有想到，当他赶到牙山之时，清陆军已然兵败成欢驿。无奈之下林国祥只能搭乘英国军舰"亚细亚"号返回烟台。日本陆军之所以能够迅速拔除威胁自身侧背的清牙山据点，除了指挥第 9 混成旅团的日本陆军少将大岛义昌行动果决，在汉城发动武装政变的同时便亲率旅团主力南下打了清军一个措手不及之外，很大程度上还是清牙山驻军自身的战略部署大有问题。

身为牙山驻军总指挥的叶志超虽然向李鸿章申请增援，大有在牙山与敌决战的架势，但是在实际部署上却长期担心引起衅端，拒绝聂士成率军先行于扼守牙山陆路门户的成欢驿一线构筑防线的计划。7 月 25 日，汉城方面的消息断绝之后，叶志超才深感日军的威胁逼近，才连忙命聂士成率本部"毅军"赶往成欢驿布防。

聂士成的部队刚抵达成欢，当天中日双方的斥候骑兵便于北部的七原打响了遭遇战。在聂士成所部已与日军交火和丰岛海战消息的双重作用之下，叶志超随即向成欢前线增兵。但他本人却已经滞留在牙山大营，直到 7 月 28 日日军主力进逼至距离成欢仅 7.5 千米的素沙场，叶志超才假惺惺地跑去向聂士成征询"攻守之计"。

聂士成虽然为人豪勇，但是毕竟也是在清官场打拼多年的老兵油子，眼见叶志超一幅"打酱油"的样子，便爽快地提议："牙山绝地不可守。公州背山面江，天生形胜，宜驰往据之。战而胜，公为后援；不胜，犹可绕道而出。此间战事，当率各营竭力防御，相机进止也。"这番话显然说到了叶志超的心坎上，当天叶志超便亲率一营以护送辎重为名赶赴距离牙山30千米的公州去了。不过叶志超此时还心存幻想，一方面自己以公州路远为名停留在天安观望，另一方面特意留下一营人马继续驻守牙山老营。显然他还在盼望着聂士成可以"战而胜"，自己坐收后援之功。

事实上此时中日两军战场上的兵力差距并不悬殊。由于需要分兵控制汉城，因此大岛义昌可以调动南下的部队仅为步兵第十一联队和第二十一联队的4个中队，在加强炮兵、骑兵、辎重和卫生队的情况下，总计兵力也不过4000人左右。而此时满清牙山一线亦有3880人的实战部队。但是由于叶志超出于个人安危和功名的考虑兵分三处，成欢一线聂士成麾下仅有2800人，兵力仅为日军的三分之二。

大岛义昌一路南进，走得也是磕磕绊绊。由于朝鲜官民均对日本军队抱有敌视的态度，拒绝提供食物和补给。面对一夜便逃散的朝鲜夫役，身为全军前锋的日本陆军第二十一联队第三大队队长古志正纲少佐甚至愤而自杀。好在从7月26日开始，"大院君"李昰应在日本的操控下被迫宣布与清断绝外交关系，并"邀请"日本代为驱逐牙山的中国驻军，日本陆军的后勤压力才得以初步缓解。

6月28日夜，日本第9混成旅团主力抵达成欢一线，面对聂士成连日修筑的高地攻势，大岛义昌也不敢贸然全线猛攻，只能以夜袭的方式突击清军右翼的防御支撑点——月峰山。日军准备夜袭的计划并没有逃出聂士成居高临下的视线。就在日本陆军忙于调动之时，聂士成也传令各营"饱食以待"，但是这位名将却还是看走了眼，将主要的机动兵力于自己左翼的安城河沿线设下埋伏。

安城河发源于安城县境内，自东而西流入牙山湾内。这条河流量不大，但是南北两岸均泽国水乡，堪称是成欢驿的天然屏障。大岛义昌在发动夜袭之前显然没有做足功课。负责佯攻的日军右翼部队从由素沙场营地出发随即发现安城河水深过肩，且河底布满淤泥，步兵根本无法涉渡。好不容易组织了一支小分队泅渡过河，又发现清军早已通过堵塞水道，令原有的驿道变成一片沼泽。

就在日军奇袭部队前锋艰难地跨越了沼泽地带进入了名为"佳龙里"的村庄集结休整之际，埋伏于建筑物内的清军突然展开了火力。一时间被打蒙了的日本奇袭部队只能慌乱地退守沼泽地带。而后续的日军第二梯队指挥官时山龚造中尉自诩武勇，拔出战刀就展开冲锋，结果连同部下29人悉数被淹死在泥沼之中。

为了掩饰这一惨剧，日本官方开动宣传机器杜撰了一个所谓"号手木口小平"的传说。这个故事虽然版本颇多，但大体的情节却都是木口小平在缓缓沉溺于泥潭之中仍不停地吹响着冲锋号。而为了给这一神话背书，日本官方不仅颁发了"金鵄勋章"给其遗族，更在日后将其所吹奏的军号作为军用汉方药"忠勇征露丸"的商标。

面对日军可能的反扑，聂士成打出了自己的王牌——骑兵冲锋。在清军铁骑的枪射刀劈之下，日军奇袭队第一梯队指挥官松崎直臣大尉战死，被击溃的日军步兵拥挤着试图通过被拆毁的安城渡桥撤退，一时间"坠水溺死者甚众"。但是随着由日军右翼奇袭部队指挥官武田秀山亲率的第二梯队（3个步兵中队）主力抵达战场之后，战场的局势逐渐向不利于清军的方向发展，沼泽地带不利于清军骑兵驰骋，在追击结束之后便只能撤离战场，而由少数步兵依托"佳龙里"的建筑物坚守到凌晨4点终告伤亡殆尽。日军在付出沉重的代价之后，终于在安城河以南建立了一个坚固的桥头堡。

与右翼佯攻部队的艰难相比，大岛义昌亲自指挥的左翼奇袭分队进展顺利。就在武田秀山攻占"佳龙里"的同时，日军左翼部队已经秘密于月峰山山麓下展开。在西线的枪声逐渐归于沉寂之中，大岛义昌判断佯攻部队已经成功吸引了清军注意力，随即于1个小时之后下令总攻。面对清军修筑的工事，日军早已将8门野战炮运抵第一线，以几乎直射的方式予以轰击。面对日军凶猛的炮火，月峰山守军招架不住只能向二线阵地后撤。

月峰山的二线阵地本是清军的防御核心，聂士成也随即调集了增援。但是无奈清军炮兵阵地左翼牛歇里，无法有效地支援月峰山。在日军伴随步兵推进的猛烈炮火之下，上午7点聂士成下令放弃右翼阵地。而与此同时，日军武田秀山的佯攻部队也在不断向清军左翼核心阵地牛歇里发动进攻，担心陷入对手钳型合围的聂士成只能"率众溃围而出"。

成欢驿正面战场上中日两军的伤亡数字经过了彼此的夸张和粉饰均已失真，考虑到日军失利于安城河，清军兵败月峰山，大致应该是死伤相当。但成欢之战后，大岛义昌敏锐地捕捉到了清军并非完全放弃牙山老营的战机，由武田秀山一举缴获了牙山清军营地中叶志超没有及时转移的大批辎重物资。作为控制战场的一方，日本无疑是此战的胜利者。

带着8门清军遗留的火炮和粮弹等大批物资，大岛义昌大摇大摆地于8月5日回到了汉城。在满载缴获物资的大车之上，不仅插着清军的黄龙军旗，更特意以白旗书写上"清兵大败之证"等字样，气焰可谓嚣张至极。但是日本军队虽然能够逼迫朝鲜政府在汉城以南三十华里扎起"凯旋门"，并以鼓乐迎接自己这样的侵略者，却无法阻止朝鲜各地的官民以"献蔬菜、柴草、代汲饮"的方式支援败北的中国军队。

有趣的是成欢之战虽然从战术上勉强可以称得上是平手，但是在英国驻仁川领事的以讹传讹之下，清政府竟然认为是一场空前大胜。正是在这种盲目乐观的情绪鼓舞之下，清政府气冲斗牛地向日本正式宣战。而同一天日本"明治天皇"睦仁也颁布了日本近代第一份"宣战诏书"，中日两国在西方列强的环伺之下，终于正式进入了战争状态。

第五节：平壤与黄海——中日海、陆决战的幕后故事

四路入朝

客观地说"成欢之役"中聂士成所部虽然最终败北，但其在战场所展现出来的战术素养，以及从牙山仅用了不到 1 个月的时间，便在朝鲜普通民众的支持下，完成了绕道朝鲜东海岸，历程千余公里的"转进"，的确配得上日本军事评论家誉田甚八口中所谓的"清国简拔之精锐兵"。但是这样的"精锐"部队不仅在清政府以八旗子弟和绿营汉军为主体的陆军中凤毛麟角，即便是在以镇压"太平天国"运动起家的湘淮两系"练军""勇营"之中亦属于少数。8 月 28 日聂士成所部抵达平壤，这座昔日的高丽王朝"西京"已是大军云聚，清政府调集了"宁夏镇"总兵卫汝贵所部"盛军"13 营、旅顺驻军总兵马玉昆所部"毅军"前军 4 营、奉军左宝贵所部马步炮 7 营以及丰升阿所指挥的奉天练军"盛字营"和吉林练军四路人马总计 32 营，约 13526人，大举入朝。

应该说此时清政府理论上在平壤所集结的兵力，加上牙山方面"转进"而来的 10 营、3500 余人，其表面兵力已经颇为可观，但是这些部队并非第一时间都抵达了预定位置。四路入朝大军之中，李鸿章最为看好的莫过于卫汝贵的"盛军"。卫汝贵，祖籍安徽合肥，可以说是李鸿章的"小老乡"，在镇压"捻军"的战斗中更深得李鸿章的赏识，但是李鸿章知其所长，同样也了解他的短板，因此在卫汝贵领军出征之前，特意告诫他"屏私见，严军纪"。

清军庞大的陆军之中只有少数为"练军"

但是卫汝贵一离开天津就把老领导的话抛诸脑后了，他的"盛军"本是由海路从塘沽至大东沟登陆，理应最先抵达平壤。但是卫汝贵在抵达义州之后却以等候后续部队为由长期驻留，直到李鸿章实在看不下去了，发来电报"日兵已抵汉口，恐先据平（壤）"，卫汝贵才派亲信哨官曲德成率领小队人马于7月31日抵达平壤。

8月2日，潜伏于平壤的日本陆军中尉町口熊槌会合了竹内英男少尉所指挥的骑兵队展开了对平壤的第一次进攻。好在此时主政平壤的是闵氏一族的"监司"闵丙寅，在曲德成亲兵小队的助阵之下，中朝联合部队依托大同江天堑才最终"惊退日兵"。8月4日到8月9日，清四路大军才陆续抵达平壤，但此时不仅与牙山驻军南北夹击汉城的有利战机已经荡然无存，清军的战线更是被压缩在了大同江一线，完全失去了战略主动权。比战场局势更为恶劣的是平壤驻军的指挥权之争。论职权，卫汝贵、马玉昆、左宝贵同为总兵，丰升阿虽然官衔略低但是满洲正白旗出身，因此这四位将领平起平坐，谁也指挥不动谁，在平壤的防御问题上更是自说自话。

8月21日，叶志超抵达平壤，虽说是败军之将，但是叶志超毕竟顶着直隶提督、秩从一品的头衔。清平壤方面军终于有了一个名义上的最高统帅。但是新的问题又随即出现了，叶志超同样是安徽合肥人，自然对同为淮军系统的卫汝贵颇为照顾；马玉昆虽然也是安徽人，但他的直系领导宋庆出身湘军系统，在叶志超的眼中只能算是半个"自己人"；丰阿升是满族人但是兵力最弱，叶志超对他敬而远之。而奉军的左宝贵虽然曾与叶志超一起参与过平定热河"金丹教"叛乱，但终究分属不同派系，因此叶志超一到平壤便首先拿左宝贵"开刀"。

集结于平壤的四路清军之中，卫汝贵的"盛军"兵力最强，但却军纪涣散，不仅在入朝的路上，"沿途骚扰，以致声名狼藉，其在韩境滋扰尤甚"，在驻军平壤的过程更"毁器皿，夺财物"。与之相比，左宝贵的"奉军"却纪律严明，一时为朝鲜官民所称道。身为"诸军总统"的叶志超不仅没有要求各部向左宝贵看齐，反而将"奉军"抵达平壤的六营分拆使用，除左宝贵及其直属的3营人马被远远地安置在城北的牡丹台一带驻防外，其他部队形同被叶志超的淮军系统吞并了。

左宝贵戎装照

叶志超经成欢之役后，虽然自诩"对敌之强弱虚实，早已洞悉于胸"，但实际上这话不过是被"吓破了胆"的文艺腔而已。因此尽管手握重兵，平壤又有大同江为屏障和完备的城防体系，但叶志超仍感觉不安全。他一边以"秋后进军"搪塞遥控指挥的李鸿章，一边在大同江沿岸修筑防线，虚应故事。其真正的打算还是谋划如何才能逃离险地。

客观地说平壤清军虽然兵力雄厚，但却有着致命的弱点——后勤补给不可靠。中朝两国山水相连，历代中国入朝远征军大多构筑一条源源不绝的陆地补给线支撑前线，但是 19 世纪末叶的战争早已不复昔日缓慢的节奏。为了抢占先机，清入朝的四路大军均只携带了少量的弹药和粮秣便匆忙出征，大批辎重粮饷则全部积压在义州一线，依靠牛车人力缓慢地向前线转运。

自朝鲜王国定都汉城以来，朝鲜半岛北部的基础建设便接近停滞。在连日阴雨造成的泥泞道路上，以每日 2 两 5 钱白银雇来的 7 牛大车行进缓慢。左宝贵曾冒险以水路运粮，虽然耗时八天，但依旧远快于其他各军的地面运输。对此李鸿章曾提出统一后勤体系，集中购买 2400 头牲畜，按照国内驿站的模式，从义州至平壤建立 12 个兵站以接力的方式向前线转运。但是此时已近 1894 年 9 月，日军已经完成了对平壤总攻的筹备，这一设想只能沦为空谈。

朝鲜毕竟是一个农业国家，清平壤方面军的粮秣还是可以通过就地征集来解决，但是武器弹药却只能依赖于后方补给。事实上平壤虽然不是汉城、仁川那样的现代化港口，但同样用丰富的水道可供利用，清最为理想的运输模式是由天津直接海运至大同江出海口，再由内河船只加以转驳。但是在丰岛海战之后，清便视海运为危途，不仅没有将补给线延伸到平壤，相反连与义州一水之隔的大东沟都不敢去了，海上运输线只维持在天津、烟台和旅顺、营口之间的渤海水域，大大加重了前线的后勤压力。

与清政府的畏手畏脚相比，日本在运输模式上凸显出了其"明治维新"以来工业化的显著成果。8 月 2 日，日本陆军第五师团以第十旅团为主的留守部队悉数动员，由驻地广岛海运仁川、元山两地登陆。8 月 4 日，由名古屋镇台改组而成的第 3 师团也奉命参战。8 月 15 日，第三师团以第十八陆军联队前锋陆续开赴朝鲜东海岸的元山港。日本陆军对平壤的东西合围悄然成型。

8 月 19 日，曾和大山岩一起炮击过英国军舰的日军第五师团司令野津道贯抵达汉城。昔日"戊辰战争"中在宇都宫城下兵戎相见的野津和日本驻朝公使大鸟圭介此时以同僚的身份并肩作战，相信彼此都不免唏嘘感叹一番。在听取了大岛义昌关于清平壤方面军动向的报告之后，野津道贯认定"彼极短于野战，窥其所长，唯有守城一法"，决心不等第三师团悉数抵达便"速围以陷之"。

野津道贯的主张很快得到了"大本营"的认可。8月26日，第三师团已然抵达元山的第十八步兵联队及其炮兵、工兵各一个大队，骑兵第三大队第一中队4700余人被编组为"元山支队"，暂时隶属第五师团作战序列。前期抵达元山的第5师团第10旅团以步兵第十二、第二十一联队为主的2400人，则在抱川郡一线编组为"朔宁支队"。这两支"别动队"之外，野津道贯亲率第五师团本部5400余人北上会合在开城一线集结的第九混成旅团主力3600余人。至此日本陆军投入平壤战场的兵力达16000余人，呈现对清军的绝对优势。

野津道贯对平壤的攻略计划是以第九混成旅团进攻大同江正面防线，"朔宁支队"邀击清军左翼，第五师团本部兵力则由大同江下游强渡，包抄清军右翼。"元山支队"则负责在成川、顺安一线布防，阻断清军后撤的道路。对于日军多路围攻的计划，清平壤方面军虽然谈不上全盘了解，但是通过双方哨骑的接触，叶志超也大体感受到各方向日益趋紧的压力。9月2日，日军登陆元山的消息传到平壤，担心后路被切断的叶志超向李鸿章请求援兵，不过他"陆军劳费万端，必有四万余人，厚集兵力分布前敌后路，庶可无虞"的要求，以清政府当时的国力根本无法满足。李鸿章只能回电要求他："与诸将密筹，挑选精锐，间道出奇，拦头痛击。"此时光绪皇帝也加入了遥控指挥的行列，命令"不可以兵未全到，束手以待敌人之攻"。

在上峰的压力之下，叶志超只能于9月4日召开全军主帅级会议。不过他的战略是"各整队暂退瑷州，养精蓄锐，以图后举"。平心而论，叶志超的这个主意虽然不算高明，但在当时的战场局势下也不失为一个万全之策。但是此时的清平壤方面军内部根本没有统一的指挥权，平日"彼此拜会，徒尚虚文"的诸将此时对叶志超的计划"依违参半"，对叶志超削减自己兵权早已心怀不满的左宝贵更是大唱"朝廷设机器，养军兵，每年靡金钱数十万，正为今日耳。若不战而退，何以对朝鲜而报国家哉"的高调。一时无法下台的叶志超只能在"唯唯谢过"之余，命令各部加强哨探。

9月6日，左宝贵所部的哨骑在大同江以南的黄州遭遇日本陆军第9混成旅团的前锋。黄州地处开城与平壤之间，当地背依峻岭，面临湍急的赤壁江，可谓是平壤的门户。叶志超此时大概是受了慷慨激昂的左宝贵影响，也颇为豪迈起来，他要求各军抽调八成兵力，于9月7日渡过大同江主动迎击日军。但是清各"练军""勇营"长期缺乏协同训练，当天晚上就在"分扎要隘"之后发生了误警和互射的闹剧。虽然造成的损失不大，但却大大挫伤了好不容易鼓舞起的些许士气。在李鸿章"若我进攻黄州，而敌众绕扑我后，则进退失据，为患重大"的遥控指挥之下，清平壤方面军唯一的一次主动出击就此草草收场。而根据李鸿章防御平壤侧背的要求，叶志超随即又增强了平壤北部安州、肃州的驻军。至日军形成对平壤的三面合围之势时，平壤清驻军已经不足万人。

雨夜溃散

9月12日凌晨，日本陆军第9混成旅团首先展开了对清平壤方面军大同江南岸的"船桥里"桥头堡的进攻。在双方激烈的炮战中，日军首轮进攻无功而返。但大岛义昌并不气馁，以手中武田秀山的步兵第21联队和西岛助义的步兵第11联队从左右两翼再度展开钳形攻势，这一轮进攻虽然依旧在卫汝贵所部大举渡河驰援的情况下被击退了，但是9月13日武田秀山的左翼日军一度武装泅渡至大同江江心的羊角岛并渗透到了大同江北岸。大岛义昌随即抓住了清军大同江两岸防御脱节的弱点，中武田秀山分出一部分兵力"操船渡江，冲击敌军侧背"。

就在 9 月 14 日上午大岛义昌忙于部署兵力来日再战之时，师团长野津道贯从大同江北岸的保山镇派来信使，表示第五师团本部已经偷渡大同江成功，目前先锋部队已经抵达了距离平壤仅 12 公里的新兴洞，预计 15 日上午可以抵达平壤西郊 6 公里的山川洞。大岛义昌虽然对自己这位顶头上司的行动迟缓略有不满，但是随后从"朔宁支队"传来其 13 已经在朝鲜东郊与清军发生了交火的消息，令大岛义昌喜出望外。随即与"朔宁支队"司令立见尚文约定"明日（9 月 15 日）午前八点钟前后陷平壤，共握手于城中，以祝万岁也"。

在大岛义昌看来有了自己和立见尚文的"朔宁支队"配合，根本无须等待第 5 师团本队的行动便可以轻松攻占平壤。但是 9 月 15 日凌晨在隆隆炮声中展开的进攻却注定是一场属于日本陆军第 9 混成旅团的悲剧，因为守备"船桥里"的是曾与捻军转战过大半个中原，力挫"中亚屠夫"阿古柏的清军悍将——马玉昆。

清军在平壤驻守已近一个月的时间，虽然没有主动出击的战绩，但终日"督勇丁及朝民于城内外筑垒，环炮而守"的功课还是做得不错的。"船桥里"顾名思义是横亘大同江浮桥的起点。为了扼守这一战略要冲，清军不仅在当地修筑 5 座炮垒，更将防线向东、西两侧延伸至中碑街和永济桥，组成了一个互为犄角之势的堡垒群。大岛义昌自成欢之战便骄傲自负，此时可谓一脚踢在了钢板上。

在炮火的支援下，日军虽然轻松地占领了"船桥里"外围的两座简易堡垒，但是随后的进攻却举步维艰。在对手疯狂的冲锋下，马玉昆率部依托深壕高垒不停地狙击暴露在外围开阔地上的日军步兵，而此时北岸清军的大炮也纷纷"开腔"，一时间"弹片屡降，多伤日兵"。在日本陆军不顾伤亡的冲击之下，左翼武田秀山的步兵第 21 联队终于冲入了清军的营垒，但是等待他们的却是更为血腥的短兵相接。在被马玉昆所部反包围之下，日军悍不畏死的突击步兵也终于在"将校多死伤，曹长亦乏。士官无一人者"之后败下阵来。为了稳定局面，武田秀山甚至调来了工兵中队长芦泽正胜指挥步兵，其窘迫可见一斑。

步兵伤亡惨重，向来喜欢火力前移的日本炮兵在"船桥里"同样遭遇重创。面对试图将炮兵阵地在自己面前的高粱地里展开的对手，清步兵自然不会客气。步枪虽然打不坏大炮，但却可以狙杀炮兵。日本炮兵第五中队指挥官山本忠知大尉以下在高粱地里伏尸累累。

日本画家笔下的平壤之战

在多次强攻无果的情况下，日军左、右两翼的指挥官只能身先士卒以鼓舞士气。西岛助义左额受伤，站在清军堡垒对着部下大喊"宜进而死，勿退而生"。而武田秀山也不遑多让，高举着战刀督促步兵"不取敌垒，不敢退也"。甚至旅团长大岛义昌也赶来凑热闹，站在步兵第11联队的军旗之下跳着脚吼道"以一死报皇恩，唯在此时而已"。在清军居高临下的优势火力面前，日本陆军虽然不顾伤亡地继续佯攻，但最终还是在下午2点败下阵去。

在第九混成旅团撤出战场的过程中又恰逢一场大雨，一时之间雨水和死伤者的鲜血混在一起"满地皆红"。日本诗人杉浦梅谭为此写下了"此役不克旗下死，呜呼苦战船桥里"的诗句。有趣的是大岛义昌之所以如此奋勇地突击，很大程度上是听到了大同江北岸炮声隆隆，以为"朔宁支队"司令立见尚文正在配合自己行动。但事实上"朔宁支队"的确在9月15日展开了攻势，不过不是呼应大岛义昌，而是和"元山支队"一起在围攻平壤城北的制高点——牡丹台。

当然大岛义昌要怪也只能怪自己太过自大，立见尚文在与他的通信中明确表示"（清军）新筑圆廓二三炮台于牡丹台，盖其意欲包围元山支队，以击我也"。大岛也认为在"元山支队宜及晓先率众攻敌（牡丹台）左翼营垒"的同时，"朔宁支队"可以分出部分兵力"逼其侧面"。但是大岛万万没有想到立见尚文会不顾自己的死活，全力配合"元山支队"投入到对牡丹台的进攻中去。

牡丹台及其周边的平壤玄武门一线驻守着清军左宝贵所部和从牙山转进而来的"仁字营"四哨，总兵力仅为2900人。面对日军"朔宁""元山"两支队合计7800人的钳形攻势，其压力自然可想而知。应该说左宝贵所部"奉军"在单兵武器上并不弱于对手，李鸿章战前从旅顺军械库中匀出的500支德制新式毛瑟步枪，一度令日军感叹"其势猛烈，锐不可当"。可是在关键性的炮兵方面，李鸿章虽然以12门75毫米克虏伯行营炮支援"奉军"，但在清政府拖沓的官僚风气之下，"奉军"并未将其武装提供给左宝贵所部。

在日军炮兵"弹无空发，皆裂于营中"的精准轰击之下，至上午8点30分，以牡丹台为中心的平壤玄武门外阵地悉数易手。牡丹台屹立于平壤城北角，比临大同江，堪称清平壤防御区的北大门。眼见牡丹台上的黄龙军旗倒下，深知大势已去的左宝贵脱下自己临战时穿着的士卒号衣，换上了1891年自己以平定热河"金丹教"的军功获赏的黄马褂和头品顶戴，站在玄武门上亲自操炮轰击冲击玄武门的日军步兵。

在左宝贵"吾服朝服，欲士卒知我先，庶竟为之死也"的鼓舞之下，奉军以沙袋堵塞玄武城门，连续三次击退日军的进攻。但此时日军炮兵已经控制了牡丹台上"垒壁高五丈，炮座完备"的炮台，开始以榴弹轰击玄武城楼。已经身中两枪仍在火线奋战的左宝贵伴随着古老的玄武城楼，轰然倒下。黄遵宪为此写下了"翠翎鹤顶城头坠，一将仓皇马革裹"的《悲平壤》。

左宝贵等"奉军"将校虽然先后战死，但是"奉军"的普通士兵依旧依托着残缺的平壤城墙顽强地阻击日本陆军。虽然在牡丹台炮火的支援之下，"朔宁支队"攻破了玄武门城门，但是在巨大的伤亡面前，立见尚文也只能命令无法突入内城的部队悉数后撤至城北高地。日军围攻平壤的三路大军之中，最晚抵达战场的自然是野津道贯亲率的第五师团本队，月15日上午8点在大同江南北的隆隆炮声催促下，日本陆军第五师团本队比预定时间晚了4个小时才抵达预定阵地山川洞。为了彰显自己作为师团主帅的存在，野津道贯不等步兵喘息休整便命令炮兵向清军阵地展开炮击。

平壤之战关键性的制高点——牡丹台

　　在双方胡乱对射了一段时间后，野津道贯似乎觉得自己这个酱油打得还不错，于是以"白昼进军不便"为由，准备回去休息了。而就在此时大批清军骑兵突然从平壤方向驰骋而来。"马步兜击"向来被清军视为"看家本领"，可惜时代的变迁、军事科技的进步，令骑兵这一昔日战场的主宰早已落后于时代，在日军严密的火力封锁面前，清军两次骑兵冲锋最后只是在战场留下了数百具人马的尸体。野津道贯显然没想到清平壤方面军还有主动出击的勇气，在唱了几句"蕞尔此城，竟不能陷之，有何面目归觐我天皇陛下"的高调之后，第5师团本队随即转入全军休整。9月15日，清平壤防御圈的全线危机至此算是画了一个句号。

客观地说清军在这一天的战斗中虽然丢失了牡丹台等北线要冲，但是在南线的"船桥里"等地却依旧斩获颇多。身为全军主帅的叶志超如果能够抓住日军南线攻势衰竭，西线野津道贯战意不强的有利时机调整部署，全力夺回牡丹台的话，平壤防御圈仍有机会转危为安。但此时的叶志超已经完全失去了斗志，在他看来一日的激战已经让平壤方面军本就不多的粮弹储备颇为吃紧。

在叶志超摆出的"北门咽喉既失，弹药不齐，转运不通，军心惊惧，若敌兵连夜攻击，何以御之"一系列问题面前，此时清在朝诸将中已经没有第二个左宝贵当面呵斥他了。因此当叶志超随后提出"暂弃平壤，令彼骄心，养我锐志，再图大举，一气成功也"的荒谬办法时，只有马玉昆无奈地说了一句："余带兵三十余年，经数百战，常以不得死所为恨，岂临敌退缩自贻罪戾哉？"

清陆军的突围计划本应是极端保密的军机，但叶志超却找来了朝鲜官员闵丙奭，让他以朝鲜平安道监司的名义派人去与日军商洽。叶志超天真地以为只要自己表明"退仗休让"的态度，日本陆军就会"照诸万国公法止战"。但是叶志超显然低估了自己对手的无耻，日本陆军首先将叶志超的"平壤不设防"曲解为了"投降"，要求清军"速开城门，集中武器缴于我军"，随即又宣布"今夜须严警戒，以要击逃兵"。

在和日军书面往来商洽和平撤出平壤事宜的同时，得到突击命令的清军各营开始失去控制。在漫天的大雨中到处是失去建制的中国士兵结队成群地从七星门、静海门蜂拥而出，由于城门拥堵不堪，更有不少人从城墙攀越而出。这样宛如"惊弓之鸟，不问路径"的乱冲乱撞，自然引起了原本就进入全线戒备的日军的注意。扼守清军北逃大路的"元山""朔宁"两支队随即"各施枪炮，拦路截杀"。混乱之中清军既有自相践踏的死伤，更有意志薄弱者投水自溺、引刃自戕。一时间"死尸遍地，血水成渠"。好在漫天的大雨之中，日军也不敢贸然脱离阵地，展开追击。但在第二天日军打扫战场的过程，还是发现了清军1500余人的尸休，并俘虏了 683 人。

9 月 16 日拂晓，日本陆军"元山""朔宁"两支队率先从玄武门进入早已人去楼空的平壤。上午 7 点，昨日慷慨表示"如若不幸败绩，平壤城下即我葬身之所"的野津道贯率领第五师团本部从静海门"凯旋入城"。而倒霉的大岛义昌直到上午 10 点才知道平壤已经被攻陷的消息，急急忙忙从朱雀门赶进城里。至此清政府在朝鲜半岛最具威胁的据点被彻底拔除。

应该说由于在平壤以北的安州、肃州等地驻有预备队，叶志超虽然在撤出平壤的过程中白白损失了不下 5 个营的兵力，但是清陆军在朝鲜北部仍有一战的实力。面对之前前往天津募兵，此事赶回战场的聂士成"扼守安州，深沟固垒以待"的建议，连战连败的叶志超已经彻底失去了战意，在一路风声鹤唳之中，清军放弃了朝鲜北部 500 华里的防御纵深，悉数归宿义州。

在写给李鸿章的相关战报之中，叶志超刻意强调了清陆军补给上的劣势，说自己是在"子尽粮绝"后才不得不撤出平壤。应该说清军的后勤的确"不给力"，但劳师远征的日本陆军也面临着同样的问题。由于朝鲜民众拒绝向日军提供粮秣，在围攻平壤的过程中，第五师团"粮食极缺，师团长本人也有数日没有米吃"。日本陆军甚至认为"如果连续激战两天以上，那么弹药和粮食将同时失去补给，只有放弃围攻，实行退却"。正是在这种紧张的气氛中，日本政府将"大本营"移师广岛，就近指挥朝鲜半岛的地面战斗。

夺取平壤的日本陆军不仅缴获了大批枪械物资，更赖清军此前收罗的 4700 石粗细杂粮得以果腹。在这种此消彼长之下，中日争夺朝鲜半岛的地面决战可谓胜负已分。而在进军平壤的过程中，野津道贯所率的第 5 师团本部更意外地在横渡大同江时拦截了一艘中国商船，从这艘船上搜出的密信表明清政府"虑平壤兵乏，方今以舢船数艘，自大沽、旅顺送兵鸭绿江岸，且运粮"。第五师团参谋福岛安正随即将这份密信转送给了日本海军联合舰队司令伊东祐亨。伊东对拦截对手补给船兴趣不大，但是却被信中"军舰护卫之"的字样吸引了眼球。在中日陆军决战平壤之后，一场海上的生死搏杀也悄然揭幕。

唯快不破

自 7 月 25 日的"丰岛海战"之后，中日两国海军事实上都在积极寻找战机。在 8 月 1 日正式向日本宣战的同时，李鸿章也授意北洋水师主动出击，前往仁川截击日本运兵船。但是在缺乏精确情报支撑及李鸿章"速去速回，保全坚船为要"的指导方针下，北洋水师连续多次出海，均未捕获战机，倒是让日本联合舰队趁北洋水师主力外出之际，于 8 月 10 日进逼威海卫军港，随后又在渤海湾到处滋扰，令清海防线颇为紧张。

此时向来与李鸿章政见相左的翁同龢等"清流"人物，纷纷指责丁汝昌"畏敌惧战"，要求对其革职查办。李鸿章虽然在 8 月 29 日以《复奏海军统将折》详细向光绪皇帝分析了北洋海军"以之攻人则不足，以之自守则有余"，为自己的爱将丁汝昌辩护，但是在"清流"的鼓噪之下，李鸿章也不得不严令北洋水师加强在渤海湾的巡视，保护己方脆弱的海上运输线。

对于李鸿章的这种"扼守要隘、不得远离"海防战略，后人斥之为"保守"。认为海军的优势在于其机动性，北洋水师理应主动出击，封锁日本长崎、对马海峡等要冲，甚至应该威逼横须贺、炮击东京湾。这些论述固然深蕴几乎同时代的美国海军学院院长马汉所提出的"海权论"，但是当时北洋水师的战舰性能却根本无法支撑这一正确的战略。

北洋水师长期使用的是开平矿务局所出产的燃煤。开平煤矿为清"洋务派"所主持建设的现代化煤矿，其产品不乏"烟少火白，为他国所罕有"的高品质燃煤，但是这些被称为"五槽煤"的优质产品主要用于出口。供应北洋水师的是长期积压的"八槽煤"，这些燃煤不仅燃烧值低，更会产生大量的残渣和烟灰，对舰艇锅炉造成损坏。

北洋水师提督丁汝昌

丁汝昌身为北洋水师提督自然深知其中利害，但是不仅他致信开平矿务局负责人张翼的信件石沉大海，甚至连战前为所有主力战舰更换锅炉的要求也因旅顺机器局的延误而无法达成。一支燃烧着劣质燃煤，"锅炉汽管本皆旧朽"的舰队深入在辽阔的公海，与敌军追逐较量显然是缘木求鱼的不智之举。客观条件的局限，令昔日清政府花重金打造的"亚洲第一"舰队此时只能沦为渤海湾的"看门狗"。

在北洋水师放弃黄海制海权的同时，日本联合舰队于 7 月 25 日至 9 月 12 日完成了四次向朝鲜运兵的护航任务。9 月 13 日，在护送陆军登陆的任务基本完成之后，同样对己方舰队"无所事事"的日本海军军令部长桦山资纪跳上当年把金玉均送去上海"找死"的邮轮"西京丸"号亲自前来督战。堂堂海军"二把手"（"一把手"是海军大臣西乡从道）乘坐民用船只多少有些没面子，于是日本海军临时在"西京丸"上加装了 1 门 120 毫米速射炮，将其编为了"巡洋舰"。

面对桦山资纪这样的"蛮勇将军"，伊东祐亨深知"领导在和不在不能一个样"。于是得到陆军和大鸟圭介外务省情报系统送来的清军由海路向大东沟一线运兵的情报后，9 月 16 日下午 4 时，日本联合舰队由小乳薫临时锚地出发前往大东沟。应该说经过了一个月的"海上捉迷藏"之后，伊东祐亨也不敢确定这次便一定能截击得手。因此在舰艇调拨上，联合舰队除了本队的 6 艘战舰之外，只出动了 3 支"游击队"中的"第一游击队"，加上派往海洋岛附近象登湾探查水

日本联合舰队司令伊东祐亨

文的炮舰"赤城"号，伊东祐亨手中可用的战舰算上非要跟着一起来的桦山资纪所乘的"西京丸"号也不过12艘。此时伊东祐亨当然不会想到为了护送由5艘商船运载的清陆军4000人于大东沟登陆，北洋水师出动了由12艘主力舰、2艘炮舰、4艘大型鱼雷艇组成的庞大舰队。而从未参与过海战的桦山资纪更想不到自己在这场海战中将要扮演的是何等悲催的一个角色。

9月17日上午8点，完成了护航任务的北洋水师在旗舰"定远"号悬挂起的龙旗下准备列队返航。9时许丁汝昌突然下令全舰队进行"巳时操"。此时的北洋舰队上下无不对"丰岛海战"中日军的不宣而战义愤填膺，北洋水师此次大东沟护航本就准备与日军一战，因此全军上下会操特别认真。10点左右会操结束，丁汝昌决定各舰准备午餐，下午再行返航。而丁汝昌显然没有想到，正是这一场常规的操练，与险些擦肩而过的中日舰队最终撞了个满怀。

10点23分左右，日本联合舰队以"第一游击队""本队第一群阵""本队第二群阵"的序列沿海洋岛向东北方向航行。此时位置突出的"吉野"号突然发现在自己的前方出现了一缕黑烟。接到报告的伊东祐亨顿时大喜过望，他自以为大东沟一线的清舰艇构成与丰岛之战中差别不大，不过是三四艘战斗舰艇保护着五六艘运输船，自己的10艘主力战舰完全有能力战而胜之。

北洋水师几乎和日本联合舰队同时发现了对方，丁汝昌随即命令各舰"立即起锚"，以5节左右的航速开始编组队形，准备接敌。此时的北洋水师出动护航的12艘主力战舰之中，"平远"号和"广丙"号正在大东沟海口，2艘炮舰"镇中"号、"镇南"号及四艘鱼雷艇更为了护航而深入大东沟内海，均一时难以赶到战场，因此双方的实际兵力对比接近一比一。

作为日本海军联合舰队旗舰的"松岛"号

　　伊东祐亨眼前舰队前方樯橹如林，一度误认为自己是中了北洋水师引诱自己的圈套。在后悔没有将第二、第三游击队的另 11 艘战舰带来的同时，也只能强作镇定地下令挂旗让各舰水兵"吃饭"。为了鼓舞士气，伊东祐亨甚至还特别下令准许"随意吸烟，以安定心神"。如果没有航速只有 12 节的"西京丸"号和"赤城"号在侧，伊东祐亨很可能选择另寻战机。但此时在桦山资纪的注视之下，这场硬仗可谓是"避不可避"。

　　面对着阵容齐整的北洋水师，伊东祐亨在阵型选择上可谓动足了脑筋。日本海军长期以来用于对抗北洋水师的秘密武器是所谓的"三景舰"的"松岛"级海防舰。这三艘排水量 4278 吨的战舰安装有超越北洋水师"定远"级铁甲舰的 325 毫米巨炮，但是按照最初的设计本应是两艘主炮分别承前后配置的"松岛"级对抗一艘"定远"级，可日本的财力有限，最终只建成了 3 艘。伊东祐亨所乘坐的"松岛"号恰恰是主炮后置的那一款，只有在撤退过程中才能发挥全部火力。

　　既然本队"三景舰"指望不上，联合舰队对抗北洋水师的重任自然就落在了坪井航三所指挥的"第一游击队"身上。自"丰岛海战"之后，"第一游击队"除原有的三艘战舰之外又调入了"浪速"号的姐妹舰"高千穗"号，整个编队的平均最高航速可达 15 节。因此伊东祐亨果断对一直保持着 6 节航速的坪井航三打出旗语"截击敌军右翼",而自己所率领的本队则以保护桦山资纪所在的"西京丸"号为名以 8 节的航速接敌,俨然一副"送死你去,功劳归我"的架势。

坪井航三对伊东祐亨的指令作何感想世人不得而知。但是根据他的观察,北洋水师所摆出的是"把最坚固的二铁甲'定远'号、'镇远'号置于中央突出点的凸形阵",自己如果按照伊东祐亨的命令一开始便直扑对手的右翼的话,那么很可能会令对手随即转向攻击自己的侧翼。因此坪井航三决定先直指北洋舰队的中央,在距离逐渐接近之后,再突然转向"击破敌军右翼,以挫伤其全军士气"。但是坪井航三也很清楚这样做,"第一游击队"必然在北洋水师"定远"级的 305 毫米重炮轰击中首当其冲。

12 点 50 分左右,在双方战舰接近至 5300 米的距离时,北洋水师旗舰"定远"号打响了黄海海战的第一炮。"高千穗"号的尉官在《战时笔记》中心有余悸地写道:"定远舰之炮座吐出一团白云,轰然一声巨响,其三十公分半巨弹冲开烟雾,从游击队头上高高飞过,于左舷附近落入海中,海水顿时腾高数丈。"显然这一炮如果命中日本海军"第一游击队"的任何一舰都足以令其伤筋动骨,而在这个距离上"吉野"号根本没有还手之力。

不过"第一游击队"并非北洋水师的首要目标,在对"吉野"号展开了一轮炮击之后,以"定远"号为中心的北洋水师便以"人"字阵型猛冲向前,直扑伊东祐亨的联合舰队本队。逃过一劫的"第一游击队"随即在海面上划出一道近似直角的航迹,以 14 节的航速从"定远"号、"镇远"号的面前夺路而进,直扑北洋水师右翼的"超勇"号、"扬威"号二舰。

从血统上来说北洋水师的"超勇"号、"扬威"号二舰不仅和日本海军的"筑紫"号堪称"亲兄弟",日本海军对其展开围攻的"浪速"号、"高千穗"号两舰也是同厂出品的"至亲"。但是"浪速"号两舰终究比"超勇"号、"扬威"号要年轻"5 岁",与"吉野"号相比更是有 10 年以上的"代差"。英国日新月异的海军技术在这场对决中彰显无遗。尽管面对优势对手的围攻,"超勇"号、

"扬威"号两舰展开不屈不挠的还击，甚至一度在 13 点 08 分击穿"吉野"号后甲板，燃起大火。"高千穗"号弹药库附近的军官室被击中，一时全舰上下忙乱不堪。"秋津洲"号 5 号炮座中弹，海军大尉永田廉平以下 14 人死伤。但是火炮口径、射速和防护上的悬殊差距，最终令"超勇"号、"扬威"号于 13 点 20 分之后燃起大火。必须指出的是真正击沉这两艘清最早的外购现代化战舰的并非"第一游击队"，可能是畏惧"超勇"号、"扬威"号的反噬，也可能是出于全局的考虑，坪井航三顾不上给予对手最后一击便匆匆转向赶去支援己方本队去了。

北洋水师之所以没有全力对抗日本海军"第一游击队"，很大程度上是因为丁汝昌发现了位于联合舰队本队保护之下的"西京丸"号和"赤城"号两舰。"西京丸"号是艘商船，"赤城"号是艘近海航行的炮舰，这两艘船出现在如此"高规格"的海战中显然于理不合，唯一的解释只能是日本联合舰队此次的任务是为运载着陆军的"西京丸"号护航。"西京丸"号排水量近 3000 吨，与"高升"号不相上下，丁汝昌要为"丰岛海战"中死难的陆军兄弟报仇，"西京丸"号无疑是最好的选择。

12 点 53 分，北洋水师"定远"号已经逼近至"松岛"号 3500 米处，"松岛"号 325 毫米主炮炮塔率先被击中，旋转装置被击毁。"松岛"号全靠这门可以 285 度旋转的主炮来对抗"定远"号铁甲舰。眼前"三景舰"的老大一个回合就被打残，"严岛"号、"桥立"号连忙赶来助战，但事实证明日本政府发行 1700 万元的海军公债建造的"三景舰"远非北洋水师的对手。在激烈的炮战中，"严岛"号右舷被连续击中，死伤 17 名水兵。13 点 10 分，"桥立"号主炮炮塔也被击中，分队长高桥义笃大尉以下死伤 10 人。"定远"号在这场几乎以一抵三的战斗中也并非全身而退，一枚炮弹击中"定远"号前桅杆和烟囱之间的"飞桥"平台，正在督战的丁汝昌右侧脸部、颈部和手部严重烧伤，不得不被抬下指挥岗位。

舰队司令负伤本是世界海战历史中屡见不鲜的偶然事件，与特拉法加战役中的纳尔逊等名将相比，"头脚皆肿，两耳流血水，双眼不能睁开"的丁汝昌还算是幸运的。但是与丁汝昌同在"飞桥"平台督战的北洋水师"外援"戴乐尔的一句"半玩笑"的话语，延伸出了"定远"号年久失修，"大炮一响、震塌飞桥"的误解。

丁汝昌的负伤对旗舰"定远"号的影响并不大，在北洋水师右翼总兵、"定远"号管带刘步蟾"代为督战"的指挥之下，"定远"舰一马当先地冲入日本联合舰队的单舰纵列，一举将"三景舰"和"千代田"与其后方行驶的"比睿"号、"扶桑"号、"西京丸"号、"赤城"号四舰隔断开来。

日本联合舰队之所以偏爱单舰纵列，一方面固然是因为这一阵型有利于发挥其大量部署于侧舷的小口径速射炮的威力，而更重要的是因为此时的日本海军"完全熟悉舰队运动的将校寥寥无几，舰队的整备也因信号问题而迟迟不能解决，如此不熟练的舰队就是在堂堂正正的一举一动的信号指挥下仍旧行动困难，因此只能在每日的闲暇，令各舰派出小蒸汽船，到佐世保港外进行舰队运动的训练，希望通过努力弥补其欠缺"。而在这种演练之中日本海军发现单舰纵列简单实用。

所谓"单舰纵列"其实就是后列的舰只根本不用动脑子，速度，航向，只要牢牢跟着前面的舰只即可。但是此刻面对被斩断的队列，"比睿"号不免一时陷入手足无措的状态。由英国赫文船厂建造的"比睿"号是一艘已经有16年历史的老舰，火力和防御均远弱于前后包抄其的北洋水师"定远"号、"靖远"号两舰。

"比睿"号的舰长是名字颇有意思的海军少佐——樱井规矩之左右，错误地选择向右急转，以期在北洋水师将其合围之前杀出一条血路，但是要从火力远胜于自己的"定远"号、"靖远"号中间穿过谈何容易，在北洋水师猛烈的火力之下，"比睿"号"舰体、帆樯、索具几无完肤"。而被"定远"号305毫米重炮击中的下甲板内的舰上医务室内，以军医三宅贞造为首的19人更是被炸得粉身碎骨。

伤痕累累的"比睿"号无奈地贴近"靖远"号行驶以躲避炮火。在这个距离之上战舰主炮再无用武之地，两舰只能以小口径火炮短兵相接。"靖远"号甚至一度派出携带步枪的突击队，准备以"跳帮"方式俘虏这艘敌舰。在这个关键时刻，日本海军大量装备的速射炮发挥了火力上的优势，在 5 分钟内打出 1500 发的猛烈火力面前，"靖远"号最终难以靠近对手。13 点 55 分，艰难冲出战列的"比睿"号打出"本舰火灾退出战列"的旗号，向南撤去。

"比睿"号虽然退出了战列，但并非无力再战。在冲出北洋水师阵列之后，它又遭遇到此时已经烈焰升腾、逐渐向右倾斜的"超勇"号，两艘跛舰之间又进行了几轮交火之后，"比睿"号才最终逃出生天。显然在最终于 14 点 23 分沉没于黄海波涛之中的"超勇"号相比，"比睿"号所受的创伤并不致命。而"超勇"号管带黄建勋在落水后，拒绝了友军"左一"鱼雷艇的援救，甘愿与舰同沉，成为北洋水师第一位牺牲的舰长。

"比睿"号的惨痛教训，为跟随其行进的"扶桑"号舰长新井有贯大佐提供了真正的"前车之鉴"。在部下询问是否随同右转的时候，这位舰长"从容不迫""出人意料"地宣布左转。日后日本海军倒也没有追究这位仁兄破坏队列的责任，还嘉奖他为日本保全了价值 300 万日元的战舰。当然在北洋水师的阵列中要毫发无损地通过也是不现实的，一枚炮弹还是击中了其左舷，但仅打伤了海军少尉丸桥彦三郎等人。

"比睿"号、"扶桑"号毕竟都是千吨级的巡洋舰，航速和防护都足以完成这次冒险的敌前转向。但是紧随其步伐前进的"赤城"号炮舰就没那么幸运了。由于误认为"赤城"号是一艘"装兵倭船"，北洋水师一时之间调动了左翼第二小队的"致远"号、"经远"号，右翼第三小队"来远"号装甲巡洋舰全力围攻跟随"扶桑"号左转的"赤城"号。甚至"定远"号、"镇远"号也以远程炮火予以助阵。

在北洋水师猛烈的交叉火力之中，"赤城"号顿时弹痕累累，死伤遍地。在舰长阪元八郎太头部被弹片击碎，死尸坠入海中之后，"赤城"代理舰长佐藤铁太郎也很快因重伤而退出战斗。但是就在这样的情况下，日本海军还是以顽强的姿态一边加速驶离危险海域，一边以后部的 120 毫米口径火炮予以还击，甚至一度击中"来远"号后甲板，引发了爆炸和火灾。最后迫使北洋水师停止追击，无奈地目送这艘上层建筑几乎被打成废墟的军舰逃离自己的视线。

对于北洋水师集合三舰之力最终未能击沉"赤城"号的事实，后人常归结于北洋水师的火力疲弱，但排水量612吨的"赤城"号，长度仅47米，以当时的火控技术，北洋水师在远距离上也的确很难准确命中这样的小目标。而随着"赤城"号退出战斗，北洋水师截断对手单舰纵列的战术优势已然用尽，其凌乱的阵型即将面对日本联合舰队本队和"第一游击队"的前后夹击。

尾　声：

黄海国殇——淮军的全线败北和
李鸿章个人政治生命的终结

苦斗大东沟

在黄海海战之中，日本海军曾一度同时有三个指挥中枢，除了"松岛"号的伊东祐亨和"吉野"号上的坪井航三之外，在"西京丸"号上观战的桦山资纪也在联合舰队本队被北洋水师截断之后开始介入指挥起来。在联合舰队本队为北洋水师截断之后，"西京丸"号便抛下了为其护航的"赤城"号，利用其位于舰队左侧的优势，抢先一步追赶"三景舰"去了。虽然在通过北洋水师阵列前方时，"西京丸"号还是连遭炮击，船上的"军官室及其附近上甲板和各舱室损坏甚大"，好在向来自诩身先士卒的桦山资纪此时正在甲板观战，这才避免成了"被斩首"的对象。

面对向自己逼近的北洋水师主力，桦山资纪再"蛮勇"也知道性命要紧，于是在14点15分打出旗语"'比睿''赤城'危险！"伊东祐亨随即心领神会地招呼"第一游击队"的坪井航三回援。此时日本海军"第一游击队"刚刚打残了北洋水师的"超勇"号、"扬威"号两艘二线舰艇，本位于有利的敌右后侧的位置。但是军令难违，为了保护"西京丸"号的安全，"第一游击队"只能向左急转，再度全速从北洋水师的锋线通过，一边以左舷炮火全力压制对手的火力，一边挡在"西京丸"号的面前。而伊东祐亨则大摇大摆地从"第一游击队"撕开的缺口，冲向北洋水师的侧后，与"第一游击队"形成前后夹击之势。

"第一游击队"航速再快，也实在赶不上炮弹的速度，在坪井航三回援之前，"西京丸"号已经接连中弹，在轮机房爆炸、舵机被毁的情况下，桦山资纪只能要求这艘武装商船先行退出战列。而就在"西京丸"号转为人工转舵准备撤离战场之时，北洋水师在大东沟入海口一线驻留的"平远"号、"广丙"号及鱼雷艇"福龙"号、"左一"号赶到了战场。由于此时北洋水师提督丁汝昌负伤，整个舰队失去了统一的指挥，这支本可扭转局势的预备队此时只能各自为战。

以"蛮勇"著称的桦山资纪

"平远"号管带、北洋海军后军前营都司李和眼见"超勇"号、"扬威"号遭遇重创，舰队右翼崩溃，随即第一时间率"平远"号、"广丙"号两舰先行阻击正从右翼准备包抄己方舰队的日本联合舰队本队。"广丙"号和在丰岛海战中有过突出表现的"广乙"号本属于姐妹舰，其优势同样是近距离释放鱼雷，但是面对"三景舰"强悍的火力，"平远"号虽然接连击中"松岛"号和"严岛"号，其260毫米主炮一度命中"松岛"左舷中部下甲板的医疗室，击穿1英寸厚的钢铁墙壁，穿过中央鱼雷发射室，击中"松岛"320毫米主炮塔下部的机关室，引起爆炸，顿时使得320毫米火炮炮罩粉碎，火炮无法旋转。

值得一提的是同为海防舰的"平远"号和日本海军的"三景舰"设计上颇有相似之处，"平远"号也仅有一门位于舰艏位置的260毫米主炮。但是与纯正法国血统的"三景舰"相比，"平远"的主炮采用的是露天炮台配置，在激烈的炮战中，仅有2英寸厚的穿盖炮罩无力抵挡对手凶猛的炮火，在主炮被毁、战舰起火的情况下，"平远"号不得不在短暂的"惊艳演出"之后退出战斗。而失去了"平远"号的火力支援后，"广丙"号也不敢贸然突击，在其未来声名赫赫的指挥官——管带程璧光的驾驶下跟随"平远"号驶往大鹿岛附近海域暂避。

北洋水师"平远"号、"广丙"号两舰虽然表现不俗，但终究未能阻止日本联合舰队本队对己方舰队的迂回包抄，其在短暂的战斗之后便撤离更令战场上的兵力对比再度向不利于北洋水师一侧的方向倾斜。而就在"平远"号、"广丙"号和日本海军缠斗之际，北洋水师大型鱼雷艇"福龙"号抱着"补刀"的心理逼近他们眼中的日本"运兵船"——"西京丸"号。

"西京丸"号虽然在出发前进行了一番武装改造，便毕竟是艘民用船只，面对"福龙"号逼近后释放的鱼雷，桦山资纪一度抱着"我事毕矣！"的心态闭目等死，但这枚德国生产的"黑头鱼雷"却最终由于发射角度过低，入水过深而最终于"西京丸"号的船底穿过。

应该说鱼雷这种可对战舰构成"一击毙命"的武器自诞生之初便伴随着各种故障和奇迹。"福龙"号在近距离内对"西京丸"号的两击不中，固然有着诸多解释。从 15 点 05 分开始的"福龙"号鱼雷的失的，北洋水师进入了中国海军史上的"黑色 3 小时"。

15 点 04 分，北洋水师的旗舰"定远"号在交火中舰艉中弹。这是一枚日本海军于 1893 年刚刚列装的装填"下濑火药"的"开花弹"。所谓"开花弹"即装填有烈性炸药的榴弹，中日两国经过多年的工业化建设已都实现了国产。但北洋水师所用的"开花弹"无论是国产还是外购填充的都是黑火药。只能通过爆炸时产生的冲击波和炮片来杀伤敌军、破坏敌舰，其威力极为有限。而日本方面则于 1891 年在工程师下濑雅允的不懈努力下成功配制出了以苦味酸（学名"三硝基苯酚"）为主要成分的烈性炸药。

装填了"下濑火药"，炮弹不仅灵敏度极高，即使命中细小的绳索都能引发爆炸，而且爆炸后在形成冲击波和炮片之余，还伴随有中心温度高达上千摄氏度的大火，号称对钢铁都能点燃，这种火药爆炸形成的火焰会像汽油着火一般四散流动，即使在水中都能持续燃烧一段时间，同时还在燃烧中释放出有毒的黄色烟雾。

"超勇"号、"扬威"号之所以迅速被"第一游击队"重创，很大程度上便是遭遇了这种"无论木铁，中炮之处随即燃烧，难以扑灭"的炮弹攻击，而此时自恃坚甲重炮的"定远"号也一时难以自保，船头火势凶猛，烟雾弥漫。在烟雾中不仅无法瞄准，大批的水手还不得不先全力灭火。关于这枚关键性的炮弹由谁射出，日本海军日后展开了一场有趣的大争功。"第一游击队"宣传是自己的功绩，而联合舰队本队则说是"三景舰"的杰作。但是最终追查下来，竟然是一度被隔绝在两队之外的"扶桑"号的 240 毫米中央主炮的功劳。而这枚炮弹命中的恰恰是舰首左侧缺乏装甲防护的锚链孔。

长长的锚链从锚链孔连接到锚链舱。在两侧锚链通道之间则是舰上的水兵厕所。而锚链舱的上方则是"定远"舰的舰医院，内部布置了大量的药橱、病床，墙壁上还有橡木材质的墙裙装饰，这 240 毫米炮弹在军医院内轰然炸响，尽管没有造成太大的人员伤亡，但大火却以极快的速度吞噬着室内一切能够点燃的物品，熊熊烈焰带着灼人的高温从弹孔以及舰内的梯道舱口向外迅速蔓延，烟雾和火焰几乎吞噬了首楼和主甲板。

日本海军自然不会放过这一有利时机，坪井航三和伊东祐亨下令全力围攻这艘北洋水师的精神象征。为了保护旗舰，北洋水师的"镇远"号、"致远"号全速赶来掩护。"镇远"号身为铁甲舰在日军凶猛的炮火还能勉强支撑，而本以航速见长的"致远"号此时却在与"第一游击队"的对射中伤痕累累。

面对吃水线上多处被洞穿，穿甲甲板的斜坡与船壳板相交构成的"V"字形的水槽里已经积满了海水，战舰已出现将近 30 度右倾的危局。"致远"号管带邓世昌站在"飞桥甲板"之上对着自己的部下慷慨高呼"吾辈从军卫国，早置生死于度外，今日之事，有死而已！"而他最后下达的命令是："倭船专恃'吉野'，苟沉是船，则我军可以集事！"

"致远"号试图撞击"吉野"号今天已经成为一个家喻户晓的英雄传说。好事者更对邓世昌的决定究竟有几成把握和"致远"号最终是沉没于对手的鱼雷攻击还是被炮弹击中了锅炉舱而争论不休。但是站在那位英雄的角度，我们相信他当时所想彰显的是中国军人不屈的意志，更希望以残舰的突击为舰队争取更多的时间。恰恰是在邓世昌抱着爱犬与战舰同沉黄海的过程中，"定远"号扑灭了大火，并以 305 毫米"开花弹"向"松岛"还以颜色。

战前"致远"号水兵合影

"定远"号命中"松岛"号左舷火炮甲板的重击，不仅震飞了一门 120 毫米速射炮，更引爆了其炮位下堆存的大批装载了"下濑火药"的炮弹。一时间"松岛"上"下甲板的炮员、弹库员非死即伤"，全舰减员近三分之一。伊东祐亨在调军乐队人员充当炮手，重新向北洋舰队开火的同时，挂出"不管"旗，让各舰自由行动。

"松岛"遭遇重创，日本联合舰队本队失去指挥，本是北洋水师一举扭转战局的有利机会。但恰在此时位于北洋水师左翼的"济远"号、"广甲"号却擅自脱离战场驶向战场西北方向的浅水区，"济远"号管带方伯谦此举不仅令与之比肩作战的"经远"号孤立无援，更在慌不择路中造成了北洋水师眼中的非战斗减员。"济远"号先是在迷雾中撞上了正在奋力自救的"扬威"号，导致这艘本还有一线生机的战舰最终在努力搁浅自救的过程中沉没，管带林履中愤而踏海自沉。而本属于广东水师的"广甲"号在撤退过程中，也由于对战场海域的不熟悉，最终在三山岛附近触礁搁浅。

黄海海战中同样伤亡惨重的日军

"广甲"号本为北洋水师"粤海三舰"中老大，吨位、火力均强于"广乙"号、"广丙"号，它之所以加入北洋水师，是因为恰好从广东前来解送满清贵族深爱的岁贡荔枝。也许是因为出于对这种"拉壮丁"行为的愧疚，清政府对"广甲"号管带吴敬荣的处置不过是"革职"。日本海军无力去追击慌不择路的"济远"号、"广甲"号，在联合舰队本队缠住北洋水师主力的同时，"第一游击队"开始全力围攻孤立于左翼的"经远"。在以一敌四的不利局面下，"经远"号虽然奋力还击，但最终还是在管带林永升阵亡后，于 17 点 30 分被击沉于大鹿岛附近海域。

"经远"号的沉没并非全无价值，由于其奋战拖住了日本海军"第一游击队"，使得友舰"来远"和"靖远"得以扑灭大火，转向大鹿岛附近的浅水区。在这个战场日本海军"第一游击队"的航速优势无从发挥，只能远程炮击，战斗随即陷入了相持阶段。而在主战场之上，失去"第一游击队"支持的日本联合舰队本队尽管以 5 艘战舰的绝对优势围攻"定远"号、"镇远"号两舰，但是面对中弹近千发还宛如堡垒般不沉的巨舰，日本海军只能惊叹："'定远'怎么还不沉啊？"

战至 17 点 30 分，伊东祐亨自认联合舰队本队无力击沉对手，"第一游击队"又迟迟不肯回援，在担心北洋水师鱼雷艇突袭的情况下，只能下令撤退。"定远"号、"镇远"号以顽强的毅力展开了追击，一度形成了北洋水师赶着兵力占据优势的对手逃窜的局面。但此时这场海战大局已定,北洋水师在损失了"超勇"号、"扬威"号、"致远"号、"靖远"号、"广甲"号 5 艘战舰,牺牲了 600 余水兵的情况下未能击沉对手一舰。这其中固然有诸多的客观因素,但归根结底还是在清政府腐朽的政治和经济体系之下,北洋水师在对手面前失尽了组建之初的锐气和优势。

兵败辽东

黄海海战的直接影响是北洋水师遭遇重创,彻底丧失了渤海湾的制海权。不仅无力再为陆军运输兵员和补给,甚至将搁浅的"广甲"号拖回旅顺都由于日军的威胁而无法完成。在通过赫德和各国驻华公使在国际市场上购买战舰补充损失之余,李鸿章只能严令北洋水师所属战舰在旅顺紧急维修,以抵御自 9 月 23 日起在威海出现的日本海军"浪速"号、"秋津洲"号等战舰的袭扰。

清政府对战舰的应急采购事实上早在甲午战争爆发之前便已全面启动了。英国政府曾通过赫德向李鸿章表示阿姆斯特朗公司能在 10 个月内交付世界上最先进的巡洋舰。如果清政府愿意出价,英国甚至愿意以 34 万英镑的价格将原本为智利建造的"吉野"号姐妹舰"布兰科·恩卡拉达"(Blance Encalada)号出售给中国。但是随着战争前期英日的结盟,伦敦随即宣布中立,中止向中日两国出售任何武器。

英国方面不予通融,李鸿章只好向手里有大量富余军火的南美海军强国智利和阿根廷寻求出让。但是此时的日本同样开启了战时购舰的狂潮,最终囊中羞涩的清政府在这场太平洋彼岸的购舰较量中败下阵来。智利海军与"致远"号性能相近的穹甲巡洋舰"埃斯美拉达"号最终被日本购得,于 1984 年 12 月加入日本海军，改名为"和泉"号。

而在北洋水师上下全力赶修战舰的同时，一场对阵亡者的抚恤和对责任人的追究也开始悄然展开。在这场"勇者过勇，怯者过怯"的海战中，邓世昌和方伯谦分别被作为两个典型案例被提了出来。对于邓世昌，光绪皇帝亲笔写下的"此日漫挥天下泪，有公足壮海军威"挽联已足显其价值；而对于方伯谦固然后世有诸多争议，但是仅就当时的环境而言，北洋水师的确需要用他的人头来稳定军心，重振士气。

有趣的是据说方伯谦在死前曾恳求驻守旅顺的"毅军"统领宋庆为他求情。在方伯谦看来，"朝廷仁厚，安有杀总镇之刀？"只要有人愿意出面，自己顶多被革职而已。但是宋庆对他的回答却是"我恨无海军生杀之权，自我操，则（方伯谦）七月间已在军前正法，尚复令尔重误国家大事耶？"就在方伯谦于 9 月 24 日于旅顺问斩的同时，李鸿章致电正在义州的陆军前敌指挥叶志超，告诉对方"参折纷起，非汝我所能保全也"。显然在"清流"的全力弹劾之下，不仅方伯谦这样的总兵人头不保，即便是叶志超、卫汝贵这样的提督亦有性命之虞。

不过对于自己老部下、小同乡——叶志超，李鸿章还是照顾的，他不仅允许叶志超率部撤过鸭绿江，依托中朝边界重组防线，更委派宋庆率军驰援，接替了叶志超的职务。但随着宋庆接掌兵权，翁同龢等"清流"人物便又吹响了弹劾淮军的号角。10 月 14 日，叶志超、卫汝贵被军前停职，此举虽然没有削弱清军的实际战力，但却令各级将领噤若寒蝉，战术更趋于保守。

9 月 25 日，日本陆军完成了第一军的编组工作，自封军长的山县有朋从汉城抵达平壤。10 月 2 日，山县的心腹——第三师团师团长桂太郎亦抵达前线，至此日本陆军第一军 3 万余人悉数抵达前线。桂太郎是搞情报和陆军改革出身，虽然曾为山县有朋推动巨额陆军军费预算立下汗马功劳，便毕竟没有尺寸军功，因此对进军中国东北颇为热心，甚至在接到前往朝鲜的动员令时便露骨地表示："大丈夫开心莫过于此，报效国家，在此一举。"

但是摆在桂太郎这样的战争狂人面前的不仅有清陆军的鸭绿江防线，更有朝鲜北部的五百里山河。尽管有此前清军队入朝时所修筑的行军道路，但是在朝鲜当地民众拒不合作的情况下，山县有朋的大军也走了近 1 个月才抵达义州。一路的辛苦跋涉显然没有打扰到山县有朋的心情，他亲自在鸭绿江畔侦查清军防线的弱点之余，还提笔写下"对峙两军今若何？战声恰似迅雷过。奉天城外三更雪，百万精兵渡大河"的诗句以抒发自己的踌躇满志。

"百万精兵"山县有朋当然没有，但是清陆军在鸭绿江千里江防之上可用的兵力更为有限。山县有朋抓住清军右翼安平河口防御薄弱的有利战机，于10月24日上午派出步兵第十八联队长佐藤正大佐率7个步兵中队、1个骑兵分队，携带两门大炮涉渡鸭绿江。佐藤正这支偏师兵力有限，但阻击他们的清军兵力更少得可怜，仅有250名步兵和50名骑兵。与疲软的兵力成正比的是其脆弱的战斗意志，在日本陆军尚未完成强渡之际，安平河口的清守军便一哄而散了。宋庆虽然认识到了山县有朋此举是佯攻，但是其所派出的200骑兵并不足以将对手赶下河。在占据了鸭绿江东线重要的桥头堡之后，日军主力开始于西线强攻清军的防御核心——虎山。

山县有朋原先的计划是于24日夜秘密架设浮桥，随后由桂太郎亲率第三师团主力强渡过江。但是山县有朋显然低估了东北亚10月下旬的寒冷，自诩水性不错的一等兵三原岛太郎奉命携带绳索游过150米的江面，结果还未游到半程就冻死在河里。可惜这一段的江岸没有清军驻守，浮桥在25日天亮前顺利完工，早已等得不耐烦的桂太郎随即亲率前锋部队渡河。

山县有朋

面对地处瑷河与鸭绿江交汇处，"虽不甚高，然险绝峻绝"，形似乳虎蹲伏的虎山，桂太郎亲自指挥正面攻坚，委派大迫尚敏的第五旅团攻占虎山东面的高地，而深陷日军两面围攻之下的虎山上仅有总兵马金叙麾下的兵勇六百余人。马金叙本是刘铭传麾下的将佐，由于不满"铭军"主将"挟私易将"才"转会"到了宋庆的"盛军"。在虎山一线马金叙死战不退，在自己受伤十余处，其弟督战阵亡的情况仍先后击退了日军三次冲锋。而受命支援马金叙的聂士成和马玉昆两军也在右翼日军大迫尚敏所部猛烈的火力封锁之下，全力突击。面对亲信爱将桂太郎的困境，山县有朋自然不能不管，他随即调来了第五师团的立见尚文所部第十旅团从虎山西侧迂回进攻。

兵力上的劣势令马玉昆、聂士成这样的悍将先后败下阵来，原本打算与虎山共存亡的马金叙最终也在部下"不如留此身以图恢复"的劝说下，率残部突围而出。虎山之战堪称清军鸭绿江防线全面崩溃的前奏。10月26日，日本陆军攻占九连城和安东县城，在安东县山县有朋设立了日本境外的第一个民政厅，消息传到日本国内顿时引发了一片欢呼之声。而为了强化政治攻势，山县有朋还特意找来了海军省的间谍宗方小太郎撰写了所谓《告十八行省豪杰书》，自诩为吊民伐罪的解放者，希望中原"起真豪杰于草莽，而以托大业"。

山县有朋突破鸭绿江一线的消息，固然令"天皇"睦仁颇为欣喜，亲自发去嘉奖。但是自丰岛海战以来，战争已经打了三个多月，日本陆军才刚刚进入了中国的领土，按照目前的进度，要指望山县有朋以第一军的兵力"经略辽东，向山海关，拔奉天"显然遥遥无期。为了尽快结束战争，必须"另遣一军攻其首都北京，以迫使对方签订城下之盟"。根据这一方针，日本陆军于9月21日着手组建以第一师团和第十二混成旅团为主体的第二军。

第一军的主帅是陆军元老山县有朋，第二军的领导自然格调也不能太低。陆军大臣大山岩亲自挂帅，纠集了第一旅团长乃木希典、第二旅团长西宽二郎等一干少壮派之后，日本政府将铁路修到了第一师团的青山练兵场，直接让这支拱卫首都的"东京师团"乘坐火车抵达广岛。一路之上，沿途居民无不身穿节日盛装，殷勤欢送，拍手高呼"皇军万岁"。名古屋等大城市更是燃放烟火，组织师范学校的学生高唱军歌，清酒、香烟等慰问品更是络绎不绝地送上火车。

不过在抵达广岛之后，由于此时日本的主要海上力量都忙于为第一军运送兵员和补给，第二军不得不滞留20天，等待运输船队的回航。不过这段时间第二军高涨的士气非但没有降温，相反由于睦仁在广岛大本营的亲切接见而达到了新的高度。随军记者龟景兹明便在日记中写道："陛下以圣躬宵衣旰食，亲裁戎事与将士共分劬劳。吾等陆海军人应栉风沐雨以勤于王师，虽赴汤蹈火在所不辞。"这话虽然肉麻，但却是驻留广岛的日本陆军第二军许多普通军人心态的真实写照。而此时的清政府还沉浸在一片歌舞升平当中。虽然战事搅乱了慈禧太后的庆寿计划，慈禧也于9月25日下旨取消在颐和园的庆典及沿途的"点景"工程，但王公大臣以及外省官员呈进万寿贡物依旧络绎不绝，内外臣工不得不带着谄媚的笑容参加宫中每日隆重的庆祝活动。

10月15日，带着睦仁亲赐的骏马名刀，大山岩率第一师团开赴宇品港。10月19日，第一批运兵船抵达大同江口南侧的渔隐洞。第二军的任务虽然是攻占北京，但是日本海、陆军即使连战连捷却也不敢贸然在华北平原登陆，只能借口即将入冬"不能运兵渤海湾头以行决战，今先以进此决战地步之目的，拟即占领旅顺半岛"。而在进攻旅顺的问题上，大本营虽然制定了"冲其背后，以出敌不意"的计划，但在具体的登陆地点上，陆、海军之间却发生了严重的分歧。

海军方面在派出"八重山"号、"秋津洲"号两舰在辽东半岛沿海侦察之后，希望以远离旅顺的花园口为登陆点，而陆军则认为花园口既远离攻击目标金州，又有三条河流阻隔，力主在旅顺附近的贸易港——貔子窝登陆。从后续的发展来看，日本陆军选择的登陆点更符合战略需求。但是在10月21日由伊东祐亨在新旗舰"桥立"号召开的陆海军参谋会议上，海陆军方面争吵了一天，最终却不得不遵从海军的意见。花园口登陆前的这一小插曲堪称日本陆、海军交恶的先河。

10月24日，在日本海军的全力护航之下，由40艘运输船组成的庞大登陆船团抵达花园口。在陆军登陆之前，海军方面先派出"千代田"号的海军陆战队1个小队兵力上岸侦察，在确定没有清军驻防后，日本陆军开始了长达半个月的登陆作业。而在大批辎重还在海上转运之际，大山岩便以花园口一线居民稀少难以就地征集粮秣、劳力为名，派前锋部队向相对富庶的貔子窝进军。

日本海军之所以选择花园口为登陆点，一方面是由于当地海湾开阔，水文条件适宜登陆，但更为重要的是忌惮此时正在旅顺港口整修的北洋水师。李鸿章虽然在9月底便知悉了日军即将进犯旅顺的情报，但却只能无奈地要求丁汝昌抓紧修理黄海海战中受损的各舰，期望通过"早日出海游弋"来达到"彼或稍有避忌”的目的。

李鸿章很清楚，以北洋水师的力量根本不足以与倾巢出动的日本联合舰队正面较量，因此在威慑对手之余，他真正的战略还是希望北洋水师能够依托旅顺炮台阻击日军的正面进攻。而对于旅顺侧后的地面战场，此时手中已经没有多少预备队的李鸿章只能让正定镇总兵徐邦道临时招募3营步兵，连同原有的马队、炮队编组成所谓的“拱卫军”开赴金州布防。

徐邦道是四川涪州人，此时已是转战沙场三十余年的老将了。他深知金州地理位置之险要，“欲占旅顺口，不可不先去金州城”。在俘虏、处斩了3名日军谍报人员之后，徐邦道本计划联合辽阳的“盛字营”、旅顺当地的八旗部队“捷胜营”主动对抢占貔子窝的日本“会合痛击，以扫逆氛”。但是辽东半岛的清军将帅大多没有徐邦道这般求战欲望，无奈之下徐邦道只能在金州昼夜赶修工事，以貔子窝至金州的大道两旁制高点为核心构筑防线。

10月29日，日本陆军占领貔子窝，大山岩随即授意后续运输船“摄阳丸”号和“歌浦丸”号等舰艇改在貔子窝湾一线登陆。事实证明海军此前提出的貔子窝不易于登陆并非没有道理，当地的海湾虽然开阔，但是海滩较浅，涨潮时船只也无法靠岸，只能在距离陆地4公里之外抛锚，动员海、陆军在海滩上挖出一道可供小船通过的沟渠，再以人力将舢板拉到岸边。而在花园口、貔子窝一线日军虽然没有遭到清正规军的抵抗，但是普通民众对日本陆军的袭扰却是此起彼伏。日军在屠戮报复之余，也不得不颁布了所谓的“大日本军本营示”，宣称“凡不抗拒我兵者，各无怖惧安业”，以安抚民心。

11月3日，由乃木希典所指挥的日本陆军第一旅团开始向金州进发，在侦察骑兵分队全军覆没，唯有小崎正满少尉只身逃回的情况下，乃木希典明知清军已在石门子高地构筑炮垒，且左右皆有步兵防御，还不以为然地命令部队在11月5日展开正面强攻，其结果自然是撞了个头破血流。战后日本陆军除了感叹“清兵善防”之外，也认为“敌军占据天险，由高垒俯射，我军则由低处仰射，本来难易悬殊，而失地利之宜”。

乃木希典显然并没有从两次失败的进攻中吸取任何的教训，而是决心将这种自杀式冲锋进行到底。好在乃木的顶头上司第一师团长山地元治及时赶到提出从清军防御松懈的复州一线迂回进攻，将乃木的任务由主攻改为牵制，才避免了日本陆军更多的伤亡。

11月6日，日本陆军第一师团主力由复州一线进逼金州城廓。虽然徐邦道率部死战，但是在对手36门野战炮的优势火力面前，还是被日本工兵炸开北侧的永安门。在部下殊死巷战殿后的情况之下，徐邦道赶赴旅顺请求援兵。但是旅顺城内驻守的各军将佐却"言战言守，众志不一"。就在攻陷了金州之后，以土佐藩士参加过"戊辰战争"的山地元治放纵部下屠城、洗劫。而金州城普通居民的遭遇恰是不久之后旅顺悲剧的预演。

11月7日拂晓，山地元治下令兵分三路扫荡清大连湾沿岸炮台。此时的李鸿章方寸已乱，竟然以"宁失（大连）湾，断不失去旅（顺）"的名义允许陆军放弃大连湾沿岸炮台。日本海军小心翼翼地派出二线战舰"筑紫"号、"赤城"号前往炮台密布的大连湾海域，本是想敷衍一下要求配合行动的陆军，才发现清军炮台主炮悉数指向天空，和尚岛炮台更早早地飘扬起了乃木希典所部插上的太阳旗。

日军攻占旅顺口炮台

日本陆军攻占大连湾，不仅意外地搜出了清军旅顺沿岸的水雷布防图，更缴获了包括由上海转运而来、尚未启封的大批"行营快炮"。不过虽然意外获得清军拱手送上的攻城利器，但是面对周边炮台众多，猬集上万守军的旅顺，山地元治还是心里没底，在休整了10天、从国内紧急调运的攻城重炮抵达之后，才拟定了一个 1500 人 "敢死队" 名单，于 11 月 17 日夜开始向旅顺进逼。

为日军攻城部队打头阵的是留学法国的秋山好古少佐所指挥的骑兵搜索队。秋山好古是落魄的松山藩士秋山久敬家的第三个儿子。其虽然在日本国内与其弟秋山真之齐名被称为 "秋山兄弟"，但其真正崭露头角要等到十年之后。在进攻旅顺的道路之上，秋山好古的骑兵部队在土城子一线遭遇了清军徐邦道、卫汝成所部的围攻。轻敌冒进的秋山好古起初还命令部下依托沙河土堤，下马步战。但随后便发现对手 "势不可当"，只能下令突围。

在后续步兵的支援之下，秋山好古虽然 "万死之中得此一生"，但是仓皇之中日本骑兵不仅来不及收拾尸体，甚至连伤员都不及转运，堪称一败涂地。可惜的是土城子之战后，缺乏后援的徐邦道无力扩大战果。而在北洋水师及旅顺大小官员纷纷出逃的情况下，士气低落的清军也无力防御旅顺北部的炮台群。

11 月 21 日，在日本海军联合舰队 "横排一字阵于旅顺海面" 的 "强势围观" 之下，日本陆军步兵在军官督战下展开了前赴后继的冲锋。旅顺周边炮台虽然口径惊人，但所配属的炮弹大多为对抗舰队的实心穿甲弹，火力上反而不如日军的野战火炮，当天下午前后旅顺外围炮台便悉数宣告失守。而此时云集旅顺的清军也丧失了巷战的勇气，纷纷弃城突围，至此号称 "铁打" 的旅顺口沦陷于日寇的铁骑之下。

日军在旅顺外围的攻坚战付出了近 500 人左右的伤亡，但是这些代价与缴获的炮台、军械及港内未能撤离的小型舰船相比可谓微不足道。按理说日军攻占旅顺之后本应心满意足，但是就在 11 月 21 日日军进入旅顺的当天，一场惨绝人寰的大屠杀悄然开锣。从攻占九连城到花园口登陆，日军接连不断地颁布各种安民告示，俨然将自己粉饰成了一支 "文明之师"，但缘何在旅顺当着西方舰队和记者的面兽性大发？

在日本外相陆奥宗光写给率先报道 "旅顺大屠杀" 的美国纽约《世界报》的所谓 "辩解" 中我们看到了如下的理由："旅顺居民在战前已经离开了；在旅顺口被杀的身着平民服装的人大部分是伪装的士兵；日本军队看到日本俘虏被肢解尸体的残酷景象，受到了很大的刺激。" 这些理由之中所提及的所谓日本俘虏被肢解的说法主要是指土城子之战后日军在战场上发现了一些残缺不全的尸体。但是考虑清军很少有虐尸的习惯，而且报道此事的日本战地记者也承认"军装的破片缠在腹部才认出是我士兵"，因此所谓的"以牙还牙"根本说不通。

至于所谓旅顺口被杀的都是伪装的士兵这一说法，更是在西方记者长篇累牍的报道中出现的日军屠戮妇孺的事实面前不攻自破。事实上日军之所以制造"旅顺大屠杀"完全不是所谓的个别部队的行为，而是第一师团长山地元治亲自签署"全部剪除"命令后的军事行动。旅顺并不是日本陆军第二军的最终目标，为了下一步进军辽东，减少驻守旅顺的兵力缓解补给上的压力，山地元治有意将这座城市化为地狱。而在旅顺口战役打响的同时，山县有朋和伊藤博文关于所谓《征清三策》的争论，更是旅顺口大屠杀最好的注解。

山县有朋在指挥第一军突破清军鸭绿江防线之后便力主发动冬季攻势，在攻占旅顺的同时，希望日本政府可以再派一军于山海关附近登陆，进行直隶作战或立即北进攻取奉天。但是面对老乡山县的贪功冒进，伊藤博文却老成持重地指出"状则状矣，又谈何容易耶！"伊藤博文认为中国东北进入冬季之后，日本陆军将"面临天寒冰结之气候"，而海军方面"敌之舰队自黄海一败后，虽畏缩而无出战之勇，然并非全部丧失其力量"。即便山县有朋的军事冒险可以成功，战败后的清政府也将陷入"暴民四起，土崩瓦解"的无政府状态，对于日本签署"城下之盟"的计划是有害无利的。在山县和伊藤的这场争论中，日本政府最终选择了保守的"冬季宿营"计划，即要求第一军在鸭绿江一线、第二军在旅顺一线暂停攻势，就地驻扎。

大本营显然忽视了山县有朋这个战争狂人的一意孤行。自 10 月底开始，山县有朋便抽调第十旅团和第五旅团疯狂北进，分别向辽阳门户的凤凰城和大孤山进犯，但山县有朋的踌躇满志却在辽东的冰天雪地中被当头浇了一盆冷水。立见尚文的第十旅团虽然于 10 月 31 日攻占凤凰城，但是大迫尚敏的第五旅团却在大孤山先是遭到了当地团练武装的袭扰，续而在黄岭子遭到了奉军总兵聂桂林和丰升阿的八旗骑兵的阻击。

眼见第五旅团迟迟未来的立见尚文只能于 11 月 9 日孤军北上，试图夺取辽阳东路的门户——摩天岭。防守摩天岭的是已经和日军打过多次交道的聂士成所部。面对昔日同僚叶志超和卫汝贵先后被械送京师，交刑部审讯的不利局面，被特授直隶提督的聂士成对部下发出"我曹不力战，步叶、卫后矣！"的警告。连战连败的清军正是在这样的鼓舞之下，连续突袭日军，最终令屯兵摩天岭下的日军第十旅团不得不于12月5日撤回凤凰城。

尽管此后聂士成收复凤凰城的努力最终由于日军的逆袭而以失败告终，但在此后双方的反复拉锯之中，日军也始终未能突破摩天岭一线。困守凤凰、九连的立见尚文只能作诗意淫道："留守凤城四阅月，每闻战捷剑空鸣。难忍功名争竞念，梦魂一夜屠清京。"辽阳东路的争夺战证明清军如能有效地相互配合，依托主场作战地理和气候上的优势仍是有机会击退日军的进攻并重创对手的。

摩天岭兵败的消息令天皇睦仁对桀骜不驯的山县有朋失去了信心。11月29日，睦仁以"朕不见卿久矣。今又闻卿身染疾病，不深轸念"为由试图将山县有朋召回日本。但是山县有朋却抢在"敕使"抵达军前之前，于12月3日命令桂太郎率第三师团独立向海城方向进军。山县有朋虽然成功造成了扩大战事的既成事实，但却无力更改睦仁剥夺他军权的命令。12月9日，山县在写下"马革裹尸原所期，出师未半岂空归？如何天子召还急，临别阵头泪满衣！"后，无奈地将第一军的指挥权移交给了第五师团长野津道贯。

野津道贯和桂太郎曾经身为师团长，自然不可能一上任便改变山县有朋的部署。12月11日，日本陆军第三师团对海城的进攻正式从二道河子拉开了序幕。海城地处辽南要冲，一旦失守日军将北窥辽阳、奉天，南犯牛庄、营口，甚至关外的锦州、宁远也将直面日军的兵锋，因此指挥辽东军务的宋庆决定全力救援辽阳。但是12月13日清军的援兵未到，日军已经攻占海城。随后，围绕着海城，中日两军在缸瓦寨一线展开了前所未有的鏖战。

在双方兵力、火力均颇为接近的情况下，日军最终以"莫如一拥而上"的400米白刃冲锋，先后突破了清军二道防线，奠定了胜局。而就在日军感叹自己的对手所部"不愧为闻名的白发将军宋庆的部下，不轻露屈挠之色"时，他们还不知道在铩羽而归的马玉昆所部骑兵之中有一个年轻的伍长正因为没能收复自己的故乡而苦恼，他就是未来的"东北王"——张作霖。

缸瓦寨之战令日本政府不得不正视第三师团在海城"三面受敌，孤军难守"

的局面。大本营方面力主将第三师团撤出，但回国后的山县有朋却竭力反对，放出所谓放弃海城"必然会对前线士兵的士气产生很大影响"的舆论。大本营深知山县在陆军中的影响力，只能命令驻守旅顺的第二军派出一个混成旅团的兵力支援第三师团。大山岩虽然不赞同山县的战略，但是军令难违，只能派出"愣头青"乃木希典率军北上，在乃木希典的第一旅团付出334人伤亡，其本人军服亦有3处被子弹击穿，侥幸保住性命攻占盖平，打通了第二军与第三旅团的联系后，山县利用第三师团孤军深入撬动整个战局的图谋彻底得逞。

从1895年1月17日至2月21日的一个月时间里，清政府调集两江总督刘坤一、湖南巡抚吴大澂等湘军旧将，前后四次大举反攻海城。但这些攻势尽管一扫清军此前牙山、平壤之战中一味防御的颓势，但却均由于协调不利最终劳而无功。而为了保障海城后方补给线，乃木希典率第一旅团于2月24日与宋庆会战于盖平以西的太平山。

太平山战役依旧是由秋山好古的骑兵突击来打开序幕的，不过和旅顺外围的土城子之战一样，秋山好古再度冒进于老爷庙一线遭遇清军伏击。不过这一次秋山好古学乖了，一见形势不好扭头便跑。日本骑兵第一大队倒没遭遇什么太大的伤亡。而在随后的西七里沟争夺战中清军主帅宋庆、马玉昆更是亲临第一线督战指挥，连乃木希典都不得不赞叹对方"骁勇悍绝"。但是太平山之战清军虽然在伤亡数字上首次低于对手，但并未达成切断海城、盖平联系的战略目标，反而令日军在连续四次击退清军对海城的反攻之后，开始向营口、牛庄一线展开新的攻势。

3月2日，日军第三、第五师团会师鞍山。3月4日拂晓，自平壤战役以来被雪藏已久的大岛义昌率第九旅团突袭牛庄，但是清军却在牛庄和对手玩起了巷战。面对"或穿铳于屋壁，装填无烟火药以击，或备速射炮于凸角部，以急射炮邀击"的对手，大岛义昌一时很不适应，只能再度带着爱将武田秀山"奔驰于各展读部队之间，激励士卒"。

面对日军13个步兵大队、4个骑兵中队、8个炮兵中队、3个工兵中队合计11800余人优势兵力的围攻，清军仅有魏光焘的武威军6营3哨和率老湘军赶到支援的李光久所部5营2哨的不足6000人。清军虽然表现出色，但最终随着夜幕的降临也只能放弃牛庄突围。值得一提的是桂太郎在当夜的扫荡战中要求第三师团"只准使用刺刀"，也算是开创了日军白刃夜袭的先河。而在第一军攻占牛庄的同时，乃木希典作为第二军的"代表"也在当地守军意志不坚的情况下，于3月7日攻占辽南重镇营口。

3月5日，日军第一军司令野津道贯决心不给清军喘息之机，会合第三、第五两大主力师团，在第二军第一师团的支援下向营口北部集结的清军69个营，发动了甲午战争以来最大规模的主力会战——田台庄战役。田台庄是扼守营口到山海关的交通要道，其"无山险可扼，惟倚辽河以为固，时值冰坚，策马可渡"的平原地形恰好给双方重兵集团的展开提供了有利条件。

田台庄战役之初，日军便集中了91门大炮排列于辽河东岸，而清军仅有20余门火炮。战斗一打响，凭借着火力上4比1的绝对优势，日军便将清军炮兵"击损及半"。随后日本步兵大举过河，开始围攻田台庄的市街，吸取了牛庄战役的教训，野津道贯不敢再与清军巷战，而是命令部下在田台庄各处纵火。在冲天的火光中，清军不得不放弃辽阳以南的大片国土，至此在这场鏖战近半年之久的辽东战场上清军彻底丧失了战场主动权。

困守威海

对于被山县有朋牵着鼻子在辽东一线作战，驻守旅顺的大山岩和大本营的伊藤博文等人心中自然颇为不爽。在伊藤博文这样的政客看来战争不可能无休止地进行下去。日本尽管在海、陆战场上均捷报频传，但是在综合国力上终究与清政府有差距，按山县有朋的剧本一路从辽东打到北京必然是一场旷日持久的消耗战。

而以萨摩藩为主的日本海军方面则力主出兵山东，在北洋水师的另一重要港口威海卫一举歼灭这支令其如芒刺在背的海上力量。但北洋水师虽然兵败黄海，但"定远"号、"镇远"号两艘铁甲舰不沉的神话对日本联合舰队却宛如梦魇。加上威海卫周边多达25座的各类炮台及"水雷拦坝"的工事的掩护，日本海军如要独力正面强攻威海卫无疑是自寻死路，必须谋求陆军的支持。

身为日本海军大臣的西乡从道本来就和大山岩沾亲带故，而此时在旅顺几乎沦为光杆司令的大山岩也不甘留在寒冷的辽东。于是，1894年12月，日本"大本营"下达了重新编组第二军为"山东作战军"的命令，除了留在辽东配合第一军作战的第一师团之外，调集第二师团和第六师团第十一旅团于广岛集结，分两批运往大连湾，会合由旅顺出击的第十二混成旅团进逼山东。

有了陆军的支持，桦山资纪于12月14日电令伊东祐亨，要求联合舰队全力护送第二军于中国山东沿海登陆。日本联合舰队虽然自战争爆发以来多次袭扰威海，但是对清军在山东沿海的整体海防情况却是一头雾水。于是伊东祐亨在集结舰队的同时派出长于海岸侦测的"八重山"号舰长平山藤次郎搭乘"高千穗"号前往荣成湾等地调查。

事实上，早在1888年日本海军大尉关文炳便奉日本参谋本部的密令，以驻华武官的身份在威海卫及胶州湾附近展开为期70天的秘密侦察，并写了一份《关于威海卫及荣成湾之意见书》，明确提出荣成湾虽然"本湾甚浅，湾口宽阔，并非好锚地"，但是"本湾位于直隶海峡外侧之偏僻海隅，故欲攻占威海卫，必先取此湾以为基地"。

关文炳虽然于1892年死于海难，但是他的这份意见书却长期为伊东祐亨等日本海军上层所重视。而平山藤次郎的实地勘察更从战术上肯定了荣成湾登陆的可行性，"用舢板和汽艇可以靠岸。若事先准备栈桥材料，人马皆易于登陆"。有了这两道双保险之后，伊东祐亨最终与大山岩商定于1月19日调集25艘军舰、16艘鱼雷艇掩护50艘运兵船分三批开赴荣成湾。

在商定海、陆军协同行动的细节时，伊东祐亨还向大山岩提出了"务不损我舰，不使敌舰沉没。待及弹竭粮尽，士气沮丧，以令丁提督降"的长期围困和诱降方案。随即找来了日本海军国际法顾问高桥作为起草劝降书。高桥作为提出所谓"美国海军佩里提督是日本恩人"的第一人，其文笔自然是极尽颠倒是非、挑拨离间之能事。不过世人并不清楚的是高桥作为的劝降书起草了中文、英文两个版本。大山岩看过之后，认为高桥作为在中文版中主张丁汝昌效仿李陵降于匈奴的典故实在用得不恰当。

今天世人所看到的被日本吹嘘为"不朽名文"的劝降书其实是高桥作为所写的英文版本，而其中提到的"成功案例"也由中国汉代的李陵换成了令人一时摸不着头脑的"法国前总统末古末哑恒"和"土耳其之哑司末恒拔香"。事实上高桥作为所指的是法兰西第三共和国的第二任总统帕特里斯·麦克马洪和在第十次俄土战争中困守普列夫纳 145 天之久的土耳其元帅——奥斯曼·努里帕夏。这两个案例不仅并不恰当，而且兼晦涩难懂，还不如直接和丁汝昌提李陵之事呢！

事实上日本政府内部真正与丁汝昌颇有交情的是首任海军大臣胜海舟。但是曾经主导江户"无血开城"的胜海舟虽然关心中日之间的战况，但却未必希望看到他眼中"躯干高大，面色浅黑，举止活泼，不拘小节，言辞率真"的丁汝昌成为又一个"投降将军"。

1 月 19 日，英文版的劝降书由陆军步兵少佐神尾光臣送达荣成湾外准备实施登陆的伊东祐亨手中。此时日本海军"第一游击队"已按预定计划连续在登州附近海域实施两天的牵制炮击。日军大举来犯的消息随即传到了刚刚就任山东巡抚不到半年光景的李秉衡手中。

山东作为拱卫直隶、北京的重要海防前哨，清政府的兵粮大省，其巡抚一职向来被视为非文武全才不能胜任的重要岗位。在李秉衡到任之前，山东巡抚长期由出身正红旗的蒙古族人福润担当，福润有一个颇为有名的父亲——向来反对洋务运动的晚清理学大家倭仁。福润本人却不善文墨，一生仅中过一次乡试。凭着自己老子的余荫，福润虽然官运亨通，但政绩却令人不敢恭维。福润到任山东后不久便由于治理黄河不利，遭到了监察御史王会英"纵吏毒民，玩忽人命"的弹劾。

自古河患如刀兵，眼见福润无力治河，光绪只能临阵换将，于 1894 年 8 月战争爆发前期将山东、安徽两省的巡抚互调，换上了曾在中法战争中任广西按察使，与冯子材"分任战守"的李秉衡。光绪对李秉衡显然是寄予了厚望的，在李秉衡赴任前进京"面圣"之时，光绪曾三次单独召见密谈。随后以帝师自诩的"清流领袖"翁同龢也在家中设宴招待李秉衡。一时间李秉衡俨然成为晚清政坛的一颗政治新星。

由于李秉衡受到了"清流"名士翁同龢、张之洞等人的青睐，后世将其在山东巡抚任内无力阻挡日军登陆的种种举措归结于清政党派系的内讧。这一说法固然有一定的道理，但是从李秉衡到任之初便前往天津与李鸿章会商军事，9 月 11 日抵达济南之后，又马不停蹄巡视海防前线的举动来看，至少在主观愿望的层面，李秉衡是不希望在自己的任上出现山东被日军蹂躏的局面的。

李秉衡虽然有着良好的愿望，但是其本人却没有突出的军事才能。他在清廷最大的政治资本是"廉洁"和"爱民"。在整顿山东海防的问题上，他虽然一眼便看出了"威海、登州为最吃重，烟台次之，胶澳又次之"，但是他却错误地认为威海在李鸿章多年的经营之下，早已成为了固若金汤的海陆要塞，日军如果来犯的话必然会选择没有炮台防御的登州一线。

在李秉衡的主持之下，清政府于登州城西沿海的天恒山一线赶修了多座土炮台。这些炮台的火炮虽然老旧，但是在对抗日军第一游击队的袭扰中还是发挥了作用。安放在丹崖山炮台之上的明代防倭铜炮"镇海侯"一度险些命中抵近海岸线射击的"吉野"号，迫使坪井航三为了避免不必要的伤亡而草草结束了对登州的牵制性炮击。

于天津统揽全局的李鸿章眼光和情报自然要比李秉衡高端，早在 1894 年 9 月 28 日他便以商量的口吻提醒李秉衡注意荣成一线的海防漏洞，但是山东海岸线辽阔，李秉衡手中即便算上新近增募的部队也不过 60 营总共 3 万余人。如此有限的兵力面对如此辽阔的战线，李秉衡也不得不感叹"巧妇难为无米之炊"。当然对于李鸿章加强威海后路防御的要求，李秉衡还是"明知分则力单，而地面太长，有不能不分之势"，制订了一个聊胜于无的防御计划。针对日军可能从宁海、酒馆、威海西海岸、荣成四个方向进行登陆作战制订了迎头堵击的计划，但是其中荣成一线可用的纸面兵力也仅为"河防军"5个营。

在"敌图威海，必先由后路登岸"的看法几乎成为共识的情况之下，李秉衡曾建议集中优势兵力组建机动部队，即所谓"大支游击之师"。而无独有偶，此时困守军港的丁汝昌和威海陆军统帅戴宗骞也主张建立机动部队。不过这两位威海要塞的海、陆主将在具体部署上却颇有出入。戴宗骞力主"敌无论何处登岸，以抽绥巩军队驰往剿捕为重"，而丁汝昌则反对要塞陆军主动出击，认为外线机动防御的任务应由山东陆军负责，戴宗骞的部队只要死守炮台就好了，如果出现"贼深入腹地，彼则尽锐环攻"的情况，北洋水师也将抽调水兵登陆助战。这场争论最终以李鸿章出面调停，要求威海陆军"各固守大小炮台，效死勿去！"而告终。自此驻防威海的清陆军16营1哨失去了主动出击的权限，只能被动地等待对手的进攻，而威海要塞的清海、陆军更陷入了面和心不合的决裂的状态。

1895年1月20日拂晓，日本海军"八重山"号、"爱宕"号、"摩耶"号3艘炮舰抵达荣成湾。在雨雪霏霏之中，日本海军3艘战舰各抽调侦察兵6人和7名决死队员，掩护12人的陆军侦察分队向预定登陆地点驶去。很多史料均称日军前锋部队登陆之时曾自称是英国人以诓骗当地渔民，实际是将1894年12月平山藤次郎的事迹张冠李戴在了这支51人的侦察分队头上。根据当事人的回忆，在他们登陆之前渔民便高呼"倭子上岸了"，原来山东沿海自明代以来便是倭寇海盗的重灾区。而日本士兵则以此为论据宣称"原来大和民族的兵威早已为整个中国所熟知"，可谓无耻之尤。

就在日本海、陆联合侦察队靠近预定登陆地点之时，他们赫然发现所谓"不设防"的荣成湾口不仅有炮台，海岸线更有密集的子弹和行营火炮向着自己打来。大呼不妙的日本侦察兵一边全速后撤，一边发射火箭向本舰报警。日本海军一时也乱了手脚，"第四游击队"的"八重山"号、"爱宕"号、"摩耶"号、"筑紫"号、"鸟海"号、"大岛"号、"赤城"号、"天城"号8艘战舰悉数冲入荣成湾，排成一字横阵向荣成海湾全力炮击。

日本海军的排炮足足轰击了 2 个小时之后，"八重山"号才再次派出了海军大尉大泽喜七郎率领的 8 名"死士"小心翼翼地靠近海岸。但令他们诧异的是不仅扼守海湾的清军炮台始终未发一弹，连岸边清军的步兵也没有再次开火阻击。大泽等人登陆之后才发现海岸的沙滩之上仅有一道长二三公里、深 3 尺的壕沟。距离海岸线不远处的大西庄和落凤沟两个村落里不仅散落着大量的文件和尚未来得及吃的早饭，更有 4 门 75 毫米行营炮被丢弃在落凤沟村东的山冈之上。

通过缴获的清军文件，日军大致了解了对手在荣成湾一线的部署。驻守大西庄的是巩军中营的 2 哨人马，也就是那 4 门行营炮的主人，而驻守落凤沟的则是刚刚由烟台调来的"河防军"。"河防军"不是真正意义上的军队，无非是一群"河涨则集，涨平则散"的民工组织。落凤沟的这一营人马更是 300 人仅用一支步枪，面对日本海军凌厉的炮火攻势自然只能作鸟兽散。而让日军如临大敌的落凤沟南嘴炮台，事后证明也不过是明帝国修建的历史遗迹，早已废弃了。

荣成湾登陆虽然有惊无险，但日本海军的猛烈炮击却已完全暴露了其战略意图。担心清军大举增援的日本海、陆军只能加速运送部队上岸。前后仅用了 4 天时间，包括大山岩在内的日本陆军第二军 34600 人、战马 3800 匹悉数在"大雪满天，朔风劈耳"的情况下完成了登陆。而日军展开登陆的当天，第二军司令部即进驻大西庄。于落凤沟展开的第二师团司令部则以第四步兵联队为前卫，冒雪向荣成县方向挺进。

与日军的凶猛来势相比，本是本土作战的清军却显得反应迟缓。在得知日军登陆荣成的消息后，李秉衡随即电令统领阎得胜，要统一其指挥荣成沿海的 5 营"河防军"前往荣成县城阻击日军，甚至下达了"何营不前，即惟何营是问！"的死命令。但是尚方宝剑吓不死人，在荣成知县杨承泽麾下每人手持一根长矛的"海防总团"打开城门四散奔逃，在日军轻松攻占荣成县城的消息面前，自认武器装备比民团好不到哪里去的"河防军"纷纷半路折回。

日军于威海登陆

　　大山岩得知前锋部队攻占荣成的消息，直接从所乘坐的"横滨丸"号奔赴这座日军占领的第一座山东县城，并于 1 月 25 日下达了兵分两路向威海方向进击的命令。关于李秉衡在荣成一线仅部署毫无战斗力可言的"河防军"，后世不乏所谓"敷衍了事"甚至"蓄意坑人"的指责。但事实上由于辽东半岛的战事吃紧，清政府在日军登陆之前刚刚抽调了山东地区相对精锐的曹州镇总兵王连三所部北上天津"听候调遣"。随后为了支援旅顺，又调走了章高元所部 8 营人马。兵力上的锐减，令李秉衡只能寄希望于外省的援兵和威海陆军可以协防荣成。

　　威海陆军由于李鸿章死守炮台的严令而无法出击，而外省援军更是可望而不可即。日军登陆山东之前，李鸿章曾提出过抽调南洋水师四艘主力巡洋舰——"南琛"号、"南瑞"号、"开济"号、"寰泰"号北上威海助战的计划。应该说由于清政府海防政策的倾斜，南洋水师无论兵员素质还是舰艇性能均与北洋水师都有着不小的差距。但是经过沈葆桢、刘坤一、张之洞等人的苦心经营，南洋水师亦并非不堪一战的弱旅。李鸿章奏调的四艘南洋水师舰艇之中，"开济"号、"寰泰"号虽然为福建船政所自行建造，但却延续了法国地中海船厂的设计理念，战力不弱于北洋水师的"超勇"号和"扬威"号。而"南琛"号和"南瑞"号更是外购的德国军舰，大致可与"致远"号比肩。

　　但是这四艘战舰无疑是南洋大臣张之洞的心头肉，他先是授意刘坤一以"东南各省为财富重地，倭人刻刻注意"为由推辞，随后又借口南洋水师"炮手、水勇皆不精练，毫无用处，不过徒供一击，全归糜烂而已"，要求北洋水师派出管带、兵员南下接舰。事实上日本联合舰队虽然在舰艇数量上对北洋水师占据着绝对优势，但其几乎倾国远征的背后却是"旧制渐朽废不中用者十之七，新制坚利者十之三"的良莠不齐。清海军如果能够实现南洋、北洋的合流，即便不能战而胜之，也可以重创对手，实现海上突围。而正是由于南洋水师的拒绝北上和1月14日，"镇远"号在北洋水师由旅顺转港威海过程中触礁，无力再出海作战，令丁汝昌最终放弃了突围烟台的计划。

与南洋水师的不肯北上形成鲜明对比的是，张之洞和刘坤一都力主调动江南马步诸军"由山东境迅赴威海助剿"。但是对于南洋方面要求清中枢同步调动直隶境内的皖军马步20营程文炳所部和甘军马步18营董福祥所部由德州、济南一线配合行动的建议，清政府却以日军似乎有"窥伺近畿"的意图而予以拒绝。丁汝昌也深知江南诸军远水难解近渴，特意向李鸿章提出"威防如能支，尚须曹军门及吴宏洛来援"。"曹军门"指的是驻守天津小站的广东陆路提督曹克忠的30营"洋勇"，但是此时已经被日军兵锋吓破胆的清政府不敢轻易调动北京周边的重兵集团。在包括贵州古州镇总兵丁魁所部5营苗兵在内的南方援军千里赴援的过程中，日本陆军开始了对威海的围攻。

1月24日，随着日本陆军进逼至白马河一线与清军展开交火，一场旷日持久的攻防战终于拉开了序幕。大山岩深知自己此次行动的主要目的是夺取威海周边的炮台，以形成"海陆配合，前后夹击，使彼腹背受敌，进退失据"的局面。因此他针对性地以第六师团第十一旅团为右路纵队，直逼威海南帮炮台。而第二师团所属第三、第四旅团则组成左路纵队，绕至威海南帮炮台西侧形成夹击之势。正是出于对日军夺取炮台之后，会出现日军以清军炮台攻击北洋水师局面的担忧，引发了威海大战前最为不和谐的音符——"龙庙嘴炮台事件"。

威海卫的炮台从设计之初便是针对海上而后路空虚，虽然经过洋教官戴乐尔等人的指正，北洋水师于炮台后方设立了木栅和胸墙等防御设置，但是与其他炮台相距较远且孤立于胸墙工事群外的龙庙嘴炮台却始终成了丁汝昌的一块心病。1月23日，为了防止这座部署有210毫米重炮和150毫米火炮各2门的炮台落入日军之手，丁汝昌奉李鸿章的密令，试图命人着手拆毁龙庙嘴炮台火炮的重要零部件，使其无法使用。而由于此举事先没有与陆军统帅戴宗骞进行商议，不仅丁汝昌这一举动被陆军斥责为怯战，龙庙嘴炮台的弃防毁炮计划也胎死腹中。

事实上戴宗骞未必不赞同丁汝昌放弃龙庙嘴炮台的计划，毕竟防御威海南帮炮台的陆军在抽调部分兵力用于机动防御后仅有 4 个营不足 1600 人。如此有限的兵力要防御威海南帮 3 座海岸炮台、3 座陆地炮台及摩天岭、莲子岭两处要隘，其捉襟见肘的程度可想而知。真正令戴宗骞难以接受的还是丁汝昌越俎代庖、无视自己存在的态度。而随着"龙庙嘴炮台事件"的发酵，威海守军海、陆之间的矛盾也日益公开化了。

有趣的是与北上辽东过程中日本海、陆军之间的小龃龉相比，威海之战中同属萨摩藩出身的大山岩和伊东祐亨却配合默契。在左路第二师团与戴宗骞激战于虎山和南、北虎口一线时，右路的日本陆军第六师团兵分三路开始向南帮炮台进攻，而日本海军不但派出此前炮击荣成湾的第四游击队全力配合，甚至还调集各舰水兵组成海军陆战队登陆，协助攻坚。

挡在日本陆军第六师团面前的首先是"炮垒峨峨，高耸入云"的摩天岭炮台。事实上摩天岭炮台并不属于威海南帮炮台体系，只是临时在山巅修筑了工事，部署了 8 门 80 毫米行营炮而已。相对于日本陆军第十一旅团长大寺安纯少将麾下加强了炮兵火力的一个步兵联队，摩天岭上仅有营官周家恩麾下的一营新兵，但就在这样敌众我寡的不利局面下，摩天岭守军依托着北洋水师舰炮的支援，顽强地用白刃战将冲上炮台的日军逼退，连续三次被砍倒的黄龙军旗"硬是竖起了三回"。

在没有后续支援的情况下，周家恩及其部下最终被兵力、火力均远胜于自己的日军消耗殆尽。看着眼前威海南帮炮台的制高点落入自己手中，大寺安纯喜不自禁地跑上了摩天岭。出生于鹿儿岛的大寺虽然属于明治维新之后崛起的新生代，但是却也是久经战阵的人物，他曾在西乡从道的指挥下远征过台湾岛，在旅顺战役中也曾有率部攻占炮台的经验，可谓是日军山地战的专家。但是此刻的他却必须为自己的张狂付出代价。面对失守的要隘，北洋水师倾尽所有火炮向摩天岭招呼了过去，然后，对于大寺安纯来说就没有然后了。

失去了大寺这个小老乡对大山岩等萨摩藩军阀来说固然是一大损失，但是以摩天岭为据点，日军对威海南帮炮台的攻势进展顺利。至 1 月 30 日，威海南帮炮台全部失守，北洋水师除了派出兵勇炸毁了其中最大的皂埠嘴炮台之外毫无办法。而对于清军在撤退过程中破坏炮台重炮的行为，日本海军也早有预案。借助在旅顺缴获的同型火炮零件，日本海军陆战队的丰岛阳藏炮兵中佐首先修复了鹿角嘴炮台，利用 3 门 240 毫米重炮，向北洋水师实施炮击。

虽然日军的炮击令北洋水师付出了"广丙"号大副黄祖莲等大批官兵的伤亡的代价，但是北洋水师在集中各舰火力展开反击之后，日军控制的南帮炮台最终被压制了下去。北洋水师威海之战中的首次危机终于得以了化解。但是在日本陆军第二军的全力猛攻之下，日军两路大军最终于 2 月 2 日会师威海卫城，完成了对威海的陆上包围。大山岩随即在分兵监视由烟台一线赶来的援军之外，全力进攻威海北帮炮台。

北帮炮台坐落于威海卫城东 3 千米的丘陵地带，本是地势陡峭的筑垒地带，但是经过虎山、南帮炮台之战后，驻守威海的清陆军已经溃散大半。不得已丁汝昌只能让已经被革职的"广甲"号管带吴敬荣率领 200 名水兵登岸助战，但是日军还未杀到，吴敬荣便跟着最后一个营的陆军向西逃去了。无奈之下丁汝昌只能自行焚毁北岸炮台，而在跟随丁汝昌撤往刘公岛之时，戴宗骞无奈感叹"守台，吾职也。兵败地失，走将焉往？"最终在刘公岛上吞金自杀。

据说戴宗骞死前曾对接他上台的北洋水师官兵说："我的事算完了，单看丁军门的啦！"客观地说戴宗骞并不属于清政府无能将领的行列，他的一生曾有过撰写《平捻十策》而深得李鸿章信任"一切军书皆出其手"的运筹帷幄，也曾有过以《海上屯田志》开辟万亩良田的屯垦戍边。但是在远强于自己的对手面前，这位被时代所遗弃的将领最终只能黯然谢幕，而他口中威海卫最后的希望——丁汝昌也将很快步他的后尘而去。

从 1 月 30 日开始，为了配合陆军攻占威海南、北两帮炮台，日本联合舰队司令伊东祐亨在派出"天龙"号、"海门"号两舰袭扰登州的同时，开始指挥舰队逐步向刘公岛海域施压。尽管伊东祐亨的正面进逼最终在威海港内刘公岛、日岛炮台的猛烈炮击之下无功而返，但是在日本海军逐步修复的南帮炮台的火力压制之下，北洋水师的处境也日趋艰难。

为了一举重创日本海军"畏如猛虎"的"定远"级铁甲舰，2月5日凌晨伊东祐亨派出两个编队共10艘鱼雷艇突袭北洋水师刘公岛锚地。据说伊东祐亨本人也对这种新颖的夜袭战术没有信心，认为至多起到骚扰的作用。但是出乎日本海军预料的是这次夜袭极为成功，日本海军虽然有2艘鱼雷艇在黑暗之中触礁沉没，但是鱼雷艇"9号"却在自己被击沉前成功地在50米距离内对"定远"舰实施了攻击，导致这艘远东第一铁甲舰机舱进水，最后只能自行抢滩搁浅。

2月6日，食髓知味的伊东祐亨故伎重施，由5艘鱼雷艇组成的夜袭分队再度潜入刘公岛附近海域。由于此前日本海军已在龙庙嘴一线设置了观察哨，而北洋水师为了防御夜袭而命令诸舰打开探照灯，因此此次夜袭颇为成功，除了由于迷失航向而未能进入港内的鱼雷艇"7号"和未能找到目标舰"镇远"号的鱼雷艇"13"号之外，鱼雷艇"小鹰"号击沉了北洋水师主力舰"来远"号。鱼雷艇"23"号和"21"号则分别击沉了训练舰"威远"号和联络舰"宝筏"号，可谓弹无虚发。

伊东祐亨虽然对这种本小利大的夜袭战术颇为欣赏，但是此时一心想要俘获北洋水师舰艇充实日本海军的他不希望有更多的"战利品"沉入海底了。于是2月7日，日本海军联合舰队向刘公岛发动了总攻。不过出乎伊东预料的是，北洋水师虽然已经奄奄一息，但仍在岛岸炮台的支援之下顽强抵抗，击伤了日本海军的"松岛"号、"严岛"号、"秋津洲"号、"浪速"号等新锐战舰。不仅如此，在威海的晨雾之中15艘北洋水师的鱼雷艇更急速驶来，俨然丁汝昌要"以其人之道，还治其人之身"。

就在伊东祐亨慌忙命令舰队转入防御之际，北洋水师的防御利器——鱼雷艇队却沿着海岸线向西逃去，暗叫庆幸的伊东随即命第一游击队展开追击。在航速高达23节的"吉野"号面前，北洋水师的鱼雷艇队毫无速度优势可言。最终除了"福龙"号、"右一"号、"右三"号、"镇二"号和"飞霆"号5艘被日军俘获之外，其余的10艘均由于慌不择路或触礁或搁浅而沉没，北洋水师的这次鱼雷艇队盲目出动无论是有意突围还是临阵退缩，最终的结果都实在令人无法接受。

讽刺的是在鱼雷艇队水兵"多被斩囚"相比，北洋水师大型鱼雷艇"福龙"

号管带蔡廷干却在战争结束后官运亨通，在袁世凯组建的北洋军政府中屡任要职。也许是有过作为战俘在大阪被囚禁的经历，蔡廷干在北洋政府中是坚定的"反日派"。在"九一八"事变后更拒绝日方的招揽，毅然从隐居的大连回到北京居住，最终在 1935 年 7 月著书立传中病逝。

失去了鱼雷艇队的支援，北洋水师只能依靠炮台和舰炮的火力勉强支撑。2 月 9 日，作为北洋水师旗舰的"靖远"号在"击毁鹿角嘴大炮一尊"和"击伤倭舰两艘"的情况下，被日本陆军控制的南、北帮炮台火力击沉。在水兵的簇拥下无奈弃舰的管带叶祖珪在登岸后仰天长叹说："天使我不获阵殁也！"但是并非所有人都像他渴望战死沙场，就在"靖远"号奋死抵抗，伊东祐亨为了避免更大的伤亡而准备采取长期围困的战略之时，2 月 12 日上午 8 点，北洋水师炮舰"镇北"号悬挂着白旗驶出了刘公岛海域，北洋水师终于在这场钢铁和意志的较量中败下阵来。

关于北洋水师威海出降中提督丁汝昌所扮演的角色，后世的史学家始终莫衷一是。但是我们必须承认的是在陷入日军海、陆合围之下，北洋水师的大多数官兵的战斗意志在 2 月 12 日之前已经崩溃了，而丁汝昌本人更是在丰岛海战之后便饱受"清流"人物的弹劾和抨击。一边是老对手伊东祐亨通过英国军舰"塞文"号送来的劝降书，一边是"哀求生路"的麾下官兵，2 月 9 日丁汝昌命人炸沉了搁浅的"定远"号，但是当他下令炸沉"镇远"号时，却已经无人肯动手了。显然北洋水师残存的舰艇已经成为有些人向日军"乞命"的筹码。

被日军俘获后的"镇远"号

2 月 12 日上午，万念俱灰的丁汝昌最终步"定远"号管带刘步蟾之后，吞服鸦片自杀。至于北洋水师由"广丙"号管带程璧光送交伊东祐亨的降书是否是在其生前签署的或许已经并不重要了，因为恰如胜海舟哀悼这位故友所写下的挽诗中所说的那样："心血溅渤海，双美照青史"——丁汝昌、刘步蟾等中国军人的忠诚是用生命书写的，这一点无可置疑。

泣血春帆

2 月 16 日，经过四天的协商和准备，滞留于刘公岛上的清政府海、陆军及外籍雇员、军属、平民共计 5133 人在日军的监督下分批缴械遣返。为了表达对丁汝昌的敬意，伊东祐亨特别准许"威海卫水陆营务处提调"牛昶昞乘坐原北洋水师鱼雷训练舰护送丁汝昌、刘步蟾等人灵柩离开刘公岛。伊东此举无非是攻占威海卫之后心情大好之下的施舍，但牛昶昞却误认为是对方愿意商量、通融的信号，竟主动提出"广东军舰不关今日之事"，要求伊东顺便对"广丙"号也一道"手下留情"。

客观地说，牛昶昞是李鸿章的门生，本没有保全"广丙"号的义务，所谓"何面目见广东总督？"更像是程璧光的担忧。不过此时正垂涎于包括"镇远"号在内的 10 艘大小战舰、刘公岛大批军械的伊东祐亨显然无暇去分辨究竟是谁在向他讨要"广丙"号。于是在一番斥责之后，把这一事件当成了笑话捅给了日本国内媒体，在中外一片嘲笑声中牛昶昞不久便被清政府革职。不过这一处分对于威海之战中勾结洋员、煽动水勇，逼迫北洋水师投降的主谋牛昶昞来说还是太过仁厚了；相反清政府却认为以死殉国的丁汝昌是戴罪之身，不仅不予嘉奖，还要将其棺椁加三道铜箍捆锁，棺材和铜箍均以黑漆涂之，用砖封于原籍村头，直到1910年才得以下葬。

连续遭遇海、陆惨败的清政府此时也深知糜烂的战场局势不是靠处分几个官员便可以挽回的。在西方列强都"严守中立"，南洋水师不肯北上参战的情况下，清政府只能寄希望于编练陆军来阻击日军的脚步。清幅员辽阔，潜在兵员远比日本列岛富裕，但是其落后的军事工业却一时难以筹集足够的枪械用于武装各地编练的新军，因此清虽然云集辽东一线的陆军多达360个营近20万人，但很多武器装备却只能靠赶制的大刀、梭镖和土炮充数。

眼见着陆军兵败如山倒，此时出任敌前转运的袁世凯，一边痛陈辽东大军的各种紊乱，一边通过在北洋和"清流"都颇有影响力的"红顶商人"盛宣怀向清政府力主参照"西法"编练新军。在李鸿章、盛宣怀等人的积极活动之下，清政府最终决定于1895年1月22日在天津小站编练10营新式陆军，番号为"定武军"。这支仅有4700余人的军队正是日后左右中国命运近30年的北洋陆军前身。

聘请德国教官，全面按照欧洲标准建立新式陆军固然是清军队现代化建设

编练中的新军

的一次有益的尝试，但是一支部队从建立到形成战斗力绝非是一蹴而就的事情。为了缓解日军的攻势，清政府企图通过议和来实现停火的努力从平壤和黄海的海、陆决战败北之后便从未中止过，而为了收拾这一烂摊子，慈禧太后不得不请出了十年前被自己赶出政治中枢的小叔——恭亲王奕䜣。

奕䜣虽然和慈禧长期政见不合，但是出于保全"祖宗家业"的目的，也只能临危受命，出山主持对日议和的相关事务。

不过为了排除"清流"的干扰，奕䜣首先要求翁同龢等人在外交事务上"不得与闻"，由李鸿章与英、俄两国公使商洽，期望能够借助西方列强的压力逼迫日本接受清提出的"允许朝鲜独立和赔偿部分军费"的条件，从而结束战争。

奕䜣和李鸿章显然低估了日本明治政府的胃口。1894年11月29日，代表清政府和西方势力的天津海关税务司德国人德璀琳被日本政府毫不客气地拒绝入境。日本外相陆奥宗光随后又向积极调停中日战争的美国驻日公使田贝发出一份备忘录，明确表示拒绝清提出的停火条件，并坚称清政府如希望停战，便应派出全权代表前往日本谈判。

应该说日本政府此时也已显现出了同意媾和的意图，但是在伊藤博文严密封锁议和条件的情况之下，深知日本"所欲甚奢"的李鸿章虽然同意派出大员与日本谈判，但希望能将谈判地点定在中国的上海。不过清政府的这一要求再度被日本政府以武力要挟拒绝了。不得已，1895年1月5日作为清"全权大臣"的户部侍郎张荫桓和湖南巡抚邵友濂动身离京，前往日本。此时清政府仍寄希望于战场，期盼局势能够出现转机，因此张荫桓等人在上海滞留了20天之后，才乘坐英国商船"王后"号前往日本广岛。

虽然清的谈判代表来了，但是伊藤博文等人却依旧深感和谈时机尚未成熟，于是不仅对清使团百般刁难，还借口张荫桓、邵友濂权限不够而拒绝展开谈判。不过伊藤博文在清使团愤然退场之时，也特意留下了自己当年赴天津处理朝鲜"甲申政变"时的老相识——头等参赞伍廷芳。

伊藤博文之所以找到伍廷芳并不是有意想刁难这位年轻的外交官，而是希望作为李鸿章亲信的他能够向清政府传达："贵国何不添派恭亲王或李中堂同来会议，郑重其事？"伍廷芳虽然祖籍广东，但是出生于英国统治下的新加坡，多年在海外的生活经历，让他深知"和局易成与否，亦在战争之胜负判也！"的道理，伊藤博文邀请李鸿章等人的最好的请柬正是日本海、陆军围攻威海的隆隆炮声。

2月17日，就在日军占领威海，北洋水师覆没的当天，日本政府开出了其早已拟定好的"议和"条件：须有允偿军费、朝鲜"自主"、商让土地。而这次重开谈判的前提是清必须另派"与日本日后办理交涉能画押之全权"的大臣。此时清政府内部的"清流"虽然鼓噪说什么"不顾恋京师，则倭人无所挟持"，要求清政府效仿放弃莫斯科以对抗拿破仑的沙俄帝国，迁都襄阳，甚至出现了光绪要御驾亲征的说法，事实上光绪在召见老师翁同龢等"清流"时早已"声泪并发"了。面对随时有可能进逼北京或者清龙兴之地沈阳的日军兵锋，急于议和的慈禧太后还是任命李鸿章为头等全权大臣，赴日乞和。

李鸿章的日本之行注定是屈辱连连。3月14日，李鸿章乘坐为了避免日军攻击而假意出售给德国的招商局商船"海晏"号从天津出发。由于海上风浪太大，李鸿章等人只能在山东沿海避风，而不知道是有心还是无意，这艘改名为"公义"号的商船所选择的避风港正是北洋水师的伤心地——荣成湾。此时日本海、陆军主力已经进驻刘公岛，荣成湾又恢复了往昔的宁静，但是此刻李鸿章的心中想来应该是百感交集的吧？

3月19日，李鸿章抵达日本下关港，抵达日本指定的谈判地点——红石山下的春帆楼。之所以选择下关为谈判地点，伊藤博文的解释是广岛是日本海、陆军大本营所在地，由于防谍等方面的要求，对谈判诸多不便。但实际上除了要防备李鸿章窥探日军虚实之外，更令伊藤博文担心的是日本在野党的鼓噪。连续不断的胜利固然令伊藤内阁顺利渡过了战争爆发前的垮台危机，但是日本在野党此时却提出诸多不切实际的议和条件，如要求清赔偿10亿两黄金，割让东北三省、山东半岛、台湾、澎湖、舟山群岛甚至"直隶之一部分"，宛如一群漫天要价的疯子。为了防止节外生枝，伊藤博文只能将谈判地点放在了昔日长州藩的治下。

3月20日，谈判正式开始，但是双方上来便在李鸿章提出的按照国际惯例应该先停火再谈判的问题上陷入了分歧。作为失败的一方，李鸿章也在闲话中感叹了甲午战争的两大"积极意义"：一是"证明了欧洲式之陆海军组织及作战方法，并非白种之民所独擅"；二是"贵国之长足进步，使我国从长夜之迷梦中觉醒"。这话虽然说得辛酸，但却令陆奥宗光等人感叹"尽管他是狡猾，却也令人可爱，可以说到底不愧为中国当地的一个人物"。而伊藤博文也投桃报李，允许李鸿章保持和国内的密电联系。

中日马关谈判

但是这些许的暧昧不能改变中日双方利益诉求上的本质差异，针对李鸿章要求先停火后谈判的要求，伊藤博文以日军应控制大沽、山海关、天津一线建立军事缓冲带作为还击。而对于日军可能进犯直隶的威胁，清政府无力抵抗，只能苦苦哀求。最终只能将停火的问题先行搁置，直接进入议和条款的讨价还价环节。

关于日本所谓的"直隶作战计划"，最早是由参谋次长川上操六制定的。1893 年为了完成对清作战的准备，川上操六以访问的名义在天津逗留了一个月，在参观了天津机器局，访问了武备学堂，观看了清炮兵操演炮术和步兵操练步伐甚至亲自登上了北塘炮台观看山炮演习之后，川上操六认定华北平原是大兵团展开的绝佳战场，而其手下号称"今（上杉）谦信"的参谋本部第二局长小川又次更制定了一个堪称"天马行空"的"征清大战略"，提出一口气投送 6 个师团，攻占北京、俘虏清朝皇帝。

小川又次的计划看上去很美，但是先不论日本海军倾全国之力能不能保障 6 个师团"于山海关至滦河口之间登陆"，就是他一味要求各师团"不要干预其他琐事，要相互支援，奋勇突击"，在长州、萨摩两派明争暗斗的情况下便极难做到。至于他在把日本陆军全部纸面兵力悉数投入直隶作战的情况下，又如何变出 2 个师团"同海军一起进入扬子江，切断上海及长江沿岸各地交通，然后水陆合力，攻克安庆、武昌等沿岸要冲，于南京拥立明朝后裔"？

山县有朋对于川上操六和小川又次这种疯狂的计划无疑是支持的，但是在他"被下课"之后，日本陆军基本还是延续着辽东、山东两线有限战争的计划展开着行动。虽然3月15日日本海、陆军大本营任命参谋总长小松宫彰仁亲王为"征清大总督"，统一指挥陆军第一、第二军，调集近卫、第四师团从驻地出发，摆出一副要决战到底的架势，但事实上经过7个月的鏖战，日本"海、陆军备殆已空虚"，已经无力再战，只是用虚声恫吓来威逼清政府就范而已。

日本陆军进犯直隶的部署固然是虚张声势，但是利用双方和谈之际扩张地盘却是日本政府所不懈追求的"实惠"。3月6日，为了攻占澎湖列岛所编组的日本陆军混成支队正式在宇品港集结。3月15日，在伊东祐亨的统一指挥下，由"三景舰"和"第一游击队"组成的日本海军特遣舰队掩护着7艘运兵船先向澎湖进发。有趣的是此前在海战中表现抢眼的"吉野"号，似乎用尽了"人品"，在攻占刘公岛之后便意外触礁，只能回港修理，倒是"西京丸"号由于身兼战舰和邮轮的双重身份，成了日本侵占台湾的"急先锋"。

3月23日，日本陆军在舰炮的支援下，在澎湖湾里正角西侧的良文港（又称龙门港）登陆。应该说清自中法战争以来，对澎湖列岛这一扼守台湾海峡的战略要冲还是颇为关心的，不仅在岛上修筑了拱北、渔翁岛等多处炮台，还驻防有13营3哨不下5000名官兵。但是在日本陆军抢占澎湖本岛制高点——大武山的情况之下，清军两大主要据点——拱北炮台和马公城便先后失守。士气低落的清军只能乘船逃往厦门和台湾等地。

在得到日本海、陆军在澎湖进展顺利的情况下，伊藤博文特意在和李鸿章的闲谈中说道："我国之兵已向台湾行进。"而李鸿章则一边以台湾岛上"客民多来自广东，占十分之四，最为强悍"作为还击，一方面又强调"除我国之外，英国不欲他国盘踞台湾"。但是伊藤博文此时却底气十足，他微笑着说道："岂止台湾而已！不论贵国版图内之何地，我倘欲割取之，何国能出面拒绝？"不过伊藤博文的话还是说得太满了，英日之间虽然早有秘密同盟，但是西方列强却未必会对日本独霸东亚置若罔闻。

3月24日下午，中日第三次谈判再度不欢而散，就在李鸿章乘轿准备返回住地引接寺之时，来自群马县大北岛的无业青年小山丰太郎突然从江村杂货店拐角处的人群中冲出，用手枪向李鸿章射击。子弹击中了李鸿章左眼下方的脸颊骨，顿时血流不止。虽然李鸿章本人只是"眩晕时许"，便神色自若地"徒步登阶"回去旅店休息了，但此举却引发了日本外交部门的空前紧张。

日本曾有警察津田三藏于长崎砍伤来访沙俄皇太子尼古拉的不良记录。诚如陆奥宗光所说，"若李鸿章以负伤作借口，中途归国。对日本国民的行为痛加非难，巧诱欧美各国，要求他们居中周旋。我国对中国的要求亦将限于不得不大为让步的地步"。而伊藤博文则一边安排军医、护士带着"御制绷带"前去慰问，一边则亲自赶往广岛，面见天皇睦仁及一干军政大员，力主在西方干涉之前先行与清停战。

李鸿章的遇刺事件可谓是日本当时国内主战情绪空前膨胀的一个真实写照。恰如诗人山田松堂所写的那样："三军万里向天津，正是东风桃李辰。星使乞和和未就，燕京将属手中春。"仿佛只要不与清议和，夺取北京就是这个春天的事情了。但是此时日本政府内部还是有像伊藤博文这样理智的政客的，因此于3月30日《清日停战协定》正式签署。虽然条约规定的停火时间仅为20天，且停火范围不包括澎湖列岛和台湾，但是对于清政府而言已经是一个难得的喘息之机。

4月1日，中日双方重启谈判，李鸿章由于负伤而无法参与会谈，只能委托养子李经方和陆奥宗光商议对方提出的合约草稿。在看到日本要求清割让"盛京省南部地方、台湾群岛及澎湖列岛永远让与日本国及赔偿日本军费平银3万万两"的要求时，向来对日本的贪婪有所预期的李鸿章也愕然了。但此时清廷早已乱了方寸，恭亲王奕䜣卧病在床，翁同龢等"清流"除了会删改数十字之外便只能"不觉流泪"。李鸿章只能凭借自己的外交手腕向伊藤博文提出反驳意见。

李鸿章抓住日本与清开战之时，向世界宣布"我与中国打仗，所争者朝鲜自主而已，非贪中国之土地也！"反对割让土地。而关于"赔偿军费"的问题，李鸿章则要求日本列出"迄今所费详细数目",并且断言"较之日本所索之数恐不及小半"。当然关于军费开支的问题,李鸿章和伊藤博文的计算方式多少有些出入。日本为了甲午战争开支的临时军费为2亿日元,大体上也算是有账目可查的。

对于李鸿章的质疑,伊藤博文无从分辩不过也无须分辩。在4月10日的中日第五次谈判中,面对亲自登场的李鸿章,伊藤博文发出了"驳只管驳,但我主意不能稍改。我国在广岛已做好出征准备,有60艘运输船随时可解缆出航。今日之事,所望于中堂者,惟'允'与'不允'之明确答复而已"。在4月17日的《清日讲和条约》正式文稿中,日本还是将要求中国割让的辽东南部地区作了适当的收缩,将赔款减少了三分之一。不过这并非是李鸿章苦苦哀求的成果,而是日本政府为了缓解以沙俄为首的西方列强的不满而已。除了要求中国割地赔款之外,日本还要求在威海长期驻军,并由清承担每年50万两的驻军费用。

李鸿章在签署完这份著名的《马关条约》之后,随即启程回国。面对朝野上下的一片反对之声,李鸿章只能自我解嘲说:"(辽东南部)宋明以来本朝鲜属地,我朝未入关以前所得;台湾则郑成功取之荷兰,郑本日产,康熙年间始过我版图。"这话虽然听着恶心,但却道出了国际社会弱肉强食的丛林法则。至于中国国内有识之士发出的"有此巨款,不如移作军费,再战,必可持久获胜。日本国小民贫,必不耐久,故不足深畏"的议论,一心只想苟安的清政府却是根本听不进去,也无力做到的。

甲午战后,李鸿章在给他的门生旧吏、时任新疆巡抚的陶模的信里写道:"十年以来,文娱武嬉,酿成此变。平日讲求武备,辄以铺张靡费为疑,至以购械购船悬为厉禁。一旦有事,明知兵力不敌而淆于群哄,轻于一掷,遂至一发而不可收。战绌而复言和……知我罪我,付之千载。"这既是沉痛的总结,也是为自己开脱。但是,李鸿章本人无论怎么说,对于甲午战败都负有推卸不了的责任。

胡思敬《国闻备乘》记有一条《李文忠滥用乡人》,说:"李文忠待乡人,乡谊最厚。晚年坐镇北洋,凡乡人有求,无不应之。久之,闻风麇集,局所军营,安置殆遍,外省人几无容身之所。自谓率乡井子弟为国家捐躯杀贼保疆土,今幸遇太平,当令积钱财、长子孙,一切小过悉宽纵勿问。刘铭传与鸿章同县,因事至天津，观其所用人，大骇曰：'如某某者，识字无多，是尝负贩于乡，而亦委以道府要差，几何而不败耶！'因私戒所亲，谓北洋当有大乱，汝辈游橐稍充者，宜及早回家，毋令公私俱败。"也有的论者把这作为刘铭传在甲午年终于未能出山的理由之一。

不管怎么说，在甲午开战前夕，前敌有将无帅的难题，始终尖锐地摆在以淮军为主体的驻朝清军和坐镇天津北洋的总统帅李鸿章面前。鉴于湘淮宿将大半凋零的现状，所以李鸿章才会在1894年备战紧急的时刻，于7月2日、7月15日、7月29日，10月5日、10月12日，先后五次电召病休在家的前任台湾巡抚、淮军名将刘铭传出山襄助。

李鸿章第一次电召是代表清廷传谕，因为当时中日双方已经屯兵朝鲜，战事一触即发。1894年日本外相陆奥宗光照会中国公使汪凤藻，提出"会剿韩匪（即东学党——引者注）、共同改革韩政、教练韩军"三项主张。汪凤藻报告李鸿章日方"布置若备大敌，似宜厚集兵力，隐伐其谋"。李鸿章接受了汪凤藻的建议，拒绝与日本会剿和共改韩政，主张双方撤兵，并寄希望于俄、英等国的调停。但日方挑起侵略战争决心已下，正像陆奥宗光事后自供："……朝鲜内政之改革云者，不过为调停中日两国之难局所筹出之一政策。……余假此题目，非欲调和已破裂之中日关系，乃欲因此以促其破裂之机，一变阴天，使降暴雨，或得快晴耳。"6月22日，日本政府发出绝交书，宣称断不撤兵。6月25日，英、美、法等国驻韩国使节（由袁世凯联络）调停努力不果。

7月1日，光绪帝下诏命李鸿章筹备战守，第二天就有传谕令刘铭传来京陛见。李鸿章接旨后，不仅立即发电，并且还派了正在合肥家中的李经方前往刘家探询。但李鸿章此时仍幻想由英、俄驻华公使转圜，李经方交代了正在谋和的背景，所以刘铭传的答复是"和局可成，病重不出"。然而英、俄两方面的努力很快也告流产。7月9日，俄国公使喀西尼派使馆参赞巴福禄、领事来觉福告诉李鸿章，俄国只能力劝，不能用兵力逼迫日本退兵。张佩纶在当天的日记里记道："是日，俄使来，和议无成，合肥甚愤，始决用兵意。然陆军无帅，海军诸将无才，殊可虑也。"可以说是一语中的。

7月15日，李鸿章给刘铭传拍了第二份电报，明确提出，拟奏请他担任"会办北洋督办朝鲜事务"，并先后通过与刘氏关系不错的合肥同乡、驻英公使龚照瑗，铭军现任统领、刘铭传侄儿刘盛休劝其出山。当时的情形是：7月12日，光绪曾有一道密谕，令李鸿章派军前往中朝边境，速筹战备；7月16日，又有一道严旨："现在倭韩情事已将决裂，如势不可挽，朝廷一意主战，李鸿章身膺重寄，熟谙兵事，断不可意存畏葸。著懔遵前旨，将布置一切进兵事宜，迅筹复奏。若顾虑不前，徒事延宕，驯至贻误事机，定惟该大臣是问。"正是因为清廷最高当局的一催再催，所以李鸿章也对刘铭传一催再催。

当时，朝野公认的帅才是二刘，刘铭传为淮刘，另一位即是湘刘——首任新疆巡抚刘锦棠。7月29日，在第三次电召刘铭传不出以后，7月31日总署又电饬李鸿章，询问"现在进剿大军，应否加调大员统率？"并请其迅速复奏。这里面的背景是中枢当轴已经有心启用刘锦棠。这大约出于张謇给翁同龢的建议"湘刘帮办南洋，淮刘帮办北洋，取其目前将士一气，亦可统游弋之师"，并认为这是一个"以剂湘淮之平"的办法。在此之前，李鸿章已得知总署业已致电湖广总督张之洞，令其"奉旨传知刘锦棠来京陛见"。一些言官舆论也认为"刘锦棠、刘铭传皆百战名将，威望素孚，或特简一人督办朝鲜军务，以一事权"，这其实是一种不错的选择。

但是，李鸿章却仍然视淮军为自己的禁脔，坚决主张淮将统淮军而不容许湘系将领染指。他在8月2日复电总署，指出："派赴平壤卫汝贵、马玉昆、左宝贵各军皆系鸿旧部，练习西洋新式枪炮多年，屡饬该将等和衷商办，当可无误机宜。若加调素不相习之大员前往统率，有损无益，转不足以维系军心。现平壤以北电线可通，鸿随时往复指示，尚能周详，似暂无须另派统帅。"此事，最终因刘锦棠恰巧在接到电召时宿疾并发病故而终结，否则，就这场湘淮掣肘的官司来说，大敌当前，李鸿章仍不能和衷共济，咎无可辞。

李鸿章尽管拒绝湘系将领出任统帅，但前线诸军有将无帅总是一个客观事实，为此，他于7月30日把多年的老部下周馥招到天津面议，问他能否总统前敌军务。周自知无军事才能，力陈三事：一、仍请奏派刘铭传为统帅；二、速备兵三万人赴前敌，另备兵一万为后路接应，叶志超各部从朝鲜退兵，备战一年以后再战；三、水陆各路均设转运、备军需。并提出真要下决心备战，需重借国债。李鸿章则回答："不能使国家负重债，刘铭传不愿出，亦不能强。"作为一种折中，李鸿章于8月17日致函总署，推荐周馥总理前敌营务处，这是不得已而求其次了。

刘铭传不出，除了身体的原因，一方面是看到淮军已经从整体上衰败，战斗力远不如前，而他提出的练兵计划又缓不济急；另一方面就是看到前来探访的李经方颇有跃跃欲试、建功立业的意图，所以退避三舍了。李经方虽然是由李昭庆过继，在李鸿章诸子中，算是最有政治头脑的一个，也很想有一番作为，但他的口碑不好。为此他策动心腹佘昌宇于8月27日给津海关道盛宣怀写信："平壤岌岌可危，该处乃三韩最要之地，倘被倭占，……东三省岂能安枕耶？……鄙意此本傅相重任，而万无亲征之礼（理），刘省帅又托病不出，现伯行星使已到，淮军有将无帅，断难用兵，非伯行代傅相前去不可。但此举傅相又不便陈奏，伯行又难自请，必须廷臣封章入告，望兄设法托人陈奏。如能奉旨赏给三品卿衔，授为钦差大臣督办朝鲜军务，实于大局有裨。"

可是，以李经方的资历，要出任前敌统帅，未免过于出格。不只是盛宣怀不好陈情，李鸿章的爱婿张佩纶就首先表示反对。他向李鸿章剖辩道："谓将门有子，仲彭（李经述）、季高（李经迈）宜当此选（按指此两子为鸿章亲生——引者注），公之弟（按指李昭庆——引者注）且不能以战名，何有（能）于其子？"他因有马江败绩的实际教训，意见提得十分中肯。于是，佘昌宇又直接向李鸿章提出第二策："前敌距津三千里，傅相遥控，运筹决胜，似乎太远。必须有一统帅节制，联络诸军……刘省帅既有病不出，目前资历最深、战功最著，首推宋祝三军门。即可奏派督办朝鲜军务，再以伯行星使副之，则淮将无不联络一气，如我傅相亲临前敌无异，必成大功。"李鸿章心中明白，当时驻朝清军共有叶志超、聂士成、卫汝贵、左宝贵、丰升阿、宋庆等各大支，互不统辖。若以非淮军嫡系的宋庆督办朝鲜军务，叶志超等淮军旧将必不服气，大权可能仍落入李经方之手，但他素不知兵且无威望，根本无法统率大军。经过很长一段时间的犹豫踌躇，直到8月25日，他才建议清廷下旨委派叶志超为前敌总统。他本人随后于9月7日致电叶志超："方儿向未亲行阵，吾更难内举不避亲。弟惟一力担承，勉为联络，求于事有济而已。"

而在李经方的眼里，阻挡他出掌帅印的始作俑者即是张佩纶，郎舅二人势同水火，民间传闻有"小合肥（即李经方——引者注）必欲手刃张箦斋"之语。被李经方与盛宣怀合谋买通的御史端良，因参劾张佩纶在李鸿章署中"干预公事，屡遭物议，实属不安本分"，而被光绪于 9 月 10 日下旨驱逐出津，这其实是由于选帅之争引起的又一场"窝里反"。

对于这样一种混乱不堪、乱点鸳鸯谱的局面，一些冷眼旁观者看得比较清楚。如吴汝纶在听到要任命周馥为总统前敌军务时，即于 8 月 17 日写信给李家西席范当世谓："东事轩然大波，尚未识如何结局。周公都统诸军之举，径罢为善，周固非都统之才也。……中夜太息，不能成寐，不知相公七十之年，旁无同心赞划之人，何以搘柱危局耳。"对于派定叶志超为前敌总统，张佩纶在日记里也大发感慨："闻叶志超得总统，可笑之至！相从退回之文武员弁均请优奖，不知何功也？"因为在此之前，叶就已经有牙山战役报败为胜、冒功欺罔的劣迹。果然，他上任仅仅二十天，就在 9 月 15 日平壤保卫战中失败，率领溃兵雨夜狂奔。

由于淮军已经在总体上腐败不堪，所以当日军攻入中国本土，威胁北洋重要军港旅顺时，守旅驻军又是姜桂题、程允和、张光前、黄仕林、徐邦道、卫汝成、赵怀业七大统领并立，各自为政，败不相救，再一次重蹈有将无帅的覆辙。如赵怀业，株守大连湾，日军登陆，"金州副都统连顺赵营长跪乞师，赵以守炮台为辞，坚守不出。"部下营官周鼎臣自告奋勇愿意赴援，赵竟然说："我奉中堂令守炮台，不予后路战事，汝辈欲往鼻（皮）子洼拒敌须请令方可。"而当日军真正前来进攻，他则一路窜回旅顺，沿途纵兵掳掠。李鸿章得知后，愤愤地骂他"实属丧尽天良"。卫汝成在赴旅顺前还装模作样地"专主设法雕剿"，到防后因大连湾危急，诸将公推他前往救援，他"既不力战，又从海道弃师出而遁"，当了可耻的逃兵。再如庆军统领张光前、黄仕林，平时都自命不凡，一当大战来临，也都狼狈出逃。这样的情形，在当时的战场上，几乎比比皆是。

号称晚清一代雄师的淮军，竟是如此不堪一击。难怪李鸿章在旅顺失守后，痛心疾首地说："半载以来，淮将守台守营者，毫无布置，遇敌即败，败即逃走，实天下后世大耻辱事。"究其原因，李鸿章任人唯亲、乡党裙带之风盛行的恶劣后果，至此已暴露无遗。就连近代化程度较高的北洋海军里面，闽帮、粤帮，党援之风也十分盛行。所以沃丘仲子评价李鸿章："其所荐拔之官吏，非庸禄即贪劣。"因此，甲午战后，除了聂士成一支被并入武卫军外，淮军的解体也是必然的了。

随着甲午战败，李鸿章本人自马关议和回来以后，便被解除了长达二十五年之久的直隶总督兼北洋大臣职务，进京入阁，投闲置散。与他荣辱与共的大哥、两广总督李瀚章也因为在甲午战争期间收缴商款助饷，引起地方舆论不满，遭到弹劾，于 1895 年 4 月称病辞职。另一位淮系要员、四川总督刘秉璋也因四川在甲午战后发生教案而被劾去职。至此，淮系元老重臣担任封疆大吏者，几乎凋零已尽。

那么，李鸿章在洋务外交活动中深为倚重、一手提拔起来的盛宣怀、袁世凯等后辈亲信又是怎样的呢？李经迈在他保存的《李鸿章致丁日昌手札》跋语里，有一段意味深长的话：

"犹忆光绪丙申，先公一日自议署归，经迈方侍食，先公曰：今日翁叔平以张樵野比丁日昌，亦何可笑。二人器小易盈诚相若，然雨生办事心思能深入，樵野长于奔走也。经迈曰：然则以盛杏荪与丁比何如？先公曰：雨生历官华腴，任封疆亦将十年，死之家无余资。盛宣怀一道员耳，家资已数百万。雨生始终不叛我，盛则官未显已而反噬，又乌可同日而语哉。"

再联系到庚子年十一月廿九日李鸿章之女经璹（张佩纶妻）写给父亲的一封密函，说道："敌兵踞京开讲，口众我寡，吃亏自不待言，而香（张之洞）、杏（盛宣怀）均有微言，最奇者香密电行都，不知作何议论。内密询张，欲商各国移沪议约，令刘（坤一）、张（之洞）、盛（宣怀）与之面议，必可挽回，抑以各国可任意指挥者。香、杏密商，以有碍全权（指李鸿章）电复行在。若辈明知事甚棘手，即竭其才智，岂能办到好处，无非巧为播弄，以见其心思高出全权之上，落得置身事外，以大言结主知、收清议而已。袁慰庭谓香入枢垣、杏为户部始有办法。中国风气人才如此，即炮台不毁、洋械仍来，亦终不能自强也。并闻大人电内有讥香语，杏即电鄂，香甚愠，以后乞留意，香、杏交甚密，小人最不易结

晚年的李鸿章

怨也。"（括号内字为引者所加）

这两段都是李鸿章晚年时，与子女间的私房话，一个位高权重、纵横捭阖的大政治集团领袖，晚年竟然没有几个志同道合的追随者，这本身就是一场悲剧。

丁日昌当时在曾国藩等人的眼里以及一般舆论的评价上，已经有"宵小""市侩"的称呼。但他始终对李鸿章忠心耿耿，对新兴的洋务事业也充满献身的热情。与盛宣怀、袁世凯这些淮系后辈，为了各自名利，时而沆瀣一气、时而首鼠两端的作为相比，真是不可相提并论。这说明，李鸿章一生信奉以"利禄"趋众，愈近晚期，愈走到了它的反面。因而有论者说："李鸿章一生很少关注'风气'，却在身后留下污漫的'风气'；李鸿章一生有心'变法自强'，但是在是非情理之间常常'徇私坏法'。"集团本身在形成过程中带来的抹不去的封建落后特征，在一定历史时期内的恶性膨胀，可以说是导致集团衰败的内因。

外因主要是其他派系集团的倾轧和挤兑，尤其是光绪中后期新兴的张之洞洋务集团和翁同龢帝党集团，对淮系的生存和发展也形成了很大的钳制力量。刘成禺《世载堂杂忆》记甲午一役朝中重臣有主战"八仙"名目（背药葫芦之仙童为张季直），王伯恭《蜷庐随笔》记翁同龢说："合肥治军数十年，屡平大憨，岂不堪一战耶？……吾正欲试其良楛，以为整顿地也。"都从不同侧面反映出这种派系倾轧争斗的严重程度。然而，归根结底，淮系集团所从事的洋务——近代化事业步履蹒跚，才是该集团衰落的真正根源。正像李鸿章自嘲的：办了一辈子的事，都是纸糊的老虎。